법학의 탄생

근대 일본에서 '법'은 무엇이었는가?

우치다 타카시 지음
정종휴 옮김

박영사

한국의 독자 여러분께

▼

서양 열강이 아시아에 밀려들던 19세기, 아시아 국가들은 개국하여 서양화할지 또는 서양 식민지가 될지 선택을 강요당했습니다. 그런 가운데 일본은 아편전쟁의 결말에 큰 위기감을 안고 개국을 결단해 서양화에 매진했습니다. 그때 열쇠가 된 것이 서양에서 탄생한 법학을 수용하는 것이었습니다. 나라의 근대화(서양화)에는 법학이 필수였기 때문입니다.

법전이나 법제도의 계수는 외국인이 도울 수 있고 심지어는 강제할 수도 있습니다. 그러나 법학은 단순한 기술이 아니라 언어이며 사고 양식이므로 밖에서 밀어 넣을 수 없습니다. 단적으로 말하면, 그 나라에 법학자라고 부를 수 있는 인물이 탄생하지 않으면 법학을 수용할 수 없는 것입니다. 그렇다면 19세기 후반에 일본인은 서양의 어떠한 법학을 어떻게 수용한 것인가? 이 책은 그 대답을 찾으려 한 역사 연구입니다.

서양식의 법제도를 갖추어 서양의 법학을 그런대로 수용하는 데 성공한 일본은 그 후 아시아의 인근 국가들, 특히 조선왕조, 그리고 대한제국에 대하여 서양 열강이 일본에 대하여 했던 것과 같은 태도로 개국과 근대화를 강요하고 마침내는 식민지화에 이르렀습니다. 이 역사를 이 책의 테마와 관계지어 말하면, 서양법학을 수용한 일본이, 그것으로 한국의 법문화와 마주한 시대가 있는 것입니다. 일본 민법의 기초자 중 한 명인 우메 켄지로오를 포함한 많은 일본 법률가들이 그 작업에 관계했습니다.

일본이 서양으로부터 받아들인 법학이 어떠한 것이었는가 하는 물음에 답하려면, 실은 그 시대 한일관계의 역사에 대한 고찰은 불가결하다고 생각합니다. 즉, 한국에서 서양법학을 수용하는 관점에서, 그 시선으로 일본의 법학을 보았을 때, 어떠한 모습이 보이는지를 탐구할 필요가 있고, 그렇게 함으로써 일본이 수용한 법학의 모습을 입체적으로 파악할 수 있습니다. 그러나 이 책은 거기까지는 들어가지 않았고, 그러한 연구는 도저히 저 한 사람의 힘으로는 할수 없습니다.

제가 읽을 수 있는 문헌에는 당시 일본이 대한제국에 대해 어떻게 사법(司法)의 근대화를 강제했는지에 대한 연구는 적지 않습니다. 그렇지만 한국인이 법학을 어떻게 받아들였는가 하는 시점이 반드시 충분하지는 않은 것으로 생각됩니다.

그래서 저로서는 아시아에서 서양법학을 수용한 방식에 관심을 가진 한국의 법률가나 연구자와의 커뮤니케이션을 원하고 있던 차였습니다. 그런 의미에서 이 책이 법에 관심을 가진 한국 독자들에게 읽힐 수 있게 되는 것은 저의 큰 기쁨입니다. 한국어판의 간행을 제안할 뿐만 아니라 스스로 번역의 수고를 맡으심으로써 이 일을 실현해 주신, 저의 경애하는 친구 정종휴 선생님에게 진심으로 감사 말씀을 드리고 싶습니다.

정 선생님은 주 교황청 대사도 역임한 글로벌 법학자이자 일본어를 포함한 여러 언어에 대한 어학 능력 외에도 일본 문화에 대한 교양도 깊습니다. 정 선생님은 그 교양으로 뒷받침된 깊은 이해를 바탕으로 번역을 실현하셨습니다. 원문의 의미와 표현에 대해 몇 번이나 주고받은 정 선생님과의 이메일 커뮤니케이션은 저에게 굉장히 즐겁고 지적 자극으로 가득한 체험이었음과 동시에 새로운 발견의 기회이기도 했습니다.

본서의 번역작업은 제2차 세계대전 후 최악이라는 평가도 있는 한일 외교관계의 악화나 사람의 이동이 멈추어 버린 세계사상 미증유의 코로나 위기의 와중에 진행되었습니다. 그러나 그 어려움 속에서 정 선생님이 보여 주신 우정에 심심한 사의를 표하고 싶습니다. 정 선생님의 명번역을 통해 한 분이라도 많은 한국의 독자께서 이 책의 주제에 관심을 가져 주시기를 진심으로 바랍니다.

2021년 10월

우치다 타카시

목차

한국의 독자 여러분께   i

머리말   1

| 제1장 | 서양법과의 만남 | 5 |

| 제2장 | 인재 양성 | 33 |

| 제3장 | '유학'의 시대 | 53 |

| 제4장 | 일본이 만난 서양 법학 – '역사의 세기'의 유럽 | 79 |

| 제5장 | 조약개정과 법전논쟁 – 근대 일본의 민족주의 | 139 |

| 제6장 | 법학의 수용 | 187 |

| 제7장 | 조상 제사와 국체 – 전통의 진화론적 정당화 | 303 |

| 제8장 | 국가주의의 법이론 – 메이지 국체의 법적 정당화 | 321 |

| 제9장 | 근대 일본에서의 '법'과 '법학' | 405 |

후기   420

책을 펴내면서(역자)   425

인명 색인   439

상세 목차

한국의 독자 여러분께 ···································· i

일러두기 ···································· xi

머리말 ···································· 1

| 제1장 | 서양법과의 만남 | 5 |

타운젠트 해리스　　7　　서양법 이해의 어려움　18

만국 보통법[萬國普通之法]　9　　상생양(相生養)의 길　19

법학 이해의 어려움　　10　　만국공법　　22

니시 아마네(西周)와 츠다　　　　유교적 이미지　　24

　　마미치(津田真道)　11　　난학에서 양학으로　26

퓌세링　　　　13　　화혼양재(和魂洋才)와 법학　27

『태서국법론(泰西國法論)』　13　　법학의 부재　　29

『성법략(性法略)』　　14　　서양 법학의 이해　31

니시와 츠다의 서문　16

| 제2장 | 인재 양성 | 33 |

호즈미 형제　　　35　　한학(漢學)　　44

우와지마　　　　37　　명법료(明法寮)　46

공진생(貢進生)　　39　　2개의 세계관　49

대학남교의 교육　　41　　법의 계수와 법학의 수용　50

역사적 타이밍　　42

제3장	'유학'의 시대			53

유학 스타일	55	토오쿄오대학의 초빙	66
유학생의 정리	56	1881년	67
제1회 문부성 유학생	57	토오쿄오대학 법학부	69
제2회 문부성 유학	59	외국인 교수들	70
미들 템플	60	이노우에 요시카즈의 비극	71
일등학사	62	독일화의 진행과 카토오 히로	
"유학국 변경 청원서"	63	유키	73
독일 전학의 허가	64	입양 해소와 결혼	76

제4장	일본이 만난 서양 법학 – '역사의 세기'의 유럽			79

1. 빅토리아 시대의 영국 법학 ·· **81**

19세기 유럽	81	'신분에서 계약으로'	101
메이지 유신의 타이밍	84	의제·형평성·입법	102
빅토리아 시대의 영국	85	비교 역사법학	103
진화와 진보	86	역사법학의 배경	105
새로운 사조	88	메인의 보수주의	109
영국의 법학 교육	89	메인과 진화론	110
법학 교육의 개혁	92	메인의 역사적 제약	111
헨리 메인	94	메인 이론의 정치적 측면	113
메인의 평가	97	벤담과 오스틴	115
『고대법(古代法)』	99		

2. 역사주의 시대의 독일 법학 ································· 117

독일 법학의 융성	117	법학 없는 법전의 운명	130
사비니	119	사비니의 역사와 체계	131
독일의 법전논쟁	121	메인과 사비니	133
티보와 사비니	124	사비니와 자연법론	134
논쟁의 귀추	126	사비니와 법실증주의	135
사비니의 프랑스 비판	127	서양 법학의 여러 학파와 일본	136

제5장 조약개정과 법전논쟁 – 근대 일본의 민족주의 ·············· 139

1. 외국인이 본 일본 ································· 141

라프카디오 한	141	니폴트 / 뱄츠	148
『신의 나라 일본』	142	뢰비트	150
한의 통찰력	143	법학 수용의 토양	152
한에 대한 비판과 반론	145		

2. 내셔널리즘과 조약개정 ································· 154

고조되는 내셔널리즘	154	쿠루시마 츠네키(来島恒喜)	
비원(悲願)의 조약개정		사건	161
(条約改正)	156	오오츠(大津) 사건	163
법전편찬(法典編纂)	158	코지마 이켄과 노부시게	167
오오쿠마 조난(大隈遭難)	159	새로운 조약 체결	170

3. 법전논쟁 ································· 172

구민법 · 구상법	172	귀족원 연설	180
시행 연기파의 주장	175	독일과의 차이	183
「민법이 나와 충효가 망한다」	177	역사법학의 의미	184
노부시게의 참전	178		

1. 계몽의 시대 ···································· 189

법학부 교수 · 법학부장   189   법리학 담당   194

계몽의 시대   190   번역어의 정비   195

노부시게의 교육   192   여성의 지위   197

2. 살아있는 유제 ································· 199

노부시게의 갈등   199   구민법 비판   205

'가(家)' 제도와 은거   201   법전조사회(法典調査会) 206

은거와 진화   204   살아있는 제도   208

3. 전통에의 침잠 ································· 211

법전편찬 후의 법학   211   호즈미 노부시게의 프레젠

옛 풍속과 제도에 대한 몰입 211   테이션   219

세인트루이스 엑스포   213   만국 학술회의에서 생긴 일 222

만국 학술회의   216   주최 측의 대응   225

법학자의 초대   218

4. 노부시게의 변화 ······························ 227

은거론의 변화   228   아다우치와 진화론   235

5인조 연구   230   두 번째 강연   236

5인조장   231   유고(遺稿)에서의 이론적 진화 239

'5인조' 이해의 변화   233

5. 법률 진화론 ·································· 241

법률 진화론의 전체 구상 241   가족법 개정과 사회력   253

지금까지의 평가   244   군주의 자리매김   255

시대 배경   247   성문법의 한계와 사회력   257

임시법제심의회   250   진화론과 과학   259

6. 서양 법학의 심층 접근 ································ **263**

   (1) 법학의 원류 ································ 263

동양에 법학은 없었는가? 263   예와 법의 분화 266

예(禮)와 법 265   법학이 성립하지 않은 원인 269

   (2) 자연법 ································ 271

신자연법론(新自然法論)의 등장 271   자연법사의 재조명 277

프랑스 민법 100주년 274   번역어로서의 자연법 280

법의 제2차 발견 275   자연법론은 수용되었는가? 282

법 형성의 원동력 276

   (3) 법의 문체 ································ 284

'시와 법' 284   법령의 세 가지 문제 292

법의 기억법 286   법 문체의 진화 293

법의 문체론 288   독일법에 대한 비판적 시선 295

일본법의 문체 289   독일 민법전의 국어화 296

일본법의 문체는 '진화'했   배타사상에 대한 자세 299

      는가? 290   노부시게(陳重)의 유언? 300

제7장   **조상 제사와 국체 – 전통의 진화론적 정당화**   **303**

노부시게의 변화와 불변 305   두 개의 얼굴 314

조상 제사에 대한 관심 306   노부시게를 둘러싼 환영 316

쿨랑주 308   법률 진화론과의 긴장 318

노부시게의 조상 제사론 310   야츠카에 대한 시선 319

노부시게의 일관성 312

1. 야츠카라는 '이데올로기' ………………………………… 323

동생 야츠카	323	야츠카의 재평가	327
자신의 이론을 진심으로		인물	329
믿었을까?	324	사회적 활동	331

2. 야츠카의 서양 체험 …………………………………… 334

독일 유학	334	국가 간의 생존 경쟁	341
1880년대 유럽	336	'충군'과 민족주의	342
내셔널리즘	338	식민지주의	343
애국정신과 민족	339		

3. 국민국가의 형성과 법 ………………………………… 345

신헌법 해설	345	충성심의 조달	357
「신헌법의 법리 및 헌법해석의		법학적 정당화	360
자세」	347	군권(君権)의 무제약	363
국체(国体) 변혁의 유무	348	이노우에 코와시(井上毅)의	
야츠카의 '법리'	351	평가	367
"우리나라의 기축"	354	법전논쟁	369
'황당'하고 '기괴'한 종교	355		

4. 메이지 국가 제도의 법적 정당화 ……………………… 372

서양 법학 수용의 관점에서	372	가족 국가관은 기교인가?	381
정당화 프로그램	374	공리주의적 정당화	382
법리의 확립	375	미노베 · 우에스기 논쟁	384
가치적 정당화	377	가족 국가관과 국체	386
조상교	378	권력의 내재적 제약	389
토미즈 히로도	379	새로 만들어진 전통으로서의	

국체 391
국민교육과 국민 도덕 393
국민의 창출 395

두 사람의 이노우에와 야츠카 396
수신(修身) 교과서 398
야츠카를 어떻게 보아야 할까? 401

제9장 근대 일본에서의 '법'과 '법학' 405

놓쳐버린 시대 407
법학 수용의 어려움 408
서양 법학 수용의 실상 409
거칠기와 넓이 410
노부시게가 씨름한 과제 412

노부시게 후의 법학 413
역사법학의 의미 414
노부시게와 야츠카 414
'서양의 이해'라는 목적 416
그 후 일본의 법학 418

후기 420
책을 펴내면서(역자) 425
인명 색인 439

일러두기

♦

- 일본 인명과 지명의 표기는 원칙적으로 'CK(최영애-김용옥)시스템'을 따랐다.
- 문헌은 일본에서의 표준적인 인용 방식을 따라 표기했다.
- 인명에는 원문에는 없으나 편의상 일본인의 경우 생몰년(生歿年)을, 서양인의 경우 대부분 로마자와 생몰년을 밝혔다.
- 독자의 편의를 위해 [역주]를 붙였다.
- 각주에서 여러 번 인용하는 문헌은 원칙적으로 처음 나오는 곳에서 약칭(略稱)을 고딕으로 표기하고, 그 이후에는 고딕 약칭으로 인용했다. 그러나 가까운 주에서 인용되는 경우는 '앞에 든'으로 표기하였다.

머리말

♦

일본 근대화의 열쇠는 '법'이었다. 메이지 유신 후 일본이 놀라울 만큼의 단기간에 근대 국가의 형성에 성공한 것은 서양 법과 법학의 수용에 성공했기 때문이다. 그러면 그것은 어떻게 해서 이룬 것인가? 서양식 법을 운용할 수 있는 법률가와 관료의 양성과 운용을 위한 법 이론을 만들어내는 것은 쉬운 일이 아니었을 것이다. 그러기 위해서는 먼저 법학 교육이 일본어로 이루어져야 하고 일본어로 법학을 논할 수 있어야 한다. 요컨대 서양의 법학 베끼기가 아닌 '일본 법학'이 필요하다. 대체 일본의 법학은 어떻게 만들어진 것일까. 그동안 서양식 법(법전)을 편찬하는 과정에 관해서는 많은 연구가 이루어져 왔으나, 법학의 수용 과정에는 충분한 관심이 기울여졌다고 볼 수 없다. 이 책에서 다룬 것이 바로 이 과제이다.

시바 료오타로오(司馬遼太郎, 1923-1996)[1]는 소설 『언덕 위의 구름(坂の上の雲)』[2]에서 이요 마츠야마(伊予松山) 출신의 아키야마 요시후루(秋山好古)와 아키야마 사네유키(秋山真之)라는 두 형제의 활약을 그렸다. 제국 육군 기병대의 아버지라 불린 형 요시후루는 러일 전쟁에서 세계 최강의 러시아 기병단을 상대로 눈부신 전과를 올렸다. 동생 사네유키는 츠시마 해전에서 발틱 함대를 괴멸시킨 연합함대 참모이다. 이 책에는 다른 형제도 등장한다. 마츠야마의 남쪽에

---

1   [역주] 일본의 소설가, 논픽션 작가, 평론가. 우리나라에는 대표적으로 '료마가 가다'와 '대망'이 번역되었다.

2   [역주] 시바 료오타로오의 역사소설. 메이지유신을 성공시켜 근대국가로 발돋움하고 러일전쟁 승리에 이르기까지의 메이지 일본을 그린다. 2009년 11월부터 2011년 12월까지 NHK 텔레비전 드라마로도 방송되었다.

있는 섬 이요 우와지마(伊予宇和島) 출신 호즈미 노부시게(穂積陳重)와 호즈미 야츠카(穂積八束)이다. 군인으로 활약한 아키야마 형제와 같은 화려함은 없지만 거의 같은 시대에 법의 세계에서 활약했다. 그러나 특이하게도 아키야마 형제가 시바 료오타로오의 필력으로 역사에서 되살아나 오늘날에도 영웅시되는 반면, 호즈미 형제는 학문적으로 망각의 강 저편에 있다.

노부시게는 토오쿄오 제국대학 교수를 거쳐 만년에는 추밀원(枢密院) 의장 직에까지 올라 학자로서는 충분히 영달하였다. 메이지 민법 기초자의 한 명이기도 하다. 그러나 학문적 업적으로 보자면 다윈의 진화론을 법학에 적용한 대표작『법률진화론(法律進化論)』은 웅장한 전체 구상의 일부밖에는 발간하지 못한 데다가 학문적으로는 실패작이라는 평가도 있다. 동생 야츠카는 토오쿄오 제국대학의 초대 헌법 담당 교수가 되었으나 천황을 절대시하는 국가주의(国家主義) 이론가로 알려져 오늘날 학문적으로는 완전히 부정된 존재이다.

나는 이 책에서 호즈미 형제를 당시의 시대 배경 속에 자리 매겨 그들이 맡았던 역할이나 지니고 있었을 사명감을 바탕으로 다시 살펴보고자 했다. 그리고 그들을 통해 아시아 최초의 근대국가를 수립하려 했던 당시 일본의 모습을 새롭게 비춰 보려 했다. 두 사람은 일본이 서양의 법과 법학을 수용하려 했던 가장 초기의 법학자이다. 노부시게는 일본 최초의 법학자라고 해도 좋고, 야츠카는 일본 최초의 헌법학자다. 그들은 이미 존재하는 학문의 세계에서 자신의 이론을 주장한 부류의 학자가 아니다. 노부시게는 법학이라는 학문이 아예 없던 나라에 최초의 법학을 세운 인물이며, 야츠카는 일본에서 최초의 헌법 해석학을 세운 인물이다. 즉 '일본의 법학'은 바로 그들과 함께 탄생한 것이다. 법과 법학이라는 가장 서양적인 문화를 수용한다는 게 당시의 일본에 어떤 도전이었을까. 일본인에게 힘든 건 무엇이고, 일본인이 집착한 건 무엇이었을까? 그것이 알고 싶었다.

민법학자인 내가 이처럼 바깥 분야의 주제에 참여하게 된 이유는, 집필의 경위와 함께 '후기'에 썼지만, 호즈미 형제를 통해 바라보는 근대 일본의 초창기가 내게 정말 흥미진진한 세계였기 때문이다. 연구 과정에서 내가 느낀 재미의 일단이라도 전할 수 있다면 다행이겠다.

호즈미 형제 세대의 각고면려(刻苦勉勵)를 거쳐 일본의 법학은 탄생했다. 하지만 거기에 이르기까지는 오랜 과정이 있다. 우선 일본이 서양의 법과 본격적으로 조우한 곳에서 이야기를 시작하자. 첫 무대는 미일수호통상조약(日米修好通商条約)[3]의 체결을 둘러싼 외교 교섭의 장이다.

---

3 **[역주]** 1858년 7월 29일 일본과 미국 간에 체결된 통상조약. 미국 측에 영사재판권을 인정하고 일본에 관세자주권(関税自主権)이 없던 점에서 일본에 불리하여 일반적으로 '불평등조약'이라 이야기된다. 미일화친 조약 체결 2년 후의 일이다.

제1장

서양법과의 만남

Conferentie tusschen den Commodore Perry en de Japansche Commissarissen.

페리 제독과 막부 관계자들이 네델란드어를
중개로 교섭하는 장면(1853년)

타운젠트 해리스

메이지 유신이 있기 10여 년 전, 1857(안세이 4)
년 11월 6일 당시의 쿠단자카시타(九段坂下)에 있던
번서조소(반쇼시라베쇼蕃書調所)[1]에서 막부의 외교를
담당하던 토키 요리무네(土岐頼旨), 카와지 토시아
키라(川路聖謨), 우도노 나가토시(鵜殿長鋭), 이노우
에 키요나오(井上清直), 나가이 나오유키(永井尚志)가
미국의 사절 타운젠드 해리스(Townsend Harris, 1804–
1878)와 면담하던 중이었다. 이 다섯 명 가운데 나
가이 나오유키는 미시마 유키오(三島由紀夫, 1925–
1970)[2]의 고조부에 해당한다. 번서조소는 1856년 서

타운젠트 해리스

양 학문의 연구 · 교육 및 그 통제 기관으로서 막부가 설립한 조직이다.[3] 그때
까지 막부의 교학 기관은 유학을 대상으로 하는 쇼오헤이자카[4] 학문소(昌平坂学
問所)였는데, 양학 섭취의 필요성을 더 이상 무시할 수 없게 되었다. 오늘날로
말하면 연구소 같은 조직인데, 해리스가 에도(江戸)에 머무는 동안 이곳이 숙
소로 쓰였다. 침실과 거실 외에 전용 화장실과 욕실도 만들고 침실에는 침대도

1　[역주] 번서(반쇼[蕃書])라는 말은 에도 시대에 구미, 특히 네덜란드의 서적과 문서를 가
　리키던 말. 번서조소(蕃書調所)는 만서조소(蛮書調所)라고도 하며 1856년에 발족한 에
　도막부가 직할하는 양학(洋學) 연구 교육기관. 후에 개성소(開成所)로 바뀌며 다시 토
　오쿄오대학(東京大学), 토오쿄오 외국어대학(東京外国語大学)으로 바뀌어 간다.

2　[역주] 소설가 · 극작가 · 수필가 · 평론가 · 정치활동가 · 황국(皇国)주의자. 1970년 11월
　25일 일본 헌법개정을 위한 자위대의 궐기를 외치고 할복했다.

3　植手通有編『中公バックス日本の名著34 **西周/加藤弘之**』(中央公論社, 1984년) 20
　쪽. 1857년 단계에서 340~50명 남짓의 수업생이 있었고, 해마다 10명의 입학자가 있었
　다고 한다(沼田次郎『**洋学**(新装版)』(吉川弘文館, 1996년) 217쪽). 후쿠자와 유키치가
　입학한 것은 1859년의 일이나, 『영어–네덜란드어 사전』을 빌릴 수 없음을 알고 바로 퇴
　학했다고 후쿠자와 자전에 쓰여 있다.

4　[역주] 토오쿄오 치요다구(千代田区)와 분쿄오구(文京区) 경계에 있는 언덕.

마련하였다.[5]

　해리스는 미국의 초대 주일영사(駐日領事)였다. 1853(카에이 6)년 검은 배(쿠로후네 黑船)를 이끌고 내항[6]했던 페리(Matthew Perry, 1794–1858) 제독이 이듬해 다시 내항하여 미일화친 조약(日米和親条約)[7]을 요코하마에서 체결한 바 있다. 그 조약 제11조는 미국이 시모다(下田)에 영사를 둘 수 있다고 규정하였다. 동아시아에서 무역업에 종사하던 해리스는 이 규정을 알고 온갖 엽관(猟官) 운동 끝에 초대 주일영사의 지위를 획득했다.[8] 그래서 1856(안세이 3)년 일본에 와서 통상 조약 체결을 위한 협상을 시작한 것이다.

　이듬해인 1857년 7월 해리스가 시모다에 상륙한 이래 계속 요청했던 에도 방문이 마침내 허용되었다. 그는 10월 에도성에 들어가 제13대 쇼오군(將軍) 이에사다(家定)를 알현하고 대통령 피어스의 친서를 전달했다. 또 막부 최고 행정관인 로오쥬우(老中)[9]의 수좌인 홋타 마사요시(堀田正睦)의 저택을 찾아가 세계의 정세를 이야기하고, 미국과 통상조약을 체결하는 것이 일본에 얼마나 이익이 되는지 웅변하였다. 두 시간을 넘긴 해리스의 웅변은 홋타를 비롯해 해방괘(海防掛)[10] 사람들의 감명을 받았다고 한다.[11] 해리스는 조약의 주요 내용으로 두

5　ハリス(坂田精一訳)『日本滞在記(下)』(岩波文庫, 1954년) 41쪽(1857년 11월 30일의 기록) 참조.

6　[역주] 1853년 미 해군 동인도 함대 증기선 2척을 포함한 군함 4척이 일본에 내항한 사건.

7　[역주] 막부 말기인 1854년 3월 3일 카나가와(神奈川)에서 조인된 일본과 미국의 첫 조약. 12개조로 되어 있다.

8　ハリス『日本滞在記(上)』(1953년) 14쪽(訳者解説) 및 원저 편자 マリオ・E・コセンザ「はしがき」같은 책 37쪽 이하 참조.

9　[역주] 에도막부에 상설된 최고직. 2만 5천석 이상의 다이묘오(大名) 중에서 임명되며 여러 명이 순서를 정해 달마다 정무를 보았다.

10　[역주] 막부 말기의 대외 문제 처리와 이에 관한 국내 정책의 입안과 해안 방비를 담당했던 에도 막부의 관아.

11　土居良三『幕末五人の外国奉行－開国を実現させた武士』(中央公論社, 1997년) 182–183쪽.

가지를 요구했다. 첫째, 공사(公使)를 수도에 주재케 할 것. 둘째, 개항과 통상의 자유. 훗타는 부하에게 명하여 통상 조약의 전제가 되는 외교 문제와 절차에 대해 갖가지 질문을 하게 했다.

막부 쪽이 먼저 묻는다. "미니스토루(공사)를 수도에 두고 있는 화친국가는 모두 서로 공사를 두고 있사옵니까?" 아울러 미니스토루의 직무는 무엇이고, 콘슐(영사)과의 차이는 무엇이며 미니스토루의 관직과 작위는 어떻게 되는지 따위를 물었다. 그런 다음 중요한 문제에 들어가 공사를 둔 경우 각국은 어떻게 대우하는지 물었다. 그 자체가 법적 지위에 대한 극히 법적인 물음이다. 이 물음에 대해 해리스는 이렇게 응답했다. "만국 보통법[万国普通之法]에 따라 다르옵니다." 막부 측은 여기서 만국에 보편적으로 타당한 법이라는 보통법 관념을 처음 접한 것이었지만, 이해할 수 없었다. 그래서 막부 측은 또 이렇게 묻는다. "만국의 법[萬国之法]이라 하오시면 어떠한 뜻이온지요?"

만국 보통법[萬國普通之法]

정치학자 요시노 사쿠조오(吉野作造)의 저명한 논문「일본 근대 역사에서 정치의식의 발생」에서는 이것이 일본인에게 '만국공법(万国公法)'의 관념을 명확하게 불어 넣은 첫 장면이라고 한다.[12] 일본인의 서양법 접촉으로는 천보(天保) 연간(1830-43)에 미즈노 타다쿠니(水野忠邦) 로오쥬우 때 네덜란드 헌법, 형법, 형사

---

12   三谷太一郎 책임 편집『吉野作造(3版)』(中央公論社, 1984년) 443~446쪽. 해리스는 "서양 각국 교역의 법은 모두 상인을 상대로 하는 것"이라고 하며 거래법에 관해서도 언급하였다(ハリス, 『日本滞在記(下)』 99쪽). 해리스는 이렇게 말한다. "접대위원들은 또 무역에 관해 질문하기를, 내가 말하는 관리의 중개 없이 이루어지는 무역이 무슨 뜻이냐고 물었다. 나는 내 설명으로 이에 관하여 충분히 그들을 만족시키는 데 성공했다."(98쪽) 일본 측은 만국공법에 그치지 않고 서양 사회가 법으로 규율되고 있음에 강력한 인상을 받은 것으로 생각된다.

소송법, 민사소송법 등의 번역 사업이 이미 존재하긴 했지만,[13] 제한적인 작업이었을 뿐이고 또 사람들 눈에 띄지도 않았다. 오늘날로 이어지는 서양법과의 접촉은 만국공법(万国公法, 여기서는 '萬國普通之法'이라 표현)이 처음이었다. 오늘날의 국제법(国際法)인 만국공법은 이때부터 서양법을 상징하는 관념이 되었다.

위의 질문에 대한 해리스의 대답은 주재국 내 공사의 권리에 관한 국제 법규를 설명한 것이었다. 그러나 이 문답을 통해 막부의 관리는 국가와 국가 간의 외교가 단순한 힘의 관계가 아닌 듯하다는 것, 외교상의 문제는 일이 있을 때마다 '만국 보통의 법'이라는 게 따라다닌다는 점을 깨우친다. '만국 보통의 법'이 나중에 '만국공법'이라 불리게 된 경위는 뒤에서 설명하겠지만, 어떻든 이에 관한 지식 없이는 서양과는 흥정이 불가하다는 사실은 알게 된 것이다.

이렇게 하여 만국공법에 관한 관심은 서방 세계가 어떤 질서로 구성되어 있는가 하는 문제의식을 낳고, 그것은 다시 서양이란 어떤 세계인가 하는 물음과 직결되었다.[14] 이후 일본 근대화의 관건은 서양의 법과 법학을 아는 것이고, 그것이 바로 서양 세계를 아는 열쇠라는 걸 알게 되는 시대로 이어진다.

법학 이해의 어려움

그러나 만국공법과 그 배경이 되는 학문인 법학을 이해하는 것은 쉬운 일이 아니었다. 통상조약의 체결에 이르기까지 영문 조항 번역문의 변천을 보면, 전통적인 공문서에 사용되던 소로분(候文)[15]으로 작성한 당시 번역문에서는 법적 표현의 의미를 거의 파악하지 못했다는 사실을 알 수 있다.[16] 원래 페리가 내항

13　大久保健晴『近代日本の政治構想とオランダ』(東京大学出版会, 2010년) 7쪽.

14　大久保(健)『オランダ』161쪽 참조.

15　[역주] 일본어 가운데 중세부터 근대에 걸쳐 쓰인 문어 문체의 하나로 문장 끝에 점잖은 보조동사 '후(候)'를 둔다. 오랜 역사가 있으며 에도 말기에는 법률에도 쓰였다.

16　清水康行『黒船来航—日本語が動く』(岩波書店, 2013년) 참조.

했을 때는 협상을 위해 영어를 할 줄 아는 사람이 거의 없었다.

그래서 당초 페리와의 교섭은 먼저 페리 측 영어를 네덜란드어로 번역하고, 그것을 다시 일본어(당시 문어인 한문)로 번역하는 식이니, 신을 신고 발바닥을 긁는(隔靴搔癢) 감이 있었다. 게다가 외국어 능력은 츠우지(通詞)라는 세습 통역관이 독점하던 터라 정책 결정에 참여하는 일본 측 고관 자신은 상대방의 말을 직접 이해할 능력이 없었다. 미일화친조약은 한문판, 네덜란드어판(蘭文版), 영문판에다 한문-네덜란드어 풀이판(漢文和解版), 네덜란드어-일본어 풀이판(蘭文和解版) 등의 일본어판이 만들어졌으나 일본어로 번역한 것은 영어 원문이 아니라 한문과 네덜란드어였다. 게다가 국제 조약에 포함된 법적 표현은 토쿠가와 막부의 담당자에게는 완전한 미지의 세계였다.

하지만 그래도 우수한 막부의 관료들은 협상 과정에서 점차 그 의미를 해석하게 되었고, 당초의 소로분의 더딘 번역 문체도 통상 조약의 협상이 진행되면서 법적 구문에 대응하는 번역문이 되어 갔다.[17] 그래 봤자 아직 상대가 말하는 것의 의미를 겨우 파악할 수 있는 정도였지 조약문의 전제가 되는 서양의 법률론을 해석하는 수준에는 이르지 못했다.

니시 아마네(西周)와 츠다 마미치(津田真道)

미국 공사 해리스와 교섭을 거쳐 그가 말하는 '만국보통의 법', 즉 '만국공법'의 내용을 어떻게든 소상히 알고 싶어서 서양 유학을 열망한 인물이 있었다. 당시 번서조소(蕃書調所)에 근무하던 니시 아마네(西周, 1829-1897)와 츠다 마미치(津田真道, 1829-1903)였다. 그들은 위의 해리스와의 협상에 번역자로 참여했던 것으로 보인다.[18] 그러나 그들이 막부에 유학 희망을 표시했지만, 토쿠가와 정권 요로의 사람들은 천문·의술·항해 등 자연 과학이야 서양에 배울 것

---

17   清水 『黒船来航』 170쪽.
18   大久保(健) 『オランダ』 24쪽, 165쪽.

니시 아마네

이 있다 해도, 치국평천하(治国平天下)의 길이라면 오히려 자신들이 위라고 자부하고 "우리에게는 선왕의 길이 있거늘 어찌 이를 오랑캐(蠻夷)에게 배울소냐"라는 이유로 일단 각하되었다고 한다.[19] 이것이 당시 수구파의 정신이었다. 그러나 두 사람은 군함 건조 발주에 맞추어 에노모토 타케아키(榎本武揚, 1836-1908)가 네덜란드로 유학하는 계기를 통해 기회를 얻는다. 1862년의 일이다. 토쿠가와 막부에서 첫 유럽 유학생인 니시 아마네와 츠다 마미치는 이때 33세였다.

당초 군함 건조는 미국에 의뢰하였고, 따라서 니시 일행도 미국에 가기로 정해진 상태였다. 그러나 남북전쟁의 격화로 미국이 군함 건조를 거부했기 때문에 네덜란드에 주문하게 되어 유학할 곳도 네덜란드가 되었다.[20] 만약 니시 등이 미국에 갔더라면 어떤 법학을 배웠을까? 당시의 미국은 영국 판례법을 그대로 승계하여 법학 교육도 실무적이었다. 올리버 웬델 홈즈(Oliver Wendell Holmes, Jr., 1841-1935)의 명저 『커먼 로(The Common Law)』가 간행되고(1881년), 로스코 파운드(Roscoe Pound, 1870-1964) 등 저명한 학자들이 활약하며 세계에 영향을 미치는 미국다운 법학이 확립되는 것은 좀 더 후의 시기이다. 그것을 생각하면 그들이 미국이 아닌 유럽 대륙으로 가서 유럽적인 정통파 법학을 접한 것(먼저 자연법 강의로 시작한다는 것으로 그것을 엿볼 수 있음)은 나름대로 행운이었다고도 할 수 있다.

19　三谷編 『吉野作造』 433쪽. 吉野 「『性法略』 『萬國公法』 『泰西國法論』 解題」 『明治文化全集第9巻法律篇』 (日本評論社, 1992년 復刻版) 수록 9쪽도 참조(같은 내용을 다소 다른 표현으로 적고 있다).

20　渡邉與五郎 「幕末オランダ留学生の西洋学術の導入と日本の近代化」 東海大学外国語教育センタ-異文化交流研究会編 『若き日本と世界Ⅱ日本の近代化と知識人』 (東海大学出版会, 2000년) 2쪽.

퓌세링

두 사람은 네덜란드 라이덴 대학 교수 퓌세링(Simon Vissering, 1818 - 1888)에게 가르침을 청했다. 퓌세링 교수는 일본에서 온 유학생을 위해 자택에서 특별 강의를 했다. 니시와 츠다가 일본인으로서 처음으로 서양 법학이라는 것을 본격적으로 접한 순간이었다.[21]

퓌세링은 문학과 법학 학위에 변호사 자격까지 있었다고는 하나 법학자가 아니었으며 라이덴 대학에서 경제학, 외교사, 통계학 강좌를 담당하였다. 아울러 퓌세링은 학문만 파는 사람이 아니고 훗날 네덜란드 재무장관으로 임명되기도 하였다. 그 퓌세링을 두 사람에게 추천한 사람은 라이덴 대학에 창설된 일본어학 강좌의 초대 정교수 요한 호프만(Johann J. Hoffmann, 1805 - 1878)이다. 니시는 호프만에게 유학 목적을 기재한 서한을 보내 단기간에 통계학(당시 일본에서는 새로운 학문으로 주목받고 있었음[22]), 법학, 경제, 정치, 외교, 철학 영역에 대한 개요를 효과적이고 간결하게 가르쳐 주시기 바란다는 희망을 전하였다. 그에 따른 인선이었다.

퓌세링은 두 사람에게 2년 동안 매주 이틀 밤을 할애하여 '자연법', '국제법', '국법학', '경제학', '통계학' 등 다섯 과목을 개관하는 강의를 했다.

『태서국법론(泰西國法論)』

두 사람은 1865년에 귀국한 후 막부의 명령에 따라 강의록을 번역 출판했

---

21 이하의 설명은 大久保利謙 「幕末の和蘭留学生——とくに西周・津田真道の五科学習について」同『幕末維新の洋学 大久保利謙歴史著作集5』(吉川弘文館, 1986년) 90쪽 이하, 大久保(健)『オランダ』25쪽 이하 참조.

22 후쿠자와도 『文明論之概略』 제4장(岩波文庫[松沢弘陽校注], 1995년) 83쪽)에서 '스타티스틱'(統計学)의 중요성을 지적하고 있다.

다. 먼저 나온 것이 츠다가 번역한 『태서국법론』이다. 이 책은 1866년에 탈고되어 1868년(그해 9월이 메이지 원년이 됨)에 카이세이쇼(開成所)(번서조소에서 양서[洋書]조소를 거쳐 개칭)에서 출판되었다. 서양 법학을 소개하는 최초의 책이라고 한다.[23] 하지만 '국법학(国法学)' 강의록인 이 책은 오늘날의 시각에서 보면 법학책이라기보다 법학, 정치학, 재정학 등의 기본적인 골격을 개관한 정도의 내용이다.

그런데 "법학은 법률의 학으로 서양 열국의 대학에서 학생들 대부분이 배운다."로 시작하는 이 책 첫머리에는 원저 10쪽 정도의 '범례(凡例)'라는 문장이 들어 있다. 거기에는 네덜란드어 외에 영어, 독어, 불어도 대비하면서 법에 관한 학문을 법학이라고 번역해야 할 이유가 설명되고 또 민법(民法)이라는 역어도 등장한다. 어느 것이나 일본 최초의 역어이다. 이 범례는 츠다가 쓴 『태서법학요령(泰西法学要領)』에 해당하는 것으로 생각되며, 일본인의 손에 의한 최초의 서양 법학 소개다.[24] 극히 간략한 것이기는 하지만, "법학은 인도(人道 moral)와 다르니, 인도는 인의예절을 말하고, 법학은 오로지 사물의 곡직, 사리의 당부를 논한다."라고 법학과 도덕의 구별을 지적하였다.

『성법략(性法略)』

니시와 츠다는 퓌세링에게 '자연법(自然法)'(당초엔 '성법[性法]'으로 번역) 강의도 받았고, 그 번역은 니시가 맡았다. '자연법'은 당시까지 일본에 존재하지 않

---

23 高畑定次郎 「津田真道伝」 大久保利謙 『津田真道―研究と伝記』 (みすず書房, 1997년) 312쪽에 "이 책은 태서법학(泰西法学)을 이 나라에 수입게 하는 것의 효시"라는 말이 나온다. 또 1867년에 오오쿠니 타카마사(大国隆正)가 그로티우스에 대항하는 『新真公法論』을 지었으나 서양법학의 소개라고는 할 수 없다.

24 大久保利謙 「幕末の和蘭留学生」 97쪽, 同 「津田真道の著作について」 앞에 든 『歴史著作集5』 171쪽 이하 참조. 또 高畑定次郎 「津田真道伝」 大久保(利), 『津田真道』 313쪽 이하에도 수록.

던 낱말인 데다가 서양 법학을 이해하는 데 빼놓을 수 없는 중요한 개념이다. 따라서 자연법에 대한 강의의 번역은 서양 법학을 이해하는 데 필수적인 문헌이 될 터였다. 그러나 귀국 후 토쿠가와 요시노부(德川慶喜)의 측근이 된 니시는 요시노부가 대정봉환(大政奉還)[25] 후 쿄오토(京都)에서 오오사카 성(大阪城)으로 퇴거할 때의 혼란 중에 번역 원고를 잃어버렸다.[26] 그래서 번서조소의 옛 동료이자 유신 후 새 정부에 초빙된 칸다 타카히라(神田孝平)가 강의록의 원문을 다시 번역하여 출판한 것이 『성법략(性法略)』(1871년)이다.

『성법략』은 "성법은 사람의 성에 바탕을 둔 법이니"로 시작하는 간략한 사법(私法) 개설서다. '성(性)'은 유교의 기본 개념이며 『중용』의 다음 첫 장에서 유래한다. "하늘이 명한 것을 성(性)이라 한다. 성에 따르는 것을 곧 도(道)라 한다. 도를 닦는 것을 교(教)라 한다."[27] '성법'이라 함은 인간이 인간이기에 필연적으로 도출되는 법이 존재한다는 인상을 준다. 이것이 바로 자연법의 한 스타일이다. 한학의 개념을 이용하여 서양의 자연법사상의 핵심을 번역하는 걸 알 수 있다. 그러나 이 번역의 함축을 이해하려면 독자에게 유교의 소양이 있어야 한다. 유교의 소양이 사라지면서 '성법'이라는 번역어도 함께 사라지고 만다.

---

25 [역주] 1867년 11월 9일 토쿠가와 막부 15대 쇼오군 토쿠가와 요시노부가 메이지 천황에게 통치권 반납을 선언한 정치적 사건.

26 니시의 역본이 분실된 것이라고는 하나 西魯人(西周)訳 『性法説約』이라 하는 책자가 국회도서관에 소장되어 있어 '근대 디지털 콜렉션'에서 공개되고 있다. 판권장의 간행년은 1870(메이지 12)년이다. 국회도서관의 미정리본 가운데서 발견된 것으로 분실한 원고 또는 그 필사본이 발견되어, 이것을 손질한 것으로 생각된다. 斎籐毅 『明治のことば 文明開化と日本語』(講談社学術文庫, 2005년. 初出 1977년) 209쪽. 또 金子一郎 「西魯人謹訳『性法説約』の発見」 日本古書通信 34권 22~23쪽(1969년).

27 古賀勝次郎 「津田真道―国学と洋学」 早稲田社会科学総合研究 1권 2호(2001년) 8쪽. 読み下し文(일본말 어순으로 읽은 문장)은 金谷治訳註 『大学・中庸』(岩波文庫, 1998년) 141쪽에 따른 것. [역주] 한국에서 일상적인 번역으로 손질했다.

니시와 츠다의 서문

서양법은 먼저 자연법('성법')의 관념과 함께 일본에 들어왔다. 마루야마 마사오(丸山真男)에 따르면 후쿠자와 유키치(福沢諭吉)의 초기 저작인 『당인왕래(唐人往來)』(1865[케이오 원]년)에도 강한 자연법적 관념이 기저에 흐른다.[28] 그러나 동시에 자연법은 일본인에게 익숙해지기 어려운 개념이기도 하였다. 칸다 타카히라(神田孝平)가 번역한 『성법략(性法略)』에 니시와 츠다가 서문을 썼는데, 이 서문을 보면 일본에서 최초로 자연법을 본격적으로 배운 두 사람이 퓌세링의 자연법 이론에 그다지 심복하지 않았다는 사실이 엿보인다.

니시가 한문으로 쓴 이 서문을 놓고 나가오 류우이치(長尾龍一)는 이렇게 말한다. "소라이학(徂徠学)[29]이라는 리얼리즘 정치학을 배경으로 도덕과 대비하여 법을 외면적 질서라고 보는 니시는 법을 인간성에 의해 기초 지으려는 서양 자연법사상에 마지못해 따르는 모습이 엿보인다."[30] 거기에는 법 관념에서 동양과 서양 사이에 가로놓인 근본적인 차이가 있을 것이다. 니시 등이 접한 서양의 자연법사상은 사회와 국가를 규율하는 규범에는 인간의 본질적인 성질에서 유래하는 자연법칙적인 의미에서의 올바른 법이 있어야 한다고 생각한다. 반면에 오규우 소라이(荻生徂徠, 1666-1728)[31]의 영향 아래 있는 일본 유학에서 법은

---

28 丸山真男 「近代日本思想史における国家理性の問題」 同 『忠誠と反逆―転形期日本の精神史的位相』(筑摩書房, 1992년) 215쪽. 또 安西敏三 「福澤諭吉の西洋法認識」 安西敏三＝岩谷十郎＝森征一編著 『福澤諭吉の法思想―視座・実践・影響』(慶應義塾大学出版会, 2002년) 수록 10쪽 참조.

29 유학자 오규우 소라이(荻生徂徠, 1666-1728)가 주자학에 대한 의문에서 창도한 유학사상.

30 長尾龍一 『法学ことはじめ (新版)』(慈学社, 2007년) 310쪽. 같은 책 309쪽 이하는 니시(西), 츠다(津田), 칸다(神田)의 서문을 비교하고 있어 흥미롭다. 이하의 기술은 현대어역을 포함하여 이 책을 참고했다.

31 [역주] 에도(江戸) 중기의 유학자(儒學者)·사상가·문헌학자. 주자학을 "억측에 기한 허망한 주장에 지나지 않는다."라며 주자학에 입학한 고전해석을 비판하고 고대 중국의 고전을 읽는 방법론으로서 고문사학(古文辞学)을 확립했다.

어디까지나 통치의 기술이었다. 특히 사법(私法)은 오늘날의 말로 하면 시장(市場)을 지탱하는 법적 규칙이기 때문에 거래가 이루어지는 사회, 즉 대등한 시민에 의해 구성되는 사회라는 관념이 필수적이다. 그러나 당시 일본에는 그런 관념은 없었다. 바로 뒤에 언급하겠지만, 니시와 츠다는 바로 이 '사회(社会)'라는 말의 번역에 애를 먹었다. 형법이나 행정법에 대응하는 규율이 정비되어 있던 에도시대에 사법(私法)이 발달하지 못했던 것도 큰 원인일 것이다. 니시는 그런 시민사회를 규율하는 '올바른 법'이라는 사상에 익숙하지 않았던 것이다.[32]

『성법략』에 실린 츠다의 서문은 니시의 한문과는 전혀 달라 에도시대 학자들이 헤이안시대 문체를 모방해 쓴 의고문(擬古文)으로 다음과 같이 시작한다.

> 일본(=야마토[大倭])은 말로 굳이 드러내지(=코토아게[言挙げ]) 않는 나라이며 성덕태자(聖德太子)께서 17조 헌법[33]을 정하시기 전까지는 세상은 대체로 평화로웠다. 그런데 서양 국가들은 먼 옛날부터 법률을 둘러싼 논의로 시끄럽고 까다로운 것이다.

츠다는 어렸을 때 국학을 배우고 네덜란드 유학을 마친 후에도 평생 국학에 충성한다는 마음을 바꾼 일이 없었다고 한다. 그러한 기상이 전해지는 서문이다. 위 내용에 이어서 이 책의 경위를 이야기하고, 세상의 변화가 격심함을 적으면서 "세상은 반지의 구슬이 한 바퀴 돌면 다시 원래로 돌아가듯이 아직 거론하지 않은 옛날로 돌아가는 일도 없다고는 할 수 없다고 감히 말하는 것은 나, 츠다 마미치이다."로 끝난다.

---

32 蓮沼啓介 「西周の法哲学再考―西周における法哲学再建の試み」 神戸法学雑誌 50권 2호(2000년) 224쪽은 니시의 자연법사상과의 결별이 1875년경이라 추측하고 있다.

33 [역주] 604년에 성덕(=쇼오토쿠)태자(聖德太子)가 만들었다는 17개조 법문. '헌법'이라고는 하지만 근대헌법과는 달리, 관료와 귀족에 대한 도덕적인 규범이 들어 있어 행정법으로서의 성격이 강하다. 제1조와 제17조에 '독재의 배제'와 '논의의 중요성'이 거듭되는 것도 큰 특징이다.

코토아게(言挙げ)는 『만엽집(万葉集)』의 카키노모토노 히토마로(柿本人麻呂) 장반가(長反歌) "갈대밭의.... 코토아게(言挙げ)하지 않는 나라"에 나오는데, 이 당시는 말의 주술적 힘(呪力)을 의미한다.[34] 그러나 츠다가 말하는 코토아게는 자신의 의견을 말로 나타내는 것일 것이다. 2차 대전 전의 오노 세이이치로오(小野清一郎, 1891–1986)도 이 서론을 거론하며 이렇게 평했다. "애써 서양 법학 연구를 지향했음에도 불구하고 결국은 서양적인 법률론에 친하지 못했다."[35] 온갖 이치를 다하여 권리와 의무를 논하고 그것을 자연법으로 정당화하는 논의에 대해 츠다가 문화적 위화감을 느꼈음을 알 수 있다.[36]

츠다 마미치

서양법 이해의 어려움

유학에 나섰을 때는 니시나 츠다나 번서조소(蕃書調所)라는 명칭을 직역할 수 없어서 네덜란드에서 '관립유럽학문소(官立ヨーロッパ学問所)'라는 서구식 명칭을 썼던 것으로 보인다.[37] 그들은 그 학문소의 교원으로 네덜란드어 외에 영어, 독어, 프랑스어를 읽을 수 있었고, 유럽으로 떠나기 전에 벌써 서양의 학

---

34 多田一臣 「言挙げということ―『万葉集』 巻13・3253〜4歌を手がかりにして」日本文学 44권 6호(1995년) 61쪽.

35 小野清一郎 『日本法理の自覚的展開』(有斐閣, 1942년) 15쪽.

36 니시와 카토오 히로유키의 성법 관념이 1877년 전후로 공리주의 또는 사회진화론이 받아들여짐에 따라 변화하여 일체의 보편적 규범을 부정하는 방향으로 나아감에 대하여는 植手通有 「明治啓蒙思想の形成とその脆弱性―西周と加藤弘之を中心として」 植手編 『西周/加藤弘之』 수록 41쪽.

37 大久保(健) 『オランダ』 23쪽.

문에 어느 정도 접한 상태였다. 그러나 법학에 관해서는 퓌세링의 강의를 받을 때까지 초보적인 지식도 없었던 것으로 보인다. 강의가 시작되기 전의 시점에서 두 사람은 나중에 '성법'이라고 옮기게 되는 자연법을 '천연의 본분'으로 옮기고, 나중에 '만국공법'으로 번역되는 국제법을 '백성(民人)의 본분'이라고 번역하였다. '본분(本分)'은 당초 권리의 번역어로 쓰였던 낱말이다. 원어에 대응하는 역어가 일본어에 없었기 때문이라고는 해도 기본 개념을 아직 충분히 이해하지 못하고 있었음을 엿볼 수 있다.[38]

그런데 귀국 후의 번역을 보면 불과 2년 만에 깊은 이해에 도달했음을 알 수 있다. 두 사람이 네덜란드어의 '사회(생활)'(영어로 말하면 social life)라는 낱말의 번역에 고심에 고심을 거듭했던 모습은 주목할 만하다.[39] 퓌세링의 강의에서는 사회생활(네덜란드어 maatschappelijk leven)이라는 개념이 중요한 자리를 차지한다. 자유로운 경제 활동이 이루어지며 사람들이 서로 공동생활을 영위하는 곳이다. 그것을 두 사람은 '상생양(相生養)의 길'로 번역하였다.[40]

상생양(相生養)의 길

이 말은 유교의 원전 해석 속에 등장한다.[41] 후한의 정현(鄭玄)이 『중용』의 '천명지위성(天命之謂性)'에 붙인 주석, 당나라 한유(韓愈)의 「원도(原道)」, 청나라

---

38 長尾龍一 「フィセリングと自然法」 앞에 든 『法学ことはじめ』 305쪽.

39 柳父章 『翻訳語成立事情』(岩波新書, 1982년) 151쪽 이하. 또 이와쿠라 견외사절이었던 久米邦武 등도 society의 번역에 고심한 경위에 관하여는 木村直惠 「《society》と出会う―明治期における 『社会』 概念編成をめぐる歴史研究序説」 学習院女子大学紀要 9호(2007년) 1쪽.

40 이 번역어 탄생의 경위와, 이 번역어가 그 후 겪은 운명에 관하여는 木村直惠 「《society》を想像する―幕末維新期洋学者たちと〈社会〉概念」 学習院女子大学紀要 11호(2009년) 1쪽 참조.

41 이하의 기술은 大久保(健) 『オランダ』 121쪽 이하, 長尾 『法学ことはじめ』 307쪽 이하에 의함.

대진(戴震)의 『중용보주(中庸補註)』에서 '솔성지위도(率性之謂道)'에 붙인 주 등에서 볼 수 있다. 예를 들어, 『한적국자해전서(漢籍國字解全書)』의 마츠다이라 야스쿠니(松平康國)는 「강설(講説)」에서 「원도」의 원문[42]을 이렇게 번역하였다. "옛 시대에는 인류에 해가 될 사람이 많았느니, 그런데 다행히도 성인이라 부를 일종의 존귀한 분이 천자의 자리에 서시어, 마땅히 이러해야 한다며 인민의 생활을 유지하고 호구를 채울 방법을 가르치셨다."[43] 또한 오규우 소라이의 『변도(弁道)』에도 유사한 표현('親愛生養의 性')이 보인다. 니시와 츠다는 이러한 지식을 바탕으로 자체 전통 교양의 어휘를 구사하여 어떻게든지 퓌세링의 기본 개념을 표현하려고 고심하였던 것이다.[44]

『성법략』에서 '성법'도 이렇게 '상생양'으로 설명된다. "성법은 사람의 성에 바탕을 둔 법이다." "인간 세상에서 상생양하지 않을 수 없는 것이 생명이다." "상생양하기에 만반의 일이 제대로 흥한다." "일이 있으면 규칙이 있어야 하고, 그래서 법이 생기는 것이다."

사람은 사회생활을 영위할 수밖에 없고, 그러다 보니 분쟁도 발생하기 마련이다. 그래서 법이 있는 것이라는 취지로 보인다. 그리고 인간의 '성', 즉 타고나면서 갖추어져 있는 성질에는 저러한 인간관계에서 발생하는 것의 옳고 그름에 대한 판단 기준이 담겼다는 논의가 이어진다(여기가 바로 자연법적인 부분).

이처럼 당시 한학의 교양에서 상생양은 "사람들이 공존한다."라는 의미로 쓰였다.[45] 위에서 사회를 뜻하는 네덜란드어에 해당하는 영어의 'society'도 원래

---

42 "古之時人之害多矣, 有聖人者立, 然後教之以相生養之道"

43 『先哲遺著追補漢籍国字解全書第三十巻』(早稲田大学出版部編刊, 1914년) 14쪽.

44 小泉仰 『西周と欧米思想との出会い』(三嶺書房, 1989년) 76쪽 이하에 의하면 니시에게 상생양(相生養)의 길이란 「위군(為群)의 성」(무리를 짓는다는 인간의 선천적 성질)으로부터 후천적으로 발전하는 인간의 심리라고 자리 매겨졌고, 「위군의 성」이 소라이(徂徠)의 「친애생양(親愛生養)의 성」에 대응한다. 이러한 이해에 따르면 니시의 「상생양의 길」이란 오늘날 방식으로 표현하자면 인간의 사교성에 상당할 것이다.

45 칸다와 니시의 번역 『性法略』, 『性法説約』을 원문과 대조하면서 검토한 법철학자 나가오 류우이치(長尾龍一)는, 인간을 사회적 동물이라 하는 아리스토텔레스적 인간관,

동료를 나타내는 라틴어 'socius'에서 유래하는 단어이기 때문에 서로 사이좋게 지내는 사교 공동체라는 의미로도 사용된다. 영국에서는 사교 단체나 학회는 "Society"라 칭한다.[46] 그래서 후쿠자와는 "인간 교제(의 길)"이라고 번역했다. 이 것은 한학의 전통과는 분리된 조어이다.

어느 쪽이건 원어의 의미를 깊이 이해하였기에[47] 일본어로 바꾸어야 할 방법을 놓고 어려움을 겪는 것이다. '사회(社会)'라는 번역어를 처음 사용한 것은 후쿠치 오오치(겐이치로오)(福地桜痴)(源一郎)가 1875(메이지 8)년 1월 14일 토오쿄오 일일신문(東京日日新聞)[48]에 쓴 논설 기사에서 '사회'를 '소사에찌'라는 토를 달아 게재한 것이 최초라고 한다.[49] 그 후 이 번역어가 보급되었다. 그러나 원어의 정확한 의미가 전해졌는지는 별개의 문제이다. 사교 단체를 '사회'라고 부르는 것이 일본어로서는 어색함을 생각하면 원어의 의미가 드러나지는 않는 것이리라.

나아가서는 국제법의 아버지라 하는 그로티우스(1583-1645)의 자연법론에 유래하는 「공존」(tezamen leven)이라는 개념을 니시나 칸다나 「상생양」이라 번역했음에 주목하였다. 앞에 든 『法学ことはじめ』 307쪽.

46 메이로쿠샤(明六社)는 「소사이치(ソサイチー)」의 실천을 목표로 결성된 최초의 단체였다. 木村直恵「『社会』以前と『社会』以後—明治期日本における『社会』概念と社会的想像の編成」鈴木貞美=劉建輝編『東アジアにおける知的交流—キイ・コンセプトの再検討』国際研究集会報告書第44集(国際日本文化研究センター, 2013년) 수록 276쪽.

47 니시의 society 이해에 대하여 木村直恵 「西周『百学連環』講義における『相生養之道』—維新期洋学者たちの《society》概念理解」 学習院女子大学紀要 10호(2008년) 61쪽.

48 [역주] 1872년 창간된 오늘날 마이니치 신문(毎日新聞)의 전신.

49 『東京大学文学部社会学科沿革七十五年概観』(同大学文学部社会学研究室開室5十周年記念事業実行委員会編刊, 1954년)에 그 뜻이 상세하게 기술되어 있다. 또 木村,「『社会』以前と『社会』以後」279쪽. 「사회」라는 말 자체는 중국 전래의 한어로서 존재하여, 옛날에는 토지의 신(사[社])의 제례 때 민중이 모이는 것(會)이었음 등, 일본의 사용례에 관하여는 齋藤毅 『明治のことば—文明開化と日本語』 (講談社学術文庫, 2005년) 184쪽 이하에서 자세히 논하고 있다.

서양 법학을 배우는 것은 먼저 기본 용어의 의미를 확정하고 그에 대응하는 번역어를 찾는 작업에서 시작되었다. 이렇게 개념을 하나 하나 뚜렷이 함으로써 법학이라는 학문의 개요가 포착되어 갔다. 바로『난학시작(蘭學事始)』[50]의 세계이다.

그러나 막부 말기부터 메이지 초기에 걸쳐 구미에 유학하여 법학을 배운 사람 가운데 월등한 인재였던 니시 아마네(西周)와 츠타 마미치(津田真道)조차도 서양 법학의 개요를 이해했다는 수준이며, 자기의 언어로 법학을 가르칠 수준에는 미치지 못했다. 그래선지 니시와 츠다의 업적은 이후 일본의 법학에 직접적인 영향을 주지 않은 것으로 보인다.[51] 애초 귀국 후 니시와 츠다는 막부 말기의 혼란 속에서 유학의 성과를 살리기 위한 합당한 기회를 부여받지 못했다.[52] 자신의 학식을 바탕으로 일본어로 법률 교육을 제공할 수 있는 인재로는 호즈미 노부시게 등 차세대의 등장을 기다려야만 했다.

만국공법

니시와 츠다가 아직 유학 중일 때 중국에서 획기적인 책이 출간되었다. 미국의 국제법 학자 헨리 휘톤(Henry Wheaton, 1785–1848)이 쓴 책의 한역(漢譯)『만국공법(万国公法)』이다. 원래의 책은 1836년 간행된『Elements of International Law』라는 책으로 당시 각국어로 번역되어 호평을 받던 국제법 개설서이다. 오늘날이라면 제목을 '국제법개설' 정도로 할 법하다. 이것을 미국인 선교사 윌리엄 마

---

50 [역주] 1815년, 당시 83세인 스기타 겐파쿠(杉田玄白)가 난학(蘭学) 초창기를 회상한 기록. 상하 2편으로 되어 있다.

51 大久保(利)「幕末の和蘭留学生」102쪽. 오오쿠보(大久保)는 자연법론에 따른 기술이지만 같은 뜻을 적고 있는 것이라면서 牧野英一 『日本法的精神の比較法的自覚』(有斐閣, 1944년) 45쪽을 인용하고 있다. 또 長尾,『法学ことはじめ』315쪽 참조.

52 木村「《society》を想像する」42쪽 이하.

틴(William Martin)이 한문으로 옮겨 『만국공법』이라는 표제로 간행했다. 중국 체류 67년에 이르던 마틴은 처음엔 선교사로 중국에 건너갔으나 중도에 청나라 정부에 고용되어 유럽 언어의 교육을 주로 맡는 기관인 동문관(同文館, 이후 베이징대학의 전신 중 하나)의 창립에 참여하기도 했다. 그가 중국인의 협력

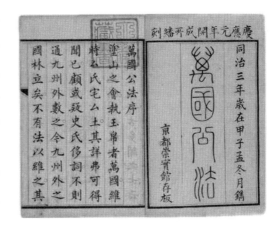

『만국공법』

도 얻으면서 완성한 번역은 1864년 베이징에서 공간되었는데, 이듬해인 1865년에 벌써 에도에서 번각되었다.[53] 그 후에도 일본어 번역과 주석서가 속속 나왔다. 일본에서도 이런 종류의 정보를 얼마나 갈망하였는지 알 수 있을 뿐만 아니라 청나라와 일본의 학술 교류가 생각보다 긴밀했음을 엿보게 한다. 서양 법학을 처음으로 체계적으로 일본에 전했다고 할 수 있는 휘톤의 『만국공법』은 매우 인기를 얻어 "식자는 다투어 이 책을 읽는 지경이었다."라고 한다.[54] 권리(權利), 주권(主權), 특약(特約) 등의 용어도 이 책과 더불어 일본에 들어온 것으로 알려졌다.[55]

---

53 三谷編 『吉野作造』 448쪽(「わが国近代史における政治意識の発生」).

54 穂積陳重 『法窓夜話』(岩波文庫, 1980년) 182쪽.

55 메이지 초년 미츠쿠리 린쇼오(箕作麟祥)가 『불란서법률서(仏蘭西法律書)』를 번역할 때, 중국어역 『万国公法』을 참조하고 그 책의 번역대로 '라이트'(불어로는 droit)와 '오브리게이숀'(불어로는 obligation)을 각기 '권리'와 '의무'로 채웠다고 한다. 大槻文彦編 「箕作麟祥君伝」 加藤周一＝丸山真男校注 『日本近代思想大系　翻訳の思想』(岩波書店, 1991년) 305-306쪽.

유교적 이미지

하지만 마틴의 번역은 원저의 충실한 축어역(逐語譯)이 아니며 분량도 삼분의 일 정도에 의역이라 할 부분도 있었다. 19세기 후반의 국제법은 자연법적 국제법에서 실정법적 국제법으로 이행하는 과도기였다.[56] 그런데 "나의 일은 이 무신론적 정부로 하여금 신과 신의 영원한 정의를 인정하게 하는 데 있다."[57]라고 적은 선교사에 의한 번역이다 보니 원본보다 자연법적 요소를 강조하였다. 그리고 그것을 중국인이 받아들이기 쉽게 하려고 '공법(公法)'이라는 번역어를 사용했다.[58] 이것은 현재의 법률가가 이해하는 공법·사법의 공법이 아니다. 여기서 말하는 「공(公)」은 유교의 개념이며 "한 국가가 제멋대로 할 수 없다."라는 의미이다. 즉 모든 국가에 적용될 법이며, 하늘이 명하는 바의 이치('천지자연[天地自然]의 이법[理法]'에 근거하는 '천지의 공도[公道]')라는 뜻이다.[59] 그 밖에 '천법', '천리', '자연의 법' 등 자연법적, 유교적 용어가 많이 쓰였다.

법학과 출신의 중국학자인 사토오 신이치(佐藤慎一)는 『만국공법』과 그 뒤에 번역된 국제법의 문헌인 『각국교섭공법론(各国交渉公法論)』이 중국에서 갖는 영향력에 대해 다음과 같이 말하고 있다.

요컨대 『만국공법』을 비롯한 이 책들이 독자에게 제공한 것은 국제 사회에는 여러 국가 간의 관계를 규율하는 보편적인 법 규범의 체계가 마치 자연 질서처럼

---

56 佐藤慎一 『近代中国の知識人と文明』 (東京大学出版会, 1996년) 46쪽.

57 大久保 (健) 『オランダ』 205쪽.

58 후에 international law는 箕作麟祥가 국제법(国際法)이라 옮겼고, 이 역어가 중국에 역수입되었다(佐藤(慎), 책 165, 201쪽 참조).

59 佐藤(慎) 『近代中国』 46쪽, 大久保 (健) 『オランダ』 162쪽. 만국공법과 동일한 의미로 「천하의 공도(公道)」 등 동양의 천도 사상과 결부된 역어가 쓰였고, 그것이 키도 타카요시(木戸孝允)의 머리에 들어가 5개조 선서문의 '천지지공도(天地之公道)'라는 표현으로 이어졌다고 한다. 尾佐竹猛 「万国公法と明治維新」 同 『尾佐竹猛著作集 第十三巻』 (ゆまに書房, 2006년) 수록 180쪽.

이미 주어진 것으로 존재한다는 이미지였다.[60]

이러한 이미지는 유교 전통을 공유하는 일본에서 일본적으로 변용된 유교 사상[61]이 당연한 교양이던 메이지 초기의 지식인들이 서양법을 수용할 때 지녔던 이미지와 같았다. 그 이미지가 유교적으로 이해되어 간다. 일본 역사학의 태두 시게노 야스츠구(重野安繹, 1827-1910)의 1870년 주석에서는 그로티우스(Hugo Grotius, 1583-1645)의 자연법 이론에 대해 이렇게 이야기하였다. "맹자의 성선양지(性善良知)[62]의 설을 본으로 하고 마음을 스승으로 한다는 왕양명(王陽明)의 이론으로 귀착한다."[63] 오오쿠보 타케하루(大久保健晴)는 이에 대해 이렇게 덧붙였다. "만국공법에 대한 이러한 시각은 개국 이래 다른 문명과 문화의 접촉을 통해 보편적인 '도리'를 찾아가는 방법에 관한 사상적 탐구의 한 귀결이기도 했다."[64] 메이지 시대에 이르러 서양법의 정보가 일본에 속속 들어왔을 때 먼저 그것이 천부인권론과 결부된 것은 여기에 이유가 있다.[65]

동시에 유교의 핵심에는 중국을 세계 문명의 중심으로 생각하는 '화이사상(華夷思想)'이 존재하고, 이를 수용하든 반발하든 일본의 유학자들은 그 사상과의 대결을 강요당하는 형편이었다.[66] 이에 대해 만국공법은 중화이적(中華夷狄) 사상을 타파한다는 점에서 높이 평가된 면도 있다.[67]

---

60 佐藤(慎)『近代中国』46쪽.

61 유교사상의 일본적 변용에 관하여 渡辺浩『近世日本社会と**宋学**(増補新装版)』(東京大学出版会, 2010년). [**역주**] 박홍규 역 『주자학과 일본근세사회』[예문서원, 2007]).

62 [**역주**] 양지(良知): 사람이 태어나면서부터 지니고 있는 시비·선악을 그르치지 않는 바른 지혜.

63 大久保（健）『オランダ』207쪽.

64 大久保（健）『オランダ』207쪽.

65 三谷太一郎「思想家としての吉野作造」三谷編『吉野作造』수록 60쪽. 米原謙「儒教と天賦人権論」植木編『中公バックス日本の名著 34西周・加藤弘之』付録しおり.

66 渡辺『近世日本社会と宋学』40쪽 이하.

67 丸山「近代日本思想史における国家理性の問題」212쪽 참조.

하지만 『만국공법』의 이미지는 그리 오래 가지 않았다. 당시 휘톤의 『만국 공법』과 함께 널리 읽힌 미국인 학자 울시(Theodore Salisbury Woolsey, 1852-1929)의 국제법 분야 저서인 『인터내셔널 로(International Law)』에서 그리스도교 국가 간의 공통법이라는 용어가 쓰였는데, 중국에서도 '만국'이란 역어를 피하였고, 일본에서도 토오쿄오 카이세이(開成) 학교에서 '만국'을 피하고 '열국교제법(列国交際法)'이라는 역어를 사용하였다. 그 후 1873년에 미츠쿠리 린쇼오(箕作麟祥, 1846-1897)가 울시의 '인터내셔널 로'를 '국제법(国際法)'으로 번역하고부터는 점차 그 것이 일반화하여 토오쿄오대학에서도 1881년 학과 개정에서 '국제법'이라는 용어를 사용하였다.[68]

난학에서 양학으로

니시와 츠다의 새로운 유럽 이론 소개로 그치지 않고 에도 막부 말기부터 메이지에 걸쳐 서양의 서적이 엄청난 기세로 번역되었다. 전통적인 네덜란드어 문헌을 통해서가 아니라, 영국 · 프랑스, 그리고 곧 독일 학문이 직접 소개되게 되어 난학(蘭学)[69] 대신 양학(洋学)이라고 했다. 지금까지 서양 지식의 창구 역할을 했던 난학이 순식간에 버림받은 것이다.

니시 · 츠다가 유학에 나선 것과 같은 1862년 1월 토쿠가와 막부의 공식 외교사절인 이른바 분큐우 견구사절(文久遣欧使節)[70]이 일본(나가사키)을 떠났다. 이들을 수행한 사츠마(薩摩)의 마츠키 히로야스(松木弘安, 1832-1893)(훗날의 테라지

---

68 『法窓夜話』 52 참조.

69 [역주] 에도 시대에 네덜란드를 통하여 일본에 들어온 유럽의 학술 · 문화 · 기술의 총칭. 개국 이후에는 세계 각국과 외교 관계를 맺어 '양학(洋学)'이라는 명칭이 일반화된다.

70 [역주] 메이지 유신(1868.10) 후 1871년 12월 23일부터 1873년 9월 13일까지 미국 · 유럽으로 파견한 정부 수뇌진과 유학생 사절단. 대표 이와쿠라 토모미(岩倉具視)의 이름을 따 이와쿠라(岩倉) 견구사절이라고도 한다.

마 무네노리)는 영국·프랑스·독일 등 유럽 국가와 네덜란드를 실제로 보고 나서 비교하며 이렇게 말했다. "네덜란드의 여러 사정을 영·불·독에 비한다면 백분의 일보다 못하다 할 것." "저희가 귀국한 후에는 두 번 다시 초학자에게 난학을 권할 뜻이 없사옵니다."(『夷匪入港録』)[71] 유럽에 와서 보니 네덜란드는 영국·프랑스·독일에 비하면 1퍼센트 정도의 무게밖에 없으니, 귀국한 뒤에 학문을 시작하는 이들에게 이제 더는 네덜란드 학문을 권할 생각은 없다는 말이다.

네덜란드어 지식을 갖고 요코하마를 방문한 후쿠자와 유키치(福沢諭吉, 1835-1901)가 알파벳으로 쓰인 가게 간판조차 읽을 수 없고, 네덜란드어가 서양에서 널리 쓰이는 것이 아님을 알고 즉시 영어 학습으로 전환한 이야기(이른바 '영학발심[英学發心]')는 잘 알려져 있다.[72]

그러나 에도 시대에 발달했던 난학이 헛된 건 절대 아니었다. 미국인 일본 연구자인 리처드 마이니어(Richard H. Minear, 1938-)는 알버트 크레이그(Albert M. Craig)의 다음 주장을 소개하였다.[73] "난학은 주자학의 중요한 방류이며, 서양 사상의 수용에 매우 적합한 기반을 이루었다." "난학의 윤리적 입장은 주자학과 다르지 않고, 다름은 단지 서양 과학에 적극적인 관심을 품었던 점에 있다." 게다가 유럽적 합리성의 요소가 포함되었던 점에서 난학에 능하다는 것이 영국과 프랑스의 학문적 이해를 용이하게 했다는 것이다.

화혼양재(和魂洋才)와 법학

그런데 양학의 대상으로서 실용적인 서양 과학에 대한 갈망이 있었던 한편,

---

71 沼田『洋学』226쪽.

72 福沢諭吉『福翁自伝』「大阪を去て江戸に行く」(時事新報社編, 1899년) 150쪽 이하.

73 R. H. マイニア(佐藤幸治=長尾龍一=田中成明訳)『西洋法思想の継受—穂積八束の思想史的考察』(東京大学出版会, 1971년) 158쪽. [역주] 영어판은 다음과 같다. R.H. Minear, Japanese Tradition and Western Law: Emperor, State and Law in the Thought of Hoz. Yatsuka (Cambridge: Harvard University Press, 1970).

화혼양재라고 하여, 정신 학문으로서의 한학 전통이 (적어도 당시에는) 견고하게 유지되었다. 정신적인 부분에서 서양 사상의 유입에 대한 경계심도 강했다. 양학으로서 중시된 것은 의학, 공학과 함께 법학이었는데, 법학에는 좀 더 복잡한 측면이 있다. 시장 규칙의 측면에서는 실용적 학문으로서의 성격이 확실했지만, 다른 한편으로 가족과 국가의 성립에 관한 영역에는 '화혼'의 영역에 들어갈 내용이 담겼기 때문이다. 이 점이 어느 나라의 법률을 도입할지와 관련하여 큰 영향을 미쳤다.

자연과학계 학문의 경우는 가장 앞선 나라가 선택되는 경향이 있었다. 예를 들어, 의학의 경우 처음에는 영국 의학이 수입되어 영국인 윌리엄 윌리스(William Willis, 1836–1894)가 중용되었으나, 곧 국제적으로 평가가 높았던 독일 의학으로 대체되어 토오쿄오대학 의학부 계통은 독일 의학 일색이 되었다. 하지만 해군에서만큼은 윌리스의 제자인 해군 군의관 타카키 카네히로(高木兼寛, 나중에 해군 군의관 총감)를 통해 영국식 의학이 남았다. 1880년대부터의 각기병의 원인을 둘러싼 타카키와 육군 군의관 모리 린타로오(森林太郎)(=오오가이[鴎外, 1862–1922]는 필명) 등의 유명한 각기(脚氣) 논쟁의 배경에는 이처럼 미세한 차원에서의 원인을 추구하는 독일 스타일과 현상을 관찰하는 경험주의적 영국 스타일이라는 두 나라 의학 스타일의 차이가 있다. 타카키 의학의 경험적 성격이 각기 원인으로 비타민 B1의 발견으로 이어지는 실증 실험을 낳았다(타카키의 명성은 해외에서도 높아서 남극에 타카키의 이름을 딴 곳도 있음).

한편으로 법학의 경우 처음에는 영·미와 프랑스의 영향이 강했지만, 이윽고 유럽의 국정이 알려지면서 군주를 모시는 신흥 강국 독일의 영향이 압도하기에 이르렀다. 특히 1870년 프로이센이 대국 프랑스를 압도한 보·불전쟁의 영향은 강력했다. 다만, 주목할 만한 것은 서양 법학 수용의 초기에는 특정 국가의 법학 산하에 들어가지 않았다는 점이다. 이점이 바로 일본 서양 법학 수용의 특색이다. 동남아시아, 남미, 아프리카 등 식민지화된 나라들은 종주국 법학의 영향 아래 들어갔다. 그러나 법학에 '화혼'과 관련된 부분이 있는 이상, 일본이 상대적으로 강한 영향을 받은 국가는 있었다 해도 근간이 되는 부분에서 서양을 상대화하는 시각을 잃지는 않았던 것이다. 하지만 법학은 문화의 산물이란 성격이 강하다. 비서양 국가가 자국의 문화를 유지하면서 서양 법학을 수용하는 따위의 일이 애당초 가능한 것일까.

법학의 부재

아시아에도 법은 존재한다. 중국은 예로부터 법이 있고, 법에 의한 통치를 중시하는 법가(法家)라는 학파도 존재했다. 그러나 법학(法学)이라는 개념은 없었다. 니시 아마네도 『백학연환(百学連環)』에서 한문・일본어로 'jurisprudence'에 해당하는 낱말이 없음을 지적하였다. 그에 따르면 중국어의 '법(法)'은 윗사람이 아랫사람에 내리는 명령을 의미하기에 jurisprudence의 적절한 번역이 아니고, 그래서 당초 '법'이라는 번역어를 피하려고 했다. 당시의 일본어 감각으로는 '법'의 의미가 서양의 law에 잘 대응한다고 생각하지 않았기 때문이다.[74] 따라서 jurisprudence를 법학이라고 번역하는 것도 적절하지 않아서 '이치[筋] 배우기'라는 역어를 제시하였다.[75]

일본에도 당나라의 율령제를 본뜬 대보(=타이호오) 율령(大寶律令)[76] 이래의 율

---

74 マイニア『穂積八束』207쪽.

75 『西周全集第1巻』(日本評論社, 1945년) 184-185쪽. マイニア『穂積八束』207쪽은 니시가 동양법의 후진성을 논하여 법을 「약간 도리상 논한 것」이라 하여 중국의 법률서 5권과 일본 책 4권을 들고 있음을 소개하였다. 徂徠『政談』太宰春台『経済録』中井竹山『草茅危言』頼山陽『通議』이다(앞에 든 『西周全集』234-235쪽). 하지만 예컨대 『政談』에는 법에 관한 기술이 많이 보이기는 해도 일정한 목적달성의 수단으로서 법을 이해하고 있으며 올바름을 체현한 규범이라는 발상은 빈약하다. 서양의 법에 관한 「학(学)」과의 사이에 있는 거리의 이유야말로 호즈미 노부시게가 탐구하고자 했던 물음이었다.

76 [역주] 701년(일본 방식으로는 대보원년[大宝元年])에 제정된 율령이다. '율(律)' 6권・'령(令)' 11권의 전 17권. 당(唐)의 영휘율령(永徽律令, 651년 제정)을 참고한 것이라 하나 편찬 시기로 보아 견당사(遣唐使) 파견이 중단(669년 파견 후 다음 파견은 대보

령이 있고, 율령제가 도입되고부터 헤아리면 천 년 이상 '법'의 역사가 있다. 무가(武家) 정권하에서 여러 법도를 비롯한 법이 존재했다. 특히 에도 시대에 8대 쇼오군 요시무네(吉宗) 때 성립한 공사방어정서(公事方御定書)(1742년)는 재판과 행정에 관한 다양한 법이 집약된 법전이며 선례의 리스테이트먼트(Restatement of the Law)이기도 했다. 직접적인 적용 대상은 막부 직할령이지만, 사실상 각 번에서도 참조하였다.[77] 그리고 이 법은 감정봉행(勘定奉行)과 마을 봉행(村奉行)[78]들에 의해 적용되어 선례가 더욱 축적되었다. 미국 법학자 위그모어(John Henry Wigmore, 1863-1943)는 세계의 16가지 독립적인 법체계 중에서 영국과 일본만 직업적인 재판관에 의해 판례법이 갖추어졌다고 지적하였다.[79]

위그모어는 미국 증거법의 대가로 미국에서는 "법조계 안팎의 식자들 사이에서 존 헨리 위그모어의 이름은 증거법과 동의어"[80]라고까지 이야기되는 저명한 학자이다. 그러나 그런 평가를 획득하기 이전 하버드 로스쿨을 졸업한 지 얼마 되지 않은 26세경 그는 케이오 대학에서 법학을 강의하기 위해 후쿠자와

율령 완성 후인 702년)되고 견신라사(遣新羅使)의 파견(668-779년)이 왕성했던 점 등을 들어 대 통일신라 교류의 산물로 보는 시각도 강하다. 율(律)과 영(令)이 갖추어진 본격적인 율령이다.

77 小倉宗「**近世の法**」『岩波講座日本歴史第12巻・近世3』(岩波書店, 2014년) 수록 105쪽 이하.

78 [역주] 봉행(奉行): 헤이안 시대부터 에도 시대에 걸친 무사 직명. 감정(勘定)봉행은 재정과 막부 직할령의 지배 등을 맡았다.

79 J.H. Wigmore, *A Panorama of the World's Legal Systems* (1936), pp. 503-505, ジョン・H・ウイグモア「法律の進化」法律時報 7권 6호(1935년) 6쪽. 위그모어의 법제사료 연구에 관하여는, 高柳賢三「ウイグモア先生について一人格と学識と事業」法律時報7巻6号7쪽, 山田好司「ウィグモアと旧司法省編纂近世法制史料」J&R: 法務大臣官房司法法制調査部季報 47호(1983년) 87쪽 이하, 千種秀夫「日本におけるジョン・ヘンリ・ウイグモアの業績と教訓」法の支配112号(1999년) 2쪽 참조. 그가 수집한 귀중한 사료 원본은 전시 중 야마나시현으로 옮겨졌으나 미군의 소이탄에 소실되었다.

80 David S. Ruder, "John Henry Wigmore: A Great Academic Leader", *Northwestern University Law Review* vol. 75, no. 6 Supp., p.1.

유키치의 초청으로 일본에 왔었다.[81] 메이지 헌법이 발포된 1889년의 일이다. 법학 세계의 이른바 초빙 외국인들 대부분은 일본의 고유법에 학문적 관심을 보이지 않았으나, 위그모어는 이제 막 서양법으로 바뀌려는 일본의 고유법에 관심을 두고 자료 수집과 영어 번역 사업을 시작했다. 이 영문 번역 사업은 그의 사후에도 계속되어 방대한 자료집으로 간행되었다.

하지만 그 위그모어가 영국의 코먼 로와 나란히 평가한 에도 시대 막부의 법과 판례는 원칙적으로 비밀법(秘密法)이었으며 장군(将軍), 노중(老中), 삼봉행(三奉行)·평정소(評定所)[82], 소사대(所司代)[83], 오오사카 성대(大坂城代)[84] 등 일부 관료만이 열람·이용할 수 있었다(하지만 실제로는 다양한 경로로 유출·유포되었다고 함).[85] 이 때문에 법에 구속력이 있어야 할 이유, 법과 도덕은 어떻게 다른지, 법규범이 규범 제각각의 집합인지 아니면 내재적인 구조가 있는지, 어떠한 재판 절차가 정당한지 등등을 묻는 학문은 성립하지 않았다. 법은 있어도 (서양적인 의미에서의) 법학은 존재하지 않았고, 따라서 법학자라는 전문가 계층의 확립을 볼 수도 없었던 것이다(자세한 내용은 제6장 6 참조).

서양 법학의 이해

학문으로서의 법학은 서양 문화 고유의 것이며 그리스·로마 문명에 깊이 그 뿌리를 내리고 있다. 특히 고대 로마에서 법학은 고도의 발달을 보였다. 유

---

81 岩谷十郎, 「福澤諭吉とジョン·ヘンリー·ウィグモア」 安西他編, 『福澤諭吉の法思想』 수록 참조.
82 [역주] 근대 이전에 소송을 맡던 기관.
83 [역주] 무로마치 막부 때 군사와 경찰을 맡던 관직.
84 [역주] 에도 막부 시대의 관직. 오오사카 성(大坂城)을 수호하고 벼슬아치를 통솔하며 다른 다이묘오(大名)의 동정을 감시하였다. 오늘날 한국에서는 '오사카'로 표기되는 '오오사카'는 본래 '大坂'였으나 메이지 이래 '大阪'로 바뀌었다.
85 小倉 「近世の法」 참조.

럽 법학의 역사를 놓고 어느 때를 기점으로 삼을지는 어려운 문제이지만, 고대 로마 최초의 성문법이라 하는 12표법 제정이 기원전 450년경으로, 가령 그 즈음으로 계산하더라도 법학은 족히 2,500년의 역사가 있다. 유럽 각국의 법학은 그 유산에 기초하고 있다.

또한, 중세 이후는 세속법이라고 해도 그리스도교의 영향이 깊게 스며있어 그리스도교의 이해 없이는 충분히 이해하기 어려워졌다. 또 17세기 무렵부터 등장하는 근대의 법학은 유럽 계몽주의의 흐름과 분리하여 이해할 수 없다. 19세기의 법학은 이러한 역사적 흐름 속에서 만들어진 것이다. 게다가 같은 유럽에서도, 예를 들어 영국, 프랑스, 독일에는 고유의 역사적 전통을 가진 법학이 성립하였다. 따라서 법학이라는 학문은 유럽 사회의 역사적 모습과 밀접한 관계가 있다. 이 점이 특정 사회의 방식과 분리된 보편성을 지닌 자연과학과의 가장 큰 차이점이다.

츠다 마미치도 다음과 같이 말하였다. "문화의 산물과 제도에 이르러서는 천 년에 걸친 경험을 바탕으로 무수한 논의를 거듭하여 오늘에 이르고 있어 우리가 쉽게 이해할 수 있는 것은 아니다. 최근 서양화론자는 자유의 본질을 알지 못하고 자유를 그리며 법률 경제의 학문을 연구하지 않고 함부로 프랑스법, 영국법, 미국의 정치 등을 논하며 심지어는 프랑스 민법을 번역해서 즉시 일본의 민법으로 삼으려고 한다. [⋯] 위험한 일이 아닌가."

츠다는 '학'의 강구가 필요하다고 하는데, 단지 특정 국가의 법률을 배우는 것으로 충분한 것이 아니라 서방 국가의 법을 비교할 수 있을 정도의 학문 추구가 주목된다. 이렇게 서양 법학과 첫 접촉을 경험한 선인은 서양의 법학을 배우려면 서양의 역사와 문화에 대한 이해가 필요함을 실감했다. 에도 막부 말기의 최우수 인재라 할 수 있는 니시와 츠다도 서양 법학의 기본 개념이 간신히 이해될 수 있었던 정도이다. 본격적인 서양 법학 수용을 위해서는 이를 위한 인재 양성이 불가결했다. 즉, 서양 법학을 깊이 이해하여 자기 집 약상자 속의 약 마냥 필요하면 아무 때나 쓸 수 있을 정도로 서양인과 대등한 수준에서 스스로 법학 연구에 종사할 수 있는 일본의 법학자를 양성하는 것이 필요했다.

제2장

인재 양성

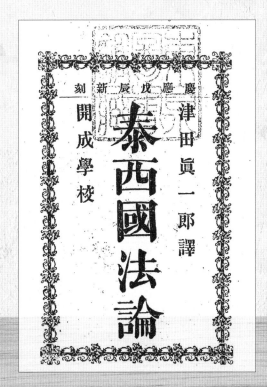

慶應戊辰新刻
津田眞一郎 譯
泰西國法論
開成學校

시몬 퓌세링(츠다 마미치 옮김)
『泰西国法論(태서국법론)』(개성학교, 1878년)

개국한 일본은 서양의 법과 법학을 수용하고자 국가정책 차원에서 인재 양성에 착수했다. 모색하던 상태에서 이제는 조직적인 수용에 나선 것이다. 극히 짧은 기간에 법문화의 수용을 가능케 한 열쇠가 여기 숨어 있다.

호즈미 형제

법과 법학의 수용은 결국은 사람을 통해 이루어진다. 특히 '법전' 같은 것(조문)이 아니라 '법학'이라는 사고방식의 수용은 그것을 맡은 인물을 통해 바라보는 수밖에 없다. 특정 인물을 통해 바라본다는 것은 시야가 한정되는 대신 피가 통하는 역사를 볼 수 있게 한다.

여기서 이야기되는 인물이 호즈미 노부시게(穗積陳重)와 야츠카(八束) 형제이다. 호즈미 노부시게는 말 그대로 일본 최초의 법학자라 불러도 좋을 인물이다. 1855(안세이 2)년 7월 우와지마에서 태어나 영국, 독일로 유학한 후 1882(메이지 15)년에 토오쿄오대학 법학부의 교수 겸 법학부장이 된다. 그의 나이 만 스물여섯 살 때의 일이다(이하, 나이는 특별히 언급하지 않는 한 만 나이). 그 후, 토오쿄오대학(그 후 제국대학, 토오쿄오 제국대학으로 명칭이 바뀜)의 교수로 서양 법학과 법학 교육의 일본 도입과 정착 및 발전을 선도했다. 1893년부터는 3인의 민법 기초자 중 한 사람으로서 법전조사회에서 활약했고(다른 두 사람은 토미이 마사아키라[富井 政章], 우메 켄지로오[梅 謙次郎]), 그 후에도 법례(法例, 현재의 '법의 적용에 관한 통칙법'의 전신)[1] 국적법의 기초를 맡았고 형법 개정에도 관여했으며 형사소송법 개정 심사위원장을 맡았다.[2] 그 후 법제심의회가 설치되자 총재가 되어 신탁법 등 다양한 법률에 관여했는데, 특히 배심법(陪審法)의 경우에는 그 성립

---

1 **[역주]** 일본의 법률의 효력 및 범위를 정한 법. 즉 일본 국제사법의 법률명.
2 富井政章, 「穗積先生の業績」 **学士会月報** 458호 18쪽. 平沼騏一郎 「穗積男爵を悼む」 同 45쪽.

에 대단한 노력을 기울였다.[3]

1912(메이지 45)년 3월 56세의 나이에 연구에 전념하고자 대학을 퇴직하지만, 공무에서 벗어나는 것은 허용되지 않았다. 천황의 최고 자문기관인 추밀원(枢密院)의 추밀고문관, 제국학사원(帝国学士院) 원장, 그리고 1925(타이쇼오 14)년 3월에는 추밀원 부의장이 된다. 제자인 카토오 타카아키(加藤高明) 수상의 강력한 설득으로 "하마오 아라타(浜尾新) 의장 임기 중에만"이라는 조건으로 부득이 맡았으나,[4] 하마오의 갑작스런 죽음[5]으로 같은 해 10월에는 의장직까지 맡고야 말았다. 이렇게 되어 생각만큼 연구 시간을 확보하지 못한 채 이듬해 4월 8일 토오쿄오 우시고메(牛込)의 자택에서 70년의 생애를 마쳤다. 메이지·타이쇼오 시대를 살았고 학자로서는 영달을 누린 인생으로 일본의 서양 법학 수용의 리더였다. 국제적으로 이름이 알려진 몇 안 되는 일본인 학자이기도 하다.

동생 호즈미 야츠카(穂積八束, 1860-1912) 또한 토오쿄오 제국대학 교수를 지낸 헌법 학자이다. 야츠카는 52세로 병사하기까지 길지 않은 삶을 천황을 정점으로 하는 가족 국가관 이데올로그로 활약하여, 그 이름은 학계보다는 교육계와 정치계에서 중요시되었다. 또한 호즈미 노부시게의 아들 호즈미 시게토오(重遠)도 토오쿄오 제국대학 교수로 민법을 강의했고 전후에는 최고재판소 판사도 맡았다. 일본 법학계의 지도적 위치에 있던 호즈미 가문의 학자들을 구별하기 위해 이제부터는 노부시게(陳重), 야츠카(八束), 시게토오(重遠)라는 식으로 퍼스트 네임을 부르기로 한다. 첫 무대는 시코쿠(四国) 이요(伊予)의 우와지마(宇和島)이다.

---

3 平沼·앞에 든 글 46쪽. 또 三谷太一郎『増補　政治制度としての**陪審制**―近代日本の司法権と政治』(東京大学出版会, 2013년) 참조. 본서 제6장 4에서 다시 언급.

4 穂積陳重(穂積重行校訂)『**忌み名の研究**』(講談社学術文庫, 1992년)의 穂積重行「まえがき」7쪽.

5 오늘날의 분쿄오구(文京区) 카스가(春日)에 있었던 자택의 뜰을 산책하다가 낙엽을 태우던 모닥불 구덩이에 떨어져 화상을 입고, 다음날 사망했다. 하마오는 문부대신과 토오쿄오 제국대학 총장을 지냈고, 커다란 동상이 지금도 토오쿄오대학 야스다강당 옆에 남아 있다.

우와지마

노부시게가 태어났을 때, 우와지마번(宇和島藩) 번사(藩士)였던 아버지의 '씨(氏)'는 스즈키(鈴木)였다.[6] 아버지 스즈키 시게노부(重舒)는 우와지마번의 '호랑이 방'이라는 상사 계급이며, 철포조(鉄砲組) 2개 조의 책임[組頭][7]을 맡고 있던 집안이다. 노부시게(아명 무라지로오[邑次郎])는 그 차남으로 태어났다.

노부시게의 일가가 호즈미라는 씨로 바뀐 것은 1872(메이지 5)년으로, 이해 노부시게의 아버지가 자신의 이름을 시게노부(重舒)에서 시게키(重樹)로 바꾸고 씨도 스즈키(鈴木)에서 호즈미(穂積)로 바꾸고 은거하여 가독(家督)[8]을 장남 시게카이(重頴)에게 물려주었다. 과거를 확 벗어 던져버리려는 결의를 느끼게 한다. 그 이유에 대해 시게노부의 증손에 해당하는 호즈미 시게유키(重行)는 유신과 폐번치현(廃藩置県)[9]에서 뜻과 다른 삶을 강요당한 심정을 들었다.[10]

시게노부의 아버지 시게마로(重麿)는 우와지마번에서는 처음으로 국학(国学)[11]에 뜻을 두고 모토오리 노리나가(本居宣長)의 양자 오오히라(大平)의 통신 교육을 받고 만년의 노리나가로부터도 강의를 받는 등 국학에 몰두하여 자신의 이름을 '이카시마로(イカシマロ)'라고 읽게 했다고 한다.[12] 그 아들 시게노부 또

---

6   이하는 穂積重行『明治一法学者の出発　穂積陳重をめぐって』(岩波書店, 1988년)』(이하『出発』에서 인용) 1쪽. 穂積重行編『穂積歌子日記　明治 23~30년』(みすず書房, 1989년) 110~115쪽(穂積重行「鈴木重麿のこと―『穂積家家譜』」)에 의함.

7   [역주] 철포조는 중세 말기 이후 무사 집단 가운데 철포(=소총, 조총)로 호위나 전투를 맡았던 부대를 말한다. 에도 막부에서는 부대의 선두에 섰다. 그 조직의 책임자를 조두(組頭)라 했다.

8   [역주] 가부장제에서의 가장권(家長權).

9   [역주] 메이지 유신 때 1871년 8월 메이지 정부가 그때까지의 번(藩)을 폐지하고 지방통치를 중앙 관하의 부(府)와 현(県)으로 일원화한 행정 개혁을 말한다. 약 300곳의 번을 그대로 국가 직할 현으로 만든 후 다시 통폐합이 이루어졌다.

10 『出発』 33쪽 이하.

11 [역주] 에도 시대 중기에 발흥한 학문. 란가쿠(蘭学)와 더불어 에도시대를 표하는 학문의 하나. 화학(和学)·황조학(皇朝学)·고학(古学) 등으로도 불린다.

12 『出発』 30쪽.

한 국학을 배우고, 왕정복고와 함께 국학이 일순 각광을 받을 때 번교 국학 교수로 살길이 열렸다. 그런데 바로 번이 소멸하여 국학 교수의 꿈도 덧없이 무너지고 말았다. 이 대목은 시마자키 토오손(島崎藤村)의 『새벽이 오기 전(夜明け前)』에 나오는 아오야마 한조오(青山半蔵)의 푸념과도 겹친다.[13] 국학자들이 유신 직후 시대의 빠른 움직임에서 뒤처져 "모토오리와 히라타(本居·平田)의 학설도 모르는 이는 사람도 아니라고까지 이야기되던 어제의 기세는 잘못이었는가."(『새벽이 오기 전』)하는 의문이 감돌기 시작한 것이 1872년 무렵이다.

호즈미라는 씨의 근거는 우와지마의 스즈키씨가 다테 마사무네(伊達政宗, 1567-1636)를 섬긴 스즈키 하라베에이(鈴木源兵衛)나 미나모토 요시츠네(源義経, 1159-1189)를 섬긴 스즈키 사부로 시게이에(鈴木三郎重家)를 거쳐 호즈미노오미(穂積臣)('오미[臣]'는 천황으로부터 하사받은 姓의 하나)[14]의 원조(遠祖)라는, 일본서기에 등장하는 오오미즈쿠모노스쿠네(大水口宿禰)로 이어진다는 것인 듯하다. 이미 신화의 세계이지만, 시게마로는 이것을 이른바 필명처럼 사용하였다. 그런 시게노부가 정식으로 씨바꿈(改氏)을 감행한 것이다.

이러한 개별 번사의 운명과는 상관없이 우와지마번 자체는 무신전쟁[15]에도 직접 휘말리지 않아 겉으로는 평온했다. 소년 무라지로오(邑次郎, 노부시게)는 열세 살 나이에 메이지 유신을 맞이했는데, 그해 1868(케이오 4, 메이지 원)년 우와지마 번사 이리에가(入江家)에 양자로 들었다. 뒤를 이을 남자가 없는 무사 집안에 입양하는 것은 무사의 차남에게는 자주 있는 일이다. 그러나 그의 생활은 변함이 없이 번교 명륜관에서 학습에 힘썼다. 특히 한학(주자학)은 철저하여 귀

---

13 "그와 같은 실의와 패망의 경우에 빠진 것이 아오야마 한조오(青山半蔵=島崎正樹[藤村의 생부])만은 아니었다는 것도 메이지 유신의 역사가 가르치는 바이다." 橋川文三 『ナショナリズム─その神話と論理』(紀伊國屋書店, 2005년〈新装復刻版〉) 135쪽.

14 [역주] 坂元眞一 「"明治民法"의 성씨제도와 "創氏改名"(朝鮮)·"改姓名"(臺灣)의 비교분석」 法史學研究 제22호(2000) 155-190쪽.

15 [역주] 1866-1869년 왕정복고를 거쳐 메이지 정부를 수립한 사츠마·쵸슈·토사번(藩)을 중심으로 한 신 정부군과 구 막부세력 및 오오우에츠(奥羽越) 열번동맹(列藩同盟)이 싸운 일본의 내전.

에 못이 박일 정도가 된 것으로 보인다. 번교에서는 항상 연장자를 능가하는 성적을 올리며 열다섯 살 때는 열여덟 살까지를 원칙으로 한 배료(培寮)라는 보통 과정 기숙사 대표로 뽑혔다.[16]

이윽고 아버지의 불운으로 시코쿠 우와지마의 한 소년을 역사의 무대에 올려놓는 운명의 톱니바퀴가 돌기 시작한다. 노부시게가 번의 공진생(貢進生)으로 뽑힌 것이다.

공진생(貢進生)

메이지 정부는 조약 개정과 근대화를 위해 서양의 학문에 능한 인재를 시급히 양성할 필요를 통감했다. 이를 위한 정책 가운데 주목할 만한 것이 공진생(貢進生)이라는 제도다. 오구라 쇼헤이(小倉処平), 히라타 토오스케(平田東助) 같은 사람들의 건의에 따라 1870(메이지 3)년 태정관 포고로 창설된 제도

호즈미 노부시게(1870년, 앞줄 오른쪽 첫번째), 공진생으로 뽑힌 해

로, 폐번치현 직전 시기에 전국의 각 번에 명하여 당시의 나이로 16살부터 20살의 수재를 번의 수확량에 따라 한 명에서 세 명까지 차출시킨 제도이다. 당시의 일이라 모두 남성뿐이다. '공진생'라는 말이 바로 말해주는 것처럼 서양 열강과 대치해 나가야 하는 일본의 위급 존망의 시기에는 각 번이 나라를 위해 인재를 차출한다는 제도이다.

---

16   『歌子日記』84쪽.

시코쿠 이요의 우와지마번에서는 달력 나이로 열여섯 살인 노부시게가 선발되었다. 말년 추밀원 부의장이 될 때도 연구가 밀리는 게 힘들어 고사에 고사를 거듭하다가, 결국 가까운 이들에게 "자신의 몸은 번의 공진생으로 뽑힌 때부터 국가에 바쳐진 것"이라고 하며 수락했다고 한다.[17] 공진생으로 선정된 사람의 의식을 엿볼 수 있게 한다.

전국에서 모인 3백여 명의 인재[18]는 대학남교(大学南校)에 입학하여 당장 영어, 프랑스어, 독일어 교육에 투입되었다. 대학남교라는 명칭은 그 위치에서 유래한다. 막부 시대의 교육기관으로 유학·한학을 대상으로 하는 쇼헤이자카 학문소(昌平坂学問所)(昌平黌), 양학의 번서조소(蕃書調所, 그 후 양서조소[洋書調所], 반서조소[蕃書調所], 개성소[開成所], (구)개성학교[開成学校]로 명칭이 바뀜), 서양 의학을 대상으로 하는 의학소(医学所)가 있었으나, 1869년 관립 교육기관이자 행정관청으로 통합되어 대학교로 발족했다. 그러나 창평학교를 승계하는 학교(현재의 유시마세이도오[湯島聖堂][19])에서 국학파와 한학파의 심각한 파벌 분쟁으로 기능을 발휘하지 못하게 되자 그대로 폐교되었다. 한편 (구)개성학교를 승계하여 양학 교육을 담당하는 학교는 본교의 남쪽(칸다 히토츠바시[神田一ツ橋])에 있었기 때문에 대학남교라 불렸고, 의학소를 승계하여 의학을 대상으로 하는 학교는 본교의 동쪽(시타야오카치마치[下谷御徒町])에 있었기 때문에 대학동교(大學東校)라 불린 것이다.

---

17 穂積陳重『忌み名の研究』の穂積重行「まえがき」7쪽.

18 메이지 3년 7월 27일자 공진생에 관한 太政官布告에 응하여 전국에서 3백 명 넘게 모여 들어 이듬해 1월에 310명이 입학 절차를 마쳤다. 1월 22일자 「改正貢進生名簿」에 의하면 영어 210명, 불어 74명, 독어 17명이었다(唐澤富太郎 『貢進生—幕末維新のエリート』, ぎょうせい, 1974년) 9쪽. 소수이지만 독일어가 들어 있는 것은 보불전쟁의 영향이 아닌가 하기도 한다.

19 [역주] 토오쿄오 분쿄오구에 있는 사적(史跡). 에도 시대인 1690년 세워진 공자묘이며 후에 막부 직할 학문소가 되었다. 현재 그 자리에는 '일본 학교 교육 발상지'라는 게시가 있다. 종교 시설과는 무관하다.

대학남교의 교육

대학남교에 모인 공진생의 능력은 실제로는 차이가 커서 말 그대로 옥석혼
효(玉石混淆)였다. 선택할 인재가 없어서 선발이 어려운 번도 다수 있었다고 한
다.[20] 따라서 대학남교에서 바로 실시한 외국어 교육을 따라갈 수 없는 자가 속
출하여 급기야는 방탕에 빠지거나 콤플렉스를 이기지 못하여 발광하는 사람까
지 나오는 형편이었다. 공진생에서 그 후 사법관이 된 카부토 쿠니노리(加太邦
憲)는 『자력보(自歷譜)』라는 자서전에서 이렇게 말하였다. "각 번에서 뽑힌 수재
는 수재만이 아니라 나태하고 방탕한 사람도 많았다."[21] 그래서 메이지 정부는
1871(메이지 4)년 7월에 공진생 제도를 폐지하고 일단 남교를 폐쇄하여(이런 종류
의 조령모개는 당시 메이지 정부에게는 일상다반사였다.) 전원 퇴학을 명한 후 우수한
사람을 다시 선발하여 같은 해 10월 다시 입학을 인정했다. 인원은 공진생과는
별도로 시험을 치러 대학남교에 입학한 사람을 포함하여 약 반수로 줄였다.[22]

이때 대학남교의 새로운 교육이 영어에 중점을 둔다는 것을 안 불어 전공자
들이 대거 사퇴하고 프랑스법 전문 교육을 제공하는 교육기관으로 출범한 사법
성 명법료(明法寮)로 옮겨갔다. 바꿔 말하면 명법료가 프랑스법을 전공하는 우
수한 학생을 뽑은 셈이다.[23] 앞의 카부토 쿠니노리는 그중 하나다. 또한 대학남
교는 그 후 몇 번이나 이름을 바꿔[24] 1874년부터 토오쿄오 카이세이 학교(東京開
成學校)라고 칭했다. 1877년에 설립된 토오쿄오대학 모체의 하나다.

---

20 唐澤『貢進生』 20쪽.

21 加太邦憲『自歷譜』(岩波文庫, 1982년) 99쪽.

22 『出發』 69쪽.

23 이때 옮긴 것은 이노우에 세이이치(井上正一), 쿠리즈카 세이고(栗塚省吾), 쿠마노 빈
조오(熊野敏三), 키노시타 히로지(木下廣次), 키시모토 타츠오(岸本辰雄), 카부토 쿠
니노리(加太邦憲), 미야기 코오조오(宮城浩藏), 오구라 히사시(小倉久), 이소베 시로오
(磯部四郎) 등 9명.

24 대학남교는 메이지 5년 이후, 제1 대학구 제1번 중학교를 거쳐 다음 해 (제1 대학구)개
성학교, 다시 메이지 7년에 토오쿄오 카이세이학교(東京開成学校)로 개칭되었다.

남교(토오쿄오 카이세이 학교)에서 교육의 중심은 법과와 이과였고[25] 이른바 초빙 외국인들에 의한 외국어 교육이 이루어졌다. 처음에는 영어, 독어, 불어 교육이 제공되었으나, 그 후 영어의 중요성에 비추어 1875년 원칙적으로 영어로 통일되었다.[26]

노부시게가 소속한 법률 전공의 교육 내용에 관하여 노부시게는 이렇게 술회하였다. "카이세이 학교에서는 오직 오스틴 등의 분석학파의 학설, 그리고 메인 등의 역사학파의 학설만이 교수되었다."[27] 주로 당시 영국의 대표적인 법학 문헌이 읽혔다는 사실을 알 수 있다. 오스틴은 존 오스틴(John Austin, 1790–1859), 메인은 헨리 메인(Sir Henry James Sumner Maine, 1822–1888)으로 모두 당시의 영국을 대표하는 법학자이다(자세한 내용은 후술).

역사적 타이밍

공진생 제도에서 볼 수 있는 인재 육성과 교육에 대한 남다른 열정은 에도 막부 말기부터 메이지 초기의 일본을 특징짓는 것이다. 그리고 그것은 후에 돌이켜 보면 역사적으로 절묘한 타이밍이 아닐 수 없다.[28]

유럽에서 공업화 초기에는, 예를 들어 1820년대 증기기관차에 의한 공공 철도를 실용화하여 '철도의 아버지'로 불리는 조지 스티븐슨(George Stephenson, 1781–1848)이 그랬듯이, 기술적 발명은 경험과 상식을 갖춘 사업가가 달성할 수

---

25 唐澤 『貢進生』 26쪽 이하 참조.

26 『東京帝国大学五十年史 上』(東京帝国大学編刊, 1932년) 625쪽.

27 穂積陳重「独逸法學の日本に及ぼせる影響」穂積陳重 『遺文集第3冊』((岩波書店, 1934) 617쪽.

28 이하의 기술은 E · J · Hobsbawm, The Age of Capital 1848–1875의 일역 ホブズボーム(柳父圀近＝長野聡 · 荒関めぐみ訳)『資本の時代 1848–1875 Ⅰ』(みすず書房, 1981년)에 의함. [역주] 이 번역서에서는 국역 에릭 홉스봄 『자본의 시대』(정도영 옮김)(한길사, 1998)에 맞춰 표시함.

있는 범위 내에 있었다. 스티븐슨은 탄광 노동자의 아들로 성공한 입지전적 인물이다. 그런데 19세기 중반부터 점차 사정이 변해 간다. 아카데믹한 과학이 산업과 결부되어 대학교수들이 산업적인 의미에서 그 어느 때보다 중요한 존재가 된 것이다. "이제는 연구 실험실이 산업 발전에 불가결한 일부가 되었다."[29]

이처럼 과학이 산업으로 침투한 결과 교육이 산업 발전에 종래 이상으로 큰 의미를 띠게 되었다. 유럽 산업화의 선구자인 영국과 벨기에는 식자율(識字率)이 가장 높은 나라라고는 할 수 없었고, 그 교육 제도는 (스코틀랜드를 제외하면) 특별히 뛰어난 것도 아니었다. 그러나 19세기 중반 이후 국민 일반에 대한 초등교육 기관과 시대에 맞는 고등교육 기관 모두가 부족한 나라가 '현대적인' 경제를 살리는 것은 거의 불가능해졌다. 보불전쟁에서 프랑스의 패전은 단순히 군사적 패배 이상으로 "체제와 기술의 패배이며, 따지고 보면 과학 교육의 패배로 받아들여지고 있었다."[30]

이러한 교육의 중요성에 대한 의식은 일본의 지식인들에게 실시간으로 공유되었다. 일본은 서양 국가보다 훨씬 늦게 공업화의 출발점에 섰음에도 불구하고 교육 수준에 에도 시대에 축적된 높은 식자율과 학문을 존경하는 풍토[31]가 매우 유리한 조건으로 작용했을 것으로 보인다.

식자율 추정은 무엇을 식자율이라고 할지 등 어려운 문제가 있지만,[32] 막부 말기에 일본에 온 서양 사람들이 일본의 높은 식자율에 놀라는 모습은 여러 문헌에 보인다. 후쿠자와 유키치는 『통속국권론(通俗国権論)』(1878년간)에서 일본

---

29 홉스봄 『자본의 시대』 135쪽.

30 田原音和 『歴史のなかの社会学—デュルケームとデュルケミアン』(木鐸社, 1983년)155쪽. 홉스봄, 『자본의 시대』 135~136쪽은 "1870~71년에 프로이센이 프랑스를 가볍게 격파한 이유는 프로이센 병사의 훨씬 높은 식자율 덕이 작지 않았다."라고 하며, G・B・サンソム (金井円他訳), 『西欧世界と日本 下』(ちくま学芸文庫, 1995년) 289쪽: "1866년과 1870년의 전쟁은 프로이센의 학교교사들이 거둔 승리"라 한다.

31 "일본인은 중국인과 마찬가지로 학문을 매우 존경한다."(サンソム 『日本』 273쪽)

32 鈴木理恵, 「江戸時代における識字の多様性」 『史学研究』 209号(1995년) 23쪽, 八鍬友広 「近世社会と識字」 教育学研究 70권 4호(2003년) 54쪽 등.

의 식자율이 세계 제일이라 자랑한다(같은 책 46쪽). 문부성 연보(文部省年報)의 기록에 따르면, 1877(메이지 10)년에 행해진, 자기 성명과 주소를 쓸 수 있는 '자서율(自署率)' 조사 결과는, 예를 들어 시가현(滋賀県)의 경우 남자 89.23%, 여자 39.31%, 전체 64.13%였다(토오쿄오의 수치는 불명하나 더 높았을 것으로 추측됨). 당시는 지역에 따른 차이가 크지만, 상당히 높은 자서율이라고 할 수 있다. 거의 같은 시기의 유럽 남성 '문맹률(文盲率)'을 보면, 1875년 잉글랜드 신랑의 수치가 17%(즉 결혼한 남성 가운데 문맹이 아닌 이는 83%), 프랑스의 징모병(徴募兵)의 수치가 18%(즉 징병된 남성에서 문맹이 아닌 이는 82%), 마찬가지로 독일의 징모병의 수치가 2%(징병된 남성 중 문맹이 아닌 이는 98%)다.[33] '자서율'과 '문맹률'의 관계는 명확하지 않으며, 지역 격차도 크다고는 해도 대충 보아 남성의 식자율로 보자면 서양 열강에 못지않게 일본이 상당히 높은 수준이었던 것만큼은 분명하다. 그리고 교육에 관한 관심이 매우 컸다는 것은 해외 유학을 마친 공진생 출신자들이 귀국 후 잇달아 학교를 설립했던 데서도 엿볼 수 있다.

한편, 당시의 경제 발전에 필요한 능력은 과학적 독창성보다는 독창적인 발명과 발견의 성과를 이해하고 그것을 능숙하게 다루는 능력이었다. 즉, '연구(研究)'보다 오히려 '응용(応用)'이었다.[34] 이 점도 일본처럼 교육 수준이 높은 후발국에게는 진입하기 쉬운 환경이었다고 할 수 있겠다.

한학(漢學)

공진생으로 선발된 젊은이들 대부분은 에도 시대 후기에 각 번에서 경쟁적으로 만들어진 번교(藩校)[35]에서 공부한 수재들이다. 번교에서는 보통 한학(漢

---

33 홉스봄 『자본의 시대』 136쪽. 또 望田幸男 『近代ドイツの政治構造—プロイセン憲法紛争史研究』 (ミネルヴァ書房, 1972년) 241쪽에 의하면, 1852년의 프로이센군 신병 중 문맹은 5퍼센트였다.

34 홉스봄 『자본의 시대』 136쪽.

35 "慶応 3년(1867)까지 215개 번(藩)이 번학(藩学)을 설립했으나, 그중 187개 번, 약 87%

学)이 철저하게 주입되었다.

에도 시대의 학문은 주자학(朱子学, 유교) 외에도 국학(国学)도 큰 일파를 이루고 있다. 노부시게의 할아버지 시게마로는 우와지마번의 유일한 국학자(国学者)이고 아버지 시게키 또한 국학자였다. 이러한 점에서 노부시게에 대한 국학의 영향을 강조하는 학자도 있다.[36] 실제로 노부시게에게 국학의 소양이 있었던 것은 사실이다. 그러나 노부시게는 오로지 번교 명륜관에서 교육을 받았으며 그곳에서는 주자학이 압도적이었다.[37]

말년에 귀성하여 금의환향한 노부시게가 과거 가르침을 받은 스승에 대한 감사를 위해 바친 '선사제제문(先師祭祭文)'[38]에는 은사들의 이름이 열거되어 있다. 그 속에서 서도(筆道), 수영, 검도, 유도, 승마, 국학, 병학(兵学), 교련, 산술, 영어[39]는 각각 한 명인 데 반해, 한학(漢学)은 13명의 이름이 적혀 있다. 노부시게의 한학 소양은 그 저작에서 충분히 엿볼 수 있는데, 주자학은 철학이자 세계관이며 동시에 비판 이론이기도 하다. 주자학을 스스로의 생각에 내재화할 정도로 배운 수재들인 만큼 그 비판 능력이 상당 수준이었음을 충분히 짐작할 수 있다.

예를 들어, 노부시게가 공진생으로 대학남교에서 배울 때 노부시게보다 열한 살 연상으로 소사장(小舍長), 중사장으로 그 학교에 근무하던 이노우에 코와시(井上毅, 1844-1895)는 아직 히고번(肥後藩)의 번교시습관(藩校時習館)의 거료생

가 宝暦―慶応 연간(1751~1867)의 설립이다."(渡辺『宋学』 16쪽. 또 R・P・ドーア (松居弘道訳)『江戸時代の教育』 (岩波書店, 1970년) 63쪽 이하 참조.

36 古賀勝次郎 「比較社会思想史研究(3)―穂積陳重と法律進化論」 早稲田社会科学研究 30호(1985년).

37 『出発』 第1章 「宇和島明倫館」

38 『遺文集3』 611쪽.

39 영어에 대하여 친구인 시가 타이잔(志賀泰山)(훗날의 제국대학 농과대학 교수)은 우와지마 시대의 노부시게가 양학(洋學)은 배우지 않았다고 적고 있고(월보 458호 28쪽), 호즈미 시게유키도 번교(藩校) 교육의 말기에 극히 불충분한 교육을 받았음에 불과하다고 추측한다(『出発』 14쪽).

(居寮生)이던 1864년에 같이 쿠마모토의 누마야마쯔(沼山津)에 한거하던 요코이 쇼오난(横井小楠, 1809~1869)을 찾아가 주고받은 문답의 기록 「누마야마(沼山) 대화」를 남겼다. 이노우에가 20세, 요코이 쇼오난이 55세 때이다. 그것을 보면 이노우에의 빼어난 능력을 감안하더라도 당시 번교 수재의 비판적 사고 능력을 엿볼 수 있다.[40] 이노우에는 그 후 이와쿠라 견외 사절단(岩倉遣外使節団)의 사법성(司法省) 수행원으로 1872(메이지 5)년 유럽으로 건너가 프랑스 등에 체류하였다(실제 유럽 체류 기간은 9개월 정도). 그때의 유럽 경험이 이토오 히로부미(伊藤博文, 1841~1909)의 측근으로서 대일본제국헌법(大日本帝国憲法)과 교육칙어(教育勅語, 1841~1909)의 기초를 맡는 데 도움이 되었다. 그때, 이노우에는 서양 법 제도의 채택 여부를 두고 한학의 소양을 바탕으로 냉철하고 비판적으로 음미했던 것으로 알려졌다.[41]

후쿠자와 유키치도 유교(儒教)를 비판하면서도 그것을 '정치에 관한 학문'으로 이해하고 정신을 세련시키는('리파인먼트 refinement'라는 표현을 사용함) 데 유용하다고 보았다. "만약 우리나라에 유학이라는 것이 없다면 지금의 세상 형편에는 도달할 수 없을 것이다."[42]

명법료(明法寮)

한학 소양이 법학 교육의 전제였다는 사정은 대학남교에서 프랑스어 전공의 우수한 학생을 선발한 사법성의 법조 양성 기관 '명법료(明法寮)'에서도 마찬

---

40 「沼山対話」横井小楠(花立三郎訳注)『国是三論』(講談社学術文庫, 1986년).

41 坂井雄吉, 『井上毅と明治国家』(東京大学出版会, 1983년).

42 福沢『文明論之概略』231, 233쪽. 小倉紀藏「福沢諭吉における朱子学的半身」東海大学外国語研究センター異文化交流研究会編 『日本の近代化と知識人』(東海大学出版会, 2000년 수록)은 후쿠자와의 주자학적 측면을 강조한다. 渡辺浩「儒教と福沢諭吉」 福澤諭吉年鑑39(2012년) 91쪽 이하도 후쿠자와의 사상의 유교적 측면을 지적하고 있다.

가지였다.

명법료는 1871년 설립되어, 1872년 7월에 학생을 모집하여 초빙 외국인에 의한 프랑스어 법학 교육을 시작했다. 1872년에 죠르쥬 부스케(Georges Hilaire Bousquet, 1846-1937)[43], 1873년에 귀스타브 브아소나드(Gustave É. Boissonade, 1825-1910)[44]가 프랑스에서 초빙되었다. 대학남교에서 총 9명이 전학했으나 1872년 명법료 교육 발족 당시의 학생 수는 20명이기 때문에 절반 가까이가 전학한 자들이다. 법학 교육을 놓고 관에서도 경쟁이 벌어졌던 셈이다.

특히 에토오 신페이(江藤新平, 1834-1874)가 1872년 4월 사법경에 취임하자 명법료 기구가 확충, 강화되어 "떠오르는 해의 기세"[45]로 당시 사법부의 중추 기관이 되었다.[46] 에토오 신페이의 사법경 퇴임 후 1875년부터 사법성 본성이 소관하는 사법성 법학교가 되고, 문부성으로 이관되어 토오쿄오 법학교가 된 후, 1885(메이지 18)년에 토오쿄오대학으로 통합되어 토오쿄오대학 법학부의 불법과(佛法科)가 되었다.

에토오 신페이

그 사법성 법학교의 입학시험에서는 한학이 중시되었다. 일반 사상이 급속히 서양주의로 기울어져 국가적(동양적) 정신 수양이 소홀해질 것을 우려했기 때문이다. 에토오에 이어 사법경이 된 오오키 타카토오(大木喬任, 1832-1899)는 이와 관련하여 이런 말

---

43 [역주] 프랑스의 변호사. 1872-1876 일본에 초빙되었다. 애초 민법전 기초를 맡기로 했으나 초빙되고 나서 사법성 명법료에서 법학을 강의했다. 귀국 후 일본에서의 견문을 정리한 『오늘의 일본(Le Japon de nos jours)』(1877)을 내었다.

44 [역주] 파리대학 교수 재직중 일본 정부의 초청으로 1873년 일본에 와 형법전, 형사소송법전, 민법전 기초를 맡고 더불어 사법성 법학교, 토오쿄오대학 등에서 강의했다. 민법전 시행이 좌절된 후 1895년 귀국. '일본 근대법의 아버지'로 불린다.

45 도이 미치오(土井通夫)가 고다이 토모아츠(五代友厚)에게 보낸 서간 중의 문언. 向井健 「明法寮民法草案編纂過程の一考察」早法57卷3号(1982년) 47쪽 注9.

46 向井 앞에 든 논문 46쪽.

을 하였다. "나는 이 점에 주의하여 한학(漢学) 소양이 있는 사람을 사법(司法) 학생으로 뽑아 입학하고 나서 비로소 양학(洋学)을 배우도록 했다."[47] 그러한 바탕 위에 프랑스인에 의한 프랑스법, 자연법, 모럴, 역사 등의 강의를 들었다.[48] 이 학교 출신으로 나중에 민법 기초자의 한 사람이 되는 우메 켄지로오 (梅謙次郎, 1860-1910)도 수험시 논어변서(論語辨書)와 자치통감(資治通鑑)의 백문훈점(白文訓点)[49]을 배우려고 시마다 초오레이(島田重礼, 1838-1898)의 학원에 다녔다고 한다.[50]

그런데 영국법 교육이 중심이었던 토오쿄오 카이세이 학교에 대항하여 명법료가 프랑스법 교육을 시작한 경위는 다음과 같다.[51] 메이지 기에 들자마자 프랑스 형법을 번역하고 있던 어학의 천재 미츠쿠리 린쇼오(箕作麟祥, 1846-1897)가 의문점을 물어볼 상대도 없어 어려움을 겪고 있었기 때문에 유럽으로 떠나겠다고 신청했다. 그러나 미츠쿠리가 없어지면 번역할 수 있는 사람이 없어져 곤란했다. 그래서 에토오 신페이(이 시점에서는 아직 사법경이 아님)가 그렇다면 서양에서 변호사를 고용하면 좋을 것이라 하여, 프랑스 공사관 일등 통역관 듀 부스케(Du Bousquet, 1837-1882)의 주선으로 초빙된 것이 프랑스인 변호사 죠르쥬 부스케 (듀 뷰스케와는 다른 사람)이었다. 1872년 에토오가 사법경(司法卿)에 취임하고 나서는 사법성(司法省)의 기능이 드디어 활발하게 움직이기 시작했고 법학 교육도 시작되었다(그러나 바로 법률을 가르치지는 않았고 처음엔 프랑스어 교육). 에토오 신페이는 원래 프랑스 민법을 그대로 번역하여 일본 민법으로 삼으려고까지 했던 인물로 프랑스 법을 높게 평가하였다. 이렇게 일본의 법학 교육은

---

47 加太自歷譜 124쪽.

48 磯野誠一「司法省法学校の素描—明治期法学教育の一資料として」法律時報 38권 5호 14쪽.

49 [역주] 일본어에서는 한문이 원문인 경우, 본문만 있고 주석이 붙지 않은 한문, 구점(句読)·훈점(訓点)을 붙이지 않은 한문을 백문(白文)이라 한다.

50 東川德治『博士梅謙次郎』(法政大学, 1917년) 28쪽.

51 手塚豊「司法省法学校小史」同『明治法学教育史の研究』(慶應通信, 1988년) 수록 8-12쪽 참조.

영미법과 프랑스법의 동시 출발에서 비롯한 것이다. 후술하겠지만, 그 후 독일법의 교육이 시작되자 곧 다른 나라 법들을 압도해 간다.

2개의 세계관

일본의 서양 법학 교육이 한학의 소양을 기초로 하여 시작된 것은 큰 의미를 지닌다. 서양 법학을 한학의 세계관으로 받아들임으로써 한학의 풍부한 어휘 중에서 번역어를 창출할 수 있었고, 그 번역어를 한학의 소양이 있는 지식인들이 이해하는 것도 가능해졌기 때문이다. 서양 법학의 수용은 한학이라는 필터를 통한 번역에 의한 수용이었다.

후쿠자와 유키치도 바로 그렇게 평했다. 서양 문명과 대치한 일본 지성은 "마치 한 몸으로 두 삶을 거치는 듯, 혼자이면서 두 몸이 있는 듯", 즉, 한 사람이 두 가지 삶을 살듯이, 또 한 사람의 인간 속에 두 몸이 있는 듯한 경험이었다. 그리고 "두 삶이 서로 비교하고 두 몸이 서로 비교하여, 그 전생(前生), 전신(前身)에서 얻은 것을 지금의 삶, 지금의 몸이 얻은 서양 문명에 비추어 그 형영(形影)을 서로 반사할 때 보이는 모습" 같은 상태였다.[52] 그들은 전혀 다른 두 세계관을 비교하면서 서양 문명을 배운 것이다.

하지만 한학의 소양이 있는 최우수 인재가 완성된 하나의 세계관을 바탕으로 서양 문명과 대치하는 사태는 실은 극히 한정된 기간에만 발생했다. 곧 일본의 젊은이는 번교가 아니라 서양식으로 근대화된 교육기관에서 한학이 아니라 근대적인 교육을 받는 시대를 맞았기 때문이다. 법학의 경우로 말하면, 그들은 서양에서 법학을 배운 일본의 법학자에게서 일본어로 법학을 배우게 되었다. 그들이 배운 것은 일본인의 두뇌를 통해 저작(咀嚼)된 법률이었다. 다른 문화의 학문과 대치하는 긴장감은 훨씬 약화되었을 것이다.

---

52 福沢 『文明論之概略』 12쪽.

후쿠자와도 그것을 내다보았다. "이 실험은 지금 세대가 지나가면 결코 다시 얻을 수 없는 것인즉, 지금은 특히 중요한, 좋은 기회라 할진저." 그는 이것을 "지금 학자의 요행"이라고 부른다. 노부시게는 바로 그 요행의 시대를 살았다. 서양 법학 도입을 선도한 노부시게 등의 세대는 자신들의 한학 소양을 기초로 하여 서양의 법률 개념과 법률 용어를 이해하고 그 번역어를 확정하면서 서양 법학을 수용했다. 서양 법학을 그 나라 말로 이해하는 것과는 달리 새로 번역어를 선정하면서 일본어로 대체하는 작업은 필연적으로 거기서 선정된 한자로 표현된 세계관과 서양 법학을 접합시키는 작업을 수반한다. 노부시게 등 제1세대 법학자의 서양 법학 수용은 그처럼 다른 세계관의 접합에 의해 달성된 것이다.

법의 계수와 법학의 수용

외국법을 자국에 받아들이는 것을 법의 계수(繼受)라 한다. 계수에는 나라 시대의 일본이 당나라의 율령제도를 받아들인 것처럼 외국의 법전을 거의 그대로 자국법으로 삼아버리는 경우도 있고,[53] 메이지 초기에 시도하려 했듯이 외국 학자에게 법전의 기초를 맡기는 수도 있다. 또한, 일본의 민법이 그러하듯 일본인 기초자가 외국법을 참고하여 법전을 기초하는 경우도 참조한 국가 법의 계수라 할 수 있다.

그런데 법의 계수가 때로는 법전 편찬과 같은 입법 행위로 끝나는 것으로 이해되는 일이 있다('협의의 법 계수'). 그러나 법전 계수는 문화 운동으로서의 법 계수('광의의 법 계수')의 일부에 불과하다.[54] 법은 "극히 착종한 다양한 계층으로

---

53 단, 일본의 실정에 맞추기도 했음에 관하여 劉連安(池田温訳), 「唐法東伝」 池田温=劉俊文編, 『法律制度(日中文化交流史叢書[2])』(大修館書房, 1997년) 수록 참조.

54 ローラント・バール (平野敏彦訳) 「ヨーロッパの立場から見た日本の法継受—和魂洋才,再検討の鍵と尺度」 河上倫逸編 『ドイツ近代の意識と社会—法学的・文学

이루어지는 문화적 통합으로 역사적·사회적·윤리적·지적·심리적인 집합 과정"이다.[55] 계수한 법전을 운용하려면 이를 위한 법률가를 양성할 필요가 있는데, 그 법률가는 계수법의 전제를 이루고 있는 법개념이나 법 원칙, 이들을 구사한 법적 사고 양식을 이해하지 않으면 안 된다. 즉 법률가의 양성을 위해서는 이러한 지식과 사고 양식을 교육하기 위한 학문이 필요하다. 그것이 바로 법학이다.

법학은 사람의 사고 양식을 규정한다는 의미에서 사상이며 문화다. 법률가의 머릿속에는 뭔가의 법률이 내재화되어 있다. 법학을 수용한다는 것은 이러한 사고방식을 우리 것으로 만드는 것을 의미한다. 그것은 법전 계수처럼 간단하지는 않다. 외국어로 표현된 외국의 문화를 자국어와 자국의 사고방식으로 소화하는 과정, 즉 후쿠자와가 두 세계관의 충돌로 이해한 과정을 거친다. 그리고 서양식의 법적 사고방식을 교육을 통해 자국 법률가의 머릿속에 심어 나가는 것, 그것이 성공해야 비로소 서양 법학의 수용에 성공했다고 할 수 있다 (일본어의 '계수'라는 말은 그대로 계승한다는 뉘앙스가 있어서 사고 양식인 법학에 대하여는 자신의 것으로 거두어 낸다는 함의를 가진 '수용(受容)'을 쓰기로 한다.).

넓은 의미의 법 계수는 법학을 수용하는 과정이 필수적이다. 그러나 오랜 역사와 독자적인 문화를 가진 나라에서 볼 때 서양 법학의 수용은 백지에 그림을 그리는 방식일 수는 없다. 수용하는 쪽에는 이미 다른 사고방식이 존재하기 때문이다.

일본인은 서양 법학을 어떻게 수용한 것일까?

的ゲルマニスティクのアンビバレンツ』（ミネルヴァ書房, 1987년 수록)은 법의 계수가 사회적 과정임을 강조한다.

55 F·ヴィーアッカー(鈴木禄弥訳)『近世私法史—特にドイツにおける発展を顧慮して』(創文社, 1961년) 123쪽.

'유학'의 시대

『메인(緬氏) 고대법(古代法)』
(문부성편집국, 1885년 7월)

서양 법학 수용의 첫걸음은 외국인을 초빙하여 교육을 맡게 한 것이었으나 다음 단계는 수용을 맡을 수 있는 인재에게 서양에서 교육을 받게 하는 것, 즉 유학(留学)이었다. 준재를 엄선한 국비 유학생 중에서 법학의 수용을 맡을 인재가 탄생한다.

유학 스타일

일본이 국가 정책으로 해외 문화를 조직적으로 수용하기 위해 파견하는 유학생으로는 견수사(遣隋使)와 견당사(遣唐使)가 바로 떠오른다. 8세기 전반의 전성기 견당사의 수는 한 번에 4백 5십 명에 달했다.[1] 그것과 비교할 수 있는 숫자는 아니라도 에도 막부 말기 이후 서양에 유학한 일본인 수는 결코 적지 않다. 토쿠가와 막부만이 아니라 각 번도 적극적으로 유학생을 보냈고 그것이 메이지 정부에 인계되었다.

이 시기의 유학생은 널리 세계에 눈을 떠 견문을 넓히는 부류, 일정한 어학력으로 상대국가 식자의 가르침을 청하러 가는 부류, 현지에서 어학 실력을 길러 정규 고등교육을 받는 부류 등 다양했다.

에도 막부 말기에 초오슈우번(長州藩)에서 영국으로 밀항한 이른바 '초오슈우 5걸(長州五

이와쿠라 견외사절단(오른쪽부터 오오쿠보 토시미치, 이토오 히로부미, 이와쿠라 토모미, 야마구치 나오요시, 기도 타카요시)

傑)'의 멤버인 이토오 슌스케(伊藤俊輔 = 히로부미[博文])나 이노우에(井上聞多 = 카오루[馨, 1836-1915])는 바로 견문을 넓히려는 부류라 하겠다. 1871(메이지 4)년에

---

1 劉「唐法東伝」21쪽. 東野治之 『遣唐使』(岩波新書, 2007년) 62쪽.

서 73년에 걸쳐 메이지 정부의 중진들이 세계를 둘러본 이와쿠라 사절단(岩倉使節団)도 마찬가지이다. 한편, 퓌세링 밑에서 유학한 니시 아마네와 츠다 마미치는 어학을 익힌 후 가르침을 청하러 가는 부류이다.

현지에서 어학을 길러 정규 교육을 받은 유학생으로는 이와쿠라 사절단에 동행한 젊은이들이 있다. 이 사절단은 여성을 포함한 우수한 젊은이를 다수 동행하여 각국에서 유학생으로 학업에 종사하게 했다. 예를 들어, 카네코 켄타로오(金子堅太郎, 1853-1942)는 이와쿠라 사절단에 동행한 구 후쿠오카 번주(福岡藩主) 쿠로다 나가토모(黒田長知, 1839-1902)의 수행원으로 열여덟 살 때 미국으로 건너갔다. 카네코는 초등교육부터 순차로 월반을 하면서 이수하고 마지막으로는 하버드 로스쿨에서 배웠다. 이때 같은 대학 OB인 시어도어 루스벨트(Theodore Roosevelt, 1858-1919)와 알게 되어, 이후 러일 전쟁의 강화 시에는 이 인맥을 살려 루스벨트 대통령에게 도움을 요청하여 포츠머스 조약 체결에 기여하였다. 덧붙여 이 조약 협상 때 전권 대표로 강화 교섭을 맡은 코무라 주타로오(小村寿太郎, 1855-1911)는 공진생 출신의 제1회 문부성 유학생 중 한 명이며, 카네코의 하버드 로스쿨 시대의 학우이기도 했다.

유학생의 정리

이리하여 다양한 유형의 유학생이 메이지 유신 전후부터 다수 파견되었지만, 관비를 받아 유학한 인재 중에는 충분한 성과를 올리지 못한 유학생도 많았다. 이와쿠라 사절단의 일원으로서 유학생의 실태를 본 이토오 히로부미(伊藤博文)의 말이다. "그저 인재 양육이 되지 못하는 것을 넘어 막대한 재원까지 버림으로써 오히려 외국의 웃음거리가 되는 일이 꼭 없지는 않다."[2] 유신 전에

---

2   石附実『近代日本の**海外留学史**』(中公文庫, 1992년) 219쪽(런던에서 유수[留守] 정부 앞으로 보낸 서간 메이지 5년 11월). [여주] 여기서 유수정부(留守政府)라 함은 메이지 초기 정부 수뇌부로 조직된 이와쿠라 사절단(岩倉使節団)이 미국과 유럽 방문 기간

번의 비용으로 유학하던 사람도 유신 후에는 국가가 비용을 맡았기 때문에,[3] 유학생에 대한 거액의 비용에 상응하는 효과가 발생하고 있는지 신경 쓰지 않을 수 없는 사정이었다.

그래서 1873(메이지 6)년 메이지 정부는 유학생을 정리하기로 결정하고 관비 유학생(육군과 해군 파견 제외)에 대하여 일제히 귀국 명령을 내렸다.[4] 그런 다음 관비 유학은 대학의 남교(南校)와 동교(東校)에서 외국인 교사가 외국어로 본격적인 전문 교육을 실시하여, 그 가운데 최우수 인재를 상대방 국가의 정규 고등 교육 기관에 보내는 유학으로 전환해 갔다. 이것이 후술할 문부성 대여(貸費) 유학 제도이다.[5] 견수사 · 견당사 시대부터 일본이 외국의 문화를 섭취하는 시기에는 항상 어학 실력이 엘리트의 필수 요건이었다.

또한, 정부는 우수한 인재를 유학생으로 선발할 뿐만 아니라, 유학을 보낸 후의 관리 및 지도에도 신경을 써 문부성 관할 해외 유학생 감독이라는 자리를 신설했다. 뒤에 살필 제1회 문부성 유학생에는 메가타 타네타로오(目賀田種太郎, 1853-1926. 하버드 대학 유학 경험자. 법학)가 미국에, 제2회 문부성 유학생에는 마사키 타이조오(正木退藏, 1846-1896. 런던대학 유학 경험자. 화학)가 영국에 각각 감독직으로 부임하였다.[6]

제1회 문부성 유학생

우수한 인재를 국내에서 교육하여 외국어 전문 교육에 견딜 수 있을 만큼의 실력을 익히게 한 다음에 해외 고등교육 기관에 보낸다. 이러한 유학의 효시가 문부성의 대비유학(貸費留學) 제도이다. 제1차로 1875(메이지 8)년에 실시된 토오

(1871.12-1873.9) 중의 국내 체제를 말한다.

3　石附『海外留学史』 214쪽.
4　石附『海外留学史』 230쪽.
5　石附『海外留学史』 259쪽 참조.
6　石附『海外留学史』 250-251쪽.

쿄오 카이세이 학교의 학생들 중 11명이 선정돼 5년간의 유학의 사령을 받고 일본을 떠났다.

유학 국가로 보자면, 처음 서양 문화의 도입을 목적으로 하는 유학은 서유럽 선진국과 러시아 같은 후진국보다 신흥국인 미국이 적합하다고 생각하여 [7] 분야를 막론하고 첫 번째 유학생의 대다수는 미국으로 향했다(11명 중 9명이 미국). 11명 속에 법학을 전공하는 자가 4명이나 되어 당시 법학이 얼마나 중시되었는지를 말해 주는데, 4명 모두 유학 국가는 미국이다. 이 4명은 하토야마 카즈오(鳩山和夫, 1856-1911), 코무라 주타로오(小村寿太郎), 키쿠치 타케오(菊池武夫), 사이토오 슈우이치로오(斉藤修一郎, 1855-1910)로 모두 공진생이다. 그들은 저마다 사정이 있었지만 결국은 관료, 변호사, 정치가 등 실무자로 활약했다.

당시 미국 법학 교육의 특징인 케이스 메소드를 도입한 하버드 로스쿨의 C. C. 랭델(Christopher C. Langdel, 1826-1906)은 활동 중이었지만, 그 후 미국 법학에 독자적인 개성을 가져온 리얼리즘 법학의 세례는 아직 받지 못한 상태였다. J. 마셜(John Marshall, 1755-1835)과 J. 스토리(Joseph Story, 1779-1845) 같은 저명한 실무자의 배출이 있었지만, 이미 언급했듯이, 영국법의 연장이 아니라 미국 고유의 법학을 확립했다고 평가받는 홈즈(Oliver Wendell Holmes, Jr., 1841-1935)와 파운드(Roscoe Pound, 1870-1964) 등이 활약할 때는 아직 아니라서 미국 독자적인 법학을 전개하는 단계는 아니었다고 생각된다.[8] 커먼 로의 기초를 이루는 계약법의 영역으로 말하면, 미국의 판례법을 조문 형식으로 정리 편찬한 최초의 시도인 1차 리스테이트먼트의 리포터(작성자)였던 사무엘 윌리스턴(Samuel Williston, 1861-1963)도 제2차 리스테이트먼트에 관계한 아서 코빈(Arthur Linton Corbin, 1874-1967)의 활약도 아직 시작되지 않았다. 즉, 오늘날에 이르는 미국 법학을 대표하는 대가가 등장하기 조금 전의 시대여서 지금 되돌아보자면 미국 유학의 학문적 영향은 법학에 관해서는 한계가 있었다.[9]

---

7   石附 『海外留学史』 208쪽.

8   Cf. Robert S. Summers, *Instrumentalism and American Legal Theory*", Cornell University Press, 1982.

9   당시의 미국의 법학교육 상황에 관하여는 加毛明 「共和制初期アメリカにおける法学

제2회 문부성 유학

제1회 문부성 유학 후 아쉽게도 선발에서 탈락한 학생들로부터도 유학의 기회를 달라는 요청이 있었다. 노부시게도 이 운동을 하던 이들 중 하나였다. 그래서 문부성은 이듬해 1876(메이지 9)년에 유학생을 선발하기로 했다. 제1회 선발은 "다분히 본인들의 자천에 좌우되는 경향이 있었다."[10] 그것을 피하기 위해 이번에는 전국에 포고를 내어 희망자를 모집했다. 그러나 카이세이 학교의 학생 이외에 엄격한 기준을 충족하는 자가 없어서 결국 카이세이 학교의 10명이 선정되었다.

노부시게는 제1회 유학생 선발 당시 잡지의 간행 등 과외 활동에 열을 올리던 중이라 성적이 부진하여 선발에 들지 못했으나, 이듬해 선발에서는 최고 성적으로 유학생에 뽑혔다.

게다가 행선지는 그들이 희망한 대로 서양 학문의 본거지 영국이 중심이었다. 물리학 2명만 프랑스로 가고, 법학 3명, 화학 2명, 공학 3명, 이렇게 8명 모두 영국 유학이 인정된 것이다. 당시 유학 국가로는 미국보다 영국이 더 명예로운 것이었다고 한다.[11]

법학 3명이란 노부시게 외에 오카무라 테루히코(岡村輝彦, 1856-1916)와 사기사카 나오시(向坂 兌, 1853-1881)이다. 오카무라는 미들 템플에서 바리스타(변호사) 자격을 얻어 귀국해 후에 대심원판사와 변호사가 되었다. 또 추우오오 대학(中央大学) 창립자의 한 사람이며 학장도 역임했다.

教育—リッチフィールド・ロー・スクールを中心として」東京大学法科大学院ロー
レビュー10권 81쪽(2015년), 加毛「19世紀アメリカにおける大学附属ロー・スクー
ル—イエール・ロー・スクールを中心として」東京大学法科大学院ローレビュー
11권 236쪽(2016년) 참조.

10　『出発』106쪽.

11　唐澤『貢進生』124쪽.

59
제3장 '유학'의 시대

호즈미 노부시게(1876년),
런던에 도착하다.

한편, 사기사카는 28세로 요절해서 현재 그 이름을 아는 사람이 별로 없다. 카미노야마번(上山藩, 현 야마가타현 카미노야마시[山形県上山市]) 번사(藩士)의 3남으로 태어나 사노번(佐野藩, 현 토치기현 사노시[栃木県佐野市]) 번사 사기사카 히로타카(向坂弘孝)의 양자가 되었다. 공진생으로 선발되어 노부시게 일행과 함께 영국에 유학하여 노부시게와 마찬가지로 1879년에 바리스타 자격을 얻었다(오카무라는 병으로 자격 취득이 1년 지연). 그 후 유럽 각지, 특히 파리에 체류했는데 폐결핵이 발병하여 노부시게보다 조금 일찍 1881년 5월에 귀국했으나 얼마 지나지 않아 6월 14일 타계했다.[12] 사기사카는 유학 전에 이미 프랑스 법의 지식이 있던 것 같다. 노부시게 등과 발행하던 카이세이 학교의 학생 잡지 「강의여담(講義余談)」 제2호에 프랑스법 지식을 바탕으로 '형벌론'을 다루었기 때문이다(노부시게가 시간을 할애했던 과외 활동이란 이 잡지인 것으로 보인다.).[13] 조금 더 오래 살아 유학의 성과를 발휘하였더라면 영국법과 프랑스법에 정통한 법률가로 활약했겠다 싶어 요절이 아쉽다.[14]

미들 템플

런던에 도착한 노부시게는 미들 템플(Middle Temple) 법조학원과 런던대학 킹스 칼리지(King's College London) 야간부에 입학 등록을 마쳤다. 영국 변호사는 법

---

12 塩澤全司=高橋昭「勝沼精藏先生の嘆息−杉浦重剛撰文「向阪兌之墓」」山梨医大紀要第17巻10−10쪽(2000년)http://www.lib.yamanashi.ac.jp/igaku/mokuji/kiyou/kiyou17/image/kiyou17−−010to019.pdf).

13 『出発』105쪽의 추측.

14 手塚豊「夭折の英国状師向坂兌氏のことども」『明治史研究雑纂』(慶應通信, 1994년) 3쪽도 참조.

정변호사(바리스터)와 사무변호사(솔리시터)로 나뉘는데, 바리스타 양성 기관으로는 "법조학원", "법학원" 등으로 번역되는 바리스타 자치 단체(Inns of Court)는 링컨스 인(Lincoln's Inn), 인너 템플(Inner Temple), 그레이 인(Gray's Inn), 그리고 미들 템플 등 넷이 있었다. 이 가운데 미들 템플이 아시아에서 온 유학생을 많이 받아들였다.[15] 법조학원에서 과정을 마치면 바리스타 자격이 주어지는데 그 입학 자격으로 영국 영내의 대학 졸업자가 아니면 영어, 라틴어, 영국사 등 세 과목의 시험 합격이 요건이었다. 노부시게가 런던 킹스 칼리지에 등록한 것은 이 때문이다. 노부시게는 라틴어와 영국 역사를 이수했다. 영어는 이미 일본에서 받은 교육으로 준비된 것이라 카이세이 학교 교수 그릭스비(William E. Grigsby)의 추천서에 의해 면제된 것으로 추측된다.[16]

당시 미들 템플에는 함께 유학한 오카무라, 사기사카 외에도 한 해 먼저 입학한 호시 토오루(星亨, 1850-1910)[17]가 있었다. 1877년에 바리스타 자격을 취득하고 귀국한 호시는 일본인 제1호 변호사로 여겨진다. 그러나 노부시게는 미장이 아들로 입신한 호시에 대해 특별히 언급한 게 없다.[18] 오카무라는 미들 템플 식당에서 호시와 담화를 나누었다고 술회하는데(식당 회식은 바리스타 자격을 취득하는 요건의 하나였음) 그 가운데 노부시게도 포함되었음이 틀림없다. 그러나, 호시는 런던에서 극소수의 친구를 제외하고는 일본인과는 교제하지 않는다는 원칙을 관철했다.[19] 따라서 식당에서의 담화 이외에는 교제가 없었을 것이다. 후

---

15 野沢雞一編著, 川崎勝＝広瀬順皓校注『星亨とその時代1』(平凡社東洋文庫, 1984년) 115쪽(岡村輝彦談話).

16 이에 대하여는『出発』第6章 참조.

17 **[역주]** 제2차 김홍집 내각 때 고문이라는 명목으로 법부(法部)의 운영과 법제에 간여했다.

18 『出発』164-165쪽 참조.

19 앞에 든『星亨とその時代1』111쪽(長岡護美談話), 117쪽 (岡村談話) 등. 호시가 교제한 극소수의 일본인 중 한 사람이 화족인 나가오카였다는 것도 흥미롭다. 유학 중의 호시를 알던 소수 일본인의 담화를 보면 에피소드가 다양하여 호시가 매우 흥미로운 인물이었음을 알 수 있다.

에 "호시 토오루"가 아니라 "오시 토오루"(押し通る 끝까지 버틴다)라는 야유를 받은 호시의 성격은 이미 유학 시절부터 발휘되었던 듯, 여러 가지 일화가 남아 있다. 예를 들어, 영국의 양원제를 숭배하는 저명한 교수의 시험에서, 양원제는 나쁜 제도로서 단원제로 해야 한다고 쓰고, 그게 누구의 설이냐고 하는 교수에게 "저의 지론"이라 답해 노교수가 열린 입을 다물지 못했다는 일화가 있다.[20]

일등학사

잇따라 바리스타 자격 취득자가 탄생하는 가운데, 노부시게의 이름을 일약 떨치게 한 일이 있다. 1878년 코먼로(보통법)와 형법학사(刑法學士) 경쟁시험을 치러 해마다 한 명 뽑는 '일등학사(一等学士)'에 선발되어 장학금(스칼라십)을 받은 일이다. 전혀 다른 문화권에 속하는 동양의 작은 신흥국에서 온 한 유학생이 이룬 것으로는 특필할 만하다. 노부시게는 시험 전에 일부러 의사에게 건강진단을 받아 시험공부에 견딜 수 있음을 확인한 후 맹렬한 공부 끝에 이 영예를 차지했다. 노부시게 등 유학에는 런던 유학의 경험자인 마사키 타이조오(正木退藏)가 감독직으로 동행하고 있었기 때문에, 이 뉴스는 그를 통해 일본에도 보도되어 조야 신문(1878[메이지 11]년 10월 25일)에는 "그대야말로 아시아에서 이 영예를 얻은 최초의 인간"이라는 기사가 실리고 마사키의 "문부성 파견 유학생이 일본 학생에 대한 인식을 바꾼 것"이라는 논평이 게재되었다.[21]

뒤에 설명하겠지만, 영국의 법학 교육은 오랫동안 정체되었으나 19세기 중반에는 개혁이 조금씩 진행되고 있었다. 노부시게가 유학하기 30년 전에 영국의 서민원(庶民院, House of Commons of the United Kingdom)의 특별위원회가 법학교육 개혁에 관한 보고서를 제출하여 자격시험 제도, 경쟁시험 제도, 장학금

---

20 앞에 든 『星亨とその時代1』 117쪽. 시험 때 자기 생각을 쓰지 않도록 충고받았다 한다 (같은 책 111쪽).

21 이상에 관하여 石附 『海外留学史』 260–261쪽.

제도의 창설을 제언하였다.[22] 노부시게가 일등을 획득한 경쟁시험도 이 개혁으로 창설된 현상금(懸賞金) 딸린 시험이었다고 생각된다. 신분제가 사회의 유동성을 저해하고 있던 영국에서 능력에 의해 높은 지위를 얻는 것을 가능하게 한 빅토리아 시대가 아시아 신흥국에서 온 한 유학생으로 하여금 스포트라이트를 받을 수 있게 했던 것이다.

"유학국 변경 청원서"

바리스타 자격을 얻은 노부시게는 타나카 후지마로(田中不二磨, 1845–1909) 문부대보(文部大輔) 앞으로 유학국을 영국에서 독일로 바꾸겠다는 원서를 냈다 (1879[메이지 2]년 5월부 '독일국으로의 변경[転国] 원서'). 베를린 대학에서 배우겠다는 청원이었다. 노부시게가 '유학국 변경 원서'에서 이야기한 것은 비교법(比較法) 의 중요성과 독일 비교법학의 융성, 독일에 비해 뒤지는 영국의 법학 교육과목 수와 교원 수 등 대학과 법조학원 법학 교육에서 영국의 불비와 독일의 충실성, 그리고 독일에서 높아지는 사법(私法) 개혁(민법전의 제정)의 기운 등이며 "영국 여러 대학의 교수들도 대개는 일찍이 독일에서 유학한 사람"이라는 말도 했다.

실은 노부시게가 유학하기 전 영국에서는 당시 발전이 두드러진 독일을 모델로 한 법학 교육의 개혁이 논의되고 있었다. 서민원에 설치된 특별위원회가 영국 법학 교육의 개선에 대해 상세한 보고서를 작성하였는데, 노부시게가 이 청원서에서 말한 것은 바로 이 보고서에서 지적된 것과 일치한다. 영국의 실무 교육에 만족하지 못하고 학문으로서의 법학을 더 깊이 체계적으로 배우고 싶었던 노부시게가 영국이 법학 교육 개혁의 모델로 삼은 독일에서 배우고자 생각하는 것은 자연스러운 일이었다.

후술하겠지만, 노부시게의 귀국 후, 1883(메이지 16)년 토오쿄오대학 법학부

---

22 **Report** from the Select Committee on Legal Education, 25 August 1846, House of Common Proceedings 686, 56쪽 이하.

는 새로 별과(別課)로 법학과를 개설했다. 지금까지의 정규 과정과는 별도로 더 많은 학생에게 법학 교육을 일본어로 제공할 것을 목적으로 한 것이다. 종래의 정규 과정은 소수 정예의 학생을 대상으로 외국어로 하는 법학 교육이었다. 그러나 당시 이미 사학(私學)이 한창 법학교를 설립하기 시작했고, 이대로는 사법관(司法官)과 재야 법조인의 양성이 사학 주도가 되어 버린다는 위기감이 개혁의 배후에 있었다. 그때, 사학인 법조학원이 번창하여 대학의 법학 교육이 부진한 영국[23]이 나쁜 예로 거론되었다. 이 개혁을 주도한 것은 노부시게이며, 여기에 그가 영국 유학 중에 얻은 영국의 법학 교육에 대한 평가가 나타났다. 이 별과는 1886년 제국대학 출범과 함께 모습을 감추었다. 법학부가 크게 확장되고, 게다가 노부시게 등의 노력으로 일본어를 통한 법학 교육이 가능했기 때문이다.

독일 전학의 허가

이상과 같이, 노부시게의 독일로의 전학 청원에는 그만한 이유가 있었다. 그러나 국가적 사명을 띤 국비 유학에서 일단 정해진 유학국이나 전공 분야를 변경하는 것은 간단치 않았다. 예를 들어, 문부성 제1회 유학생으로 미국에서 법학을 공부했던 4명 가운데 코무라, 키쿠치, 사이토오, 세 사람은 미국에서의 학업에 매듭을 짓고 영국에서 공부하겠다는 청원을 했으나 인정되지 않았다.[24]

국가를 바꾸는 것이 아닌 전공의 변경이지만, 번(藩)의 비용으로 독일 유학 중이던 아오키 슈우조오(青木周蔵)가 전공을 의학에서 정치학으로 변경했을 때도 문제가 되었다. 이때는 동향 출신 야마가타 아리토모(山縣有朋, 1838-1922)가 입김을 넣어 해결하였다. 1884(메이지 17)년에 독일에 유학한 육군 군의관 모리 린타로오(森林太郎)가 베를린에서 독일 주재 공사 아오키 슈우조오를 인사차 방문했더니, "용모가 수려하고 수염이 많은 사람"인 아오키는 오오가이에게 임무

---

23 天野郁夫『大学の誕生(上)帝国大学の時代』(中公新書, 2009년) 62-64쪽.

24 七戸克彦「現行民法典を創った人々8・菊池武夫」法学セミナー 660호(2009년) 82쪽.

로 주어진 위생학에 관해 이런 조언을 했다. "발가락 사이에 나막신의 끈을 끼워 걷는 백성에게 위생학은 소용없는 일이다. 학문이란 책을 읽는 것만이 아니다. 유럽 사람의 사상은 어떠하며, 그 생활은 어떠하고, 그 예의는 어떠하며, 이런 걸 잘 보면 유학의 공은 충분할 것이다."[25] 이 말이 모리 오오가이에게 강렬한 인상을 남긴 데는 유학 국가나 전공 변경의 어려움에 관한 이런 사정도 배경에 있다.

그런데 노부시게의 유학 국가 변경 청원은 재가되었다. 그러나 허가가 곧바로 나온 것은 아니고, 노부시게가 유학국 변경 원서를 내고 여덟 달 남짓 지난 후인 1880년 10월 20일 자로 유학국 변경 허가서가 작성되었다. 특이한 것은 그 허가서가 그 이듬해 2월 1일 노부시게에게 도착했는데, 노부시게는 바로 그 다음 날 떠났다는 것이다. 이 허가 지연과 황망한 출발의 이유에 대해 호즈미 노부유키(重行)는 다음과 같이 추측하였다. 당시 토오쿄오대학 법리문학부 종리(綜理)[26]의 지위에 있던 카토오 히로유키는 일본에서 독일학을 추진했던 핵심 인물 중 한 명이다. 노부시게의 유학국 변경 청원서는 타나카 후지마로(田中不二磨) 문부대보 앞으로 보낸 것이지만, 문부 행정을 카토오 히로유키와 함께 친 독일 방향으로 바꾸고자 했던 타나카[27]가 노부시게의 원서를 놓고 카토오와 상담한 것은 아닐까. 그리고 유학국 변경을 지지한 카토오와 노부시게 사이에 그동안 서신 교환이 있었던 것이 아닌가.[28] 그래서 노부시게가 허가서의 도착을 예상할 수 있는 상태였다고 생각하면, 정식 허가서가 도착한 다음 날 런던을 떠난 것도 설명이 된다는 것이다.

런던을 떠난 노부시게는 4월 14일 베를린 대학 법학부에 학적 등록을 마쳤다.[29] 벌써 한 해 전부터 독일에서의 공부를 상정하고 그는 여름 방학 중 독일에

---

25 『森鴎外全集〈13〉独逸日記・小倉日記』(ちくま文庫, 1996년) 8쪽(明治17년10월13日)

26 [역주] 전체를 통합, 관리, 감독, 처리하는 직분. 훗날 '총리(總理)'로 바뀐다.

27 堅田剛『独逸学協会と明治法制』(木鐸社,1999년) 29쪽 참조.

28 『出発』252-253쪽.

29 森川潤『井上毅のドイツ化構想』(雄松堂出版, 2003년) 156-157쪽.

머물면서 어학 등의 준비를 하고 있었다.

　같은 공진생으로 1879년 영국에 유학한 타카마츠 토요키치(高松豊吉, 화학)도 1880년 독일로의 유학국 변경 청원서를 코오노 토가마(河野敏鎌) 문부경(文部卿)에게 냈고, 그 청원도 1881년 2월 25일 재가되었다. 그는 7월 25일 베를린으로 옮겨 1881년 겨울 학기에 베를린대학 철학부에 학적을 등록하였다.[30] 당시 유기화학의 연구는 독일이 앞섰다는 것이 큰 이유이겠으나, 그것과는 별도로 두 사람의 유학국 변경 권한의 배후에는 일본 학문의 독일화를 추진하는 카토오 히로유키가 있어 문부성으로부터 의견을 조회받은 카토오가 두 사람 다 유학국 변경이 타당하다는 의견을 냈다고 한다.[31] 카토오 등이 주도한 독일학으로의 흐름은 유학생들의 처우에도 영향을 미쳤다.

토오쿄오대학의 초빙

　노부시게가 독일 체류 중 무엇을 느끼고 무엇을 생각했는지를 나타내는 자료는 발견되지 않았다. 1881(메이지 14)년 3월에는 독일을 떠났기 때문에 약 1년간의 체류였다. 이렇게 짧은 탓인지 국가 통일 후의 열기가 남아 있던 당시의 독일 사회가 그에게 준 영향의 흔적은 그다지 명확하지 않다. 이 점은 노부시게에 이어 5년 동안 독일에 체류한 동생 야츠카와는 다르다.

　그러나 노부시게가 독일로 바꾼 것은 그 후 그 자신의 진로를 결정지었다. 독일로 옮겨 약 1년 후, 베를린에서 면학에 힘쓰던 노부시게 앞으로 카토오 히로유키(加藤弘之, 1836-1916)의 편지 한 통이 도착한다. 1881년 2월 5일자 서간에서 카토오는 1877년에 막 발족한 일본 유일의 대학에 그해 여름 유학이 만기가 되어 귀국할 노부시게를 초빙하였다. "법학 교원으로 임용하고자 하옵는 건은 승낙이 있을 것으로 알고 있사옵겠습니다."

30　森川『ドイツ化構想』157쪽.
31　森川『ドイツ化構想』156쪽.

노부시게의 일생을 결정지은 이 편지를 받은 것은 당시의 우편 사정을 감안할 때 아무리 빨라도 3월 말 무렵이었을 것이다. 그런데 노부시게는 3월 29일 베를린을 떠난다. 타이밍이 편지가 도착하자마자이다. 호즈미 시게유키(重行, 1921–2014)의 추측에 따르면, 런던을 떠나던 때와 마찬가지로 공식 통지 전에 그 내용을 예측할 수 있는 커뮤니케이션이 카토오와 노부시게 사이에 있었던 듯하다.[32] 하지만 호즈미 집안에 남겨진 자료를 상속 승계한 시게유키는 정식 절차 밖에서 이루어진 이러한 종류의 서간을 발견하지는 못했다. "읽은 후 불에 태워 버리시옵도록"하라는 카토오의 지시를 노부시게가 충실히 따른 것인지도 모른다.

카토오에게 노부시게는 막 발족한 토오쿄오대에서 법학 교육을 맡기는데 참으로 생각지도 못한 인재였다. 토오쿄오를 거점으로 독일학의 진흥을 도모하려는 카토오의 프로젝트는 귀국한 노부시게와 보조를 맞춰 진행된다.

1881년

노부시게의 귀국과 거의 같은 타이밍인 1881(메이지 14)년 6월에 토오쿄오대학 종리(綜理)의 지위에 오른 카토오는 토오쿄오대학 문학부·이학부에서 독일어를 제2외국어로 해야 한다는 취지의 문서를 문부경에게 제출했다.[33] 법학부에서는 프랑스가 제2외국어였으나 문학부·이학부에서는 프랑스어가 선택과목으로 강등되었다. 토오쿄오대학의 교육에 독일의 영향을 강화해 나가는 카토오의 기도가 드러난다. 토오쿄오대학이 초빙하는 외국인 교사도 독일인이 늘기 시작했다.[34]

---

32 『出発』 253–254쪽.

33 堅田 『独逸学協会』 23쪽.

34 연구는 많으나, 梅溪昇 『お雇い外国人明治日本の脇役たち』(講談社学術文庫, 2007년) 第4章, 武田良彦 『加藤弘之とその時代』(斎藤隆夫顕英会 「静思塾」, 1999년)

같은 해 9월에 내무 관료 시나가와 야지로오(品川弥二郎) 등에 의해 독일학의 진흥을 목적으로 한 독일학협회(独逸学協会)가 설립되었다. 1876년 설립된 독일동학회(独逸同学会)에서 발전한 것이지만, 키타시라카와노미야(北白川宮) 요시히사 친왕(能久親王)을 회장으로, 시나가와 야지로오, 카츠라 타로오(桂太郎, 1848-1913), 히라타 토오스케(平田東助, 1849-1925), 니시 아마네(西周), 야마와키 겐(山脇玄, 1849-1925) 등 독일 유학 경험이 있는 요인을 위원으로 삼고(니시의 유학국은 네덜란드였지만), 카토오 히로유키(加藤弘之), 아오키 슈우조오(青木周蔵) 등 외에도, 귀국한 지 얼마 안 된 노부시게도 회원에 이름을 올렸다. 명예 회원은 이토오 히로부미(伊藤博文), 이노우에 코와시(井上毅), 사이고오 쥬우도오(西郷従道), 야마가타 아리토모(山縣有朋), 와타나베 히로모토(渡辺洪基, 1848-1901) 등의 이름이 줄지어 있다.[35] "학술 진흥을 지향하는 문화단체라기보다 정부의 외곽 정치단체"라고도 한다.[36] 그때까지 영국, 프랑스의 계몽주의 사상이 리드해 온 일본의 근대화 정책에 큰 전환기가 찾아왔음을 예감케 한다.

그리고 1881년 10월 11일, 이른바 '메이지 14년의 정변'이 일어난다. 오오쿠마 시게노부(大隈重信)가 참의(参議) 직에서 파면되고, 다음날 국회 개설 조서(詔書)가 나온 것이다. 독일식 입헌 군주주의가 선택되어, 영국류의 의회 제도 도입파의 패배가 결정적이 되었다. 독일화의 흐름은 학문의 세계와 정치의 세계에서 동시 진행이었다.

11월 22일 카토오 히로유키(加藤弘之)는 자신의 저서 『진정대의(眞政大意)』와 『국체신론(国体新論)』이 "오류임을 알고 후세를 그르칠까 두려워" 절판을 요청했고, 그러한 취지의 내무성 통달이 내무경 야마다 아키요시(山田顕義, 1844-1892) 명의로 나왔다. 또한, 같은 달 24일 자 우편 호오치신문(郵便報知新聞)에 카토오 스스로 그 사실을 광고했다. 카토오의 이른바 '전향 성명(転向声明)'이다.[37] 천부인권 사상에 의한 계몽주의자(啓蒙主義者)로서의 과거를 청산하고 진

236쪽 등.

35 山室信一 『法制官僚の時代—国家の設計と知の歴程』(木鐸社, 1984년) 204쪽.

36 武田·앞에 든 책 238쪽.

37 松本三之介 『近代日本の政治と人間—その思想史的考察』(創文社, 1966년) 61쪽 이

화론(進化論)으로 '전향'한 것이다(그러나 73쪽 이하 참조).

이와 같은 사태가 진행되던 1881년 6월에 귀국한 노부시게는 7월에 토오쿄오대학 강사가 되고 이듬해 1882년 2월에 약관 26살에 토오쿄오대학 법학부 교수 겸 법학부장이 되었다. 그해 3월에는 이토오 히로부미가 헌법 초안 준비를 위해 독일, 오스트리아를 향해 일본을 떠났다. 그곳에서 로렌츠 폰 슈타인(Lorenz von Stein, 1815-1890) 등의 조언을 받으면서 드디어 일본의 입헌제(立憲制)의 형태가 정해져 간다.[38]

이렇게 일본의 서양 법학 수용의 양상이 지금까지의 영미, 프랑스의 선진 이론을 그저 흡수하는 시대에서 주체적 선별 시대로 들어섰을 때, 그 선도 역할을 할 것으로 기대를 모은 인물이 바로 노부시게였다.

토오쿄오대학 법학부

토오쿄오대학은 토오쿄오 카이세이 학교(開成学校)와 토오쿄오 의학교(医学校, 대학 동교의 개칭)를 통합하여 1877(메이지 10)년에 설치되었다. 1881년 각 학부에 학부장을 두고 초대 법학부장에 핫토리 이치조오(服部一三, 1851-1929)가 임명되었다. 핫토리는 문부 관료이며(미국 럿거스대학 이학사) 당시 토오쿄오대학의 법리문학부 종리보(綜理補)의 지위에 있었다. 이듬해인 1882년 노부시게가 법학부장이 되었는데, 법학부 교수들에 의해 선출된 최초의 법학부장이었다. 이 당시 법리문학부 종리는 카토오 히로유키이다.

하, 吉田曠二 『加藤弘之の研究』(新生社, 1976년) 73쪽, 武田·앞에 든 책 141쪽 이하, 堅田剛 『独逸法学の受容過程―加藤弘之·穂積陳重·牧野英一』(御茶の水書房, 2010년) 20쪽. 그 경위에 대하여 그 자신이 적은 것으로는 『加藤弘之自叙伝』(大空社, 1991년 復刻) 47쪽.

38 그 경위에 대하여는 瀧井一博 『伊藤博文―知の政治家』(中公新書, 2010년) 50쪽 이하가 흥미롭다.

독일에서는 1810년 빌헬름 훔볼트(Wilhelm von Humboldt, 1767-1835) 등의 주도 하에 베를린대학이 창설되어 31세의 프리드리히 사비니(Friedrich von Savigny, 1779-1835)가 법학의 제1인자로 초빙되었다. 그리고 2년 후인 1812년에 요한 피히테 (Johann Gottlieb Fichte, 1762-1814)의 뒤를 이어 베를린대학 총장이 된 사비니는 대학의 기초를 닦는 데 헌신했는데,[39] 그때 그는 한때 프리드리히 쉴러(Friedrich von Schiller, 1759-1805)가 자조적으로 '빵을 위한 학문'이라고 불렀던 법학을 "근대적 관료들을 양성하는 데 불가피한 절차라고 적극적인 자리매김을 하였다."[40] 이 것은 카토오가 그리고 있던 토오쿄오대학에서 법학의 위치이기도 하다. 토오쿄 오대학 법학부 및 토오쿄오대학이 제국대학이 되고 나서 법과대학은 메이지 일 본을 견인하는 행정 관료와 사법 관료를 배출해 갔다.

외국인 교수들

현재 토오쿄오대학 법학부(대학원 법학·정치학 연구과)에는 약 80명의 교 수·준교수가 있지만, 설립 당초에는 교수가 영국법과 국제법(당시의 용어로는 열국교제법[列国交際法]) 담당 윌리엄 E. 그릭스비(1847-1899), 영국법 담당 헨리 T. 테리(Henry Taylor Terry, 1847-1936), 그리고 또 영국법 담당 이노우에 요시카 즈(井上良一, 1852-1879) 등 3명밖에 없었다(이 밖에 유학에서 돌아온 실무가가 강사 를 맡고 있었다.). 학생 수도 초기의 토오쿄오대학 법학부는 한 해에 10명을 채 우지 못했다.

법학부만이 아니라 신설된 토오쿄오대학 교수 대부분은 외국인이었고 법학

---

39 河上倫逸『法の文化社会史—ヨーロッパ学識法の成立からドイツ歴史法学の成立ま で』（ミネルヴァ書房, 1980년) 77쪽.

40 堅田剛『法の詩学　グリムの世界』(新曜社, 1985년) 68쪽. 또 西村稔「ドイツ官僚 法学の形成と国家試験」上山安敏編『近代ヨーロッパ法社会史』(ミネルヴァ書房, 1987년) 수록은 국가시험제도를 들어 관료법학의 형성과정을 그리고 있다.

부의 경우 초기의 법학 교육은 외국인이 담당하는 경우만이 아니라 일본인 교수나 강사가 담당하는 경우도 외국어로 강의가 이루어졌다. 예를 들어, 영국법의 강의는 영어로 진행되었다. 그 교육을 받은 일본인은 영어로 영국류의 법실무에 종사할 수 있었을지 모르나, 그렇다면 영국의 식민지와 다를 게 없었다. 가르쳐야 할 일본법을 조속히 정비하고 일본어로 일본법을 강의하는 것이 일본의 목표였다.

그 후 국내법의 정비와 함께 점차 일본인 교수로 바뀌어 가, 1892(메이지 26)년 강좌제(講座制)가 도입된 시점에 외국인은 외국법 담당 교수뿐이었다.

이것은 다른 학문 분야에서도 마찬가지로 의학부의 경우, 토오쿄오 의학교(東京医学校) 시대인 1871(메이지 4)년에 학문 자체를 영미에서 독일어로 바꾸어, 외국인 교사는 모두 독일인이 되어 1877년 토오쿄오대학 설립 초기에는 교수 18명 중 독일인이 11명이었다. 그러나 1882년에는 14명 중 7명, 1884년에는 13명 중 4명, 이런 식으로 점차 일본인 교수로 바뀌어 갔다.

설립 당초의 토오쿄오대학 법학부의 커리큘럼은 토오쿄오 카이세이 학교의 것을 계승한 것이었기 때문에 영국법에 중점을 두었고(4과목 배당), 영국법 전반에 걸친 매우 상세한 내용이 강의되었다. 카이세이 학교와의 차이점은 카이세이 학교에서는 과외 과목이었던 일본의 현행법 과목이 정규 과목이라는 점인데, 그나마 겨우 3과목에 그쳤다.

이노우에 요시카즈의 비극[41]

토오쿄오대학 법학부에서 최초의 일본인 교수는 이노우에 요시카즈(井上良一, 1852-1879)인데, 그는 교수 취임 후 불과 2년만에 26세의 젊은 나이로 스스로 목숨을 끊었다. 이 비극은 당시 일본 지식인(知識人)의 교양(教養)이란 게 어떠한 것인지에 대해 생각하게 한다.

---

41 手塚豊「最初の東京大学法学部教授井上良一略伝」同『明治史研究』 참조.

이노우에는 막부가 해외 도항(渡航) 금지를 푼 막부 말기인 1867(케이오 3)년에 15세의 나이로 후쿠오카번(福岡藩)의 유학생으로 미국으로 건너가 하버드 대학에서 공부했다. 그는 막신(幕臣)으로 같이 하버드에 유학하고 있던 메가타 타네타로오(目賀田種太郎, 1872-1874 재학)와 함께 아마도 일본인 최초의 하버드 로스쿨 졸업생이 되었다.[42] 1874(메이지 7)년에 졸업하여 귀국 후 토오쿄오 영어학교(후의 토오쿄오대학 예과[豫備門]) 교사와 토오쿄오 카이세이 학교의 교수를 거쳐[43] 1877년 토오쿄오대학 발족과 동시에 일본인 최초의 법학부 교수가 되었다. 그러나 이노우에는 영어는 능숙했으나 일본어 능력이 당시 한학의 교양을 가진 지식인의 수준에 이르지 못했다. 상당한 압력도 있었다고 생각되며 머지않아 노이로제가 되었다.

그런 이노우에를 후쿠자와 유키치가 뒤를 봐주고 있었는데, 요양 중 친구 집을 방문했을 때 발작으로 우물에 뛰어들어 자살한 것이다. 일본에서 유일한 '대학'의 교수가 되면, 한학의 교양이 지식인의 당연한 전제였던 당시에 영어가 되고 외국법을 잘 알고 있는 것만으로는 버텨 갈 수 없었기 때문이다. 이노우에의 죽음은 아메리카 원어민도 아니고, 한편으로 일본의 지식인으로서의 정체성을 확립할 수 없었던 딜레마가 가져온 비극이었다.

이노우에의 사후, 토오쿄오대학 법학부 교수 포스트에 오른 일본인은 토야마 마사카즈(外山正一, 1848-1900)였지만, 전공은 철학·사회학이었고, 법학을 전문으로 하는 일본인 교수는 노부시게가 두 번째이다. 그 후, 코나카무라 키요노리(小中村 清矩, 1822-1895)와 타나카 이나기(田中稲城, 1856-1925)도 교수가 되었으나,[44] 모두 문학부 겸임이었으며 노부시게에 이어 법학 전공 교수가 된

---

42 한 학년 위에 야마다 이네야스(山田稲養)라는 치구고쿠루메번(筑後久留米藩)의 인물이 등록되어 있었던 것 같으나 졸업했다는 기록은 보이지 않는다.

43 1875(메이지 8)년 9월에 교수보, 76년 4월에 교수가 되었다. 手塚「井上良一略伝」52쪽.

44 『東京帝国大学五十年史　上』501쪽. 노부시게도 문학부 교수를 겸임하여 법리학, 법학통론을 강의했으며 일본인 학자가 적었던 당시에는 겸임이 많았다.

사람은 1885년에 부임한 토미이 마사아키라(富井政章)다. 프랑스 리용 대학에서 박사 학위를 취득하고 귀국한 뛰어난 인재로 노부시게와 함께 민법의 기초자가 된 학자이다.

독일화의 진행과 카토오 히로유키

노부시게가 귀국한 일본에서는 독일학협회가 설립되고 독일 문헌이 활발하게 번역 출간되는 등 독일의 영향력이 증대되고 있었다. 법전편찬에서도 헌법은 이토오 히로부미가 프로이센에서 본을 딴 헌법을 구상하고, 상법은 독일인 뢰슬러(Karl Friedrich H. Roesler, 1834-1894), 민사소송법은 독일인 테효(Hermann Te-chow, 1838-1909)에게 그 기초를 맡겨 독일식 법전의 준비가 진행되던 중이었다. 또, 토오쿄오대학에서는 카토오 히로유키 총리 아래 독일화가 활발하게 추진되던 중이었다. 학문이 단번에 독일 쪽으로 기울어진 이유는 독일이 일본과 마찬가지로 오랜 역사와 전통이 있으면서도 국가로는 신흥 국가라는 것, 입헌군주제로 국가주의적 경향이 강하고, 국가 주도로 근대화를 추진하려 했던 일본이 본받기에 적합했다는 것, 그리고 19세기 후반 독일에서의 교육과 학문의 발전이 현저하여 구미에서도 그 선진성이 높게 평가되었다는 데에 있다.

1881(메이지 14)년경까지는 문부성의 방침으로 독일어가 의학에 한정되었고, 토오쿄오대학 법과와 문과에서는 영어와 불어가 사용되었다. 그러나 이미 언급한 바와 같이 토오쿄오대학 총리 카토오 히로유키의 청원으로 그해 9월부터 문학부와 이학부에서 영어와 독일어를 필수로 하고, 프랑스어는 두 학부 모두 선택과목으로 변경되었다.[45]

또한, 카토오는 우대신 이와쿠라 토모미(岩倉具視) 등에 대하여 자유 민권·국회 개설을 주장하는 오오메이샤(櫻鳴社) 주요 멤버였던 문부경(文部卿) 코오노 토가마(河野敏鎌)의 경질을 요구했고, 1881년 후쿠오카 타카치카(福岡孝弟)가 문

---

45 『東京帝国大学五十年史　上』645쪽 이하. 森川 앞에 든 책 141쪽.

카토오 히로유키

부경이 되자 신임 후쿠오카와 면담, 대학 개혁 구상을 밝혔다. 이후 후쿠오카는 당시까지 대학의 참여에 소극적이었던 문부성의 방침을 적극적인 대학 행정으로 전환했다.[46]

서양 법사상의 일본 도입에 오피니언 리더 격 존재였던 카토오 히로유키(加藤弘之)가 1881년의 이른바 전향 전에 주도한 천부인권론(天賦人権論)은 시대를 풍미했다. 거기에는 유교 사상과의 연속성도 지적할 수 있다.

체계적인 자유 민권론(自由民権論)이야 일본에는 없었지만, 〈중략〉 당시 지식인 교양의 기초가 된 한학에는 '왕후장상 따위 씨가 있는가'라든가 '천하는 천하의 천하이지 한 사람의 천하가 아니니'라든가, '군주는 배, 백성은 물, 물은 곧잘 배를 띄우고, 물은 곧잘 배를 뒤집느니' 등 신분·가문과 무관한 인간의 평등, 또 정치는 민의에 근거해야 한다는 사상이 있었다. 아무튼, 이러한 말이 처음 나왔을 때의 의식, 메이지 유신의 대변혁을 목격한 사람들의 의식에는 자유와 민주주의의 이론을 쉽게 받아들일 바탕이 있었다.[47]

그러나 카토오는 천부인권론의 비판자로 돌아섬으로써 그 사다리를 제거해 버린다. 그 이유에 관해 자서전의 설명을 액면 그대로 받아들이면, 카토오는 계몽사상의 형이상학에서 자연과학적인 진화론(進化論)으로 전환한 것이고, 이것이 '전향(転向)'의 내실인 셈이다.[48] 그러나 전향 후 카토오의 진화론을 스펜서류의 진화론과 동일시할 수도 없다. 스펜서의 정치사상은 극히 자유주의적이었기 때문이다. 그런 의미에서 카토오의 전향을 단순히 계몽주의에서 진화론으

---

46 森川『ドイツ化構想』153-154쪽.

47 井上清『日本の歴史20 明治維新』(中央公論社, 1966년) 388-380쪽.

48 堅田『独逸学協会』26쪽.

로 갈아탄 것으로 보는 것은 정확하지 않을지 모른다. 오히려 영국과 프랑스식의 자유주의에서 독일적인 민족주의로의 방향 전환으로 보인다. 그 이유는, 프랑스류의 자연법사상보다 독일의 법이론 쪽이 더 진화했고, 영국류의 의회주의보다는 독일류 입헌 군주주의 쪽이 일본에 적합하기 때문이다. 서양의 정치사상을 상대화하여 일본에 더 어울리는 근대적 법제를 선택했다는 의미에서는 일종의 역사주의라고도 할 수 있다. 여기서 귀국 후 노부시게가 강력하게 추진한 역사법학과 카토오 사상과의 친화성이 드러난다. 하지만 카토오의 사상 변천이 그저 단순한 것이 아니라는 데에는 나중에 다시 논하기로 하겠다(제8장 4).

또, 카토오의 전향 성명의 배후로 지적되는 게 두 가지 있다. 첫째, "그쪽 계통의 사람"(산조오 사네토미[三条実美], 야마다 아키요시[山田顕義]의 이름이 그쪽 계통으로 거명됨)으로부터 카토오에게 "(『국체신론』과 같은) 저술을 그대로 둘 수는 없다."는 '속 이야기'가 있었다는 것. 둘째, 산조오에게 의관(議官) 카이에다 노부요시(海江田信義)의 협박문이 제출되었고 거기서 카토오가 역적 취급을 당하였다는 것.[49] 그러나 카토오의 사상적 변화가 처음으로 표명된 것은 이미 1879년 11월 세이쇼오지(青松寺)[50]에서의 강연회였다는 지적도 있어서[51] "그쪽 계통"의 압력에 굴복했다는 견해는 사실과 일치하지 않는다. 그는 1874년 시점에서 이미 민선의원 개설 운동을 시기상조라고 비판하였으며,[52] 카토오의 정치적 성향으로 보아 전향이라기보다는 입수할 수 있던 정보가 제한되었던 당시의 단계에서 점차 서양 사상의 이해가 퍼져 나가는 가운데, 그의 본래 사고방식에 친화적인 사상을 찾았다고 보는 것이 어울리지 않을까?

---

49 吉田 『加藤弘之』 75쪽, 松本 『政治と人間』 63-64쪽.

50 [역주] 세이쇼오지(青松寺): 토오쿄오 미나토구(港区)에 있는 조동종(曹洞宗) 절. 학료(学寮)라는 일종의 기숙학교가 있어 다수의 인재를 배출했다.

51 천부인권 없다는 설과 선악의 구별이 천연이 아니라는 설(「天賦人権ナキノ説并善悪ノ別天然ニアラザルノ説」)이 그 강연 제목이다. 吉田 『加藤弘之』 72쪽. 松本 『政治と人間』 76쪽은 青松寺에서의 연설 이외의 독서록과 초고에도 주목하고 있다.

52 吉田 · 앞에 든 책 52쪽.

그런 카토오가 이끄는 토오쿄오대학에 더욱이 그 카토오 자신의 기대를 짊어지고 노부시게는 부임한 것이다.

입양 해소와 결혼

귀국 후의 노부시게를 말할 때 간과할 수 없는 것은 그의 개인적 측면의 변화이다. 이것은 그 후 그 자신의 연구와 입법 활동에도 영향을 준 것으로 보인다.

노부시게는 아오키 슈우조오(青木周三)나 모리 오오가이(森鴎外)의 경우와 같은[53] 유학 중의 로맨스 그림자는 적어도 지금까지의 기록에는 보이지 않는다. 실은 노부시게에게는 유학의 시점에서 약혼자가 있었다. 이미 언급한 바와 같이 노부시게는 1868(케이오 4[메이지 원])년, 만 13세 때 우와지마 번사(藩士) 이리에 집안(入江家)의 양자가 되어 양부 이리에 사키치(入江左吉)의 질녀에 해당하는 '사이'와의 결혼이 예정되어 있었다.[54] 사이는 1860년생으로 노부시게보다 다섯 살 아래로 당시 일곱 살이었다.

그런데 유학에서 귀국한 해에 노부시게는 이리에 집안과의 입양을 해소했다. 우와지마 번 중역으로 향토 인재 양성에 열중하던 사이온지 킨나루(西園寺公成)가 귀국하자마자 시부사와 에이이치(渋沢栄一, 1840-1931)[55]의 장녀 우타코

---

53 아오키는 일본에 있는 처와 이혼하고 독일 귀족의 딸과 결혼했다. 오오가이의 로맨스는 유명한데 그 상대가 최근 드러났다. 六草いちか『それからのエリス─いま明らかになる鴎外「舞姫」の面影』(講談社, 2013년).

54 中島敬一『宇和島藩士大銃司令入江左吉と周辺の人々』(1993년) 112쪽. 『出発』54쪽은 노부시게는 사키치(左吉)의 장녀와 결혼할 예정이었지 않았나 추측되나, 中島・앞에 든 책에 의하면 노부시게와 결혼할 예정이었던 사람은 사키치의 동생인 노부나리(陳成)의 차녀였다고 한다.

55 [역주] [역주] 에도 말기 농민으로 태어나 무사[막신]로 발탁되었다. 1867년 파리 엑스포에 수행원으로 참가하며 유럽의 제도와 산업을 살폈다. 메이지 신정부의 재무관리를 하

(歌子)와의 혼담을 가져왔기 때문이다. 이때 시부사와는 41세, 이미 제일국립은 행 행장, 토오쿄오 상법회의소(후의 토오쿄오 상공회의소) 회장 등의 직책을 맡은 재계의 리더였다. 우타코는 18살이었다. 노부시게는 이듬해 결혼을 위해 그해 안에 호즈미 집안으로 돌아가 분가의 절차를 밟은 것으로 보인다.[56] 이리에 집 안에서는 일본을 대표하는 엘리트가 된 양자 노부시게가 유학에서 돌아와 사위 가 될 것을 기대하고 있었지만(노부시게의 귀국 때 사이는 21살이었다.), 귀국하자마 자 입양이 일찌감치 해소되고 말았다. 그러나 분쟁이 일어났다는 흔적은 없다. 그 이유로서 노부시게의 손자 호즈미 노부유키(穗積重行)는 노부시게의 결혼에 는 구번(旧藩) 중역인 사이온지 킨나루만이 아니라 주군인 다테 무네나리(伊達 宗城)의 의향도 일조했던 게 아닐까 추측한다. 따라서 이리에 집안도 원만한 파 양을 수용할 수밖에 없었던 것 아니냐는 것이다.[57]

노부시게와의 결혼 꿈이 무너진 사이의 뒷이야기는 반드시 행복한 것은 아 니었던 것으로 보인다. 그녀는 그 후 우와지마 번사와 결혼하여 아들 긴키치(銀 吉) 등을 낳고 곧 이혼하였다. 노부시게는 이리에 집안에 대한 책임을 느낀 탓 인지 긴키치를 거두어 그가 오오쿠라(大倉) 상업학교를 졸업하고 실업계에 나 올 때까지 돌봤다고 한다. 따라서 긴키치는 그 후에도 종종 호즈미 집을 방문 했다.[58]

노부시게의 아내가 된 우타코는 상세한 일기를 적었는데, 공간된 그 일부에 는 1890(메이지 23)년 1월 16일에 이리에 사이가 호즈미 집을 방문했다는 취지의 기록이 있다. 그때는 사이가 이혼한 해이다. 후미 집안을 이은 긴키치의 뒤를 부탁하기 위하여 마음을 단단히 먹고 입신출세한 옛 약혼자를 찾아간 것일까?

다가 실업계에 투신하여 1,000곳 이상의 은행, 회사, 학교를 세웠다. '일본 자본주의의 아버지'로 불린다. 한 손에 '논어', 다른 한 손에 '주판'을 들고 사업에 임한다는 '도덕경 제 합일설(道徳経済合一説)'을 내세웠다. 한국에서는 '일본 경제 침략의 장본인'이라고 도 하나 일본에서는 2024년부터 사용될 새 10,000엔권 지폐의 초상으로 쓰인다.

56 『出発』203쪽.
57 『出発』203쪽.
58 『歌子日記』8쪽.

제4장

일본이 만난 서양 법학 –
'역사의 세기'의 유럽

사뮤엘 스마일즈(나카무라 마사나오 옮김)
『개정판 서국입지편(改正西国立志編 Self Help)』
(7서점 합동 발행, 1877년)

이 장에서는 노부시게가 만나 흡수한 19세기 후반의 영국과 독일의 법학을 그 사회적 배경을 포함해 개관한다. 19세기는 '역사의 세기'라 불린다.[1] 두 나라의 법학에도 역사에 관한 관심이 깊이 각인되어 있다.

1. 빅토리아 시대의 영국 법학

19세기 유럽

일본이 만난 것이 하필 19세기 후반의 구미였다는 것은 법률의 수용에서도 그 의미가 크다. 이 점을 논한 민법학자 호시노 에이이치(星野英一, 1926-2012)는 그것을 일러 '비극'이라 하였다.[2] 호시노는 노부시게 세대의 뒤를 이은 하토야마 히데오(鳩山秀夫, 1884-1946)와 와가츠마 사카에(我妻榮, 1897-1973)로 이어지는 토오쿄오대학 법학부의 민법 강좌 담당자이다.[3] 왜 '비극'인 것일까?

확실히 유럽의 19세기를 호의적으로 보지 않는 지식인이 적지 않다. 영국을 대표하는 역사학자의 한 사람인 에릭 홉스봄(Eric J. Hobsbawm, 1917-2012)은 19세기에 대해 "여기에서 다루는 시대에 대한 약간의 혐오(오히려 다소 경멸일지도 모름)를 숨길 수 없다."라고 토로했다.[4] 또한, 한때 일본에 망명해 있던 유대계 독일인 철학자 카를 뢰비트(Karl Löwith, 1897-1973)는 "19세기의 유럽은 더 이상 진정한 사명을 믿고 살았던 것은 아니다. 단지 도처에 그 상품과 과학 기술 문명

---

1 C・アントーニ(新井慎一訳)『歴史主義』(創文社歴史学叢書, 1973년) 123, 178쪽.

2 星野英一「日本民法学の出発点」同『民法論集第5巻』(有斐閣, 1986년) 수록.

3 [역주] 이 책의 저자 우치다 타카시(內田貴)는 호시노 에이이치(星野英一)의 뒤를 이은 민법 강좌 담당자였다.

4 홉스봄『자본의 시대』70쪽.

을 펼치고 있었던 것에 지나지 않는다."라고 말했다.[5] 요컨대 유럽이 그 본래의 광채를 유지하던 시대와는 다르다는 것이다. 그러한 유럽을, 이것이야말로 서양 문명이라고 믿은 것이 일본에게는 비극이라는 것이다.

그럼 도대체 19세기 후반의 유럽은 어떤 시대였던 것일까? 19세기 유럽 전체를 그린 역사서라면 베네데토 크로체(Benedetto Croce, 1866-1952)의 『19세기 유럽사』[6]가 선명한 역사관이 관철된 책으로 유명한데, 19세기에 대한 날카로운 통찰력과 박람강기(博覽强記)의 문명사를 그린 홉스봄의 저작 『자본의 시대』와 『제국의 시대』도 전망 좋은 조감을 준다. 주로 그의 책에 기대어 일본이 만난 유럽을 살펴보자.

19세기는 "무엇보다 산업자본주의(産業資本主義) 세계 경제가 큰 진전을 보인 역사이자, 산업자본주의가 대표하는 사회 질서의 역사이며, 또 이 자본주의를 정당화하고 승인하는 것으로 여겨진 관념과 신념, 즉, 이성, 과학, 진보, 그리고 자유주의"의 역사였다.[7] 1848년부터 70년에 걸쳐 유럽에서는 경이적인 경제의 변용과 확대가 이루어졌다. 철도, 기선, 전신 등으로 자본주의 경제의 지리적 범위가 갑자기 확대되어 전 세계가 이 경제에 속하게 되었다. "세계라는 말이 지리상의 표현에서 끊임없이 활동하는 현실로 변용한 것이다. 역사는 이때부터 세계사가 된다."[8] 정치와 군사력이 점점 공업 기술의 힘에 기초를 두게 되어 왔기 때문에 공업 기술의 발전이 가져올 정치적 영향이 어느 때보다 중요해졌다.

동시에 19세기는 유럽의 세기이기도 했다. "19세기의 3/4분기만큼 유럽인들이 세계를 완전하고 의심의 여지가 없을 만큼 지배했던 시대는 달리 없었

---

5 カルル・レーヴィット (柴田治三郎訳) 『ヨーロッパのニヒリズム』(筑摩書房, 1974년) 7쪽.

6 B・クローチェ(坂井直芳訳) 『十九世紀ヨーロッパ史 (増訂版)』(創文社, 1982년).

7 홉스봄 『자본의 시대』 76쪽.

8 홉스봄 『자본의 시대』 142쪽.

다."[9] 19세기 중반까지는 영국이 두드러진 공업 국가였지만, 후반이 되면 미국과 독일이 현저한 성장을 보였다.

사상적으로는 개인주의적 자유주의가 전성기를 맞아 경제 정책은 자유방임주의(自由放任主義)가 강한 설득력을 띠었다. 영국에서 1846년 곡물의 수입을 제한하던 곡물법이, 1849년에는 식민지와의 무역에 외국 선박을 사용하는 것을 제한하던 항해조례가 각각 철폐된 것은 보호무역에서 자유무역으로의 전환을 상징하는 움직임이었다.

'국제적인 자유 무역의 열기(自由貿易熱)'가 만연하고, 영국은 개발도상국에 대하여 그 나라의 생산물(주로 식량과 원료)을 싸게 대량으로 구매하고 그 수익으로 영국 제품을 사도록 강요했다. 영국의 경쟁 상대들에게(미국을 제외하고) 자유무역은 분명히 불리한 것이었지만, "거의 자연법칙과 같은 힘이 있는 것처럼 여겨진 경제 이론에 여러 국가의 정부가 깊은 영향을 받고 있었다."[10]

일본이 조우한 것이 바로 자유 무역의 열기에 빠져 시장 개방을 요구하는 19세기 영국이었다는 것이 정복의 열기(征服熱)에 빠졌던 16세기 스페인과 비교하여 '비극'이었다고 할 수 있는지는 논란의 여지가 있을 것이다.

하지만 자유 무역주의라 해도 순수히 경제적인 관심으로 일관한 것은 아니다. 내실은 미타니 타이이치로오(三谷太一郎)가 '자유 무역 제국주의'라 부른 것으로, 불평등 조약에 의해 식민지 없는 식민지 제국을 구축하는 방법이었다. 그러므로 일본은 외채 의존을 극소화하는 자립적 자본주의(自立的資本主義)를 채택했다. 이것이 바로 경제적 민족주의에서 출발한 일본의 대응 전략이었다.[11]

한편으로 이 시대는 국민 국가의 형성이 세계적인 추세로, 이 시대의 지배적인 특징이 되었다. 공업력(工業力)에 기초를 둔 정치·군사적 경쟁이 국민 국

9 　홉스봄『자본의 시대』285쪽.

10 　홉스봄『자본의 시대』130쪽.

11 　三谷太一郎『日本の近代とは何であったか―問題史的考察』（岩波新書, 2017년）149쪽.

가 단위에서 발생하였다. 번(藩)이라는 지역 세력의 집합체인 일본이 이에 대치해 나가려면 하나의 국민 국가로서의 구심력이 필요했다. 국민 국가의 형성이 국가적 과제가 된 것이다. 거기에 법학이 큰 역할을 하게 된다(제8장).

메이지 유신의 타이밍

19세기 후반의 역사를 보면 메이지 유신의 타이밍은 경제의 세계적 규모 확장의 역사의 미묘한 전환점이기도 했다. 구미는 머지않아 1873(메이지 6년)년부터 큰 불황을 경험한다. 그 결과, 남북전쟁(南北戰爭) 시대부터 보호주의를 취하던 미국을 제외하고, 자유 무역으로 크게 흔들린 유럽 국가들은 보호주의로 방향타를 돌려 식민지 정책이 재개되고, 미분할이었던 아시아, 아프리카의 분할로 나선다. 그리고 독일 제국의 성립으로 태어난 1882년의 삼국 동맹(독일, 오스트리아, 이탈리아)과 그에 맞서는 삼국 협상(영국, 프랑스, 러시아, 1891-1907년)의 결성은 "정치 세계의 다극화와 세계의 재분할을 둘러싼 여러 열강 간의 날카로운 대립으로 발전해 갔다." 오스트리아의 역사가 하인리히 프리둥(Heinrich Friedjung, 1851-1920)이 '제국주의의 시대(das Zeitalter des Imperialismus)'라고 이름 붙인 시대의 시작이다.[12] 일본은 그 직전의 자유 무역주의의 시대에 나라를 연 셈이다. 역사의 우연이라고는 해도 일본에게는 기적적인 행운이었다고 할 수 있겠다.

메이지 유신의 타이밍을 군사적인 관점에서 보면, 구미 열강이 전쟁에 정신이 팔렸던 시기였다. 1850년대와 60년대의 유럽에서는 영국·프랑스·러시아의 크리미아 전쟁(1853-1856년), 프로이센·오스트리아의 보오(普墺) 전쟁(1866년), 프로이센·프랑스의 보불(普佛) 전쟁(1870년)이 속속 발생하고, 미국은 남북전쟁(1861-1865년)에 쫓기는 신세였다. 그리고 이웃 청나라는 태평천국(太平天国)

---

12 馬場哲＝小野塚知二編 『西洋経済史学』 (東京大学出版会, 2001년) 247-248쪽(雨宮明彦). '제국주의의 시대'는 1880년대부터 제1차 세계대전의 종국까지의 시기가 상정되어 있다.

의 난(1851-1864년)의 폭풍이 몰아쳤고 영국과 프랑스는 여기에도 힘을 쏟지 않으면 안 되었다. 즉, 일본이 내란의 위기에 있던 막부 말기에 서양 열강은 일본을 상대로 식민지화를 시야에 둔 군사 개입을 할 여유가 없었던 것이다.

하지만 그것이 일단락되고 1880년대에 들어가면 서양 열강은 다시 아시아의 제국주의적 분할에 나선다. 영국은 버마를 영국령 인도에 합병(1886년)했고, 같은 시기 프랑스령 인도차이나(베트남, 캄보디아, 라오스)가 성립한다(인도차이나 총독부 설치는 1887년).[13] 메이지 유신은 바로 그 사이를 누비며 감행되었다. 이 때문에 보신 전쟁(戊辰戦争)[14]에 열강이 직접 군사적으로 개입하는 일도 없었다. 인도를 비롯해 국내의 내분을 틈타 식민지화된 나라가 많다는 것을 감안하면 행운이라고 해야 할 것이다. 하지만 다시 열강의 제국주의적 세계 분할이 시작된 가운데, 일본은 안심하고 있을 수는 없는 상황이 계속되었다.

빅토리아 시대의 영국

노부시게가 발을 디딘 1876년 당시의 영국은 여왕의 이름을 따서 빅토리아 시대라 불리는 기간에 속한다. 세계에 광대한 식민지와 반식민지(半植民地)를 가진 대제국으로 적어도 외관상으로는 영국의 전성기를 느끼게 하는 시기였다. 빅토리아 여왕은 큰아버지 윌리엄 4세를 이어 1837년에 즉위했다. 당시 영국은 미국과 독일 등 후발국의 추격을 받으면서도 과학 기술이 크게 발전하여 공업 생산은 비약적으로 확대되고 식민지 획득을 수반한 제국의 확대에 나서고 있었다. 그것을 상징하는 것이 인도이다. 영국은 반식민지화하고자 했던 인도에서 발생한 큰 반란을 진압한 뒤, 무굴 제국을 멸망시키고 영령 인도제국을 성립시켜, 1877년 빅토리아 여왕은 초대 인도 여제(女帝)가 되었다.

---

13 거기에 이르는 역사에 대하여 小倉貞男 『物語ヴェトナムの歴史──一億人国家のダイナミズム』 (中公新書, 1997년) 제4장 참조.

14 [역주] 1868(무진)년에 시작된 신 정부군과 구 막부군의 내전을 말한다.

영국은 또한 인도 항로의 안전을 확보하기 위해 이집트와 중동 국가를 지배 하에 두었다. 또 인도의 앞쪽도 버마, 영국령 말레이시아, 홍콩, 호주, 캐나다 등을 지배하에 두어 거의 지구를 일주하는, 해가 지지 않는 대영제국이 세워졌 다. 쥘 베른(Jules Verne, 1828-1905)의 『80일간의 세계 일주』(1872년)가 쓰인 것이 이 시대이다. 프랑스인이 쓴 이 이야기에서는 영국인들이 영국 은행권을 갖고 영어 로 세계를 일주하며 잇달아 발생하는 어려움을 돈의 힘으로 극복해 나간다.

진화와 진보

빅토리아 시대는 사람들의 사고방식에서도 커다란 변동이 생긴 시대이다. 찰스 다윈(Charles Darwin, 1809-1882)의 『종의 기원(On the Origin of Species)』이 1859년 에 간행되었는데, 이 책은 생물학뿐만이 아니라 유럽 사람들의 사상 일반에 심 대한 영향을 미쳤다. 생물이 진화에 의해 다른 종으로 바뀐다는 설명은 하느님 이 인간과 동물 각종을 만들었다고 믿고 있던 그리스도교인들에게 큰 충격이었 다는 것은 굳이 말할 필요도 없지만, '진화(進化)' 또는 '진보(進步)'라는 발상 자 체가 과거 역사에는 없는 사상이었다. 세계는 예로부터 하느님이 만든 섭리 속 에 있다고 믿어왔기 때문이다. 그러나 진화론(進化論)의 등장과 더불어 동식물 이 진화한다면, 인간 사회도 진화하는 것이 아닌가, 법도 진화하는 것이 아닌가 하는 연상이 당연히 나타났다.

본래 '진화'가 반드시 '진보'를 내포하지는 않는다. 그러나 이 시대, '진화'는 곧 '진보'였다. 그런 의미에서 '진화'의 관념은 찰스 다윈에 의해 만들어진 게 아 니었다. 진화의 개념은 수십 년 전부터 알려진 것이었다. 예를 들어, 사회의 진 화를 논한 허버트 스펜서(Herbert Spencer, 1820-1903)의 사상은 다윈에 의해 촉발 된 것은 아니나 다윈과 거의 같은 시기에 시대의 공기에서 양성되어 태어난 것 이다. 당시는 물적, 지적 양면에 걸친 '진보'는 너무도 명료하여 부정할 수 없는 것으로, 시대가 진보하고 있다는 사실을 아무도 의심하지 않았다. '진보'는 이 시대를 상징하는 지배적인 개념이었다.[15] 그래서 19세기의 영국인에게는 빅토리아조 사회를 진보의 도달점으로 보는 역사관이 바로 시대의 공기였다.[16]

진보와 진화에 관한 관심은 자신들이 어디에서 왔는가 하는 역사에 관한 관심과도 결부된다. 실제로 19세기는 고대 역사에 관한 관심이 한층 높아진 시대이기도 하다. 슐리이만(Heinrich Schliemann, 1822~1890)에 의한 트로이 유적의 발굴과 타일러(Sir Edward Burnett Tylor, 1832~1917)의 인류학적 조사 연구 등이 선사 시대에 대한 사람들의 관심을 불러일으켰다. "빅토리아 시대 사람들은 자신의 시대를 비추는 거울로 과거를 이용한 것이다. 진보라는 관념을 역사에 갖다 댐으로써 그들은 자신들이 원하는 질서 감각을 빚어냈다. 바야흐로 진정한 의미에서 빅토리아인이야말로 과거를 '발명했다'라고 할 수 있다."[17] 거기에 지배적이었던 것이 "평행진화(平行進化)"라는 관념이다.

당시의 인류학자는 현재의 원시적 부족이 유럽의 과거를 보여준다고 생각하고, 생물학자들은 하등 동물이 왜 지금도 살아남았는지를 이 모델에서 설명하려고 했다. "평행진화에서는 많은 다른 발전의 계열이 동일한 사다리를 오르지만, 속도가 다르다고 한다."[18] 거기에는 "사회의 발전에 관한 유사 모델이 설 자리는 없었다. 유럽 이외의 문화도 마찬가지여서 정당한 인간 본성의 발현이라는 생각을 인정하는 것은 대부분의 빅토리아인에게 승복하기 어려운 가치의 상대화를 의미하는 것이기 때문"이었다.[19]

"인류의 역사는 불과 몇 천 년밖에 되지 않는다는 성서적 이해(지구의 나이는 성서의 천지창조 기록을 근거로 기원전 4004년이라 했음)가 무너지기 시작하는 것은 겨우 1860년대에 들어와서부터이며, 이 시기에 들어서야 진보주의자들은 태고의

---

15 홉스봄(정도영 옮김)『자본의 시대』482쪽

16 ピーター・J・ボウラー(岡嵜修訳)『進歩の発明—ヴィクトリア時代の歴史意識』 (平凡社, 1995년) 33쪽

17 ボウラー『進歩の発明』14쪽(A・ドワイト・カラー의 저서, Culler, The Victorian Mirror of History를 인용하고 있다).

18 ボウラー『進歩の発明』25쪽.

19 ボウラー『進歩の発明』36쪽.

인류가 처음에는 원시적인 사회를 거쳤고, 그 후의 발전 일체가 그로부터 생겼다고 생각할 수 있게 되었다."[20] 이러한 역사에 관한 관심은 법의 세계에도 영향을 미쳐 뒤에 언급할 헨리 메인(Sir Henry James Sumner Maine, 1822–1888)의 연구가 큰 관심을 끌 수 있는 중요한 배경을 이루었다.

새로운 사조

당시는 또 신분제 사회 영국에서 능력주의에 의한 사회적 지위의 유동성이 생긴 시대이기도 했다. 노력하여 성공을 얻을 수 있게 된 것이다. 그러한 시대정신을 표현한 것이 새뮤얼 스마일즈(Samuel Smiles, 1812–1904)의 『자조론(Self-Help)』(1859)이다. '빅토리아조 중기 자유주의의 바이블'이라고 불린 이 책은 일본에서도 나카무라 마사나오(中村正直)가 번역하여 『서국입지편(西国立志篇)』(1871[메이지4]년)으로 간행되어 베스트 셀러가 되고, "하늘은 스스로 돕는 자를 돕는다."는 격언이 인구에 회자하는 등 큰 영향을 주었다.

빅토리아 시대의 사고방식에 큰 영향을 준 또 한 명의 인물이 벤담(Jeremy Bentham, 1748–1832)이다. 그는 빅토리아 시대가 시작되기 전인 1832년에 세상을 떴으나 신의 섭리나 사물의 본질에 따라 질서가 정해져 있다는 지금까지의 정적인 사회상에 대해 공리주의적 계산에 의한 정책을 제언하고, 이를 입법으로 실현할 것을 역설했다. 이 벤담의 사상은 사람들의 사고방식 면에서 혁명적인 위력을 지녔다. 벤담의 생전에 그의 개혁 사상은 너무 과격하여 시대를 너무 앞서갔지만, 빅토리아 시대에 들어 그의 사상을 계승한 사람들에 의한 개혁이 연이어 실시되어 간다.

벤담의 사상은 빅토리아 시대의 대표적인 사상가 존 스튜어트 밀(John Stuart Mill, 1806–1873)에 의해 승계되었다. 밀의 주저 『자유론』(1859년)은 나카무라 마사나오(中村正直)의 번역으로 『자유지리(自由之理)』라는 제목으로 1872(메이지 5)

20　ボウラー『進歩の発明』53쪽.

년에 간행되어 일본에도 큰 영향을 미쳤다. 하지만 일본에 끼친 영향으로 보자면, 허버트 스펜서가 더 컸다고 하겠다. 스펜서는 그 후 잊히는 정도의 낙차에서도 주목할 만한데, 이에 대해서는 나중에 다루기로 한다.

이렇게 사상의 측면에서도 기존 가치에 얽매이지 않는 새로운 발상이 생겨났다. 바로 그 시기에 탐욕스럽기까지 한 지적 호기심을 지닌 동양의 작은 나라가 지금까지 닫혀 있던 창을 열었다. 그리고 그 나라에서 온 청년 노부시게가 빅토리아조 사회에 발을 디딘 것이다.

영국의 법학 교육

그럼 그 시대의 영국 법학과 법학 교육의 상태는 어떠했을까? 영국법의 큰 특색은 판례법(判例法)으로, 즉 재판의 축적으로 오랜 시간에 걸쳐 형성되어 왔다는 점이다. 이러한 법을 커먼 로(Common law)라 부른다. 한편, 커먼 로의 경직성을 완화하기 위해 대법관 법원(Court of Chancery)이 에퀴티(Equity, 형평법)라는 법을 발전시켰다. 이렇게 법원 제도가 커먼 로를 형성해 온 일반 법원과 형평법원으로 나누어져 있었다. 이 수백 년에 걸친 복잡한 전통에 종지부를 찍은 것이 1873년과 1875년의 대법원법(Supreme Court of Judicature Acts)으로, 커먼 로 법원과 에퀴티 법원이 통합되었다.[21] 이러한 재판 제도의 역사적 개혁은 빅토리아 시대의 법 개혁 운동의 일환이었다.[22]

한편, 법학 교육으로 보자면, 영국은 오랫동안 정체 상태에 있었다. 일반적

---

21 이 법률은 그 후의 개정을 반영한 1981년의 대법원법으로 교체되었으나 2005년의 헌법 개혁법에 의해 그때까지 귀족원이 맡고 있던 대법원의 역할을 신설된 대법원(Supreme Court of the United Kingdom)이 맡게 되었기 때문에, 1981년의 법은 혼란을 피하기 위해 명칭이 변경되어 고등법원법(Senior Courts Act)이 되었다.

22 田中英夫『英米法総論上』(東京大学出版会, 1980년) 152쪽 이하(특히 160-162쪽), J・H・ベイカー(深尾裕造訳)『イギリス法史入門(第4版)第Ⅰ部〔総論〕』(関西学院大学出版会, 2014년) 161쪽.

으로 법학 교육이라고 하면, 대학교육을 연상한다. 그리고 영국에는 옥스포드 대학과 캠브리지 대학이라는, 세계에서 으뜸가는 대학이 존재한다(창설은 옥스퍼드는 12세기 후반, 캠브리지는 13세기 초반으로 거슬러 올라감). 그러나 특히 법학 교육으로 보자면 대학에서의 학문적 법학 교육은 거의 작동하지 않았다. "1850년대부터 1950년까지의 뛰어난 영국 법조는 거의 대학 졸업생이 아니든가, 대학에서 법률 이외의 과목을 배운 학생이든가"였다고 한다.[23] 당시 옥스포드 대학과 캠브리지 대학에 법학 강좌는 로마법을 교육하는 시민법(Civil Law) 강좌와 영국법 강좌밖에 없었고, 두 대학에 2명씩 법학 교수가 있었으나 항상 강의가 제공되던 것도 아니며, 법학 교육은 체계적이지 못한 데다 참석자도 적었다.

실무자 양성을 본다면, 전술한 바와 같이 법정변호사(法廷弁護士, 바리스터)의 자치 단체, 즉 법조학원(Inns of Court) 네 곳이 법정변호사의 양성 기관으로서 기능해왔다. 그러나 그 교육 기능도 19세기에 들어설 무렵에는 완전히 형해화하여 자격을 취득하기 위한 요건은 일정 기간 어느 한 법조학원의 명부에 등록되어 일정 횟수 학원의 홀에서 선배 법정 변호사와 식사를 함께 하고, 가설적인 사안에 대한 극히 형식적인 변론 연습을 끝내는 것 등 완전히 형식적인 것에 지나지 않았다.

입학도 졸업도 각 법조학원 평의원의 재량이었기에 자격 취득에는 사실상 거액의 돈이 필요했다고 한다.[24] 이처럼 자격시험이 없었기 때문에, 학생들이 아카데믹한 학습을 할 인센티브가 부족했다.[25] 변호사를 지망하는 자가 필요로 하는 지식의 습득은 일정한 수수료를 내고 법률사무소에 들어가 실무가를 보조하면서 현장에서 배우는 수밖에 없었다. 이렇게 해서는 체계적인 지식 같은 건 익힐 수 없었던 것이다.

---

23 ベイカー 앞에 든 책 238쪽.

24 深田三徳「イギリス近代法学教育の形成(1)」同志社法学21巻2号(1969년) 38쪽.

25 Peter Stein, "Maine and legal education", in Alan Diamond ed. *The Victorian achievement of Sir Henry Maine-A Centennial Reappraisal*, 1991, p. 196.

또한, 의뢰인과 법정변호사를 연결하는 사무변호사(事務弁護士, 솔리시터)라는 직종이 영국에는 존재했지만, 그들의 교육도 비슷한 상태였다.[26]

따라서 이 시대 영국의 법학은 학문적으로는 결코 높은 수준이 아니었다. 그러나 입법 개혁 운동[27]의 물결 속에서 법학 교육에 관해서도 대규모 개혁의 물결이 밀려들었다. 1846년 영국 서민원에 '법학 교육 특별위원회(Select Committee on Legal Education)'가 설치되어 방대한 실태 조사를 실시했다. 이 위원회의 보고서[28]는 자료를 포함하여 500쪽을 넘는다. 위원회는 결론에서 "영국과 아일랜드에는 공적 성격의 법학 교육이라 할 만한 교육이 존재하지 않는다."라고 혹평했다. 특히 자잘한 실무적 이해에 얽매여서 과학(학문)으로서의 법에 전념할 수 있는, 유럽 대륙의 법학자(Legists or Jurists) 같은 계층이 없다는 걸 지적하였다. 이 지적이야말로 과학(학문)과 그 전문가인 교수들에게 높은 평가가 주어진 이 시대의 정신을 여실히 드러내는 것일 것이다.

보고서는 큰 논쟁을 일으켰는데, 무엇보다 보고서가 독일의 법학 교육을 매우 강하게 의식하고, 말하자면 그것을 모델로 영국의 현상을 평가한 점이 인상적이다.[29] 그만큼 이 시기의 독일의 법학(학문으로서의 법학)과 법학 교육(법학의 학문적 교육)에 대한 평가가 높았다. 바로 그런 이유에서 이 보고서로 법학 교육에 학문적인 것과 직업적인 것의 단계 구별을 도입하여 이후 영국의 법학 교육에 큰 영향을 미쳤다.

---

26 深田 · 앞에 든 논문 44쪽.

27 ベイカー · 앞에 든 책 301쪽 이하 참조.

28 앞에 든 Report. 이 보고서 및 1854년에 조직된 왕실위원회보고서(Report of The Commissioners, Appointed to Inquire into the Arrangements in the Inns of Court and Inns of Chancery, for promoting the Study of the Law and Jurisprudence.)에 대하여, 深田 · 앞에 든 논문(1)(2)同志社法学 21권 2, 4호(1969-70년) 참조.

29 거의 같은 시기에 프랑스에서도 독일을 모델로 한 대학교육의 개혁이 논의되고 있었다. 田原田原『歷史の中の社会学』153쪽 이하. 19세기 후반 유럽에서 독일 교육의 주목도를 살필 수 있다.

법학 교육의 개혁

한편, 법조학원의 하나인 미들 템플에서는 개혁을 향한 독자적 위원회를 설치하여 검토하고 있었는데, 그 개혁의 하나로서 '법리학(Jurisprudence)과 시민법(Civil Law. 실질은 로마법)'의 리더(Reader) 자리를 신설했다. 리더는 '강사'로 옮기는 경우도 있으나, 일본어의 '강사'와는 달리 법조학원에서 교육을 위임받은 명예로운 직분이었다. 이 개혁은 특히 독일과의 대비에서 영국의 법학 교육이 현저한 후진성을 나타내고 있다는 위기감에 바탕을 둔 것이었다. 염두에 둔 것은 법의 과학적 · 철학적 측면의 탐구이다.

이런 사실은 18세기 중엽에 애덤 스미스(Adam Smith, 1723-1790)가 영국법에 준 높은 평가와 대비하면 흥미롭다. 스미스는 영국법이 "다른 것보다 훨씬 인간의 자연스러운 감정에 바탕을 두고 형성되었기 때문에 다른 어떤 법체계보다 사려 깊은 인간의 주목을 받을 만하다."라고 했다.[30] 같은 해에 법률가 블랙스톤(Sir William Blackstone, 1723-1780)이 커먼 로를 조리의 극치라고 절찬한 것과도 통하는 바가 있는 말이다.

이에 대해 합리적(공리주의적)인 근거에 기초한 입법을 추진하던 벤담은 커먼 로를 강하게 비판하였다. 요컨대 개별 사례에 따라 판사가 꾸며낸 가공의 법일 뿐 아니라 국민에게는 마치 개 버릇 들이기 같은 거라는 것이다. "개가 못된 짓을 하면 개가 그것을 할 때까지 기다렸다가 개를 두들겨 팬다. […] 이게 바로 판사가 법을 들이대는 방식이다."[31] 벤담의 사상은 오랜 역사의 영국 법에 대한 근원적 도전이었고, 그 후의 영국법에 결정적인 영향을 주었다.

미들 템플에 신설된 '법리학(Jurisprudence)과 시민법(Civil Law)'의 리더로 채용된 것은 사비니(F. Savigny)에 기울어진 고전학자 조지 롱(George Long, 1800-1879)

---

30 P・スタイン(今野勉＝岡嵜修＝長谷川史明訳)『法進化のメタヒストリー』(文眞堂, 1989년) 51쪽.

31 スタイン『法進化』84쪽.

이었다.[32] 롱은 사비니에 의거하
여 '법의 전체상'을 주는 교육을
제공하려고[33] 그 보편성에서 가
장 일반 법리학에 가깝다고 그가
주장하는 로마법의 교육에 열정
을 기울였다. 그러나 그의 강의
스타일 탓도 있었는지 학생들의
흥미를 끌지는 못하고 말았다고
한다.

미들 템플

그리하여 대개혁을 향한 행보를 시작한 영국의 법학 교육이지만 오랜 전통
을 지키려는 보수파의 저항으로 개혁은 지지부진했고, 우여곡절을 거쳐 실무
편중 법조학원의 법학교육에서 바리스타를 위한 자격시험이나 강의 제도가 정
비되어 실시된 것은 1870년대 중반에 이르러서였고[34], 시험이 강제된 것은 1872
년부터였다.[35] 노부시게는 바로 그 개혁으로 정비된 직후의 교육을 받은 셈이
다. 법학 교육 개혁의 결과, 법조학원에서는 자격시험 제도의 도입과 우수자
표창제도가 도입되었다.[36] 노부시게는 앞서 말했듯이 이를 통해 일약 각광을 받
았다. 동양의 작은 나라에서 온 유학생이라도 평등하게 평가 서열에 참가할 수
있는 시험 제도가 없었다면 노부시게가 이렇게 주목받을 일도 없었다. 한낱 개
인적인 행운의 힘을 넘어서는 역사의 운명 속에서 그에게 부과된 숙명을 느끼
게 한다.

---

32 1846년부터 1849년까지 "reader in jurisprudence and civil law"을 맡고 있었다.

33 スタイン『法進化』94-96쪽 참조.

34 深田·앞에 든 論文(1) 52-55쪽 참조.

35 Stein, "legal education", p.199.

36 Cf. The Spectator, 24 January 1846, p.13.

헨리 메인

법학 교육의 개혁은 일본의 한 유학생에게도 스포트라이트를 비추게 되었지만, 영국인에게도 일련의 개혁과 그것을 요청한 시대 배경이 사람들의 운명을 바꿨다. 전술한 서민원 특별위원회의 보고서가 공표된 직후, 노부시게에게 큰 영향을 미친 법학자의 한 사람인 헨리 메인(Henry James Sumner Maine, 1822 - 1888)이 약관 25세에 케임브리지 대학의 시민법(로마법) 교수로 발탁된 것이다. 그는 1854년 그 자리를 떠날 때까지 로마법과 영국법을 소재로 하는 일반 법리학 강의에 열정을 기울였다.

영국의 그리스도교 역사 전문가인 오웬 채드윅(William Owen Chadwick, 1916-2015)은 19세기는 유럽 정신의 세속화가 진행한 시대였다고 술회했다. 그 의미 중 하나는 고등 교육이 지적 가치를 기준으로 하는 전문 교육으로 재편성되었다는 것이다.[37] 이에 따라 출신이 아니라 능력에 의해 높은 지위에 오르는 길이 열렸다. 노부시게가 평생 심취한 헨리 메인은 바로 그 이익을 누린 사람이었다. 메인은 19세기 영국을 대표하는 법학자로 그의 저서 『고대법(Ancient Law, 1861)』은 높이 평가되고 폭넓은 독자층을 확보했으며 일본에서도 대학남교(토오쿄오 카이세이 학교)에서 법학 전공 학생을 위한 교재로 사용되는 등 당시 법학 학습의 기본 자료가 되었다. 번역서도 시기를 달리하여 세 번 나온다. 즉 1885(메이지 18)년 하토야마 카즈오(鳩山和夫) 역, 1926(타이쇼오 15)년 코이즈미 마가네(小泉鐵) 역, 그리고 1948(쇼오와 23)년의 안자이 후미오(安西文夫) 역이다. 코이즈미는 백화동인(白樺同人)[38]의 문학자이고 안자이는 사회학자로 번역자의 전

---

37 George Feaver, "The Victorian values of Sir Henry Maine", in Alan Diamond ed., *The Victorian Achievement*, p.37.

38 [역주] 1910년 창간된 문학동인지 『흰 자작나무(白樺)』를 중심으로 일어난 백화파라는 문예사조의 이념과 작품을 공유하던 작가들. 타이쇼오 데모크라시 등 자유주의의 공기를 배경으로 인간의 생명 가치를 구가하고 이상주의 · 인도주의 · 개인주의적인 성향을 보였다. 근대 일본 최대 문예동인파라 한다.

문 영역으로 보더라도 다양한 계층의 관심을 끌
었음을 알 수 있다.

하지만 메인은 이상하게도 그 출생의 경위나
출신 가계가 '미스테리'라 할 만큼 알려지지 않았
다.[39] 아버지는 스코틀랜드의 의사로 인도에 살았
던 적도 있는 듯하다. 그러나 메인이 아직 어렸을
때 부모가 별거하여[40] 메인은 어머니와 함께 영국
으로 거처를 옮겨 전적으로 어머니에 의해 양육
되었다.[41] 경제적으로나 가정적으로나 행운과는
거리가 멀었다. 그 후, 7세가 되기 조금 전에 그

헨리 메인

는 크라이스트 호스피탈 학교에 보내졌다. 이 학교는 현재는 해리 포터의 세계
를 연상시키는 분위기의 명문 학교로 일본인 어학연수에도 인기인 듯하다. 그
러나 원래는 공립 학교에 다닐 수 없는 빈곤 계층의 자녀에게 충실한 장학금
제도를 통해 양질의 교육을 제공하기 위해 설립된 학교이다. 여기서 메인은 발
군의 지적 능력으로 눈길을 모은다. 그 후 장학생으로 캠브리지 대학(Pembroke
College)에 진학, 그리스 · 로마의 고전학으로 보기 드문 재능을 발휘하여 1847년
약관 25세에 캠브리지 대학의 시민법(Civil Law) 강좌의 흠정교수(欽定教授, Regius
professor)로 발탁됐다. 이 지위는 1540년 헨리 8세에 의해 창설된 체어(교수직)이
며 명예로운 자리이다.

하지만 19세기까지의 옥스포드와 캠브리지 대학은 "무엇보다도 국교(國敎)
목사의 양성소였다."[42] 1831년부터 1840년까지의 기간에 캠브리지의 트리니티

---

39 Feaver, "Victorian values", p.31.

40 Raymond Cocks, *Sir Henry Maine : A Study in Victorian Jurisprudence*, (Cambridge University
Press, 2002), p.9(초판, 1988).

41 Feaver, "Victorian values", p.32.

42 ヴィヴィアン · H. H. グリーン(安原義仁＝成定薫訳)『イギリスの大学 その歴
史と生態』(法政大学出版局, 1994년) 57쪽.

칼리지에 입학한 1,239명의 학생 중 3분의 1에 해당하는 413명이 성직에 종사했다. 그러나 영국제국의 영토 확대에 따라 관료·식민지 행정관·판사·변호사·학교 교사에 대한 새로운 수요가 발생하여 능력주의 풍조의 확대 속에서 중산층이 대학에 쇄도했다. 이렇게 두 대학의 졸업생 대부분이 점차 지적 전문직과 행정 관료의 일에서 진로를 찾았다.[43] 메인은 바로 그 시대의 사람이었다. 그래도 이 당시 캠브리지 대학은 재능있는 젊은이들이 마음대로 힘을 발휘할 여지가 별로 없는 세계이며, 또한 수입도 좋지 않았다. 이 때문에 메인은 신문에 저널리스트적인 글을 쓰기도 했지만, 곧이어 1852년에 미들 템플 법조학원의 '법리학 및 시민법'의 리더가 되었다. 위에서 말한 조지 롱이 맡았던 자리이다. 롱과 달리 메인의 강의는 박식과 유창한 언변으로 명성을 얻었다고 한다.

이러한 지위를 얻음으로써 메인은 장래가 약속된 것과 같은 신분의 출신이 아니면서도 사회 계층이 유동화한 빅토리아 시대 신분의 한계를 넘을 수 있었다.[44] 메인의 이런 경력은 신흥국이라고는 해도 일본에서 노부시게가 걸었던 길과 겹치는 바가 있다.

그 후 메인은 인도 총독 고문회의의 법률 고문으로 약 7년간(1863–1869) 인도에서 근무한다. 이러한 결단의 배후에는 영국 본토에서 능력에 맞는 활약이 불가능했다는 점도 있었다고 한다. 인도에서 수많은 법률의 제정에 기여하는 등 실적을 올린 메인은 귀국 후, '인도의 별 이등 훈작사(二等勳爵士, Knight Commander of the Star of India, KCSI로 표기됨)'와 함께 '경(Sir)'이라는 귀족 지위를 얻었다. 그는 또 국왕의 자문 기관인 추밀고문관(枢密顧問官)의 지위(Privy Councillorship)까지도 기대했던 것 같으나, 그것은 이루지 못했다.[45] 그 점에서는 남작(男爵)이 되고 또 (본인 자신은 원하지 않은 지위였다지만) 추밀원 의장까지 오른 노부시게 쪽이 더 영달을 이루었다고 할 수 있을지도 모르겠다.

---

43 グリーン·앞에 든 책 57쪽.

44 Feaver, "Victorian values", p.28.

45 Feaver, "Victorian values", p.29.

메인의 평가

메인의 운이 좋았던 것은 단순히 지적 능력으로 높은 지위에 오르는 시대에 태어났다는 것에 그치지 않는다. "헨리 메인 경의 생애는 영국 역사에서 가장 빛나는 시기 중 하나인 빅토리아 시대와 겹친다."(메인의 저서 『민중 정치(Popular Government)』에 실린 조지 케리[George W. Carey, 1845-1924]의 서문). 그는 영국의 영광을 자기에게 반사하면서 그 권위를 쌓아간 것이다. 인용한 케리의 서문은 다음과 같이 계속된다.

영국이 거대한 제국의 중심이며, 세계적 강국으로 그 전성기에 있었을 뿐 아니라 그 시기는 지적 거인들 - 예를 몇 들면 매컬리, 바죠트, 액튼, 칼라일, 레슬리 및 제임스 스티븐스, J.S. 밀 등 - 의 이름으로 주목할 만한 시대였다. 그리고 이 특별한 시대의 위대한 학자, 지식인의 목록을 만드는 사람이라면 메인 경을 배제할 수 없다. 법리학 영역에서 그의 공헌은 여러 문명과 발전의 비교 연구를 위한 새로운 지평과 접근을 개척했다.

하지만 사람됨의 평가는 어렵다. "그는 성공, 명예와 존경을 애써 추구하지 않았다." "진실한 학자의 질박함이 결코 그를 떠난 적이 없었다." 이런 평가도 있는 반면,[46] 사후 100년 무렵에는 자부심이 세고 야심가로 명예를 추구한 귀족 숭배자라는 말도 있다.[47] 즉, 인도에서 귀국 후 작위를 받아 트리니티 홀(캠브리지 대학에서 가장 오래된 칼리지의 하나)의 학장(Master)이 되어 공을 세우고 이름을 얻었으면서도 보기 거북할 정도의 억지 선거로 자신의 전공이라고 할 수도 없는 국제법 분야에 새로 창설된 캠브리지 대학 교수직(Whewell Chair)까지 장

---

46 폴록의 표현이라고 内田力蔵 「サー・ヘンリー・メーン—イギリス歴史法学の伝統と特色(2)」法律時報 15권 11호(1943년) 26쪽이 인용한다.

47 Calvin Woodard, "A wake (or awakening?) for historical jurisprudence", in A. Diamond ed., op.cit., pp.217-218.

악하여[48] 그 상승 지향성과 자만심의 강도와 함께 런던 아테나움 클럽(Athenaeum Club)의 멤버, 그러니까 영국인 상류층 이외의 것에 대한 무신경을 드러내는 교만으로 평가를 떨어뜨렸다는 것이다. 캘커타 대학의 교직원에 대해 엄중하게 이런 말을 했다고도 한다. "그리스에 기원을 두지 않는 이 세계에서는 자연계의 분별없는 힘 말고는 아무것도 움직이지 않는다."[49]

참고로, 여기에서 노부시게와 비교를 한다면 노부시게가 지위 명성에 담백한 학자형 인물이었다는 평가에 대한 반론은 별로 보이지 않는다. 노부시게 대해 쓰인 것 중에서 가장 비판적인 시라하 유우조오(白羽祐三)의『민법 기초자 호즈미 노부시게론』[50]에서는 노부시게 사상의 천황제 이데올로기와 '부르주아적 성격'을 논하고 노부시게가 학생들에게 엄격했고 권위주의적이었다고 시사하는 당시의 가십 기사를 굳이 인용해 "극히 교묘하고 은근한 입신출세주의자"로 "자신의 은닉술에 능했"으며 "심지어 세상의 기만자였다고 해도 좋을 것"이라고 한다.[51] 출세하고 있으면서 출세를 바라지 않는 양 행동했기 때문일까. 그런데, 잔바 켄젠(斬馬劍禅)이라 칭하는 인물이 쓴 위의 기사는 요미우리 신문에 연재되고 나중에 책으로 출간되었다.[52] 결국은 근거가 희박한 소문에 지나지 않지만 흥미로운 것은 당시의 토오쿄오대학과 쿄오토 대학의 저명 교수에 관한 가십 기사에서 자신에 관한 언급에 대해 노부시게가 진지하게 항의하고 자신의 소신을 밝힌 문서를 보냈다는 사실이다. 이 신문에서는 "호즈미 박사의 변명서 도래"라는 제목으로 이를 게재했다.

노부시게는 첫머리에 이렇게 쓴다. "공인의 공적인 일을 공적으로 평하는 것은 신문 기자의 자유이다. 그 논평의 맞고 그름과 관계없이, 굳이 다른 데

---

48 Woodard, op.cit., p.218.

49 Woodard, op.cit., p.219.

50 白羽祐三『民法起草者　穂積陳重論』(中央大学出版部, 1995년).

51 白羽・앞에 든 책 4쪽.

52 현재는 코오단샤(講談社) 학술문고로 읽을 수 있다. 斬馬劍禅『東西両京の大学—東京帝大と京都帝大』(講談社学術文庫, 1988년).

서 논평을 간섭해야 할 이유도 없다." 당시 제국대학 교수가 공인으로서 세인의 가십적 관심의 대상이었다는 것이 흥미롭다. 그러나 노부시게는 기사 중 학생들에게 권세를 휘둘러 진로를 방해했다거나, 학부의 교육 개혁을 저지했다는 언급은 사실과 다름을 지적하고 다음과 같이 이야기한다. "나는 세력을 바라지 않는다. 설령 이를 바란대도 무능해서 얻을 수도 없다. 나는 학문적 성공을 바란다. 또 무슨 틈이 있다고 사회적 세력을 바랄 것인가." 노부시게의 고지식함이 엿보인다.

『고대법(古代法)』

메인의 주저는 1861년 39세 때 초판이 간행된 『고대법(Ancient Law : Its Connection with the Early History of Society, and Its Relation to Modern Ideas)』이다. 주로 로마법을 대상으로 사회의 진보와 함께 법이 어떻게 변화해 가는지를 다룬 책으로 "고대 로마의 법 제도와 초기 로마의 사회 상황을 관련지어 법과 사회를 묶어 사회 과학의 발전에 크게 기여했다."라고 한다.[53]

이 책은 폭넓은 지식층 사이에서 평판을 불러, 그 후 '고전(古典)'으로 불리었다. 당시 영국에서 법은 직업적인 전문가만이 다루는 난해한 기예로 여겨졌으며 유럽 대륙처럼 다양한 지적 계층의 관심 대상이 되는 학문으로서의 법학은 아직 발달하지 않았다. 그런 영국에서 한 권의 법률 서적이 이토록 관심의 대상이 된 것 자체가 메인의 출신 못지않은 미스터리다. 이 책은 "시대의 정신을 축소판으로 나타낸 책"[54]으로 동시대의 지적 계층에 미치는 영향의 크기와 깊이는 아무리 과장해도 지나치지 않을 것이라고까지 평가되었다.[55]

---

53 ピーター・スタイン(屋敷二郎監訳／関良徳＝藤本幸二訳)『ローマ法とヨーロッパ』(ミネルヴァ書房, 2003년) 163쪽.

54 Feaver, "Victorian values", p.28.

55 Feaver, "Victorian values", p.38.

하지만 메인의 이 저서가 그 후 정밀한 역사학으로부터 연이어 비판을 받아 오늘날에는 학문 차원에서는 망각의 강 저편에 있는 것 역시 사실이다. 그러나 중요한 것은 일본에 법학이 뿌리내리려 하고 있던 바로 그때 이 저작이 압도적인 영향력을 발휘했다는 사실이다.

그럼 왜 메인은 로마법을 다룬 것일까? 로마법 교수이기도 했지만, 그와는 별도로 메인에게 로마법은 진보하는 사회에서 법 기술의 발전이 고도로 달성되는 모습을 보여 주는 전형이었다.[56] 로마법은 초기 단계에서 의제(擬制, 픽션)와 형평(衡平, 에퀴티)이 법의 발전에 사용되었는데, 바로 그 점이 영국법과 공통되는 부분이었다. 그러므로 만약 영국법이 로마법이 그 후 보인 발전에 따를 경우, 더 신속한 진보를 기대할 수 있다고 생각한 것이리라.[57]

게다가 『고대법』이 당시의 영국에서 인기를 끈 또 다른 이유는 영국법이 로마법과 겹치는 진화를 하고 있다는 주장이 대영제국을 로마제국에 견주려는 심리에 호소하는 바가 있었기 때문이다. 빅토리아 시대는 "과거에 매료된 시대"이며, "학술적인 역사서와 역사 학설이 열심히 읽혔다."[58] 고전 교육을 받은 빅토리아 시대의 엘리트들은 고대 그리스와 로마에 정통했다. 그리고 "19세기 후반이 되면 대영제국의 재건을 바라며 위엄에 찬 화려함과 안정의 분위기를 재현하는 데 로마 시대가 이용되기도 하였다."[59]

유럽인에게 로마제국의 흡인력은 각별하다. 그런 대제국의 이미지가 요구되고 있던 영국에서 이상화된 고대 로마에서 추출된 법의 발전(진화)의 원리가 참으로 영국법의 발전과 겹친다는 점을 밝혀 강조하는 저서가 등장한 셈이다.

이 밖에도 『고대법』의 명성에는 그 문장의 영향도 크다. 원래 메인은 문학적 재능이 있어 젊은 시절 시인이 되려는 생각도 하였다.[60] 게다가 이 책은 캠브리

---

56 Stein, "legal education", p.206.

57 Stein, "legal education", pp.206-207.

58 ボウラー 『進歩の發明』 11쪽.

59 ボウラー 『進歩の發明』 68쪽.

60 Feaver, "Victorian values", p.42.

지와 미들 템플에서 했던 강의를 바탕으로 했다고 여겨져, 말을 거는 듯한 리듬으로 글에 기품이 있었다. 『고대법』의 문장은 캠브리지가 낳은 가장 뛰어난 산문이라든가, "예술의 형태를 취한 사회학"이라는 식으로 이야기되었다.[61] 노부시게도 메인의 글을 키케로의 웅변록에 비유하며 이렇게 썼다. "나, 메인의 저서를 읽기 수십 번, 야밤중 사람들이 잠들면, 외등 아래 정갈한 책상에서 마음 고요히 책을 펼쳐 미처 몇 줄 읽지도 않았는데 금새 무아지경이 되어 이를 낭독하기에 이른다."[62] 그럼, 노부시게는 메인의 법학 어디에서 매력을 느낀 것일까?

'신분에서 계약으로'

『고대법』에서 제시된 메인의 가장 영향력 있는 명제는 '신분(身分)에서 계약(契約)으로'이다. 즉, '진보(進步)하는 사회'에서는 고대 가부장제(家父長制)에 의한 신분 제도로 규율되고 사회관계가 점차 그 구속에서 벗어나, 이윽고 개인과 개인의 자유로운 계약으로 관계가 구축된다. 고대 로마에서도 그러했고, 영국의 역사로 보아도 이 명제가 타당하다. "우리는 진보하는 사회의 추이가 지금까지 신분에서 계약으로의 추이였다고 할 수 있을 것이다."(제5장 말미의 유명한 구절)

메인은 사회를 '진보하는 사회'와 '정체(停滯)하는 사회'로 나누어 세계의 대부분은 정체하는 사회이지만, 극히 예외적으로 고대 로마와 서유럽만은 진보하는 사회라고 이해하였다.

위 명제는 오늘날 일본의 법학 교육에서도 언급될 정도로 유명하다. 노부시게가 유학하기 전에 재학했던 카이세이 학교의 과목 '제너럴 쥬리스프루덴스'(지금으로 말하면 '법학의 기초'쯤일 것)가 있었다. 노부시게가 응시한 것으로 보

---

61 Feaver, "Victorian values", p.43.

62 穂積陳重「サー・ヘンリー・メーン」氏の小伝」『遺文集2』21쪽.

이는 그 과목 시험에 "'사회의 진보는 신분에서 계약으로(from status to contract)'라는 말은 무엇을 의미하는가?"라는 문제가 있었다.[63] 노부시게는 유학을 떠나기 전에 벌써 이 명제를 알고 있었던 것이다.

그러나 영국에서나 일본에서나 20세기가 되자 곧 개인주의의 지나침을 반성하는 사조가 유력해져 개인 간의 계약으로 모든 게 정리된다고 할 만큼 단순하지 않다는 이해가 일반화해 나간다. 이것은 '신분에서 계약으로'라는 명제에 대한 반증인 것처럼 보이기도 한다. 따라서 메인이 제시한 명제는 바르지 않다는 비판도 생겼다.

그러나 이에 대해서는 메인이 '지금까지는'(hitherto)이라는 제한을 달았다는 걸 지적하며 기본 명제를 옹호하는 논의도 있다. 메인이 미래를 예측한 것은 아니라는 말이다. 하지만 뒤에 보겠지만, 노부시게 자신은 특히 그의 학자 인생 후반부에 개인주의의 팽배가 폐해를 일으킬 수 있다는 사실을 강조하였다. 따라서 상기의 명제에 감동한 것이 평생 메인에 심취한 이유라고 생각할 수는 없다.

의제 · 형평성 · 입법

『고대법』에서 제시한 메인의 가장 영향력 있는 두 번째 명제는 법의 발전을 가져오는 세 가지 계기로 '의제(픽션)', '형평(에퀴티)', '입법'을 추출한 것이다. 법이 고정적인 것으로 여겨지고 쉬 변경할 수 없는 시대에는 픽션(일본에서는 이것을 '의제[擬制]'라고 옮김.)을 구사함으로써 법의 형식적인 적용으로 인한 부정의(不正義)를 회피한다. 메인이 말하는 픽션은 단순히 사실과 다른 것을 사실처럼 다루는 것(예를 들어 원고가 로마 시민이 아닌데, 로마 시민으로 보아 시민법을 적용하는 경우 등)만을 의미하는 것이 아니라 더 넓은 의미에서 쓰인다. 예를 들어, 규칙의 문언은 변하지 않으나 해석으로 그것이 바뀌어 버리는 경우도 포함된다. 규칙이

---

63 『出発』 113-114쪽.

변경된 것처럼 의제하는 셈이다. 또는 합의는 없었는데 '묵시'적 합의가 있었다고 인정하는 경우도 픽션의 일종이다. 이러한 기법은 법의 세계에서 자주 사용된다.

그러나 의제에 의한 유연화에도 한계가 있다. 그래서 형식적인 법규범의 예외 규칙을 '형평(衡平)의 원리'에서 찾아내어 유연한 법 형성이 실현된다. 고대 로마에서나 영국에서나 고정적이고 엄격한 법의 예외가 형평에 근거한 법으로 다른 절차로 만들어졌다. 예를 들어 신탁법(信託法)은 형평법으로서 발전한 분야이다.

이상은 법의 창출을 명시적으로 인정하지 않는 사회에서 나타나는 법 발전의 계기이다. 이에 대해 법을 창출하는 절차가 정식으로 결정되는 경우 입법(立法)에 의해 법의 발전이 이루어진다. 벤담은 오로지 이 입법에 관심을 집중했다. 그러나 메인은 법의 발전이 실제로는 의제와 형평에 의해 서서히 이루어졌다는 사실을 논하였다.

비교 역사법학

일찍부터 각광을 받은 이상의 명제와는 별도로, 『고대법』에서 메인이 그 명제들을 도출하는 데 구사한 법학의 방법도 당시로는 매우 참신한 것이었다. '비교 역사법학(比較歷史法學)'이라는 수법이다. 그 방법론의 구체적인 전개는 인도에서 귀국한 후 10년 남짓 기간 중 차례로 발표된 연구에서 이루어진다.

19세기는 과학에 대한 믿음이 크게 높아진 시대이다. 19세기 제3/4분기의 "교양인은 자신의 과학 지식을 뽐냈을 뿐만 아니라 다른 모든 형태의 지적 활동을 과학에 종속시키려 했다."[64] 메인도 그 시대의 사람이었다. 그는 역사에 주목함으로써 법학을 과학으로 만들고자 했다.[65] 그에게 과학은 보편성 있는 법칙을

---

64 홉스봄 『자본의 시대』 480쪽.
65 内田力蔵 「メーン(4)」 法律時報 16권 3호(1944년) 41쪽.

찾아내는 것이다. 그럼 역사에서 어떻게 하여 법칙을 찾아낼 수 있을까?

이를 위한 과학적 법학의 방법으로 메인은 다양한 발전 단계에 있는 사회의 비교라는 방법을 채용했다. 우선 메인은 사회 진보의 여러 단계를 밝히고, 그에 따른 법 본연의 자세 변화를 분명히 하고자 했다. 처음에는 여기에 '진보'라는 용어가 쓰였지만, 그 후에는 '진화'라는 용어를 사용하게 된다. 이것은 다윈의 영향이라고 할 수 있겠다. 이 연구 과정에서 그는 법학을 고립된 학문으로 보지 않고 다른 과학의 성과를 적극적으로 활용하려 했다. 역사학, 사회학, 인류학, 언어학(필로로지[philology]라 불리는 당시 각광 받던 비교 언어학) 외에도 생물학, 지질학(당시 활발히 연구되던)의 발상도 도입하였다. 여기에서 보이는 학제성은 당시의 학문에 널리 볼 수 있었는데, 학문이 전문 분화하여 문어 항아리처럼 되기 전인 19세기의 학문 정신을 구현하였다. 그 시대의 이런 공기는 현지에서 흡입한 노부시게에도 공유되었다.

그런데 메인의 비교 역사법학은 현대의 눈으로 보면 상당한 시대적 편견을 느끼게 한다. 앞서 소개한 '진보하는 사회'와 '정체하는 사회'의 이분법(二分法), 그리고 유럽 이외, 특히 인도와 중국으로 대표되는 동양을 후자로 보는 견해가 대표적이다. 그러나 이러한 시대적 편견이 있었지만, 메인의 이론에는 혁신적인 측면이 있었다. 사회의 진화와 그에 따른 법의 변화를 일원적인 변화 모델로 파악하려고 함으로써, '정체하는 사회'는 실은 진보한 서양 사회가 전에 통과한, 과거의 단계와 다름없다고 파악했기 때문이다. 당시 동양(인도와 중국)은 유럽과는 이질적인, 늦어진 야만적인 사회라고 보는 시각이 일반적이었다. 하지만 메인은 실은 그 사회는 유럽 사회가 진화 과정에서 겪었던 과거의 모습을 보여 준다고 봄으로써 동양 사회도 발전이 정체되는 것으로 끝나지 않고, 외부 자극으로 자신들과 같은 진보된 사회 단계를 향해 진화해 나갈 가능성이 있다고 인정한 것이다.

이러한 관점이 갖는 함의는 당시 일본인에게 중요했다. 동양 사회인 일본 사회는 일견 유럽의 근대 사회와는 이질적으로 보이고 그곳 법의 모습도 전혀 이해하기 어려운 것으로 보였다. 그러나 사실 그것은 보편적인 진화 과정에 자리를 매길 수 있는 것이며, 사회가 근대화함으로써 법의 모습도 근대 유럽의 그것에 다가간다는 이해를 가능하게 했기 때문이다. 이것이 바로 귀국 후 노부시게가 먼저 착수한 연구였던 것이다.

메인이 제시한 법 발전 모델은 빅토리아 시대의 학문에 종종 나타나는 '평행 진화(平行進化)'의 발상과 공통점이 있다.[66] 그러나 평행 진화라는 견해는 바로 다음과 같은 의문을 낳는다. 왜 한 계통의 진화가 다른 계통보다 빠르고 다른 계통은 늦은 것인가? 그 설명 방법은 다양할 수 있지만, 메인에게 아리아 어족(인도유럽 어족)의 우월성이라는 발상이 있었다는 것을 부정할 수 없다.[67] 노부시게가 이 점을 어떻게 생각했는지는 분명하지 않다.

한편, 메인의 법 발전 모델의 특징은 역사에는 일정한 발전 법칙이 있으며, 현재는 과거로부터 연속적인 발전의 귀결로 설명된다는 사고방식에 있다. 이러한 사고방식은 법학 내재적인 관점에서 보면 획기적인 의의가 있었다. 지난 세기에 유력했던 자연법의 사고방식과는 명확히 달랐기 때문이다. 메인이 제시한 법학 방법론은 넓은 의미에서 역사법학이라고 불린다. 노부시게는 영국 역사법학의 공기와 또한 그 농도를 진하게 한, 뒤에 살필 독일 역사법학의 공기를 한껏 빨아들이고 귀국하게 된다.

역사법학의 배경

그럼 19세기 유럽에서 유력화된 역사법학(歷史法学)이라는 법사상은 어떤 배경에서 태어난 것일까?

---

66 ボウラー『進歩の発明』25쪽.

67 당시의 비교언어학의 발달은 아리아 어족이라는 문화권의 존재를 척출하여 메인이 이에 의거해「진보적 사회」와 그렇지 않은 사회의 구별을 논했다고 생각되어 있음에 대하여 岡嵜修「ヘンリー・メインの**歷史法学**」明治大学大学院紀要 25권 1호 法学篇(1988년) 54쪽.

근대에 들어 자연과학이 자연을 지배하는 법칙을 잇달아 밝혀내자 그것을 달성할 수 있었던 인간의 이성(理性)에 대한 절대적인 신뢰가 생겨났다. 그리고 이성이 자연의 섭리를 분명히 드러낼 수 있었듯이, 인간 사회의 법칙도 이성으로 밝혀낼 수 있다는 신앙(信仰)이 생겼다.[68] 굳이 '신앙'이라는 용어를 썼는데, 현대의 우리가 보자면 사람들이 그렇게 믿었다는 것뿐, 그 이상의 근거는 없다는 의미에서 신앙이라고 부를 수 있을 것이다.

예를 들어, 인간 사회에는 국가라는 것이 사실로 존재하고 많은 나라에서 왕이 군림하고 있다. 도대체 왜 그럴까? 그것을 이성으로 밝혀낼 수 있다는 신앙이다. 이로부터 생겨난 것이 사회 계약론(社会契約論)이다. 아직 국가도 법도 없는 '자연 상태(自然状態)'를 가정하고 그런 상황에서 인간은 어떤 선택을 할 것인가를 이성에 의해 시뮬레이션하여 국가의 발생과 법의 내용을 연역적으로 도출하고자 하는 이론이다. 이제껏 종교와 전통에 지배되고 있던 사람들에게 혁명적인 이론이었다.

홉스는 자연 상태를 약육강식의 전쟁 상태('만인의 만인에 대한 투쟁'[bellum omnium contra omnes])이라 파악하고, 이를 벗어나기 위해 인간은 자신이 타고난 자유를 포기함으로써 국가의 수립을 합의하는 것이라는 사회계약 이론을 이끌어 냈다. 한편, 루소는 자연 상태를 자유와 평화를 누리는 자연인의 낙원으로 파악하고, 그러한 인간 의지의 통합으로 일반 의지(一般意志)에 기초한 인민 주권적인 사회계약을 구상했다.

이처럼 자연 상태의 파악 방법은 다를망정, 인간이 누구에게도 속박되지 않은 자연 상태를 상정하고(루소의 경우 그것이 역사적 사실이 아닌 가정이라고 명시[69]), 거기에서 이성에 의한 추론으로 국가와 법 발생의 기초를 놓을 수 있다는 발상

---

68 물론 이러한 기술은 과도한 단순화이다. 18세기 계몽사상이 경험적 · 역사적 측면을 강하게 갖고 있었음에 대하여 磯村哲 『社会法学の展開と構造』(日本評論社, 1975년) 125쪽 이하 참조.

69 福田歓一 『近代政治原理成立史序説』(岩波書店, 1971년) 177쪽 및 注(10) 참조. 또 같은 책 407쪽 이하(附論 「政治論における『自然の問題』の問題」) 참조.

은 17, 18세기의 유럽 사상을 특징짓는다. 같은 사상적 원류에서 인간 사회에 타당한 법의 내용을 이성으로 이끌어 낼 수 있다고 생각하는 자연법사상도 생겨났다. 이것이 계몽기 자연법사상(啓蒙期自然法思想)인데, 그때까지의 정의 또는 하느님의 법으로서 자연법이 이미 존재한다는 자연법의 개념과는 이질적이다. 당뜨레브(A. P. d'Entrèves, 1902-1985)는 중세의 자연법 개념과 근대의 자연법 개념은 이름만 같을 뿐, 다른 사상이라고 한다.[70]

이들 사상적 조류의 전제에는 인간의 성질(본성)은 시대에 따른, 혹은 인종에 따른 차이가 없고 어디서나 동일하다는 관념이 있다. 이 18세기의 사고방식을 19세기에 유지하고 있던 J.S. 밀은 아일랜드 산업의 정체와 아일랜드 민중이 생활을 개선하려는 정열이 부족하다는 설명으로 켈트족 특유의 게으름과 무관심(insouciance)을 드는 사고방식을 비판하여 다음과 같이 말하였다.

> 애초에 갖가지 사회적 도덕적 요인이 인간의 정신에 미치는 효과에 대해 고찰할 것을 피하는 모든 비속한 방식 중에서 가장 비속한 것은 인간의 행위와 성격의 차이를 고유한 자연적인 차이로 돌리는 방법이다.[71]

이러한 계몽주의의 시대를 놓고 19세기 독일 철학자 딜타이(W. Ch. Dilthey, 1833-1911)는 계몽주의를 일러 "정밀하고 보편타당한 지식에 대한 용기, 그 지식에 의한 세계 개혁의 기분이 지도적인 국민들 사이에 충만해 있다."[72]

그러한 계몽기 자연법사상이 다다른 현실 정치의 결말이 프랑스 혁명이었다. 오늘날에는 절대 군주의 시대에서 현대 입헌 국가로의 전환을 가져온 시민 혁명이라는 식으로, 역사상의 플러스 측면이 거론되는 수가 많은 프랑스 혁명이지만, 외국인인 나폴레옹에 의해 지배된, 혹은 공격을 받은 사람들의 입장에

70　ダントレーヴ (久保正幡訳) 『自然法』(岩波現代叢書, 1952년) 5쪽.

71　Online Library of Liberty; *The Collected Works of John Stuart Mill, Vol. II- Principle of Political Economy*, 282-283. ミル(末永茂喜訳)『経済学原理(2)』(岩波文庫, 1960년) 240쪽.

72　加藤新平『法哲学概論』(有斐閣, 1976년) 107쪽에 인용.

서 보면, 그것은 침략 이외에 아무것도 아니었다. 1814년 나폴레옹이 패배함으로써, 나폴레옹과 싸운 주변국은 프랑스로부터의 해방을 쟁취하는데, 법학의 세계에서도 주변국에서는 프랑스 혁명으로 이끈 자연법사상에 대한 대항 이론이 유력화해 간다.

제레미 벤담

영국으로 보자면 벤담은 이미 1776년의 『통치론 단편(A Fragment of Government)』에서 자연권 이론과 사회계약설 같은 픽션을 기반으로 명예혁명 체제를 비판하였고, 프랑스 혁명이 진행되는 가운데 쓰인 그의 『무정부주의적 오류(Anarchical Fallacies)』(1795년경 집필되었으나 출판은 1816년에 프랑스어로, 영어판은 그가 죽고 나서 2년 후인 1838년까지도 출판되지 않은 이상한 논문[73])에서는 자연 상태라는 인위적인 허구에 근거한 이론을 비판하고 자연권 이론과 그에 의한 프랑스 인권선언이 법질서를 위태롭게 하는 위험 사상이라고 비판했다. 이러한 벤담의 비판은 그의 공리주의(功利主義)의 입장에서 비롯한다. 거기는 최대 다수의 행복을 중시한 점진적인 개량주의가 기본이며, 공리적인 형량을 배제하는 '신성불가침의 권리'라는 발상과는 상반되는 것이다.[74]

한편, 벤담 같은 공리주의의 입장에 따른 비판과는 별도로, 오스틴은 무엇이 올바른가 하는 판단과 무엇이 법인가의 판단을 분리하고, 법이란 주권자의 명령이라는 이론을 제시했다. 이것도 자연법이라고 하는 있어야 할 법이라야 곧 법이라는 사상을 부정하는 주장이었다. 올바른지 어떤지와는 별도로, 무엇이 법인지를 판단할 수 있다고 하는 이 사고방식은 법실증주의(法実証主義)라고 불린다. 실증과학처럼, 사실의 문제로서, 무엇이 법인지를 판단할 수 있다고

---

73 철학적 급진파인 동료들과 사이가 멀어지고 싶지 않다는 배려에 의한 것이라 한다. 深田三徳 『法実証主義と功利主義—ベンサムとその周辺』(木鐸社, 1984년) 56쪽.

74 深田 『法実証主義』 第1章 참조.

주장하기 때문이다.

　메인의 역사법학은 이러한 역사적 맥락 속에서 18세기에 대한 반대 흐름으로 자연법사상을 부정하는 또 하나의 선택지를 제시한 것이었다.

메인의 보수주의

　그 선택지는 빅토리아 시대의 특히 보수파 사람들에게 받아들여졌다.

> 메인의 『고대법』은 벤담주의자에 의한 법 개혁의 폭풍에 시달리던 이들을 안심시켰다. 역사가 찰스 메르베일(Charles Merveille, 1812~1868)에 따르면, 로마법에 대한 메인의 설명이 "혁명이라는 관념에 천 년 동안 아무런 격변도 수반하지 않는, 부단한 진보라는 의미"를 준 것이었다.[75]

　사회계약론은 자연 상태에서 계약을 매개로 국가에 이르는 무시간적인 구도를 만들었고, 또 공리주의가 쾌락 계산에 근거한 입법의 보편타당성을 상정했다면, 메인의 역사법학은 이들과 대항하는 형태로 고대로부터 현대를 향해 변화해가는 사회의 발전을 긴 시간 속에서 연속적으로 또한 점진적으로 진보해가는 과정으로 그려 보였다고 할 수 있다. 그것은 진보의 역사라는 점에서는 19세기의 시대정신의 반영이며, 영국으로서는 판례의 축적으로 발전해 온 코먼로의 옹호이기도 했다.

> 저 '신분에서 계약으로'라는 표어는 파운드의 말마따나 개인의 자유에 대한 열망으로 가득 차 있다. 그러나 동시에 거기에는 성급한 정치 개혁이 유럽에 가져온 자유의 파괴를 극구 회피하고자 하는 의도가 함께 담겨 있었다.[76]

75　スタイン『法進化』120쪽.
76　岡嵜「歷史法学」54쪽.

메인은 인간이 원래 큰 변화를 싫어하는 보수적인 존재라고 파악한다. 따라서 변화는 조금씩 생겨난다. 그러므로 역사적 경위를 추적함으로써 인간 사회의 변화 양상과 그 요인을 밝힐 수 있다고 생각했다. 이러한 사상은 18세기의 사상가 에드먼드 버크(Edmund Burke, 1729-1797)의 보수주의(保守主義)와도 연결되는 시대사조의 하나였다. 그것은 또한 노부시게의 점진주의(漸進主義)와도 사상적 친화감이 있었다.

메인과 진화론

메인의 초기 작품에도 진화론적 색채가 보인다. 그러나 생물학적 진화론(生物学的 進化論)의 직접적인 영향을 나타내는 증거는 없다. 옥스포드 대학에서 메인의 후계자인 폴록(Sir Frederick Pollock, 1845-1937)은 메인의 업적을 회고하며, 메인은 법의 '자연사(自然史)'를 만들어 내려 했다고 말했다.[77] 자연을 시간적 변화 속에서 관찰하는 자연사의 기원은 물론 진화론보다 훨씬 오래된 것이다.

실제, 『고대법』은 미들 템플과 캠브리지의 강의가 바탕이 되었으며, 따라서 늦어도 1853년경에는 개요가 완성되었던 것으로 생각된다. 또 『고대법』에는 진화(evolution)라는 말은 보이지 않고, 진보(progress)라는 용어가 쓰인다. 물론, 『고대법』의 원고가 완성된 시점에서 메인이 1859년 간행된 『종의 기원』을 몰랐을 리가 없고 관심이 없었다고도 생각할 수 없다. 다만 메인의 사상이 다윈의 진화론에 의해 촉발되어 생겨난 것이라고 하는 것은 명백한 오류이며 오히려 거의 같은 시기에 자연과학, 법학 각 분야에서 생겨난 유사한 사상이라 보는 것이 정확할 것이다(그 점은 스펜서도 마찬가지). 따라서 다윈의 『종의 기원』에 영향을 받았다고 보는 것은 스펜서에 대해서도 그렇고, 메인에 대해서도 그릇된 것이다.[78]

---

77 Feaver, "Victorian values", p.42.

78 J.W.Burrow, *Evolution and Society: A Study in Victorian Social Theory*, Cambridge University

하지만 메인의 그 후의 저작인 『초기 제도사(Lectures on the Early History of Insti-tutions, 1875)』, 『고대의 법과 관습론(Dissertations on Early Law and Custom, 1883)』에서는 '진화', '사회 진화', '자연도태(natural selection)', '생존 경쟁(struggle for existence)'이라는 용어가 사용되며, 다윈이 인용되고,[79] 또 진화론적 색채가 강해지는 건 사실이다.

이렇게 사회의 발전 단계에 따라 법 모습의 변화 법칙이 발견되어 그 변화가 '진화'의 방향이라는 견해가 후기의 저작에서는 전면에 드러나게 된다. 게다가 그 '진화'에는 이전의 용어인 '진보'의 뉘앙스가 짙게 남아있어 법이 더 나은 방향으로 진화하고 있다는 함의를 지녔다. 이러한 평가적 요소를 잘 짜 맞춤으로써 "자신들이 만들어 가고 있는 사회야말로 다른 모든 나라가 지향해야 할 도달점이다."[80]라고 믿었던 빅토리아 시대의 상인과 지식 계층이 요구하는 이론을 제공할 수 있었다.

이것을 영국의 법학사 속에 자리를 매긴다면 메인은 오스틴의 법실증주의가 법의 영역에서 추방한 가치적인 요소를 다시 법에 들여왔다고 할 수 있을 것이다. 오스틴은 자연법론을 배척한 나머지 법의 영역에서 올바름이라는 요소를 배제해 버렸다. 올바름의 여부와는 별도로 법을 이야기할 수 있다는 것이 오스틴의 이론이다. 이에 대해 메인은 법을 진보의 역사 속에 자리매김하여 진화의 첨단에 있는 (그렇게 믿고 있었던) 빅토리아 시대 영국법에 가치적인 정당성을 부여한 것이다.

메인의 역사적 제약

역사에는 일정한 발전 법칙이 존재한다는 개념은 19세기 유럽에서 널리 공

Press, 1966, p.139.

79 內田力蔵 「メーン(3)」法律時報 16권 1호(1944년) 73쪽.

80 ボウラー 『進歩の発明』 33-34쪽.

유된 사상이며 마르크스의 이론은 그 대표 격이라 할 수 있다. 그러나 역사에 법칙이 있다는 생각은 20세기에 들어서면서 카를 포퍼(Sir Karl Raimund Popper, 1902-1994) 등의 거센 비난을 받았다.[81] 또한, 메인의 역사법학은 엄격한 사료 분석에 근거하지 않은, 과도한 일반화라 하여, 그 후 역사학의 비판에 직면했다.[82] 이 점은 일본에서 메인을 본뜬 스타일의 연구 업적을 낸 노부시게의 후속 평가와도 겹친다.

따라서 오늘날 역사 연구로서 메인의 업적은 법학의 세계에서는 거의 되돌아보는 일이 없고, 법철학이나 법제사에서나 그 이름이 언급되는 경우는 있어도 그 업적의 내용은 거의 잊힌 존재이다.[83] 오늘날 영국의 법학 교육의 중점이 메인이 지향했던 법에 대한 일반 이론('일반법리학')보다 더 실질적인 국내법의 설명 이론(일본에서 말하는 법해석론)에 있기에, 메인은 주변으로 몰려[84]『고대법』은 참고 문헌에도 오르지 않는 실정이다.[85] 현대 영국 법철학자의 평에 의하면 "벤담, 오스틴, 메인에 의해 다양하게 해석된 일반법리학(general jurisprudence)과 과학으로서의 법학(legal science)이 영국에 뿌리내리는 일이 결코 없었던 이유는 그야말로 명백하다."[86]

그 의미에서는 노부시게가 접한 영국 법학은 그다지 전통적이라 할 수 없을지도 모른다. 하지만 그것은 참으로 빅토리아 시대를 특징짓는 법학이었다. 게다가, 비판은 종종 상대방을 지나치게 단순화하는 방향으로 이루어진다. 메인을 한 마디 옹호한다면, 그는 무한정 법의 역사 법칙을 제시한 것이 아니다. 법칙을 제시하는 데 메인은 학자다운 신중함을 갖추었다. '신분에서 계약으로'라

81 カール・ポパー(岩坂彰訳)『歴史主義の貧困』(日経BPクラシックス, 2013년).

82 Alan Diamond, "Introduction", in A. Diamond, The Victorian Achievement, p.1.

83 Alan Diamond, op.cit.

84 William Twining, "Maine and legal education : a Comment", in A. Diamond, The Victorian Achievement, p. 216.

85 Twining, op.cit., p. 210.

86 Twining, op.cit., p.216. 하지만 Twining에게는 William Twining, General Jurisprudence: Understanding Law from a Global Perspective, Cambridge University Press (2009)라는 저서가 있다.

는 명제는 메인 시대의 직후에 찾아온 지나친 개인주의에 대한 반성의 시대에 즉시 반론이 제기되었지만, 메인은 이 명제를 제시하면서 전술한 바와 같이 신중하게 '지금까지는(hitherto)'이라는 제한을 붙였다. 즉, 고대부터 19세기 후반 영국 사회에 이르기까지의 역사의 발전 과정에서는 이 명제가 타당하다는 것이다. 그 후의 시대 변화에 대한 예측까지 다루지는 않았던 것이다.

따라서 자연과학의 법칙에 대응하는 듯한 강한 법칙성을 주장하는 마르크스 같은 이론과 메인의 역사법학을 한데 묶어 포퍼가 말하는 '역사주의(Historicism)'라는 꼬리표로 부정할 수 있을지는 다시 논의되어야 할 문제의 하나이다. 게다가 역사의 진화 법칙을 일체 부정한다는 생각이 일정한 범위에서 역사의 법칙성을 긍정하는 사상보다 시대의 편견을 벗어나는 것인지 알 수 없다. 여기서 중요한 것은 19세기가 역사와 과학이 결합한 시대였다는 것, 그리고 일본이 만난 서양의 법학은 그 시대의 법학이었다는 것이다.

메인 이론의 정치적 측면

메인이 제시한 법률 진화론에는 앞서 언급한 바와 같이 한정이 붙어 있었다. 그래도 당시의 영국 사회에 이르기까지의 역사의 발전 과정을 이론적으로 제시하는 것은 정치적으로 중요한 의미가 있다. 인도를 비롯한 각지의 "미개사회(未開社会)"를 대상으로 하는 영국의 식민지 경영에서 현지 사회의 발전 단계를 파악하고, 거기에서 법 본연의 모습을 평가하는 이론은 제국주의 영국에게 중요한 실천적 역할을 할 수 있었기 때문이다. 1944년에 메인을 논한 우치다 리키조오(内田力蔵)는 이렇게 지적한다. "원주민 통치의 필요상 그들의 사회생활에 관한 과학적 탐구를 시도할 것이 절로 요청된 셈이다."[87] 이후 1930년대에 일본이 이른바 '대동아공영권(大東亜共栄圏)'을 표방하고 동남아시아에 진출할 때 일본에서도 같은 관점이 등장한다. 즉 '문화의 발전 단계를 달

---

87 内田力蔵 「メーン(4)」 41쪽.

리하는' '남방 여러 지역에서의 원주민 보호 육성'에서 메인의 관점이 유용하다는 것이다.[88]

　　이상과 같은 메인의 "미개사회" 파악 방식을 현대의 관점에서 비판하는 건 쉽다. 하지만 적어도 당시 그것에 진보적인 측면이 있었다는 사실만큼은 함께 짚고 넘어갈 필요가 있다. 예를 들어, 메인은 『고대의 법과 관습론』에서 아일랜드의 오래된 관습법인 브레혼 법(Brehon Laws)[89]을 거론했다. 이것은 당시에는 파격적인 것으로, 당시의 영국 학자는 켈트계 민족을 멸시하고, 역사 연구의 대상으로 삼는 것을 기피하는 일도 있었다. 하지만 메인은 그 제도가 일체의 문명 민족의 법이 이미 통과한 발전 단계에 속하는 것임을 주장한 것이다. 이것을 상기 우치다 리키조오는 "민족적 편견을 깨고 국제 관계를 개선하고 또 동일한 제국에 있는 여러 종류의 민족과 인종의 통치를 용이하게 하는 데" 기여했다고 썼다.[90]

　　귀국 후 노부시게가 행한 연구 중에서 중요한 테마 중 하나는 이 메인의 방법을 역이용하여 동양의 작은 나라에 특이하게 보이는 전통적인 유제(遺制)에 보편적인 진화 사상의 입지를 주고자 하는 것이었다.

88　内田力蔵「メーン(1)」法律時報 15권 10호(1943년) 34쪽. 그와 같은 법의 인종학적·민족학적 연구로서 笠間杲雄, 平野義太郎, 青山道夫 등의 연구를 들 수 있다.

89　이미 5세기에 성문화되어 있던 「브레함(breitheamh)」재판관에 유래하는 고대법. P·베아레스포드·에리스(堀越智=岩見寿子訳)『アイルランド史—民族と階級[上]』(論創社, 1991년) 18쪽. 그러나 실제의 판례법이 아니라 "습관과 전통을 조문화하도록 지배자에게 요구된 경우를 상정하여 법률가가 일반의 관행을 법제화한 것"이라고도 한다. オフェイロン(橋本槇矩訳)『アイルランド—歴史と風土』(岩波文庫, 1997년) 73쪽.

90　内田力蔵「メーン(4)」40쪽.

벤담과 오스틴

빅토리아 시대 영국 법학에서 영향력을 가진 학자로는 메인 말고도 앞에 나온 벤담과 오스틴이 있다.

메인 이론은 벤담과 오스틴의 관점을 보완하는 측면이 있었다. 그런 의미에서 그들의 이론은 메인의 비교 역사법학이라는 방법론의 출발점이었다.[91] 그러나 메인의 입장에서 벤담은 법 개혁자이며, 오스틴의 관심은 현대 국가의 법 시스템을 형식적으로 설명하기 위한 이론 구축에 있다고 보았다. 그들에게는 법의 역사성(歷史性)에 대한 평가가 부족하고, 따라서 어떤 제도가 왜 한 사회에는 있고 다른 사회에는 없는지가 설명되어 있지 않다고 메인은 생각했던 것이다.[92] 메인은 벤담을 비판하기를, 역사에 대해 아는 게 거의 없으며, 또 역사를 거의 고려하지 않았고, 자신에게 보이는 진리를 다른 많은 사람도 볼 수 있다고 상정한 것이 그릇되었다고 하였다.[93]

벤담의 역사 지식 부족에 대하여는 그의 자연법 비판을 비판한 폴록(F. Pollock)도 다음과 같이 말하고 있다. "만약 벤담이 중세 시대의 자연법이 실제로 어떠한 것인지를 알았다면, 더 많은 존경을 보이면서 자연법에 관해 이야기해야만 했을 것이다."[94]

폴록에 의하면 자연법의 근거로 '공동의 이익(communis utilitas)' 등의 표현이 널리 이용되었는데, 그게 바로 공리주의의 용어이며, 공리주의적 논의가 전개되고 있었던 것이다. "벤담과 그 후계자들이 자연법의 의미를 개인적 착상에 지나지 않는다고 아주 솔직하게 생각할 수 있었던 것은 이 전통을 너무도 망각한 결과였다."[95]

---

91 Feaver, "Victorian values", p. 41.

92 Feaver, "Victorian values", pp. 41-42.

93 Sir Henry Sumner Maine, *Popular Government*(Liberty Classics, 1976), p. 102.

94 F・ポロック(深田三徳訳)「自然法の歴史」同志社法学 26권 2호 90쪽.

95 ポロック「自然法の歴史」101쪽.

한편, 메인은 사실에 근거하지 않는 추상적 사유를 싫어해 순수 수학 (pure-mathematics)의 가치를 제한적인 것으로 파악했다. 이 점에서 법의 수학을 목표로 한 다음 절에 등장하는 사비니 등과는 달랐다. 그리고 같은 관점에서 오스틴의 분석 방법을 비판했다. 그러나 오스틴이 과학적 성격을 담보하기 위해 사회 계약론의 '자연 상태' 같은 선험적 가상을 배제했다는 점은 평가했다.[96]

존 오스틴

오스틴과 같은 법실증주의(法実証主義) 이론은 법이 성숙한 시대에 등장한다. 예를 들어, 큰 법전이 만들어져 있을 때 정식 절차에 따라 제정된 법만이 법이라는 사상이 생긴다. 영국은 판례법(判例法) 국가로 법전법(法典法) 국가는 아니지만, 19세기는 영국 법이 성숙기를 맞이한 시대였다.[97] 사회를 규율하는 법이 이미 완비되어 있었고, 그것을 대상으로 하는 법실증주의가 성립할 여지가 있었다. 이에 비해 당시의 일본처럼 앞으로 근대적인 법을 정비하려 하던 사회에서는 법이 주권자의 명령이라는 오스틴의 법실증주의는 거의 설득력이 없다. 필요했던 것은 어떤 내용의 법을 제정해야 하는지를 지시해주는 이론이며, 법이란 주권자의 명령이라고 말해 본들 실천적으로는 아무런 도움도 되지 않았기 때문이다. 그러나 일본에서도 법전이 만들어지자마자 법실증주의가 수용되었다. 폐쇄된 체계 속에서의 '해석'이라는 지적 행위가 한학에 친했던 일본의 지식인에게는 위화감이 없는 수법이었다는 이유도 있을 것이다(이에 대해서는 제8장에서 다시 언급함).

벤담의 공리주의는 이런 점에서 확실히 입법 지침을 준다. 그러나 자연법

---

96 内田力蔵「メーン(3)」74쪽.

97 영미법에서의 법의 성숙에 대하여는 Roscoe Pound, *The Spirit of the Common Law*, 1921, pp. 142-143 참조.

론이 일본의 전통을 모조리 부정할 수도 있는 위험성이 있다는 것과 같은 이유에서 쾌락의 계산을 통해 도출된 올바른 법의 지침은 '화혼(和魂)'을 강조했던 일본 사회에는 위화감 있는 이론이었다. 하지만 그 위화감은 일본만의 것이 아니고, 공리주의적 사고만으로 법을 논한다는 발상은 당시 유럽에서도 받아들여지지 않았다. 입법을 지원한다는 벤담 자신의 열성적인 제안에도 불구하고 어느 나라 정부도 그의 조력을 바라는 일은 없었다. 노부시게는 이것을 평하여, "세계를 집으로 삼고 인류를 벗으로 여기는 벤담씨의 기우활대(気宇濶大)로 한때 국민적 감정 같은 게 있다는 것을 몰랐기 때문이다."라고 말했다.[98]

공리주의적 발상이 법학에서 전면적으로 전개되는 것은 20세기 후반 미국에서 리처드 포스너(R. A. Posner, 1939-2017)에 의해 '효율성(效率性)'을 기준으로 올바른 법을 판단해야 한다고 주장하는 '법과 경제학' 학파가 등장하고부터다. 거기서 말하는 효율성은 달리 말하면, 더 많은 사람이 행복해진다는 것이며, 이론의 골격부터가 바로 벤담의 입장이다(이론적인 방법으로 경제학의 가격 이론을 이용하는 점에서 더 세련된 외관을 갖추었을 뿐). 왜 20세기 후반의 법학에서 벤담식 공리주의가 대대적으로 부활하는지는 다시 검토해야 할 흥미로운 주제이다.[99]

2. 역사주의 시대의 독일 법학

독일 법학의 융성

19세기 중반 독일에서는 학문의 진전이 두드러져 "새로이 발간된 과학 저널들 중에는 독일어로 된 것이 프랑스어와 영어로 된 것들을 합친 것보다도 더

---

98 『法窓夜話』 266쪽(「第72話ベンサムの法典編纂提議」)

99 Richard A. Posner, "The Law and Economics Movement: From Bentham to Becker", in Posner, *Frontiers of Legal Theory*, Harvard University Press, 2001 참조.

많았다."[100] 자연과학에서는 화학과 수학, 사회과학에서는 역사학과 언어학에서 독일 학문이 우위를 보였는데,[101] 여기에 역사학, 언어학, 그리고 수학에 자극되어 발전한 법학을 추가할 수 있을 것이다.

당시 유럽에서 독일 법학의 존재감 크기는 그 역사에서 유래한다.[102] 영국에서 법은 법관이 재판을 통해 판례법(判例法)으로서 형성되고, 프랑스에서는 법률 실무자들로부터 선정된 입법자가 입법(立法)을 통해 법을 창출했다. 어디서건 법을 만들어 온 것은 실무자이다. 이에 대해 독일에서는 대학 교수가 법학(法学)이라는 학문을 통해 법을 형성했다. 게다가 법 실무가 전문적인 기예로 다른 학문에서 상대적으로 고립되어 있던 영국과 프랑스와는 달리 독일의 법학은 학제적인 환경 속에서 자랐다. 그것은 다음과 같은 사정 때문이다.

30년 전쟁(1618-1648)에 의한 국토의 황폐화 등의 탓도 더하여 유럽에서 문화 후진국이었던 독일은 문화가 좀처럼 자생적으로는 성장하지 못하고, 외국으로부터의 계수에 의존하던 시대가 이어졌다. 이 때문에 외국 문화를 수용하는 창구로서 학문의 전당인 대학의 사회적 지위가 눈에 띄게 높았다.[103] 이것은 메이지 이후 20세기 후반까지의 일본에도 적용된다. 1960년대의 대학 분쟁(大学紛争)[104]은 그에 대한 반발이라는 측면도 있었지만, 일본에서는 문화적 후진성의 의식이 사라짐과 더불어 대학의 사회적 지위가 자연적으로 저하해 갔다.

독일의 대학이라는 학문 공동체 속에서는 학제적 커뮤니케이션을 통해 독특한 대학 문화가 태어났다. 법학도, 법학자와 다른 여러 학문 분야의 전문가 사이

---

100 홉스봄『자본의 시대』508쪽.

101 홉스봄『자본의 시대』509쪽.

102 이하, 上山安敏『法社会史』(みすず書房, 1966년), 河上倫逸『ドイツ市民思想と法理論─歴史法学とその時代』(創文社, 1978년) 제1장 참조.

103 上山『法社会史』14쪽.

104 [역주] 1960년대 말, 세계적인 경향 속에 일본의 대학에 속출한 학원분쟁. 분쟁의 원인은 학문, 교육, 연구, 대학 자치, 사회 체제 변혁, 국가권력 타도 등 다양했으며, 69년 토오쿄오대학에서는 8,000명의 경찰 기동대가 투입된 야스다강당(安田講堂) 사건으로 대학 입시를 치르지 못할 정도였다.

의 긴밀한 커뮤니케이션을 통해 당시의 시대사조를 흡수하면서 발전해 갔다. 시대를 대표하는 지성인 괴테(J. W. v. Goethe, 1749–1832)도 쉴러(F. Schiller, 1759–1805)도 법학을 공부했고, 칸트(I. Kant, 1724–1804)도 헤겔(G. W. F. Hegel, 1770–1831)도 법을 논했다. 독일 대학에서 법학은 결코 고립된 학문이 아니었던 것이다. 독일에서 역사법학이라는 학파가 우세하게 된 것은 법학이 당시의 시대사조인 역사주의(Historismus)를 반영했기 때문이다. 그런 독일 법학이 법 실무에서의 실용성을 중시하는 당시의 영국과 프랑스 등과의 비교에서 압도적인 존재감을 가진 학문으로 일본에서 온 유학생의 눈에 비쳤으리란 것은 쉽게 상상할 수 있다.

그런 독일 법학에 매료되어 독일에서 법학을 배운 일본인은 노부시게 이전에도 적지 않았다. 1867(게이오 3)년에 하이델베르크 대학에 유학한 아이즈 번사(会津藩士) 바시마(馬島, 후에 성을 바꿔 코마쓰[小松]) 세이지(済治, 1848–1893)가 처음이라고 하지만,[105] 앞서 말한 독일학회의 창설 멤버가 되는 야마와키 겐(山脇玄, 1849–1925)과 히라타 토오스케(平田東助, 1849–1925)는 독일에서 법학을 배워 박사학위를 취득했다. 히라타는 원래 러시아로 유학하기 위해 이와쿠라 사절단에 참가했다가 독일에서 아오키 슈우조오와 시나가와 야지로오(品川弥二郎) 등의 설득으로 독일 유학으로 변경했다. 귀국 후, 야마가타 아리토모(山縣有朋)의 측근으로 관료·정계에서 요직을 맡고 일본의 독일학 진흥에도 큰 역할을 했다. 그러나 이러한 초기의 유학생은 모두 실무계에서 활약하였으며, 학문으로서의 법학을 일본에 수용하기 위한 유학생은 노부시게 등의 세대를 기다려야 했다.

그럼 노부시게는 당시 독일 법학의 어디에 매력을 느낀 것일까?

사비니

훗날 노부시게는 19세기 마지막 순간을 맞이하던 1900년 12월 31일에 가족

---

105 荒木康彦『近代日独交渉史研究序説—最初のドイツ大学日本人学生馬島済治とカール・レーマン』(雄松堂出版, 2003년).

과의 단란한 자리에서 서로 시를 짓고 놀았다. 그때 그는 "19세기에 사비니 있고, 20세기에 호즈미 있노라고 읊어지기를 바라노라!"라는 노래를 선보였다.[106] 그것을 받은 아들 시게토오(重遠)는 "우리는 20세기 인간이니"라고 읊었기 때문에(이때 시게토오는 17세), 가족끼리 놀고 노래를 즐기던 것에 불과하다지만, 노부시게가 사비니를 높이 평가하고 있었던 것은 알 수 있다.

사비니

사비니(Friedrich Carl von Savigny, 1779-1861)는 오늘에 이르는 독일 법학의 기초를 세운 학자이자 독일을 넘어 '근대 법학의 선조'라고까지 일컬어진다.[107] 그의 조상은 12세기 영국 왕으로 사자왕(獅子王)이라 불린 리처드 왕의 부하인 십자군 기사까지 가계를 추적할 수 있는 명문 귀족이라 하며, 아내는 독일 낭만주의를 대표하는 작가를 배출한 브렌타노 가문 출신으로 사비니 자신도 처남이 되는 클레멘스 브렌타노(Clemens M. Brentano) 등 독일 낭만주의 예술가들과의 인맥이 있다.[108]

그는 1810년 훔볼트에 초빙되어 신설된 지 얼마 안 된 베를린 대학으로 옮겨 2년 후 33세에 총장에 취임했다. 그러나 그 후에는 베를린 대학의 주도권을

---

106 『歌子日記』586쪽.

107 勝田有恒=山内進編著 『近世・近代ヨーロッパの法学者たち―グラーティアヌスからカール・シュミットまで』(ミネルヴァ書房, 2008년) 299쪽(河上倫逸). Kantorowicz, Savigny and the Historical School of Law, *Law Quarterly Review*, vol. 53, No. 211(1937), pp. 23-24은 사비니의 존재가 독일 학자의 지위 향상에 결정적 역할을 했다고 한다.

108 オイゲン・ヴォールハウプター (堅田剛編訳)『ゲーテとサヴィニー』(御茶の水書房, 2013년) 305쪽 이하 참조. 河上『ドイツ市民思想』은 역사법학이 낭만주의 법학이라는 평가가 그 후 변화하는 과정과 그 배경을 공들여 살피면서, 사비니와 낭만주의의 관련을 후진국 스타일 시민법 이론이라는 관점에서 추적한다.

둘러싸고 헤겔 일파와의 갈등에 괴로워한다. 조용한 학구 생활을 바라면서도 시대가 그것을 허락하지 않아 1842년에는 국왕의 간청으로 실질상으로는 프로이센 재상이라 하는 '입법 개정장관' 직위까지 맡았다. 1848년 3월 혁명 후 일체의 공직에서 물러나 라이프 워크인 『현대 로마 법체계(System des heutigen römischen Rechts)』의 집필에 전념하지만, 병을 얻어 1861년 82세로 세상을 떠났다. 본인이 원했던 조용한 학구 생활에 전념하기에 충분한 시간이 주어지지 않은 생애라는 점에서는 노부시게의 생애와도 겹친다.

노부시게가 베를린에 유학했을 때 사비니는 이미 세상을 떠났지만, 그 영향력은 여전히 압도적이었다. 하지만 사비니 업적의 중심을 차지하는 로마법 연구 내용은 노부시게의 저작에서는 그다지 인용이 많지 않다. 오히려 노부시게는 로마법의 체계적인 이론화 부분보다 자신이 유학에 나서기 60년 정도 전에 행해진 '법전논쟁(法典論爭)'에 나타난 역사법학의 창시자로서의 사비니를 평가하고 있던 것으로 보인다. 나중에 언급하겠지만, 이것이 사비니의 제자인 야코프 그림(Jacob L. C. Grimm, 1785~1863)에 관한 관심으로 이어진다.

그럼 사비니의 역사법학은 어떠한 것일까? 그 출발점이 된 것이 노부시게도 종종 언급하는 안톤 프리드리히 티보(Anton Friedrich J. Thibaut, 1772~1840)와 사비니의 '법전논쟁'이다. 이 논쟁은 사비니가 역사법학이라는 학파를 출범하는 계기가 된 논쟁으로 유명한데, 귀국 후 노부시게 자신도 휘말리게 된 일본의 민상법전(民商法典) 시행 연기를 둘러싼 '일본판 법전논쟁(日本版法典論争)'의 대비에서 노부시게에게 특히 깊은 생각에 잠기게 한 것이었다.

독일의 법전논쟁

독일 법전논쟁은 한마디로 말하면, 프랑스 민법전의 제정에 자극되어, 안톤 티보가 독일에서도 통일 민법전을 제정할 것을 주장하고, 그에 대해 사비니가 반대했다는 것으로, 노부시게는 이것을 자연법학(自然法学) 대 역사법학(歷史法

學)의 대립이라고 설명하였다. 하지만 그렇게 단순히 도식화할 수 없는 사정이 있다는 점도 유의할 필요가 있다.

이 논쟁의 의의를 이해하는 데 전제가 되는 사정을 두 가지 감안해야 한다. 첫째, 논쟁이 이루어진 것이 1814년이라는 것이다. 이해 4월 유럽 대륙을 지배하던 나폴레옹이 패배하여 엘바 섬으로 유배되고, 9월부터 비엔나 회의가 시작되었다. 오스트리아 제국의 외무장관 메테르니히가 의장을 맡았고, "회의는 춤춘다. 하지만 진척은 없다(Der Kongress tanzt, aber er kommt nicht vorwärts)."고 평가된 회의와 동시 진행으로 논쟁이 벌어진 것이다. 그해 6월 티보의 논문『독일 일반 민법전의 필요성에 대해(Über die Notwendigkeit eines allgemeinen bürgerlichen Rechts in Deutschland, Heidelberg, bey Mohr und Zimmer. 1814)』가 발표되고, 사비니의 기념비적인 논문『입법 및 법학에 대한 현대의 사명(Vom Beruf unserer Zeit für Gesetzgebung und Rechtswissenschaft. 1. Auflage, Mohr und Zimmer, Heidelberg, 1814)』(이하, 『사명(使命)』으로 인용)의 간행은 10월이다.[109]

나폴레옹에 의한 지배는 독일 쪽에서 보면, 독일의 민족성 자체에 대한 유린이었다. "만약 압제자의 의사가 그대로 완전히 집행되었더라면, 민족성의 멸실에 따라 우리의 운명이 끝났으리란 것이 이제 명확하게 예견되는 곳까지 와 있다."[110]라고 사비니는 술회하였다. 그 외국의 지배가 갑자기 분쇄되었다. 독일 연합군이 프랑스군을 격파하고 패주하는 프랑스군을 쫓아 1814년 3월에는 마침내 파리를 점령했다. 이 전쟁을 독일에서는 '해방전쟁

---

109 이하 두 논문에서 인용하는 역문은 大串兎代夫訳『法典論争』(世界文学社, 1940년)(이하『**大串訳**』으로 인용), 長場正利訳(早稲田法学別冊)『ザヴィニー・ティボー法典論議』(1930년)(이하『**長場訳**』로 인용), 守矢健一「〈翻訳〉F. C. サヴィニ『立法と法学とに寄せるわれわれの時代の使命について』(その1~3)」法学雑誌(大阪市立大学) 50권 2호, 60권 1호, 61권 1·2호(2012~2014)(第3章까지. 이하『**守矢訳**』으로 인용」), 堅田剛『**歴史法学研究**─歴史と法と言語のトリアーデ』(日本評論社, 1992년)를 참조하여 적당히 수정을 가했다.

110 『大串訳』수록의 사비니의「第2版序文」에서.

(解放戦争)'이라고 부른다.[111] "그 해에 처음으로 공적인 일에 대해서도 자유롭게 의견을 말할 수 있게 되"었다고 "기쁨에 찬 감사의 정"으로 충만한 사비니는 말한다.[112] 그러한 외국 지배로부터 해방된 환희와 열광의 시기에 논쟁이 발생한 것이다.

　전제로서 살펴 두어야 할 두 번째 점은 이 시점에 독일이라는 통일 국가는 아직 존재하지 않았으며, 프랑스의 지배하에 놓여 프랑스 민법이 적용되기 전까지의 독일에서는 다수로 나뉜 영방 국가마다 민법이 논의되고 독자적인 민법을 가진 영방 국가도 존재했다는 것이다.[113] 예를 들어, 독일법권의 한 핵심인 오스트리아에서는 1811년에 새로운 민법전이 성립했으며, 이 민법전은 이후 여러 차례 개정을 거치기는 하지만, 현재에 이르기까지 오스트리아에서 효력을 지닌다. 그리고 또 하나의 핵심인 프로이센도 민법에 상당하는 새로운 법전(일반 란트법)을 1794년에 제정했다. 그리고 그 제정법이 존재하지 않는 한 공통법('보통법[普通法]')으로서 현대적으로 해석된 로마법이 적용되었다. 사비니를 포함한 당시 독일 법학의 로마법 연구는 단순한 역사 연구가 아니라, 독일권에 공통으로 적용되던 현행법의 정밀화라는 목적이 있었다.

　이처럼 독일 지역에는 로마법을 계승한 법학의 전통이 오래전부터 존재했고, 법전화된 규범도 있었으며, 그리고 17세기의 푸펜도르프(Samuel von Pufendorf)를 비롯하여 역사에 이름을 남긴 저명한 법학자도 배출했다. 나폴레옹의 지배는 그 전통을 폐지하여 자연법사상에서 편찬된 보편적으로 타당하다고 표방하는 나폴레옹 법전(프랑스 민법전)의 지배하에 들어가는 것을 의미했던 것이다.

111　潮木守一『ドイツの大学—文化史的考察』(講談社学術文庫, 1992년) 17쪽.

112　앞에 든 사비니 「第2版序文」에서.

113　티보 스스로 "우리는 프로이센, 오스트리아의 법전, 프랑스의 코드(법전), 최근에는 작센, 바이에른 등에서 완성된 법규 가운데 다수의 참조 가치가 있고 이미 완비의 경지에 달했다고 생각되는 법규의 모델을 갖고 있다."라고 적고 있다. ティボー「独逸国一般民法典の必要に関して」『長場訳』61쪽.

티보와 사비니

법전논쟁은 프랑스민법을 모방하여, 자연법론에 근거한 독일 통일 민법의 제정을 주장한 티보에 대해 법은 민족의 역사와 함께 형성되는 것이므로 외국 법전을 수입할 게 아니고, 독일 민법의 제정이 시기상조라서 사비니가 반대했다는 설명이 많다. 노부시게의 이해도 이런 것이다. 그리고 사비니가 쓴 논문은 독일 역사법학파의 강령적인 논문으로 자리가 매겨졌다.

티보

티보가 프랑스 민법전에 자극을 받아 독일 민법전의 제정을 주장한 것은 분명하다. 그리고 그가 제시한 이유는 민법 각 편의 내용의 대부분이 말하자면 일종의 '순수 법률 수학(純粹法律数学, reine juristische Mathematik)'이며, 이에 대하여는 어떠한 지역적·문화적 특수성도 아무런 결정적인 영향을 미칠 수 없다는 것이다.[114] 그는 특수성·개별성을 배제하고 일반성·보편성을 확립한 학문의 모델을 수학에서 찾고, 소유권·상속권·저당권·계약 등의 영역과 그 「총론」의 영역은 바로 이러한 수학적 합리성에 다가갈 수 있는 영역이라고 생각했다. 이것이야말로 근대 자연법론의 주장이며, 고대 로마법으로부터 물려받은 유산이 인류 공통의 세습 재산이며, 모든 인간에게 타당할 것이라는 확신이었다.[115]

---

114 앞에 든 ティボー「独逸国一般民法典の必要に関して」55쪽. 堅田『歴史法学研究』58쪽.

115 「티보의 앞의 언급」으로서의 형법학자 안젤름 포이에르바하(1775-1833)는 "나폴레옹 법전의 도달점, 거기에 새 시대, 새 세계, 새 국가가 태어난다."라고 했다. ラートブルフ『一法律家の生涯』(東京大学出版会, 1963년) 125쪽."포이에르바하는 독일의 재생을 근대법의 제정에 의탁하고 있었지만 티보와 마찬가지로 계몽주의자인 그에게 근대란 바로 프랑스의 근대였다." 堅田『法の詩学』70쪽.

그런데 역사법학을 선언한 사비니도 그가 지향하는 학문으로서의 법학을 설명할 때 수학의 비유를 쓴다. 즉, 기하학에서 두 변과 그 사이의 끼인각이 주어지면 삼각형이 도출되듯이, 법률에도 일정한 부분이 주어지면 다른 부분이 도출되는 요소가 있다는 것이다. 이것을 지도적 원칙(指導的原則)이라고 이름 짓는다.[116] 사비니에 따르면, "법률학의 성공은 모두가 지도적 원칙을 찾는 데 달려 있다." 그리고 "이 지도적 원칙의 확립이야말로 로마 법률가의 위대함을 구축한 것이었다. [중략] 그들이 한 일 전체가 수학 이외는 비교할 것이 없는 확실함을 담보한 것이며, 그들이 개념으로 계산하였다고 해도 과장이 아니다."[117] 이처럼 수학에 유비되는, 같은 '개념에 의한 계산'을 가능케 하는 학문의 확립이 사비니가 지향한 역사법학이었다면, 티보의 방법론과 얼마나 질적인 차이가 있었는지 의문이 생긴다.[118] 실제로 그 후의 사비니 법학을 보면 이 질문에는 이유가 있는 것으로 생각할 수 있다.

그러나 1814년이라는 시대 배경에서 사람들의 관심을 끈 것은 이러한 방법론상의 차이 문제가 아니었다. '역사'와 '민족'을 강조하는 사비니의 레토릭은 티보와의 차이를 돋보이게 하여 새로운 학파 탄생의 인상을 강하게 풍겼다.

사비니는 독일의 법률가에게는 아직 입법 능력이 없다고 보았다. 이에 대해 헤겔은 법률가뿐 아니라 국민 전체에게 가해진 최대의 모욕이라고 비판했다.[119] 그러나 사비니의 의도는 독일 국민을 모욕하자는 게 아니라, 입법에 선행하여 현대적인 법학의 수립 필요성을 호소하자는 데 있었다.

그러면 현대적인 법학이란 무엇인가? 사비니는 법을 언어와 병렬적으로 이해한다. "문서에 나타난 역사를 보는 한, 시민법은 언어 · 풍습 · 정치 제도와

---

116 『大串訳』37쪽.

117 『大串訳』43–44쪽.

118 카타다(堅田)는 "고전주의와 낭만주의의 전환기에 티보와 사비니의 역사 인식에 확실한 차이가 있었다고는 생각할 수 없다."라고 한다(『歷史法学研究』64쪽).

119 ヘーゲル(藤野渉＝赤澤正敏訳)「法の哲学」岩崎武雄責任編集『世界の名著35ヘーゲル』(中央公論社, 1967년) 440–441쪽, ヘーゲル(長谷川宏訳)『法哲学講義』(作品社, 2000년) 417쪽.

마찬가지로 원래 민족에 고유한 일정한 성질이 있다."[120] 따라서 법학도 그 민족의 역사 속에서 생성된 민족정신(民族精神, Volksgeist)을 반영한 법학이어야만 한다. 법은 "우선 습속과 민족적 신념에 따르고, 그 다음으로 법학에 의해 만들어진다. 따라서 어쨌든 법은 암묵적으로 내적으로 작동하고 있는 힘에 의해 만들어지는 것이지, 입법자의 자의에 의해 만들어지는 것이 아니다."[121]

논쟁의 귀추

논쟁은 사비니의 승리로 끝났다. 승리의 이유는 우선 뭐니 뭐니 해도 독일 민족의식(民族意識)의 고양이 최고조에 달한 시기에 법전논쟁이 벌어졌다는 데 있다. 사비니는 이 민족의식에 호소하는 레토릭으로 지지를 얻은 것이다.[122]

사비니가 승리한 두 번째 이유로는 다음과 같은 정치적 상황도 들 수 있다. 원래 티보의 주장은 그때까지 강제당하던 프랑스 민법을 다시 사용한다는 따위가 아니라 다수의 영방(領邦) 국가로 나뉘어 있던 독일 전역에 공통한, 독자적인 민법전의 편찬을 호소한 것이었다.[123] 그러나 독일 지역 중 오스트리아와 프로이센은 민법 또는 이에 상응하는 법전이 존재했기에 티보가 말하는 통일 민

---

120 『大串訳』21-22쪽. 『長場訳』72쪽.

121 Savigny, *Vom Beruf unsrer Zeit für Gesetzgebung und Rechtswessenschaft*, S.105.

122 또 독일에서는 시민계급의 발전이 영·불보다 늦어 통일적인 정치세력이 되지 못했다는 정치적 사정도 티보에게 불리한 사정이었다. 즉 승패를 정한 것은 양자의 논설 우열이라기보다 당시 독일의 정치적·문화적 상황이었다. 上山『法社会史』215쪽.

123 독일 일부에 도입되어 있던 나폴레옹 법전을 배제하고 구제도의 부활을 주장하는 「나폴레옹 법전과 독일 도입에 대하여」라는 논문을 쓴 레베그크에 대하여 티보는 익명으로 나폴레옹 법전을 높이 평가하면서 새로운 통일 독일민법전의 편찬을 호소하는 비판 논문을 썼다. 그 후 얼마 가지 않아 저자의 이름을 밝히고 더 상세히 주장을 전개한 「독일 일반 민법전의 필요성에 대하여」가 쓰였다고 한다. 河上『法の文化社会史』70쪽 이하, 『長場訳』2쪽(「緒論」) 참조.

법전은 그 밖의 영방 국가에 해당한다고 사비니는 이해했다.[124]

따라서 만약 티보의 주장이 수용되면, 독일 민법에 관해서는 세 가지 법 영역으로 분단되고, 그것은 독일 전체의 통일에서 보자면 오히려 장애를 초래한다. 한편, 오스트리아와 프로이센을 포함한 통일을 주장하는 것이라면, 정치적으로는 칭찬할 만한 일이지만, 이 두 영방 국가 법전의 폐지는 큰 혼란을 초래한다. 사비니는 이 점을 비판한 것이다.[125]

실제로 독일 통일 민법전의 제정은 오스트리아를 배제한 형태로 국가 통일을 정치적으로 실현되고 비로소 가능해졌다. 티보는 정치적 통일에 앞서 법적 통일을 목표로 하였지만, 역시 실현 가능성에서 문제가 있었다.[126] 1815년의 비엔나 회의에서 39개의 주권 국가로 구성된 독일이 출범하는 것으로 결정났다. 당시의 이런 정치적 배경에서 통일 법전 편찬이 실현될 수 있는 조건은 없는 셈이고, 사비니 자신도 자신의 반대가 없다고 일반 법전이 성립했을 것이라는 따위를 제정신으로 주장하는 사람도 없었을 것이라고 나중에 회고하였다.[127] 논쟁이 사비니의 승리로 돌아간 이유에는 이러한 정치적 상황도 한몫했다.

이렇게 하여 역사법학을 제창함으로써 논쟁에서 승리한 사비니는 이듬해 아이히호른(Karl F. Eichhorn, 1781-1854) 등과 함께 자기 학파의 기관지 「역사법학 잡지(Zeitschrift für geschichtliche Rechtswissenschaft)」를 창간한다.

사비니의 프랑스 비판

법의 역사성을 주장하는 사비니는 자연법론에 근거한 프랑스 민법을 내용 면에서도 신랄하게 비판하였다. 법전논쟁에서 사비니는 프랑스 민법 기초자의 학식, 특히 민법전 기초의 토대로 이용한 로마법의 학식이 매우 천박하다고 평했다.

---

124 『大串訳』169-170쪽.
125 『大串訳』170쪽 原註***, 『長場訳』160쪽[原著註2].
126 『大串訳』170쪽 역주 참조.
127 河上 『法の文化社会史』81쪽.

프랑스 민법전(Code civil, 나폴레옹 법전[Code Napoléon])은 나폴레옹이 제2통령에 임명한 장 자끄 깡바세레(Jean-Jacques Régis de Cambacérès, 1753-1824) 밑에서 4명의 작성자가 기초를 세웠다. 바로 프랑소와 트롱셰(François Denis Tronchet, 파기법원장), 펠릭스 비고 쁘레무누(Félix-Julien-Jean Bigot de Preameneu, 파기법원 검사), 장 뽀르탈리스(Jean-Étienne-Marie Portalis, 변호사), 자끄 마르빌(Jacques de Maleville, 파기법원 판사)이다. 이들에 대한 사비니의 평가는 엄격하다.

예를 들어, "로마법전을 발췌 및 강의로만 알고 있는 사람, 즉 귀동냥으로 배운 사람은 비록 두세 개의 인용문을 조사했다 한들 의견을 말할 자격이 없다.[128]"라고 하였다. 또 비고 쁘레무누는 그 종류의 "연설가로야 뛰어난" 프랑스인이라고 넘어가지만, 뽀르탈리스의 경우 그의 문장을 인용하면서, 로마법의 '공법(公法)'이라는 개념이 "천박한 데다가 이해마저 잘못한"다고 평한다. 이어서 14세기의 법학자인 바르톨루스(Bartolus de Saxoferrato, 1313-1357)를 인용한 것을 들어 "바르톨루스를 로마의 법률가 중 한 사람으로 생각하고 그 인용을 로마인의 용어인 양 다루다니 도대체 무슨 일인가?"[129]라고 비판한다. 또한 법전 편찬에서 로마 법학자의 대표라 할 수 있는 마르빌에 대해서는 "존경할 만한 상식인"이라면서, 역시 로마법 해석의 오류를 지적하고,[130] 그들이 기초한 초안을 심의한, 프랑스 행정의 자랑이라고 하는 '국가고문부(꽁세이유 데타[131])'에서의 토의도 "그 성질상 천박한 만담과 모색으로 일관하고 있다."라는 티보의 말을 인용한다.[132] 그리고 이것은 로마인들의 논의와 비교하여, "로마인은 전문가인데,

---

128 『大串訳』 50쪽, 『長場訳』 90쪽.

129 『大串訳』 76쪽.

130 『大串訳』 76-78쪽.

131 大串訳에서 「국가고문부(国家顧問府)」로 옮겨져 있는 사비니의 "Staatsraths"는 기초위원의 초안이 우선 심의되도록 된 꽁세이유 데타(国務院)를 말한다. 野田良之 『フランス法概論上巻』(有斐閣, 1970년) 676쪽 참조. 『長場訳』 105쪽은 「추밀원(枢密院)」이라 옮기고 있다. 오늘날의 꽁세이유 데타와는 기능이 같지 않다. [역주] 한국에서는 국참사원(國參事院)으로 옮기는 것 같다.

132 『大串訳』 73쪽.

이들 편찬자와 국가 고문관[133]은 아마추어적인 호사가로서 말하고 쓰고 있다. 달리 말하면, 로마인에게는 법전이 필요는 없었지만, 이 사람들이 법전을 바라는 것부터가 벌써 틀렸다."고 했다.[134]

프랑스에는 일찌기 프랑스 민법의 아버지라고도 불리던, 저명한 법학자 뽀티에(Robert Joseph Pothier, 1699-1772)가 있었다. 뽀티에의 학설은 유럽 전역에 널리 영향력을 미쳤다. 그에 대해 사비니는 이렇게 말했다.

> 나는 뽀티에를 평가 절하할 생각은 조금도 없고, 오히려 그와 같은 사람이 많은 나라의 법학이야말로 바람직하다고 생각한다. 그러나 그 외에는 사람이 없고, 그 사람만이 거의 법원(法源)인 양 존경받고 연구되는 법학계는 오히려 동정해야 할 만하다.[135]

이처럼 프랑스 법학에 대한 사비니의 평가는 매우 혹독하다. 에도 막부 말기부터 메이지 초년의 일본에서는 프랑스 민법은 당시 세계에서 가장 뛰어난 민법으로 받아들여졌다. 그 프랑스에서 법률가가 여럿 초빙되어 노부시게가 유학하고 있었을 무렵은 브아소나드에 의한 일본 민법 초안의 기초가 시작되던 중이었다. 그만큼 프랑스 민법과 그것을 만들어 낸 프랑스 법학에 대한 사비니의 비판은 그것을 읽은 노부시게에게 강한 인상을 남겼을 것이다.

하지만 프랑스 법학에 대한 사비니의 신랄한 평가도 프랑스의 지배로부터 해방된 이 시기의 열광을 고려하여 읽을 필요가 있을 것이다. 그 후, 1828년에 나온 『사명』의 제2판에 붙인 서문에서 사비니는 초판의 프랑스 비판에서 프랑스 법학의 가치를 충분히 평가하지 않았음을 정중히 해명하고 있다.[136]

---

133 『長場訳』116쪽은「추밀원 고문관 등(枢密顧問官等)」.

134 『大串訳』88쪽, 『長場訳』116쪽.

135 『大串訳』74쪽.

136 Kantrowicz, op. cit. p.336은 "a very handsome apology"라 표현하고 있다.

법학 없는 법전의 운명

사비니에 따르면 법은 처음에는 습속이나 민족적 신념을 통해 관습법으로 성립하지만, 이윽고 그 법 안에서 작용하는 힘을 추출하여 이론화하는 법학이 성립하면 그 법학에 의해 법이 만들어진다. 즉, 법학이라는 학문이 법의 생성 발전에 불가결하다.

> 만약 이런 학문적 기술의 힘이 발달하지 않은 시대에 법전을 편찬하면 필연적으로 다음과 같은 폐해가 발생한다. 재판은 겉으로 시늉만 법전을 따르고, 실제로는 법전 밖에 지배하고 있는, 사실상 국민 속에 있는 법원(法源)에 의해 행해진다.[137]

이것이 법전편찬을 시기상조라고 한 사비니의 논의인데 여기서 사비니가 지적한 것은 실제로 일본의 민법에서 일어난 일이다. 노부시게 등 유학생을 유럽에 보낸 일본은 나중에 보듯이 서둘러 서양식 법전의 정비가 요구되었다. 자생적인 관습법을 바탕으로 독자적인 법학이 발달하는 것을 기다릴 시간적 여유가 없었던 것이다. 따라서 법을 만들어 내는 법학이 성립하기 전에 수입한 법전이 만들어지게 되었다.

갑자기 국민 앞에 훌륭한 서양식 법전이 출현했을 때, 서양 법학을 배운 일본의 법률가들은 경쟁하다시피 해설서를 집필하여, 서양식 법전의 해석 이론을 마련하려고 했다. 그러나 실제 분쟁은 재판을 쓰지 않고, 혹은 재판을 써도 법전의 조문 적용에 의하지 않고 일본의 거래 상식에 따라 대화('화해')로 해결되는 일이 많았던 것이다.[138]

---

137 『大串訳』 37쪽.

138 카와시마 타케요시(川島武宜)에 의한 일본인의 법의식론에서 제시된 이해이다. 川島 『日本人の法意識』(岩波新書, 1967년), 六本佳平 『法社会学』(有斐閣, 1986년) 208쪽, 六本佳平 『日本の法システム』(放送大学教育振興会, 2000년) 20쪽 등 참조.

이 상태는 이후에도 크게 변하지 않아 재판에서 흑백을 분명히 가리는 것을 꺼리는 일본인의 행동 양식은 '일본인의 재판 혐오'라는 신화를 만들어 냈다. 이 '재판 혐오'에 관해서는 제도적 결함으로 시간과 비용이 너무 많이 들기 때문이라는 분석도 있고, 재판 결과의 예측 가능성과 재판 비용을 고려한 경제적·합리적인 행동으로 설명할 수 있다는 연구도 있다. 문화적 요인을 꺼내지 않고도 설명할 수 있다는 주장이다.[139] 그러나 제도적 요인에서 유래하는 합리적 행동으로 설명할 수 있는 부분 이외에, 가령 "재판에서 흑백을 분명히 가리는 것"을 꺼리는 행동 양식이 있었다고 한다면, 그래서 일본인이 싫어하는 것이 '재판'이 아니라 재판에서 적용되는 '서양식 법률'이었다는 가설도 음미할 만할 것이다. 토착 사회에서 탄생했다고 보기는 어려운, '수입'한 규범으로 승자와 패자를 일률적으로 구분하려 하는 것을 싫어했다는 가설이다.[140] 실제로 일본에서도 에도 시대에는 제도적인 제약 속에서 나름대로 소송이 있었기 때문이다.[141]

사비니의 역사와 체계

사비니는 독일 역사법학의 시조가 되면서 이후 그의 연구 관심은 독일의 역사가 아니라, 로마법의 체계적인 연구와 거기에서 추출한 법 개념의 체계화로 향했다. 따라서 그의 법학 방법론의 역사적 방법과 체계적인 방법 사이 관계의 모호함은 자주 지적되는 바이다.[142]

---

139 문화적 요인에 의한 설명을 포함하여 六本佳平『日本の法と社会』(有斐閣, 2004년) 10쪽 이하 참조.

140 계약법에서의 법의 이원성에 대하여 内田貴『契約の時代―日本社会と契約法』(岩波書店, 2000년) 54쪽 이하 참조.

141 大平祐一『近世日本の訴訟と法』(創文社, 2013년) 233쪽은 에도시대의 일본사회를 「소송사회」라 부른다.

142 예컨대 堅田『法の詩学』75쪽 이하. 上山『法社会史』283쪽 이하는 역사법학의 비

그가 이해한 바로는 문화의 진보와 함께 민족의 활동이 복잡하게 분화하여, 법률에서도 민족의 공동 의식을 통해 그 발전을 관찰하는 것이 곤란해진다. 그래서 법을 전문으로 하는 법률가라는 신분이 성립한다. "전에는 온 민족의 의식 속에 있었던 법률이 지금은 변호사의 의식에 귀속되며, 법률가의 활동으로 온 민족이 대표되는 상태"가 되는 것이다. 예를 들어, 로마의 유스티니아누스 법전에서 볼 수 있는 상세한 규정은 그 자체가 민족의 의식 속에 있었다기보다는 법률가가 법학이라는 학문에 토대를 두고 낳았다고 할 수 있다. 그러나 그것은 민족의식의 반영이지, 법률 전문가의 작위에 의해 성립한 것은 아니다.[143] 한 민족 법의 역사적 생성물인 관습법도 그것을 법규범으로 정리하는 것은 법학의 발달이 없으면 할 수 없다는 것이다.

이처럼 관습 속에서 법을 인식하고 법규범으로서 세련되게 하려면 학문으로서의 법학이 필요하며, 사비니에게 로마법 연구는 이러한 법률의 체계화에 필요한 기본 개념을 추출하기 위해 불가결한 것이었다.[144] 이렇게 사비니는 로마법학의 순수화라는 목표로 방향을 명확하게 잡았다. 그의 역사법학은 독일의 역사에서 벗어나 체계적인 법학의 수립을 통해 후의 개념법학에 이르는 길의 준비였다.[145] 사비니는 '법학의 칸트'가 될 것을 꿈꾸었다.[146] 유럽 근대법을 인식하기 위한 정밀한 개념 장치를 만들어 낸 과업은 확실히 법학의 칸트다운 업

역사성을 논한다.

143 『大串訳』 25–26쪽.

144 堅田『法の詩学』 74쪽. 사비니의 관습법론에 대하여는 山田晟「サヴィニーにおける慣習法」法協 68권 1호 1쪽(1950년) 참조.

145 堅田『歴史法学研究』 74쪽. 磯村哲『社会法学』 146쪽 이하(「啓蒙期自然法理論の現代的意義」에 딸린 「後記」)는 초기의 「법학방법론강의」로부터 「사명」논문을 거쳐 『현대 로마법 체계』에 이르는 사비니의 역사법학을 일관된 발전과정으로 이해할 수 있다고 한다. 그러나 사비니 자신 안에서는 일관되어 있어도 그림 형제와 같은 게르마니스텐으로부터 보자면 그 기대에 부응한 것이라고는 할 수 없었다.

146 河上『法の文化社会史』 74쪽, 堅田『歴史法学研究』 84쪽. 堅田『法の詩学』 60쪽은 소년 시절부터의 꿈이었다고 한다.

적이라고 해야 할지도 모른다.

메인과 사비니

이상에서 보았듯이, 같은 역사법학이라고 해도 메인의 역사법학과 사비니의 역사법학은 성격이 상당히 다르다. 사비니는 법을 언어에 비유하여 민법과 같은 법률은 민족의 역사에서 관습으로 형성되는 규범에 따라 만들어져야 한다고 주장했다. 바로 언어 형성의 과정으로 생각되는 프로세스와 동일하다. 그러나 그의 관심은 그러한 관습 중 법 자체보다 그것을 명확하게 인식하는 학문적 개념 체계 구축에 있었다.

한편, 메인은 티보나 사비니처럼 입법 방식을 논한 게 아니고, 개념 체계에도 관심을 보이지 않았다. 원래, 독일의 역사법학은 나폴레옹과의 전쟁으로 고양된 민족의식이 그 배후에 있고, 티보가 주장한 바와 같은 민법에 의한 법 통일도 국가의 통일을 요구하는 정치적 요구와 떼려야 뗄 수 없는 관계에 있었다. 그래서 민족정신이 이야기된다. 이에 비해 메인의 경우는, 광대한 식민지를 가진 대영제국으로서 다른 문화('정체사회')에 대한 '우월감에 찬'[147] 관심을 배경으로, 영국의 법과 사회의 역사적 발전 배경을 과학적으로 해명한다는 문제의식을 바탕으로 했다.

이처럼 역사적 맥락을 달리하는 두 역사법학이었으나, 로마법이 성숙한 사회에 있어야 할 법의 모습을 보여준다는 이해에는 공통했다. 메인은 어쩌면 사비니와 같은 사람들의 독일 법학의 이해를 통하여 로마법을 보았는지도 모른다. 그리고 그는 로마법과 영국법의 발전 과정 사이의 공통성을 찾아 영국의 법률가가 로마법을 배움으로써 영국법이 더 발전할 것으로 생각하였다.

---

147 内田力蔵「メーン(4)」42쪽의 표현.

사비니와 자연법론

노부시게가 접한 당시의 유럽 대륙에는 역사법학과는 다른 법학 전통도 있었다. 그 하나가 자연법을 둘러싼 학문적 전통(자연법론)이다. 자연법론은 그리스·로마 이래 역사가 오래되었는데, 당시의 역사법학과 대치하던 것은 18세기에 성립한 계몽기 자연법론이었다. 이에 대해 사비니는 비판적이었다. 역사적 산물인 법률을 보편적 이성에 근거하여 모든 사람에게 타당한 규율로 보고 "단지 현재의 시대에 절대적으로 완전무결한 것을 창설할 사명이 당연히 주어져 있는 양 믿어 버린, 잘못된 변혁욕"이라는 것이다.[148]

이 비판을 읽은 노부시게 역시 자연법론을 그대로 무비판적으로 받아들이는 게 위험하다고 느꼈을 것이 분명하다. 당시 일본에는 프랑스적인 자연법론의 영향도 강했다. 사법경(司法卿)이 된 에토오 신페이(江藤新平)는 미츠쿠리 린쇼오(箕作麟祥)에게 프랑스 민법의 번역을 명했는데, 그것을 그대로 일본의 민법으로 삼을 생각까지 했었다.[149] 그러나 프랑스류의 자연법론을 도입하면 일본 과거 전통과의 역사적 연속성이 단절된다. 이에 비하여 법의 역사적 생성과 발전을 옹호하는 역사법학은 당시의 자연법론을 특징짓는 추상적 합리주의(抽象的 合理主義)에 대항하는 이론이었다.[150] 노부시게는 이와 같은 의미의 역사법학에 깊이 공감하였다.

이상과 같은 자연법에 대한 견해는 넓게 보아 '자연 상태'라는 선험적 전제의 추론으로 올바른 법을 도출할 수 있다는 발상을 비판하는 메인과도 통한다.

하지만 법전 논쟁에서 사비니의 자연법 비판 역시 그 역사적 맥락 속에서 파악해야 한다. 사비니가 시종일관 자연법론에 비판적이었던 것은 아니다. 법전논쟁이 있기 십여 년 전에 이루어진 사비니의 강의 기록 「법학 방법론 강의(法学方法論講義)」를 보면, 그는 18세기 자연법론과의 연속성 속에서 법학을 논

---

148 『大串訳』 17쪽.

149 『法窓夜話』 第61話 「フランス民法をもって日本民法となさんとす」.

150 ダントレーヴ 『自然法』 152–153쪽.

했다.[151] 그로부터 『사명』논문을 거쳐 로마법 연구에 이르는 사비니 법학을 전체적으로 보면 사비니는 자연법론을 거부했다기보다는 이미 합리주의적 정신에 역사적 정신이 더해지던 당시의 자연법론[152]을 역사적 계기를 중시하는 방향으로 더욱 발전시켰다고 파악할 수도 있다. 그런 입장에서 법전논쟁의 『사명』은 그 과정의 업적으로 자리매겨질 수 있는 것이다.[153]

그러나 노부시게가 사비니에서조차 저류에 흐르는 자연법사상의 중요성을 깨달은 것은 나중의 일이며, 처음에는 역사법학에 의한 자연법론 배격의 기세에 강렬한 인상을 받았던 것이다.[154]

사비니와 법실증주의

역사법학과 자연법학과 견줄 당시 법학 전통의 또 하나가 법실증주의(法実証主義)이다. 법은 입법자가 법으로 명령한 것뿐이라는 영국 오스틴의 이론이 그 대표다. 이처럼 일정한 입법 절차를 거쳐 만들어진 것이 법이라고 생각하기에 법과 법 이외의 규범은 쉽게 구별할 수 있다. 아울러 올바른지 아닌지, 정의에 부합하는지 아닌지는 법이냐, 법이 아니냐의 여부를 판단하는 데 결정적인 기

---

151 1802년에 한 이 강의의 소개로서 服部栄三「若きサヴィニーの方法論について(上)
     (下)」同志社法学22호, 6권 2호(1954년), 耳野健二『サヴィニーの法思考—ドイツ
     近代法学における体系の概念』(未来社, 1998년) 第4章 참조.

152 磯村「啓蒙期自然法理論の現代的意義」同『社会法学』127쪽.

153 磯村哲「サヴィニー研究序説」中川一郎編集代表『石田先生古稀記念論文集』
     (非売品, 1962년) 수록, 磯村『社会法学』146 이하(「啓蒙期」의「後記」. 앞에 든
     「サヴィニー研究序説」의 개정판) 참조. 사비니의 법이론의 형성과정에 대하여는 赤
     松秀岳『十九世紀ドイツ私法学の実像』(成文堂, 1995년) 제1~3장 참조.

154 역사법학은 당시 독일의 역사주의 사상을 법학에 반영한 것인데, 역사주의를 논한 안
     토니는 "역사주의는 독일 사상에 의해 연출된 서구 자연법사상 전통의 파괴이다."라고
     했다. アントーニ『歴史主義』8쪽.

준이 되지 않는다. 이러한 법실증주의 사상에 대해 사비니는 이렇게 말한다.[155]

"오늘의 법률과 내일의 법률이 추호도 비슷하지 않은 경우도 충분히 생각할 수 있으며, 따라서 법학 내용도 우연적이고 변화 가능한 것이 된다." 특히 사비니의 시대처럼 자연법론과 결합한 법실증주의에서는 모든 시대에 타당한 영원히 완전무결한 법을 법전화하면, 그것으로 이상적인 입법이 되는 것이라고 믿고 있었다.[156] 사비니는 이 같은 생각이 전혀 현실적이지 않다고 비판한다.

어느 나라나 완비된 법전이 제정되면 그 후 한동안 법률가는 법전의 해석에 몰두하고 법전 조문만을 법으로 이해하는 법실증주의가 지배하는 것이 일반적이다. 19세기의 프랑스에서도, 20세기의 독일에서도, 그리고 법전 정비 후의 일본에서도 바로 그러했다. 그러나 법전논쟁 당시의 독일에서는 어떤 법전을 창출할 것인가가 논의되었고, 노부시게가 베를린에 체류했을 무렵은 사비니 이후 축적된 독일 법학의 성과를 배경으로 실제로 민법전 편찬이 시작되고 있었다. 즉, 독일에서 있어야 할 법의 모습을 추구하는 논의가 점입가경이었으며, 노부시게가 접한 것은 그러한 시대의 독일 법학이었다.

서양 법학의 여러 학파와 일본

일본의 서양법 수용을 맡게 되는 유학생의 관점에서 바라볼 때 당시 유럽의 법학 학파들 가운데 사비니가 현실성이 없다고 비판한 자연법론이나 마땅히 있어야 할 법에 관한 지침을 주지 않는 법실증주의는 일본에 그대로 이식될 수 있는 게 아니었다.

한편, 역사법학도 메인의 역사법학이든, 사비니의 역사법학이든 각 나라의 당시 역사적·정치적 조건 속에 깊이 뿌리를 내린 것이며, 이것 또한 그대로 일본에 이식할 수 있는 것은 아니었다.

---

155 『大串訳』 10-21쪽, 『長場訳』 71쪽.

156 『大串訳』 20-21쪽.

메이지 초기의 일본은 그러한 역사적 맥락을 도외시하고 아무튼 서양의 최신 이론으로 보이면 무조건 달려드는 경향이 없지 않았다. 귀국 직후 노부시게도 카토오의 기대에 부응하는 듯한 계몽적인 글을 다수 집필하여 그 속에서 자연법학을 비판하고 역사법학을 주장하며 법률의 진화를 외쳤다. 그 학문적 자세에는 유럽에서 배운 최신 법학을 설명한다는 측면도 부정할 수 없다. 그러나 역사법학을 실천하려고 해도 일본의 현실은 역사에서 법이 생성되기를 기다릴 시간적 여유가 없었다. 귀국 후 얼마 안 되어 노부시게는 서양식 법전을 서둘러 정비한다는 국가의 요청에 부응하는 일에 몰두하지 않을 수 없었던 것이다.

한편, 노부시게는 여러 유형의 유럽 법학이 유럽의 오랜 역사에 어떻게 뿌리를 뻗고 있는지를 이해할 수 있는 깊이까지 도달한 것으로 보인다. 특히 '학문으로서의 법학'이 법전 정비에 선행해야 한다는 사비니의 법학관은 노부시게의 마음에 확실하게 각인되었다. 국가의 요청으로 민법전 초안을 마친 노부시게는 일본인의 손에 의한 최초의 '학문으로서의 법학' 창출에 매진한다. 그것은 당시의 세계를 살펴봐도 견줄 수 있는 것을 쉽게 찾기 어려울 만큼 놀라운 넓이의 비교법적·학제적 시야의 법학이었다.

제5장

조약개정과 법전논쟁 –
근대 일본의 민족주의

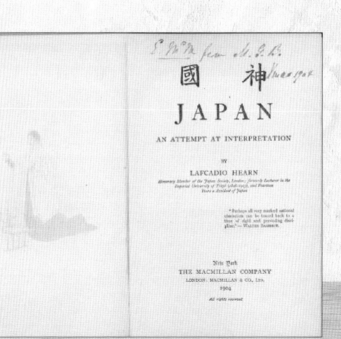

라프카디오 한(Lafcadio Hearn) 『신의 나라 일본(영어판) Japan –
An Attempt at Interpretation』(The Macmillan Company, 1904)

이 장에서는 서양 법학을 수용하려 했던 당시의 일본이 어떤 사회였는지 살펴본다. 서양 법학이 전제하던 사회와의 이질성은 법학 수용에 걸림돌이 될 것이다.

1. 외국인이 본 일본

라프카디오 한

라프카디오 한

법학은 서양의 문화, 사회, 역사에 깊이 뿌리내린 학문이다. 그럼 그것을 수용하려고 한 일본은 어떤 사회였던가. 당시의 일본 사회가 서구와 얼마나 달랐는지 지적하는 서양인은 적지 않지만, 그 대표격으로 코이즈미 야쿠모(小泉八雲)로 알려진 라프카디오 한(Lafcadio Hearn, 1850-1904)을 들 수 있다.

한은 1890(메이지 23)년 대일본제국헌법이 시행된 해에 미국의 신문사 기자로 방일했다. 그대로 일본에 정착해 1904년 토오쿄오에서 54세의 생애를 마칠 때까지 일본의 민화와 전설에 착상을 얻어 재구성한 소설이나 에세이 등 많은 저작을 남겼다. 1896년에는 토오쿄오 제국대학의 영문학 강사로 채용되었는데 학생들의 인기가 매우 높았다고 한다. 하지만 외국인 교사를 일본인으로 교체하려는 정부 방침에 따라 1903년에 해고되었다. 후임은 영국 유학에서 귀국한 지 얼마 되지 않은 영문학자, 나츠메 킨노스케(소오세키, 夏目金之助[漱石], 1867-1916)이다. 당시의 제자 오사나이 카오루(小山内薫)의 일지를 보면 이러한 교사의 교체를 두고 학생들의 반대 운동도 있었다.[1] "지난 백

---

1   E.スティーヴンスン(遠田勝訳)『評伝ラフカディオ・ハーン』(恒文社, 1984년) 414

년이 넘는 외국인 교사 초빙의 역사상 어느 누구도 한만큼 학생들에게 평판이 좋았던 이가 없다."[2] 이 해고에 충격을 받은 한은 미국으로 돌아가 다시 대학에서 가르치길 희망했다. 그러던 참에 코넬 대학에서 연속 강의 의뢰가 왔다. 결국, 실현되지는 못하고 말았지만, 그는 그 강의를 위해 준비한 원고를 바탕으로 한 권 분량의 원고를 썼다. 그것이 『신의 나라 일본』이다.[3] 원저 초판은 1904년 9월 뉴욕에서 간행되었으나, 한은 새 저서의 일본 도착을 보지 못하고 9월 26일 세상을 떠났다. 원제는 '일본, 한 가지 해석 시도(Japan: An Attempt at Interpretation)'였지만, 그 영문 원고에 한이 자필로 '신의 나라[神国]'라는 한자를 써 놓아서 번역서에는 『신의 나라 일본(神國日本)』이라는 제목이 사용되었다. 하지만 『신의 나라』라고 해도, 그의 사후 얼마 지나지 않아서 일본에서 부르게 된 일본을 신격화하는 의미의 신의 나라가 아니라, 신이 되어 있는 조상의 영(靈)이 살아 있는 사람들에게 적극적으로 영향을 미치는 나라라는 의미에서의 신의 나라다.[4]

『신의 나라 일본』

그 저서에서 한은 다음과 같이 적었다.[5]

　　쪽 이하.

2　平川祐弘『破られた友情—ハーンとチェンバレンの日本理解』(新潮社, 1987년) 104쪽.

3　スティーヴンスン・앞에 든 책 418쪽.

4　平川『破られた友情』274쪽, 同『ラフカディオ・ハーン—植民地化・キリスト教化・文明開化』(ミネルヴァ書房, 2004년) 181쪽.

5　인용은 『神国日本-解明への一試論』(柏倉俊三訳注)(平凡社東洋文庫, 1976년) 211쪽 이하.

모든 행동은 적극적이든 소극적이든 다 규칙으로 조절된다. 집안(家, '이에')이 개인을 지배했다. 다섯 가족의 집단(5인조)이 이에(家)를, 또한 지역 사회(정[町]과 촌[村])가 이 다섯 가족 집단을, 다시 또 영주(領主)가 그 지역 사회를, 그리고 쇼오군(将軍, 장군)이 영주를 지배한다. [⋯] 유럽 문명의 근대적인 형식 중에서 어떤 것도 이런 사회와 조금도 공통되는 부분이 없다.

최고 지위에 있는 인물은 우리가 쓰는 말의 의미에서 황제(皇帝) ― 즉 왕자 중의 왕자로 천제(天帝)의 대행자 ― 가 아니라, 신의 화신, 민족의 신, 말하자면 태양의 자손인 한 사람의 잉카 황제인 것이다.

이 신성한 인물의 주위에 많은 부족이 엎드린다. 그리고 부족을 만드는 것이 씨족인데, 씨족을 만드는 것은 쿠미(組)(코뮨)이고, 그리고 쿠미를 만드는 것이 이에(家)다. 이들은 모두 각각 자체의 제사를 따로 모신다. 이러한 제사로 모인 저마다의 집단에서 관습(慣習)과 법규(法規, 계명)가 생겨난다. "이들 관습이나 법규는 가장 겸손하고 절대적인 복종을 강요하며 또한 공적 생활과 사적 생활의 말단에 이르기까지 세밀하게 규제하고 있다." "아무리 개성적인 인격이라도 규제의 강제로 완전히 억압되는데, 그 강제도 외부가 아니라 주로 내부로부터 오는 자발적인 것이었다." "법적으로 개인이라는 것은 존재하지 않는 것이다 ― 형벌의 경우 이외에는."

한의 통찰력

19세기 독일의 대표적인 법학자 루돌프 예링(Rudolf von Jhering, 1818-1892)에 따르면, 서양에 법의 통일을 가져온 로마법 정신이란 '개인(個人)의 자율(自律)'이라는 관념이다. 물론 여기서 말하는 개인이란 오늘날 상상하는 저마다의 개인이 아니라, 가족을 다스릴 책임을 진 가장(家長)이었다. 그렇다고 해도, 법적으로 입장이 대등한 개인의 자율을 전제로 한 법으로서 로마의 사법(私法)이 발달하고,[6] 그것이 서양의 법과 법학의 핵심을 이루었다. 그렇다면 위에서 본 한의 관찰에 따르면, 일본(동양)에는 서양적인 법이 자생적으로 성립하기 위한 전제가 결여되었다는 의미가 된다.

당시 일본이 서양식의 대의제(代議制)를 눈 깜짝할 사이에 도입할 수 있던 것을 들어 일본인의 민주 정신을 거론해대는 사람들이 있었다. 이에 대해서도 한은 "겉모양을 진실로 착각한다."라고 비판했다. "겉모양만 보면 일본의 사회 기구와 근대 미국의 지방 자치체 그리고 영국 식민지의 자치체 사이의 차이는 있을까 말까 생각된다."

> 하지만 둘 사이의 진정한 차이는 실로 근본적이고 수천 년이라는 세월에 거쳐 생겨나는 거대한 것이다. 즉, 그것은 강제된 협력과 임의의 자유로운 협력의 차이이다. 다시 말해 종교의 가장 오래된 형태 위에 세워진 전제적 공산주의(專制的 共産主義) 형태와 개인의 무제한적 자유 경쟁의 권리를 지닌 최고도로 진보한 산업조합(産業組合)의 형태와의 차이인 것이다. […] 동포를 제물로 개인이 이익을 보는 걸 금하는 식의 도덕적 관습이 있는 사회가, 그와 반대로, 개인에게 가능한 최대의 자유와 기업의 경쟁을 대대적으로 허용하는 협동 자치 정체(協同自治政体)의 사회와 산업면에서 생존경쟁을 해야 한다면 매우 불리한 입장일 게 자명하다.[7]

한의 책이 간행된 것은 그가 죽은 1904(메이지 37)년, 즉 러일 전쟁이 일어난 해이며, 그 후의 일본을 그는 보지 못했다. 그러나 그는 다음과 같은 예언을 남겼다.

이 나라의 저 훌륭한 육군과 뛰어난 용맹의 해군도, 정부의 힘으로는 도저히 억

---

6   村上淳一 『〈法〉の歴史』(東京大学出版会, 1997년) 105쪽.
7   『神国日本』 213-214쪽.

제할 수 없는 사정으로 격발되거나, 혹은 스스로 용기를 내어, 탐욕스러운 여러 나라의 침략적 연합군을 상대로 무모 절망한 전쟁을 시작하고, 스스로를 마지막 희생으로 삼아 버리는 비운을 보는 건 아닐까?[8]

왠지 섬뜩한 예언이며, 여기까지 간파할 수 있다는 것은 그가 얼마나 일본 사회의 특질을 꿰뚫어 보았는지를 말해 준다. 이 책이 나온 당시 그의 분석은 일본 학자의 칭찬을 받았다.[9] 또한, 1920년대부터 30년대에 걸쳐 일본주의(日本主義) 등이 주창되어 일본 문화의 독자성이 주장되기 시작했을 무렵에도 한은 재평가되었다. 하지만『신의 나라 일본』은 그 후 일본의 국수주의와는 무관하며, 또한 그때까지 그가 쓴 일본에 대한 애정이 넘치는 에세이 등과는 달리 일본적 특질을 극히 각성한 톤으로 논한다는 점에서 인상적이다.

한에 대한 비판과 반론

오늘날 한의 일본론(日本論)에 대한 비판도 적지 않다. 그가 일본과 서양의 차이를 극단적으로 강조한 점, 자신이 본 메이지 중기의 일본의 특성을 충분한 근거 없이 일본 고유의 전통이라고 일반화해 버린 점 등이다.[10] 그가 일본에 온 것은 교육칙어(敎育勅語)가 발표된 해이며, 그 무렵부터 두드러진 일본인의 천황 숭배를 보고, 그것을 고래의 전통으로 이해했다는 것이다.[11] 그러나 한보다

8　『神国日本』387쪽.

9　노부시게의 영문저작과 아네사키 마사하루(姉崎正治) 등이 한을 상찬하고 있었다. マイニア『穂積八束』74쪽.

10　대표적인 비판으로서 太田雄三『ラフカディオ·ハーン―虚像と実像』(岩波新書, 1994년).

11　太田『ハーン』83쪽은 "Glimpse of Unfamiliar Japan", 1894(일어 번역판은 『알려지지 않은 일본의 모습』이나, 오오타는 『알려지지 않은 일본의 별견(瞥見)』이라 옮겼음) 속의 한 편을 그 근거로 들고 있다. 제2권에 수록된 "The Household Shrine"이라 생각된

17년 먼저 일본에 와서『고사기(古事記)』를 전역(全譯)하는 등 경이로운 어학 실력으로 일본 연구의 대가가 된 바질 홀 챔벌린(Basil Hall Chamberlain, 1850~1935)은 '충군애국(忠君愛國)'이 새로 만들어진 '새로운 종교'[12]라는 걸 지적했다. 또, 한보다 14년 일찍 일본에 와 독일 의학의 도입에 힘쓴 에르빈 밸츠(Erwin von Bälz, 1849~1913)는 1880(메이지 13)년 시점에 천황 탄생일의 모습을 보고 "군주에 대한 이 나라 인민의 관심 정도가 낮은 양상을 보는 것은 한심스럽다."라고 한탄하였다.[13] 실제로 존황(尊皇) 사상은 에도 막부 말기의 미토학(水戸学)[14]을 신봉한 지사들의 사상이며, 게다가 그것은 다분히 수단적 성격의 사상이었다.[15] 도저히 서민들의 전통이라고는 말할 수 없는 것이었다.

오오타 유우조오(太田雄三)는, 한이 '늦게 온 초빙 외국인'이었던 탓에(그러나 한은 일본 정부나 민간 기관에 초빙되어 일본에 온 건 아니었다.) 이 점을 인식하지 못했다고 보았다.[16] 또한 챔벌린은 한에 대해 이렇게 썼다.

그가 사랑하는 일본은 오늘날의 유럽화된 속악한 일본일 수는 없고 오히려 옛날의 일본, 유럽의 오점을 모르는 순수한 일본이었다. 그러나 그 일본은 너무도 완벽한 일본이었기 때문에 사실 그러한 것은 그의 공상 속이 아니면 존재할 리도 없었다.[17]

다. ラフカディオ・ハーン「家の内の宮」『小泉八雲全集第3巻』(落合貞三郎＝大谷正信＝田部隆次訳)(第一書房, 1926년) 수록).

12 チェンバレン『日本事物誌Ⅰ』(第6版)(平凡社東洋文庫) 93쪽(「武士道―新宗教の発明」). 원래는 따로 공표된 소책자가 1939년의 제6판에서 이 책에 수록된 것.

13 トク・ベルツ編(菅沼竜太郎訳)『ベルツの日記(上)』(岩波文庫, 1979년) 114쪽(1880년 11月 3日).

14 [역주] 에도 시대에 일본의 히타치노쿠니(常陸国) 미토번(水戸藩, 현재의 이바라키현 북부)에서 형성된 정치 사상의 학문이다. 유학사상을 중심으로 국학(国学)・사학(史学)・신토오(神道)를 결합한 것. 전국의 번교(藩校)에서도 가르쳤다.

15 渡辺浩「『明治維新』論と福沢諭吉」近代日本研究第24巻(2007년) 267쪽 이하 참조.

16 太田『ハーン』84쪽.

17 チェンバレン・앞에 든 책 15-16쪽. 이 항목은 챔벌린이 죽기 1년 전 83세 때 추가하여

그러나 한의 수많은 저작에 과도한 일반화가 보이는 작품이 있다고 해도, 그의 주장이 모두 그렇다고 단정하는 것 또한 과도한 일반화이다. 적어도 천황 숭배와 관련해서는 말년의『신의 나라 일본』에서 무가(武家) 정권하에서 천황이 정치적으로 무력화(無力化)된 실태를 정확하게 파악하였고, 메이지 시대가 되어 주군(主君)에 대한 충의심(忠義心, 한은 이를 '충의의 종교'라 부름)에서 충의의 대상을 번주(藩主)에서 천황(天皇)으로 전환함으로써 국가 규모의 근대적 민족주의로 전환하는 데 성공했다고 지적하였다. 이것은 적어도 만년의 그가 메이지 시대 일본의 특성을 예리하게 관찰하였다는 걸 말하는 것이겠다. 또한, 앞서 인용한 한의 문장은 미국의 저명한 종교 사회학자인 로버트 닐리 벨러(Robert Neelly Bellah)가 훗날 쓴 일본의 천황제에 대한 다음과 같은 문장과 궤를 같이한다.

신과 인간의 연속 신앙에서 집단의 상징적인 수장은 신성성을 담보하며 매우 중요한 위치를 차지한다. 집단과 그 조상이며 가호자인 신들을 묶는 것이 이 수장의 역할에 속한다. 이 집단 형성 원리는 이에(家)(조상 숭배), 마을(씨신[氏神] 숭배), 그리고 전 일본의 각 단계에서 볼 수 있다. 천황이 온 일본의 수장이며, 그 위에 황조(皇祖)와 황종(皇宗)이 존재한다.[18]

또한, 제2차 세계대전 중 맥아더의 군사 비서관이며 심리전의 책임자이기도 한 보나 · F · 훼라즈 준장이 일본에 관한 보고서를 작성할 때 '일본인의 심리에 관한 최고의 책'이라며 주로 의거했던 것이 한의『신의 나라 일본』이라고 한다.[19]

한이 일본과 서양의 이질성(異質性)을 너무 강조한다고 한다. 일본에 처음

사후 간행된 제6판에서 공표되었다. 한과 우정을 맺었다고 생각되던 챔벌린이 마지막 해에 돌연 표명한 격렬한 비판은 화제를 불렀다. 平川 · 앞에 든『破られた友情』43쪽 이하.

18 マイニア『穂積八束』166쪽에 인용.

19 ジョン · ダワー(三浦陽一=高杉忠明 · 田代泰子訳)『敗北を抱きしめて 下巻』(岩波書店, 2001년) 8쪽.

왔을 때는 그 이질성을 지나치게 이상화(理想化)하고 말년에는 과도한 환멸(幻滅)을 느껴 대인 관계를 단절하기도 했다. 말년에 그는 정신이 붕괴하는 모습을 보였다고까지 말하는 사람도 있다.[20] 그러나 그 평가의 당부는 차치하고, 이 책에 대한 우리의 관심은 『신의 나라 일본』에서 전개된 논의 내용이다.

원래, 다른 사회가 이질인지 동질인지는 무엇에 주목하느냐에 따라 판단이 달라질 수 있다. 서양도 동양도 결국 인간은 같다고 하는 사람은 한과는 다른 측면을 볼 가능성이 있다. 우리에게 중요한 것은 서양의 법문화 수용이라는 관점에서 보는 사회 비교이며, 이러한 관점에서, 한이 지적한 이질성은 주목할 만하다. 그리고 이러한 이질성을 지적한 외국인은 한뿐만이 아니다.

니폴트 / 밸츠

한과 같이 1890(메이지 23)년에 초빙 외국인으로 일본에 와 3년간 독일학협회(独逸学協会)학교에서 법률, 특히 국제법을 강의한 스위스 학자 오트프리트 니폴트(Otfried Nippold, 1864 – 1938)는 메이지 시대 30년간의 성과에 대해 "근대에 일본 말고는 이만큼의 위대한 성과는 찾아낼 수 없을 것이다." "다른 민족이 단기간 내에 배울 수 없다고 해도 과언이 아니다."[21]라고 하였다. 그러나 더욱 깊게 관찰하면 인간 자체의 변화는 없다고 지적하며 다음과 같이 말한다.

---

20 太田 『虚像と実像』 212쪽은 만년의 한이 "정신적으로는 거의 죽은 상태였다."는 시각과 "지적 정신적 붕괴"가 이루어졌다는 견해를 소개하고 있다. 오오타(太田) 자신은 그 정도까지 "부정적인 인상은 받지 않았다."라고 하면서도 "일본 해석자로서의 한은 마지막에는 완전히 막힌 상태였다."라고 한다. 그러나 지적으로 막힌 사람이 『神国日本』을 쓸 수 있었을까? 자기들과 다른 일본론을, 저자의 정신적으로 막힌 상태의 산물이라 비판하는 측면은 없을까?

21 オットフリート・ニッポルト「開国後五十年の日本の発展」同(中井晶夫編訳)『西洋化されない日本—スイス国際法学者が見た明治期日本』(えにし書房, 2015년) 수록 178쪽.

서양의 문화가 일본인의 손에서는 그대로 문화가 아니라 그들의 목적에 봉사하는 도구이며, 그들은 서양 문화의 고매한 내용과 정신을 이해하려 하지도 않았고, 그들의 천성상 이해할 수도 없었다는 점을 떠올려 보자. 일본인은 우리 문화의 근저에 대해 전혀 관심이 없다. 하물며 이 문화를 자기의 것으로 삼는 것은 생각조차 하지 않는다. […] 이토록 저편 유럽 문화에서 가져온 것이라도 그들의 손에 들어가면 더 이상 우리 것이 아니게 된다. 당연한 이치다! 일본인은 역시 다른 인간이요, 생활관도 완전히 별개이며 천성과 성격도 별개의 종족인 것이다.[22]

일본이 서양 문명의 기반을 이해하지 않고 성과 부분만을 섭취한다는 비판이 종종 있었지만, 니폴트는 그것이 처음부터 일본인의 목적에 따른 태도임을 간파하였다. 그러므로 "가장 근대화한 일본인 중 교양 계급과 서양의 사상가 사이에는 지적인 공감의 면에서 유사한 건 전혀 없다."라는 것이다.[23]

또한, 일본 체류 29년에 이르는 독일인 의사 에르빈 밸츠(Erwin Otto Eduard von Bälz, 1849-1913)는 1901(메이지 34)년에 개최된 토오쿄오대학 재직 25주년 축하 자리에서 한 연설에서 다음과 같은 인상 깊은 말을 남겼다.

일본인은 서구 학문의 성립과 본질을 크게 오해하고 있는 것으로 생각할 수 있습니다. 일본인은 학문을 연간 일정량의 일을 해내서 간단히 다른 곳으로 운반, 가동할 수 있는 기계(機械)인 양 생각합니다. 하지만 그것은 잘못입니다. 유럽의 학문 세계는 기계가 아니라 하나의 유기체(有機体)이며, 다른 모든 유기체와 마찬가지로 꽃을 피우려면 일정한 기후, 일정한 풍토가 필요합니다. 서양의 학문은 정신의 긴장을 내포한 대기 속에서 숨 쉬며, […] 지구의 대기가 끝없는 시간을 들여 만들어졌듯이 유럽 정신의 대기도 자연을 탐구하여 세계의 수수께끼를 푼다는 하나의 목표를 향해 수많은 걸출한 인물이 수천 년 동안 노력해온 결

---

22 ニッポルト・앞에 든 책 179쪽.
23 ニッポルト・앞에 든 책 182쪽.

과입니다.[24]

서양의 학문에는 서양적 정신(西洋的精神)이라는 토양이 필요하다고 하는 일본인에 대한 경종은 그로부터 약 30년 후에도 거듭되었다.

뢰비트

한이 사망한 지 약 30년 후 나치 독일의 인종 정책에 따른 위험을 피하여 독일의 저명한 유대인 철학자가 일본에 왔다. 1936(쇼오와 11)년 일본에 온 카를 뢰비트(Karl Löwith, 1897-1973)이다. 그 후, 일본과 독일의 동맹이 강화되는 가운데 일본에 있는 것도 위험하여, 1941년 미국으로 건너갈 때까지 그는 토오호쿠 대학(東北大學)에서 교편을 잡았다. 그는 저서『유럽의 니힐리즘』의 일본어 번역판에 붙인 매우 자극적인 '일본의 독자에게 주는 발문'[25]에서 다음과 같이 쓰고 있다. 일본은 유럽의 물질문명, 즉 "근대적 산업, 기술, 자본주의, 민법, 군대의 기구, 게다가 과학적 연구 방법"을 받아들였으나 유럽 정신과 역사는 받아들이지 않았다. 왜냐하면 "유럽 문명은 필요에 따라 입고 벗을 수 있는 옷이 아니라 입은 사람의 몸뿐만이 아니라 혼까지도 변형시키는 무서운 힘이 있기 때문이다."[26] 따라서 "인간의 진정한 생활, 사물에 대한 감각과 사고양식, 풍습, 사물의 평가 방식"은 유럽 문명의 산물을 받아들이는 것만으로 바뀌는 것은 아니다.

뢰비트가 이해하는 유럽 정신이란, "먼저 비판의 정신으로, 구별하고 비교

---

24 エルヴィン・ベルツ（若林操子編訳）『ベルツ日本文化論集』（東海大学出版会, 2001년) 438쪽. 이 스피치의 경위와 그것을 오오가이(鴎外)가 거론하고 있음에 대하여 平川祐弘『和魂洋才の系譜—内と外からの明治日本　上』(平凡社, 2006년) 188쪽 이하.

25 カルル・レーヴィット「日本の読者に与える跋」同『ニヒリズム』수록.

26 レーヴィット『ニヒリズム』113쪽.

하고 결정하는 것을 식별한다." "무릇 현존하는 것, 국가와 자연, 신과 인간, 교의와 편견에 대한 비판 – 모든 것을 잘 짚어 질문하고 의심하고 탐구하는 판별력, 이것은 유럽적 생활의 한 요소이며, 이것이 없이는 유럽적인 생활은 생각할 수 없다." 그러나 동양에서는 이런 가차 없는 비판이 자신에게 가해지는 것도, 타인에게 가해지는 것도 참지 못한다.[27]

유럽 정신과 대조를 이루는 게 무엇인가? 경계를 흐려 버리고 기분 속에 사는 삶, 인간과 자연계의 관계에서 감정만을 따르는, 따라서 상반(相反)을 포함하지 않는 통일, 부모와 가정과 국가에 대한 비판을 떠난 구속, 자기의 내면과 약점을 드러내지 않는 것, 논리적 귀결의 회피, 타협 위주의 교제, 일반적으로 통용되는 풍습에 대한 인습적 복종, 만사 중개를 거치는 간접적인 형식 등이다.[28]

뢰비트는 이 지적을 일본인에게 알기 쉽게 전달하기 위해 하나의 비유를 든다.

색깔과 사물의 단단하고 뚜렷한 형태가 모든 것을 감싸고 모든 것에 스며드는 아지랑이와 안개 속으로 사라져 버릴 것 같은 일본의 습윤한 풍토에 비해 유럽 정신생활의 공기는 건조하고 습기가 없다. […] 아크로폴리스의 맨 바위에 서 있는 대리석 신전과 이세(伊勢)의 숲 목조 신궁(神宮)을 참배한 적이 있는 사람

---

27   レーヴィット『ニヒリズム』119쪽. 그 밖에 村上淳一「**加藤弘之と社会進化論**」石井紫郎＝樋口範雄編『**外から見た日本法**』(東京大学出版会, 1995년) 415쪽도 Niklas Luhmann, *Beobachtungen der Moderne*, 1992(루만(馬場靖雄訳)『近代の観察』(法政大学出版局, 2003년)을 인용하면서 "구별하고 관찰하는 것(따라서 부단한 대립·항쟁)에서 출발하기 때문에 보편을 추구하고, 또 그 보편에 안주할 수 없는(보아서는 안 될 신을 관찰하는 악마를 낳고, 의심해서는 안 될 이성에 대한 비판을 낳는) 서양의 전통에 대하여, 구별의 부정에 의해 보편에 이르고자 하는 것이 일본의 전통이다."라고, 뢰비트와 비슷한 표현으로 서양과 일본을 대비하고 있다.

28   レーヴィット『ニヒリズム』120쪽.

이라면 필자가 여기서 말하는 의미를 알 것이다.[29]

법학 수용의 토양

이토록 준엄한 구별의 관점은 아닐지언정 제2차 세계대전 중의 연구를 바탕으로 쓴『국화와 칼 − 일본 문화의 틀』[30]에서 루스 베네딕트(Ruth Benedict, 1887−1948)가 지적하는 일본의 특이성도 그 연속선상에 있는 걸로 파악할 수 있다. 베네딕트는, 태평양 전쟁에서 미국이 싸운 적은 "서양의 문화적 전통에 속하지 않는," "심지어는 행동과 사상의 습관마저 달랐다."라고 적었다.[31]

또, 챔벌린의 다음 세대에 속하는 영국의 대표적인 일본 연구가인 샌섬(George B. Sansom, 1883−1965)이 1950년에 간행한『서양 세계와 일본』에서 제시한 일본 사회에 대한 분석도 한과 유사하다. 조상 숭배의 지속을 목적으로 한 '이에(家)'제도를 논하면서 "전통적으로 일본 사회의 단위는 가족이었지 개인이 아니었다."라고 하였다.[32] 또 "일본은 권리의 개념을 7세기 중국에서 차용했는데, 나중에 일본의 법제가 입각했던 바의 법률학의 권리 개념과는 무관했다."라고 지적하였다.[33] 이 점은 한이 일본 사회와 서양의 이질성의 중요한 근거로 삼고 있는 특질이다.

이렇게 일본을 아는 외국인들(베네딕트는 실제 일본을 방문한 적은 없음)의 일본 사회 분석을 보면, 과연 일본에 서양 법학을 수용할 수 있는 토양이 있기는 했

---

29 レーヴィット『ニヒリズム』215쪽.

30 長谷川松治訳, 講談社学術文庫, 2005년.

31 ベネディクト・앞에 든 책 11쪽. 太田『虚像と実像』에 대한 반론이기도 한 原田熙史「ハーン研究の課題(1)(2完)」法政大学教養部紀要95号(1996년), 103호(1998년)는 "근대서양사회에 대한 근본적 회의와 그 비판적 시좌"에서 베네딕트와 한의 일치를 지적하고 있다(「(1)」12쪽.

32 サンソム『日本』264쪽.

33 サンソム『日本』261쪽.

었는지 의문이 생긴다.

태평양 전쟁 전의 일본에서는 서양식 법전이 정비된 후 사회 문제화한 다양한 분쟁을 해결하기 위해 조정제도가 잇따라 창설됐다. 격화된 노동 쟁의를 처리하기 위한 노동쟁의조정법(勞働爭議調停法, 1926년), 소작 쟁의에 대한 소작조정법(小作調停法, 1924년), 차지 차가 분쟁에 대한 차지차가조정법(借地借家調停法, 1922년)[34] 같은 것들이다. 법학자인 무라카미 준이치(村上淳一)는 "무릇 사회 문제의 해결에는 흑백을 확실히 하는 소송(訴訟)보다는 납득이 가는 조정(調停)이 적합한 것"이라고 지적하였다.[35] 메이지 · 타이쇼오 시대에 활약한 변호사이자 정치가인 타카키 마스타로오(高木益太郎)는 의회에서 이런 발언을 한 바 있다. "일본은 서양처럼 모두 법률에 따라 일을 정하는 게 아니라, 인정과 도덕을 주로 하여 일을 정하지 않으면 안 되므로 대체로 말하면 조정주의(調停主義)라는 게 일본 고유의 주의다."[36] 이러한 사회와 관제(官制)의 도덕독본(道德読本) 『국체(国体)의 본의(本義)』(1937[쇼오와 12]년)에 나오는 '혼연일체의 화합이 돋보이는 곳'인 '이에'(집안)를 중시하는 정신과 관련하여 무라카미는 "서양에서 생겨난 법문화가 정착할 가능성은 거의 없다."라고 보았다.[37] 무라카미는 앞에 나온 타카키 발언에서도 언급된 성덕태자(聖德太子)의 17조 헌법 이래의 '화(和)'의 정신에 "서양 기원의 법적 사고와 양립하기 어려운 뉘앙스가 있다."라고도 하였다.

하지만, 무라카미가 일본 법문화의 독자성을 주장한 법학자의 문헌으로 제시한 것은 1942년 간행된 오노 세이이치로오(小野清一郎)의 『일본법학의 수립』

---

34 [역주] 건물의 소유를 목적으로 하는 지상권(地上権) · 토지임대차(土地賃貸借)와 건물의 임대차(賃貸借)와 같은 토지 · 가옥 관련 분쟁을 재판소나 조정위원회의 조정으로 해결할 것으로 목적으로 1922년 제정된 법률. 1951년 폐지되어 민사조정법(民事調停法)으로 흡수되었다.

35 村上 『〈法〉の歴史』 50쪽.

36 川島 『日本人の法意識』 168쪽에 인용된 제51 제국의회 중의원(帝国議会衆議院) 위원회 의사록에서의 발언.

37 村上 『〈法〉の歴史』 62쪽.

이다. 그러나 진지한 서양 법학의 일본적 수용을 시도하던 시기와 오노 세이이치로오 등이 일본의 독자적인 법학을 주장하던 시기 사이에는 시대사조에 차이가 보인다. 무라카미는 "적어도 전전(戰前)의 일본은 서양 기원의 법이 정착하려면 불리한 조건이 너무 많았다."라고 하는데,[38] '전전의 일본'이라고 해도 메이지 유신 이래 80년 가까운 시기로 결코 한 가지 색깔이 아니다. 한편, 태평양 전쟁의 패전으로 일본 국민이 바뀐 것은 아니기에, 연속적인 변화 과정을 추적할 수 있다.

우선 여기서 문제 삼고 싶은 것은 서양 법학이 일본에 들어온 메이지 10년대부터 30년대(서력으로 말하면 1880년경부터 1905년경), 즉 러일 전쟁 무렵까지의 일본이다. 이제부터 서양 법학을 수용하려고 했던 이 시기에 '법학자'라는 직업 자체가 막 출현하려던 차였다. 따라서 서양법을 완강히 거절하는 수구파(守舊派)는 있어도 일본 고유의 '법문화'나 '법학'이 있다는 등의 주장을 하는 '법학자(法学者)'는 아직 존재하지 않았다. 서양 법학을 배우는 엘리트들은 먼저 서양 법학을 이해하는 데 전력을 다하고, 그다음 그것을 이질적인 토양에 어떻게 옮겨 심을지를 고심하였던 것이다.

하지만 그들을 가로막던 게 토양의 이질성만은 아니었다. 노부시게가 귀국할 무렵의 일본에는 수용의 장애가 되는 사정이 생겨나던 상태였다. 바로 서양화에 대하여 엄격한 눈길을 보내는 지식인들의 민족주의이다.

2. 내셔널리즘과 조약개정

고조되는 내셔널리즘

노부시게가 귀국한 1881(메이지 14)년은 이른바 메이지 14년의 정변이 일어나는 등 일본의 정치에서 하나의 전환점이었다. "자유 민권 운동(自由民權運動)

---

38 村上 『〈法〉の歷史』 63쪽.

은 1881(메이지 14)년의 비등을 정점으로 이후 탄압과 내홍으로 급속히 분열, 조락해"[39] 간다. 반면에, 조약개정(条約改正) 문제로 계기가 된 외교 위기에 대하여 대외 강경파는 민권(民權)보다 국권(國權)을 우위에 두어야 한다고 주장하여 국론을 들끓게 하였다.[40]

1889(메이지 22)년 2월 11일 대일본제국헌법(大日本帝国憲法)이 발포되는데, 바로 그날, 쿠가 카츠난(陸羯南, 1857-1907)의 일간지 「일본(日本)」이 탄생한다. 마루야마 마사오(丸山真男, 1914-1996)는 이 신문에 대하여 평하기를, 그 후의 "일본형 파시즘의 실천과 결부된 단계와는 현저하게 다른, 오히려 사회적 역할에서 대척적이라고 할 수 있을 정도의 진보성과 건강성을 지닌" 일본주의(日本主義)라고 하였다.[41] 쿠가의 '국민주의(国民主義)'는 문화면에서는 일본의 독자성 유지를 주장하지만, 정치에서는 서양 제도의 적극적인 도입을 긍정하였다.[42] 쿠가 카츠난은 노부시게보다 두 살 아래로 1857년 히로사키(弘前)에서 태어나 노부시게가 유학에 나선 1876(메이지 9)년에 상경해 사법성법학교(司法省法学校)에 들어갔다. 서양 법학에 빠진 당시 수재의 한 사람이다. 그러나 1879년에 이른바 마카나이(賄) 정벌(기숙사 학생이 주방을 망치는 행위)을 둘러싼 주모자의 처분을 둘러싸고 학교 측과 대립하여 퇴학하고(하라 타카시[原敬]도 이때 함께 퇴학), 그 후 일단 태정관(太政官)(이후 내각관보국)에서 근무하지만 "이토오 내각의 구화주의(欧化主義), 특히 그 조약개정에 대한 반대 운동이 국민적 규모로 확대될 무렵"[43] 벼슬을 그만두고 신문 발행을 시작했다. 그것이 1888년의 일이다(당초 발행한 것은 신문 「토오쿄오 전보(東京電報)」).

---

39 遠山茂樹 「民法典論争の政治史的考察」 明治資料研究連絡会編 『明治史研究叢書 Ⅳ 民権論からナショナリズムへ』 (御茶の水書房, 1957년, 改装版 1977년) 260쪽.

40 井上清 『条約改正—明治の民族問題』 (岩波新書, 1955년), 특히 제4장 참조. 조약개정문제를 둘러싼 논의의 비등에 관하여는 大久保泰甫 『日本近代法の父 ボワソナアド』 (岩波新書, 1977년) 142쪽 이하도 참조.

41 丸山真男 「**陸羯南—人と思想**」 同 『戦中と戦後の間』 (みすず書房, 1976년, 初出 1947년) 281쪽.

42 米原謙 『近代日本のアイデンティティと政治』 (ミネルヴァ書房, 2002년) 28쪽.

43 丸山 「陸羯南」 282쪽.

또한, 미야케 세츠레이(三宅雪嶺) 등의 잡지 「일본인(日本人)」도 1888년에 창간되었다. 거기서는 서양 문화를 부정하는 것이 아니라, 일본인의 정신으로 소화하여 수용할 것을 강조했다.[44] 그런 점에서 서양을 배우고 서양 정신을 제대로 이해할 것을 목표로 한 느낌이 있는 '전후(戰後)'의 지식인과는 대체로 다른 지적 성향을 볼 수 있다.

로쿠메이칸 무도회(비단에 그림)

이러한 건전한 일본주의 외에, 국수적인 일본주의도 포함하여, 로쿠메이칸(鹿鳴館)으로 상징되는 유럽화 정책에 대해 일본의 독자성을 강조하는 논의가 노부시게 동세대의 지식인 계층에 의해 전개되어 갔다. 그로 말미암아 법전이나 법학 등 서양 법문화를 수용할 때의 장애물이 매우 커졌다. 그 장애물에 맨 먼저 가로막힌 것이 조약개정이다.

비원(悲願)의 조약개정(条約改正)[45]

메이지 정부의 최대 외교 안건은 불평등 조약(不平等条約)의 개정이었다. 당초 정권을 담당한 사람들 가운데는 1871(메이지 4)년 이와쿠라 견외사절단(岩倉遣外使節団)에 의한 교섭으로 개정을 추진하자는 생각이 있었다. 첫 번째 방문국인 미국에서 그 교섭이 시작됐지만, 처음부터 천황의 위임장이 없다는 절차적 하자를 지적받고 오오쿠보(大久保)와 이토오(伊藤)가 국서 위임장(国書委任状)을

---

44 당시의 陸, 三宅에 대하여는 松本『政治と人間』도 참조.

45 井上馨, 大隈重信에 의한 조약개정교섭의 경위의 상세에 대하여는 藤原明久『日本条約改正史の研究』(雄松堂, 2004년) 참조.

가지러 귀국하는 촌극을 빚는다. 법적 사고의 결여가 한 원인이라 할 수 있다. 하지만 국서 위임장을 가져온 후에도 교섭은 결말이 나지 않아, 결국 현재 상태로는 열강이 제대로 조약개정 교섭 따위를 상대해 주지 않는다는 현실을 깨닫게 된다. 국가의 근대화, 즉 서양화를 진행하고 또 국력을 높이지 않고는 이 조약개정을 실현할 수 없다는 깨달음이었다. 이 경험이 귀국 후 메이지 정부의 관심을 부국강병(富国強兵)과 함께 헌법 제정 등의 서양식 법전(西洋式法典) 정비로 향하게 하고, '부재중의 정부'[46] 팀과 의식의 불일치를 초래하기도 했다.

불평등 조약이 '불평등한' 이유로는 관세자주권(關稅自主權)이 없다는 것과 치외법권(治外法權)의 인정을 들 수 있다. 그러나 당시의 국제 환경하에서 일본이 맺은 조약이 실질적으로 보아 '불평등했는가' 하는 의문도 있다.[47] 체결 당초에는 불평등하다고 생각했던 게 아니고, "억지로 떠맡은 불평등 조약이기 때문에 개정해야 한다는 것은 메이지 정부가 꺼낸 말"이라는 지적도 있다.[48] 그러나 중요한 것은 실질적으로 불평등이라 평가해야 할지 어떨지가 아니라 대등한 국가로 인정되지 않는다는 불평등 의식이 당시 국정을 움직여 서양의 법 제도나 법학의 도입을 촉진했다는 사실이다.

조약개정을 향하여 먼저 리더십을 발휘한 사람이 이노우에 카오루(井上馨, 1836-1915)였다. 이노우에는 초오슈우(長州)의 하급 무사 시절인 1863(분큐우 3)년에 이토오 히로부미 등(이른바 초오슈우 5걸[長州五傑])과 함께 영국으로 밀항하여, 국력의 차이를 확인하고 양이(攘夷)에서 개국(開国)으로 전환한 이야기는 유명하다. 이와쿠라 사절단이 구미를 돌고 있는 동안은 부재중 정부에 속했으나, 그 후 1876(메이지 9)년부터 1878년에 걸쳐 부인과 딸을 데리고 다시 구미에 머물면서 조약개정은 유럽화 정책을 취하는 수밖에 없다고 확신한다. 이미 사이

---

46 [역주] 일본에서는 '유수정부(留守政府)'라 한다. 메이지 초기 메이지 정부 수뇌부로 조직된 이와쿠라 사절단(岩倉使節団)이 미국과 유럽 방문 기간(1871년 12월 23일부터 1873년 9월 13일) 중 조직된 일본 국내의 체제를 말한다.

47 大久保(健)『オランダ』381쪽 注90.

48 渡辺浩「『明治維新論』と福沢諭吉」近代日本研究 24호(2007년) 281쪽.

고오 타카모리(西鄉隆盛, 1828-1877), 키도 타카요시(木戶孝允), 오오쿠보 토시미치(大久保利通)가 세상을 떠난 일본에 귀국한 이노우에는, 1879년 외무경(外務卿)에 임명되어 유럽화 정책을 추진했다. 이노우에의 유럽화 정책은 1883년에 낙성한 로쿠메이칸(鹿鳴館)[49]으로 상징되는데, 조약개정을 향한 필수 정책으로 그가 추진한 것이 서양식의 법전편찬이었다.

법전편찬(法典編纂)

1885(메이지 18)년 제1차 이토오 내각에서 외무대신에 취임한 이노우에는 이듬해 1886년 외무성(外務省)에 법률취조위원회(法律取調委員會)를 설치했다. 그때까지 법전편찬은 원로원(元老院)이 담당하여, 초빙 외국인 브아소나드를 중심으로 하는 민법전 편찬 작업이 진행 중이었다. 그러나 이것을 일단 중단하고 그 작업을 외무성이 인수하는 형태로 법률취조위원회가 설치된 것이다. 외무성이 법전편찬을 소관한다는 부자연스러운 움직임의 배후에는 외무성에서 진행하고 있던 조약개정 교섭의 진전이 있었다. 당시 조약개정 회의에서 교섭 대상은 '영독안(英獨案)'(영국과 독일의 방안)이라는 개정안이었다.[50] 이것을 축으로 협상을 진전시키기 위해서는, 독일인 카를 뢰슬러(Karl F. Roesler, 1834-1894)가 기초해 이미 초안이 마련된 상법전(商法典)도 포함하여 열강의 의향에 따른 형태로, 서양식의 기본 법전의 편찬을 이노우에가 통괄하는 수밖에 없다고 생각했다. 1887년에는 「서양(원문은 태서[泰西])주의(Western Principles)」에 의한 여러 법전의 제정이 조약개정의 전제 조건임을 구미와의 사이에서 명문으로 확인되어, 완성된

---

49 [역주] 1883년 외무경 이노우에에 의한 유럽화 정책의 일환으로 건설된 서양식 건물로 국빈이나 외국 외교관을 접대하기 위해 외국과의 사교장으로 쓰였다. 이곳을 중심으로 한 외교정책을 '로쿠메이칸 외교'라 했다.

50 그 내용에 관하여 大久保(泰)『ボワソナアド』143-144쪽, 五百旗部薫『条約改正史 —法権回復への展望とナショナリズム』(有斐閣, 2010년) 225쪽 이하.

법전을 즉시 영역해 열강 정부에 통보해 서양주의에 합치하는지 여부의 검증을 요구한다는 것까지 합의되었다. 또한, 외국인 재판관(법관)의 채용도 포함되었다. 이렇게 열강의 강경 자세 앞에 양보를 거듭할 수밖에 없었던 것이다.[51]

여기에 의문을 품은 사람이 '일본을 사랑하는 이'라는 브아소나드였다. 그것을 안 이노우에 코와시(井上毅)는 브아소나드에게 의견의 문서화를 요청하고 그것을 이토오 히로부미(伊藤博文)와 야마다 아키요시(山田顯義, 1844-1892) 사법대신에게 보이는 등 개정 저지를 향한 뒷공작의 배후 역을 맡았다.[52] 결국 브아소나드 문서가 누설되어 여론에 떠들썩한 반대론이 일어났으나, 이노우에 카오루가 유도한

브아소나드

사건으로 여겨졌다.[53] 이렇게 하여 조약개정은 중단되고, 이노우에는 외무대신을 사임할 수밖에 없었다. 이에 따라 민법전(民法典)의 편찬 작업도 사법성(司法省)으로 이관되었다.

이 무렵이 되면, 조약개정 협상에 대한 일본 사회의 인식이 변화한다. 내셔널리즘의 고양이다.

오오쿠마 조난(大隈遭難)

이노우에 외상 사임 후 총리대신 이토오 히로부미는 일단 스스로 외무대신

---

51 藤原明久 『日本条約改正史の研究―井上・大隈の改正交渉と欧米列国』 (雄松堂, 2004년) 第2部(121~355쪽)이 자세하다. 또 五百旗頭 『条約改正史』 第5章 참조.

52 大久保(泰) 『ボワソナアド』 147쪽.

53 渡辺俊一 『井上毅と福沢諭吉』 (日本図書センター, 2004년) 283쪽 이하는 브아소나드 의견서의 실질적인 집필자도 이노우에라 하는데 이에 대한 비판으로서 五百旗部 『条約改正史』 303쪽. 大久保(泰) 『ボワソナアド』 147쪽도 참조.

을 겸임하지만, 1888(메이지 21)년, 오오쿠마 시게노부(大隈重信, 1838-1922)에게 뒤를 맡겼다. 굳이 정적을 외무대신에 앉힌 것은 그의 외교 수완을 평가해서다. 오오쿠마는 개정 교섭에 진력하고 그 덕분에 교섭은 진전했다.[54] 내용적으로도 법전편찬이 '태서(泰西)의 원리"에 따른다고 명기되지 않았고 외국 정부의 승인을 구한다는 요건도 사라졌다. 외국인 법관을 임용하는 점도 이노우에 안(井上案)보다 한정되었다. 이노우에 안에서는 대심원(大審院) 외에 항소원(控訴院), 요코하마·코오베의 시심(始審)재판소에 외국인 판사와 검사를 두기로 했었는데, 대심원으로 한정하고, 또 판사만 두기로 한 것이다. 게다가 이노우에 안처럼 외국인이 관련된 사건은 항상 외국인 판사가 다수를 차지하는 법원에서 다루는 것이 아니라 외국인이 피고가 될 때로 한정하기로 했다. 이처럼 나름대로 개선을 보였으나, 오오쿠마는 이노우에 안을 매장한 국민감정 속에 있는, 외국인 재판관이 재판관석에서 일본인을 내려다보는 것 자체에 대한 반감을 과소평가하고 있었다.

같은 해 4월 19일 런던 타임즈에 일본의 조약 개정안의 대강이 게재되어 대심원 판사에 외국인의 임용과 같은 양보가 포함된 것이 보도되자, 5월 31일부터 6월 2일에 걸쳐 쿠가 카츠난이 주재하는 잡지 「일본」에 그 번역된 기사가 실렸다. 그것을 계기로 이노우에 협약안에 대한 것과 같은 반대 여론이 다시 비등해져[55] 정치 테러로 이어지고 만다.

1889년 10월 18일 오오쿠마 외무대신은 궁성에서 국무회의를 마치고 마차로 외무성으로 돌아왔다. 외무성 문 앞에 이르렀을 때, 매복하고 있던 현양사(玄洋社, 겐요오샤)[56]의 전 멤버 쿠루시마 츠네키(来島恒喜, 1860-1889)가 마차 속의 오오쿠마를 향해 폭탄을 던졌다. 마차에 폭탄이 작렬하자 이를 본 쿠루시마는

---

54 井上清『条約改正』130쪽 이하.

55 高田晴仁「法典延期派·福沢諭吉—大隈外交期」法学研究 82권 1호 205쪽(2009년).

56 [역주] 구 후쿠오카번(福岡藩) 번사들이 중심이 되어 1881년 결성된 아시아주의를 표방하는 정치단체. 일본 최초의 우익단체라 한다. 구미 여러 나라의 식민지주의에 석권 당한 세계에서 인민의 권리를 지키려면 먼저 국권의 강화가 필요하다고 주장했다.

암살의 성공을 확신한다. 경관이 달려가자, 쿠루시마는 태연하게 멈추어 움직이지 않았다. 범인이 어디로 갔느냐고 묻는 경찰에게 쿠루시마는 토라노몽 쪽으로 도망쳤다고 대답하고, 경찰이 떠난 뒤 주머니에서 단도를 꺼내 그 자리에서 목을 그어 자결했다. 이때 그의 나이 29세였다. 한편 오오쿠마는 해군 군의관 타카키 카네히로(高木兼寛, 1849~1920)와 독일인 의사 밸츠 등의 치료로 목숨은 건졌으나 오른발 절단의 중상을 입었다.

쿠루시마 츠네키(来島恒喜) 사건

오늘날 회고할 때 이 사건의 이상한 점은 외무대신을 죽이려 한 테러리스트의 후속 처리이다. 피해자인 오오쿠마 자신이 나중에 말하기를, "폭탄을 던진 이가 미쳤을지언정 미운 놈이라고는 조금도 생각하지 않는다. […] 적어도 외무대신인 나 자신에게 폭탄을 던져 당시의 여론을 뒤집으려 한 용기는 만용이 되었든 뭐든 감탄하는바"라고 했다.[57] 메이지의 정치가의 한 면모를 느끼게 하는 에피소드라고도 하겠는데, 오오쿠마는 쿠루시마 추도회가 있을 때마다 조사(弔詞)와 제물 비용을 보내고, 수상이 된 후에는 토오쿄오 야나카(谷中)에 있는 쿠루시마 묘를 찾았다는 기록도 있다(『요미우리 신문』 2001년 9월 4일 서부판 조간).[58] 피해자 오오쿠마의 이 정도 대응은 쿠루시마가 단순한 테러리스트가 아님을 말해준다.

쿠루시마는 나카에 초오민(中江兆民, 1847~1901) 아래서 프랑스어를 배운 경험이 있는 인물로, 이후 현양사에 참여했다. 그의 오오쿠마 암살 계획에는 당초 현양사 간부 츠키나리 코오타로오(月成功太郎, 1881~1946)도 참여했다. 하지

---

57 木村毅監修 『大隈重信は語る―古今東西人物評論』(早稲田大学出版部, 1969년) 269쪽.

58 이상에 대하여 坪内隆彦 『維新と興亜に駆けた日本人――今こそ知っておきたい二十人の志士たち』(展転社, 2011) 218쪽.

만 노모와 처자가 있는 츠키나리를 감안하여 쿠루시마가 혼자 결행했다. 쿠루시마는 츠키나리뿐만 아니라 출신 모체인 현양사에도 누를 끼치지 않으려고 세심하게 배려하였던 듯하다. 그밖에 츠키나리의 차녀 시즈코(静子)는 극동국제군사재판(極東国際軍事裁判)(토오쿄오 재판)에서 일체의 변명을 거부하고 A급 전범으로 처형된 유일한 문인 정치가 히로타 코오키(広田弘毅, 1878-1948) 수상의 아내이다.[59] 히로타의 아버지 토쿠헤이(德平)는 쿠루시마의 묘비를 만들었고, 히로타 코오키도 현양사 총수 토오야마 미츠루(頭山満, 1855-1944)의 장례 위원장을 맡았기 때문에, 히로타 집안도 현양사와 관계가 있다고 생각할 수 있다.[60]

그런데 쿠루시마에게는 하카타(博多)의 현양사 묘지(崇福寺) 외에도 토오쿄오의 야나카 묘원(谷中霊園)에도 무덤이 있다. 당초 그 묘비를 세운 것은 카츠카이슈우(勝海舟)였다. 쿠루시마는 생전 카츠를 찾아가 만났고, 서로 편지도 주고받았다.[61] 그 후 묘비는 현양사의 토오야마 미츠루에 의해 다시 세워졌다(카츠가 만든 묘비는 지금도 옆으로 누워진 채로 그 자리에 남아 있다.). 토오야마 미츠루의 무덤 옆에 있는 하카타의 무덤도 훌륭하다. 정치 테러라고 해도 살인 미수범이 이렇게까지 대우를 받는다는 게 이상한 느낌을 준다. 사건의 배후에 많은 동조자가 있었다는 걸 시사하며, 또 이 테러의 시대 배경을 말해 준다.

이 사건으로 조약 개정은 다시 중단한다. 이어 외무대신에 취임한 이가 아오키 슈우조오(青木周蔵)이다. 그도 조약 개정에 분주했고 러시아의 아시아 진출을 반대하는 영국의 이해를 얻어 개정 교섭이 진전되는 것처럼 보였다. 그 직전에 협상은 세 번째 중단이 불가피했다. 세상에서 말하는 '오오츠 사건(大津事件)'이 발발했기 때문이다.

---

59 히로타(広田)의 시즈코(静子)와의 결혼에 대하여 服部龍二『広田弘毅—「悲劇の宰相」の実像』(中公新書, 2008년) 22-23쪽 참조. 또 시즈코의 마지막 날에 대하여 産経ニュース(電子版) 2015년 12월 31일 게재의 히로타 코오타로오(広田弘太郎)(히로타 코오키의 손자)의 발언도 참조(http://www.sankei.com/life/news/151230/lif1512300011-n2.html).

60 服部 · 앞에 든 책 13-14쪽.

61 頭山満『幕末三舟伝』(国書刊行会, 2007년) 14쪽.

오오츠(大津) 사건

1891(메이지 24)년 5월 1일 일본을 방문 중인 러시아 제국 황태자 니콜라이가 비와코(琵琶湖)를 구경한 뒤, 쿄오토(京都)의 숙소로 돌아가는 길에, 현재의 시가현 오오츠시(滋賀県大津市)를 인력거로 통과할 때, 경호하던 순사 츠다 산조오(津田三蔵)의 샤베르 검에 찔려 부상당하는 사건이 발생했다. 오오츠 사건(大津事件)이다. 국력이 일본과는 비할 수 없이 강한 러시아를 화나게 하면 일본이 소멸해 버릴지도 모른다고 온 나라가 경천동지의 소란에 휩싸였다. 덧붙이자면, 황태자 니콜라이는 나중에 니콜라이 2세가 되어 일본과 러일전쟁을 했고, 이후 러시아 혁명으로 가족 모두와 함께 학살당하는 운명의 로마노프 왕조 마지막 황제이다.

범인인 츠다 산조오는 이때 온 일본의 증오 대상이 된 감이 있다. 그는 안세이(安政) 원년 12월 29일, 서력으로는 1855년 2월 15일 출생으로 호즈미 노부시게와 동갑이다. 미에현(三重県) 츠번(津藩)의 번의(藩医) 츠다 초오안(津田長庵)의 차남으로 초오안이 에도에 근무하는 사이에 무사시국(武蔵国)[62] 토시마군(豊島郡) 시타야야나기와라(下谷柳原)에 있었던 토우도오이즈미노카미(藤堂和泉守)[63]의 카미야시키(上屋敷)[64]에서 태어났다.[65] 아버지의 불상사로 이가(伊賀)로 이주하여 번교(토미오카 타에코[富岡多恵子]는 츠번의 번교 유조관[有造館]의 분교인 숭광당[崇廣堂]일 것으로 추측)에서 공부했다. 번교에서 배우고 메이지를 맞이한 사족(士族)[66] 출신이라는 점도 노부시게와 같다. 다만 노부시게와는 달리 새로운 시

---

62 **[역주]** 현재 토오쿄오와 그 주변을 포함하는 지역.

63 **[역주]** 토우도오가(藤堂家)는 오늘날 미에현(三重県)에 있었던 츠번의 다이묘오(大名)이며, 이즈미노카미(和泉守)는 무가의 관직이었다.

64 **[역주]** 에도 시대 다이묘오(大名)의 저택 크기에 따른 분류로, 저택(=야시키[屋敷])의 용도와 에도성으로부터의 거리에 따라 상중하로 나뉘었다.

65 富岡多恵子『湖の南—大津事件異聞』(岩波現代文庫, 2011년) 58쪽.

66 **[역주]** 메이지유신 이후 에도 시대의 무사계급이나 지게케(地下家), 공가(公家)나 사원의 사용인 가운데, 녹봉을 받고 화족이 되지 못한 자에게 주어진 신분 계급의 족칭(族

대에 사회의 계층을 오르기 위한 무기인 학력이 없고, 1871(메이지 4)년 '소집(召募)'되어 육군 병사로 서남전쟁(西南戰爭)에 종군했고 제대 후, 녹봉 폐지[67] 이후 생활고를 순사의 급료로 버텨가며 가족을 부양하면서 노모에게도 송금해야 하는 처지였다. 유신 후 사족(士族) 운명의 대조적인 한 예이다.

노부시게는 이 사건에 깊이 관여하였다.

사건 후 대국 러시아를 화나게 할 것을 두려워한 일본 정부는 니콜라이가 묵는 숙소 호텔에 천황이 직접 가서 문병하는 등 최대의 성의를 보임과 동시에 범인 츠다를 엄벌에 처한다는 방침을 굳히고, 사건을 황실에 대한 죄로 다스리고자 대심원의 특별 법정(特別法廷)에서 심리하기로 했다. 보통이라면 오오츠에서 일어난 상해 사건(傷害事件)이기 때문 오오츠 지방재판소 관할이지만, 황실에 대한 죄라고 하여 대심원이 오오츠에 특별 법정을 설치하여 대심원 판사가 오오츠까지 가서 재판하게 된 것이다.

총리대신 마츠카타 마사요시(松方正義, 1853-1924), 내무대신 사이고오 츠구미치(西鄕從道, 1843-1902), 사법대신 야마다 아키요시(山田顯義) 등이 당시의 형법 116조를 적용하도록 압력을 가했다. 이 조항의 규정은 다음과 같다. "천황, 삼후(三后), 황태자에 대하여 피해를 가하거나 가하려 한 자는 사형에 처한다." 삼후란 천황의 아내인 황후와 어머니인 황태후, 할머니인 태황태후, 세 사람을 가리킨다.

대심원장 코지마 이켄(兒島惟謙, 1837-1908)은 이 조문의 '황태자'는 '천황'과 나란히 규정되어 있으며, '천황'은 일본에만 존재하기 때문에, 이 규정의 '황태자'에 외국의 황태자가 포함된다는 해석에는 무리가 있다며, 형법 292조의 일반인에 대한 모살미수죄(謀殺未遂罪)의 적용을 주장했다. 조문 해석으로는 가장

稱)이다.

67 [역주] 원문은 질록처분(秩禄処分). 화족(華族)이나 사족(士族)에게 주던 가록(家禄) 등을 질록(秩禄)이라 하며, 1876년에 실시했던 질록 급여 폐지 정책을 말한다. 경과조치로서 공채(公債)가 지급되었다. 지배층이 기득권 상실에 거의 무저항이었다는 점에서 세계사에서 드문 예라 한다.

자연스러운 해석이라 할 수 있다. 러시아의 보복이 두려워 "국가 있고 법률 있다."라고 주장하는 정권 간부에 대하여, 코지마의 의견을 청취한 대심원의 부장과 주심판사는 116조의 적용에 소극적이었다고 한다.[68]

결국, 특별 법정을 구성하는 재판관들은 코지마의 해석을 채용하여 츠다를 무기 징역에 처했다. 이 사건은 정치적 압력으로부터 사법부의 독립을 지킨 사건으로 이야기되었고, 코지마 이켄은 '호법(護法)의 신'으로 칭송되었다. 또 이 재판에 대하여 러시아를 비롯한 유럽의 반응도 호의적이어서 일본이 법치국가로서 인정받았다는 평가도 있었다.

그러나 오늘날 보기에는 정권의 요인과 대심원장이 연이어 담당 재판관을 설득하기 위해 면회를 요구하는 사태를 두고 사법권의 독립이 보장되었다고 할 수 있을지는 의심스럽다. 이 사건의 간접적인 배경 사정으로 메이지 초년부터 군부와 행정부는 삿초오벌(薩長閥)[69]이 장악해, 뜻을 이루지 못한 다른 번의 인재들이 경쟁적으로 사법부에 모여들었기 때문에 "사법부는 사츠마 이외의 인재의 집합소"이며 그 "유풍은 최근까지 다소 남았다."라고 한다.[70] 정부와 사법부의 대립에는 그런 사정도 다소 영향을 미쳤을지 모른다.

흥미로운 것은 당시 재야 법조가 정치 판단과 법의 해석을 구별하는 태도를 보이며 형법의 엄격한 해석을 주장하고 사형에 반대했다는 사실이다.[71] 토오쿄오와 오오츠의 대언인(代言人)[72]들은 호법(護法) 운동을 일으켰고, 모리 하지메(森肇)라는 토오쿄오의 저명한 변호사가 츠다 산조오를 무료로 변호한다며 오

---

68 児島惟謙『大津事件手記』(1944년, 築地書店) 13쪽.

69 [역주] 메이지 유신 전후로 활약한 사츠마번(薩摩藩)과 초오슈우번(長州藩) 출신의 지배층 인맥.

70 尾佐竹猛(三谷太一郎校注)『**大津事件**─ロシア皇太子大津遭難』(岩波文庫, 1991년) 154쪽.

71 東京·大津의 대언인(代言人)이 활발한 호법운동을 일으켰음에 대하여 児島惟謙(家永三郎編注)『大津事件**日誌**』(平凡社東洋文庫, 2003년) 家永解説(同書 265쪽) 참조. 일본 재야법조의 높은 의식을 나타낸다고 할 수 있겠다.

72 [역주] 메이지 초기의 변호사를 대언인이라 했다.

오츠까지 가기도 하였다. 결국, 츠다 산조오 자신이 그 변호사를 해임했기 때문에 오오츠 변호사 두 명이 변호인으로 붙었다.

하지만, "여론이 소란하여 그칠 줄을 모르는 기세"[73]라고 하는 상황이 된 배후에는 러시아의 압력에 굴하지 말라는 민족주의가 있고, 형법 116조 적용의 불가를 주장한 실무 법조의 의견도 사실은 민족주의와 연결되어 있었다.[74] 사법권 독립의 침해가 국제적 신용 실추를 초래하고 최대 외교 현안인 불평등 조약 개정에 새로운 장애가 될 우려가 있었다. 따라서 사법권의 존엄을 유지하는 것이 국가적 이익에도 적합했던 셈이다.[75]

피고인 츠다 산조오 스스로 법정 진술의 마지막에 다음과 같이 말했다.

이번 노국 황태자 전하의 머리에 두 칼을 들이대 그 간담을 오싹하게 한 것은 그 후 반성하는 바 있게 하고자 해서였다. 처음부터 죽음을 각오하고 했던 것이라 자살할 수 없었음은 유감이지만, 오늘에 이르러서는 어쩔 수 없이 국법에 의거하여 처단될 수밖에 없다. 단지 청하건대 그 국법에 의거한 처단함에서는 부디 러시아에 아첨 같은 것 하지 말고 우리나라 법률로써 공명정대하게 처분하기를 바랄 따름이다.

산조오의 마지막 한마디는 "만정(滿廷)을 숙연하게 했다"(오사타케 타케키[尾佐竹 猛][76]). 첫 임지인 오오츠 지방재판소에서 예심을 담당한 판사 미우라 준타로오(三浦順太郎)는 "실로 촌철살인의 감이 있었다."라고 회고했다.[77]

---

73 尾佐竹 『大津事件』 200쪽.

74 尾佐竹 『大津事件』 327쪽(三谷解説).

75 宮沢俊義 「大津事件の法哲学的意味」 法協 62권 11호(1944년) 26쪽 참조(三谷 · 앞에 든 책에서는 「6쪽」이라 표기되어 있으나 26쪽의 오식으로 생각됨).

76 尾佐竹 『大津事件』 213쪽.

77 三浦順太郎 『大津事変実験記』 (非売品, 1920년) 64쪽(児島 『日誌』에 抄録 222쪽).

코지마 이켄과 노부시게

그런데 이 사건으로 역사에 이름을 남기게 된 코지마 이켄은 1837(천보 8)년에 태어난 원래 우와지마 번사이며 막부 말기에 번을 벗어나 쿄오토에서 근왕파(勤王派)로서 활약했고 무진전쟁(戊辰戰爭)에 종군하였다. 정부 핵심에서 유신의 원훈이 차례로 모습을 감추는 가운데 이 '천보(天保)[78]의 노인'[79]이란 존재가 사법권(司法權) 독립을 지키는 데 큰 의미가 있었던 것으로 보인다. 코지마는 사건 당시 원훈으로 불린 전 수상 야마가타 아리토모(山縣有朋)보다 한 살, 이토오 히로부미(伊藤博文)보다 네 살, 내무대신 사이고오 츠구미치(西郷從道)보다 여섯 살 위였다. 산조오를 황실에 대한 혐의로 재판한다는 방침을 관철하기 위해, 야마다 아키요시(山田顯義) 사법대신(司法大臣)과 함께 비서관·속관을 거느리고 현지에 들어간 사이고오 츠구미치 내무대신은 이렇게 겁을 주었다.

나는 법률 논의는 모르지만, 과연 그러한 처분이 내려지는 날이면 러시아 함대가 시나가와(品川) 앞바다에 나타나 한방에 우리나라를 먼지로 만들어버리는 것도 헤아리기 어렵지 않다. 구구한 법률 논의 때문에 국제간의 평화를 파괴하고 국가의 위험을 불러오다니 어쩌자는 것인가?

이에 대해 '천보의 노인'('노인'이라지만 사건 당시 코지마는 54세였음[80])은 다음과 같이 응수하였는데, 그 사람이니까 가능했지 싶다.

---

78 [역주] 일본 원호의 하나. 1831년부터 1845년까지의 기간을 말한다.

79 尾佐竹 『大津事件』 326쪽(三谷解說) 참조. 사건이 있기 4년 전, 토쿠토미 소호오(德富蘇峰)가 『新日本之靑年』에서 앞으로 올 새로운 혁명의 저해 요인으로서 『천보의 노인』을 강력히 배격하여 당시의 청년 독자를 끌어들이고 있었다.

80 三浦·앞에 든 책 65쪽(児島 『日誌』 222쪽 이하)은 좀 더 실제의 상황에 가까운 말을 전하고 있다. 田岡良一 『大津事件の再評価(新版)』(有斐閣, 1983년) 265쪽 이하는, 코지마가 정부에 대한 저항을 관철한 동기로서 위 인용부분에 쓰인 바와 같은 정부의 러시아에 대한 연약한 외교자세를 바로 잡는다는 정치적 의도를 지적하고 있다.

지금 여기서 법률의 정문(正文)을 감정으로 좌우하면 러시아를 겁낸 나머지, 우리 법률의 문언을 걷어차는 처분을 하는 격이어서 러시아는 물론 세계 각국의 경멸을 사고, 우리 제국의 체면을 크게 실추시켜 장차 지울 수 없는 굴욕을 감내하지 않을 수 없게 된다.[81]

노부시게는 그런 코지마의 28살 연하 고향 후배이다. 코지마는 장래가 촉망되는 이 후배와 우타코 부부의 혼례에서 주례를 맡았다.[82] 또한 노부시게의 형 시게아키(重穎)는 첫 번째 아내가 병사한 뒤 1879(메이지 12)년에 코지마의 처제 다네코(種子)와 재혼하였다.[83] 즉, 노부시게와 코지마는 인척 관계이기도 했던 셈이다. 당시 법과대학의 교수 겸 교두(敎頭)[84]였던 노부시게는 그 코지마로부터 사건의 처리에 대한 의견을 요청받고, 외국의 선례 등을 들어 형법 116조의 적용은 불가하다는 코지마의 의견을 강력히 지지하였다. 코지마는 생각을 굳혔다.[85] 노부시게는 또 견해를 같이하는 대학 교수 10명의 총대로 키노시타 히로지(木下広次, 1851-1910), 토미이 마사아키라(富井政章)와 함께 마츠카타(松方) 수상을 찾아가 의견을 밝혔다. 그때, "보통의 모살미수범(謀殺未遂犯)에 처할 수도 없다면 차라리 과거로 돌아가 긴급칙령(緊急勅令)을 발포하여 형벌을 정함이 좋을 것"이라고 진언하였는데, 그 점도 코지마와 의견이 같았다고 한다.[86]

---

81 尾佐竹『大津事件』205-206쪽.

82 『出発』296쪽.

83 『出発』286쪽.

84 [역주] 학교 조직의 제2인자(일반 학교의 '교감')

85 尾佐竹『大津事件』186쪽. 児島『日誌』55쪽.

86 尾佐竹『大津事件』301-302쪽(三谷校注) 참조(코지마가 노부시게에게 보낸 편지도 인용되고 있음). 『歌子日記』145쪽(1891년 5월 21일)은, 세 교수의 충고에 대하여 총리대신은 「기꺼이 위 충고를 받아.....よころんで右の忠告を容れしよし」라 쓰고 있다. 긴급칙령의 안도 일기에 쓰여 있다.

판결 날 코지마는 오오츠 국발로 노부시게 앞으로 "이기게 되었으니 안심하라."라는 유명한 전보를 보냈는데, 이것만 보아도 고향의 후배 노부시게에 대한 코지마의 신뢰가 얼마나 강했는지 알 수 있다.[87] 더욱이 전보는 오후 5시 50분으로 되어 있는데, 재판관의 합의 후 법정에서 판결이 선고된 것은 오후·6시 40분이었다.[88] 타전 시간이 맞다면 선고 전에 판결을 알고 있던 대심원장이 개정 전에 토오쿄오의 노부시게에게 타전한 셈이다. 통이 크다고 할까, 지금이라면 생각할 수 없는 이야기이다.[89]

덧붙이자면, 이 사건의 전말을 기록으로 남긴 코지마는 그 수기를 수중에 감추어 두었으나, 오늘날 기본 문헌이 된 오사타케 타케키(尾佐竹猛, 1880-1946)의 오오츠 사건에 대한 연구에 이것이 사용된 것으로 보인다. 법제사 학자 오사타케는 당시 현직 판사이며, 오오츠 사건의 연구를 포함한 저서『메이지 비사·의옥난옥(明治秘史·疑獄難獄)』(1929)이 공간된 시점에서는 대심원 판사였다. 그러나 독자적으로 코지마 원장의 수기를 입수할 수 있었다고 생각하기는 힘들

코지마 이켄

다. 오사타케에게 수기를 보여준 것은 코지마 수기의 사본을 수중에 지니고 있던 노부시게로 추측된다.[90] 노부시게는 이밖에 요시노 사쿠조오(吉野作造, 1878-1933)의 메이지 헌법 기초과정에 대한 연구(『메이지 문화연구(明治文化研究)』)에도

87 尾佐竹『大津事件』222, 308쪽, 児島『日誌』100-110쪽. 이 전보의 문면은 오오츠 사건을 서술한 사키 류오조오(佐木隆三)의 논픽션 소설의 제목으로도 되어 있다(『勝ちを制するに至れり(上)(下)』(文春文庫, 1988년)).

88 尾佐竹『大津事件』219쪽. 하지만 児島惟謙述＝花井卓蔵校『大津事件顚末録』(春秋社, 1931년)에 딸린 穂積重遠의 序(4쪽)에는「判決直後」의 전보라 기재되어 있다.

89 森順次「大津事件と滋賀県」彦根論叢 통호 153호(1971년) 4쪽도 타전 시각이 문제라 하고 있다.

90 児島『大津事件』320쪽(三谷解説)(三谷『陪審制』재록 286-287쪽).

자료 면에서 협력했던 것으로 보이며, 법학자 카타다 츠요시(堅田剛)는 "요시노와 오사타케를 지원한 호즈미의 사상사적 역할이 더욱 주목될 만하다."라고 하였다.[91]

그런데 오오츠 사건에서 노부시게가 고향의 선배에게 조언하는 데 그치지 않고 수상에게 직접 의견을 진언한 것[92]은 학자의 몫을 넘어선 것이었다고 해야 할까? 후에 설명하게 될 러일전쟁 때의 7박사 의견서의 공표, 또 태평양 전쟁 말기 난바라 시게루(南原繁, 1889-1974) 등 토오쿄오 제국대학 법학부 7교수에 의한 종전 공작(終戰工作)[93] 같은 일들은 역시 당시 토오쿄오 제국대학 법학부 교수의 지위를 감안하지 않으면 이해할 수 없는 행동일 것이다. 노부시게는 그러한 지위를 지닌 교수들의 선두에 있는 인물이었다.[94]

새로운 조약 체결

오오츠 사건을 둘러싼 러시아와의 교섭에서 아오키 외무대신은 황실에 대한 죄를 적용하기로 밀약했다. 그것이 밝혀졌을 때, 아오키는 이토오 히로부미와 이노우에 카오루의 지시에 따른 것이라 주장하여 이토오의 해명과 상충하였다. 결과적으로 스스로의 책임을 추궁당하게 된 아오키는 "자신의 수기가 발표되면 두 사람의 목과 몸통이 떨어진다. 그것은 이토오와 이노우에"라는 막말

91 堅田剛 『明治憲法の起草過程―グナイストからロェスラーへ』 (お茶の水書房, 2014년) 182쪽.

92 『歌子日記』 140쪽의 노부유키(重行) 해설도 참조.

93 立花隆 『天皇と東大―大日本帝国の生と死(下)』 (文藝春秋, 2005년) 663쪽 이하 참조.

94 하지만 吉野作造에 의하면 메이지 전기에는 조약개정과 법전편찬, 화폐제도 개혁 등의 일로 제국대학 교수는 정부의 직책을 맡는 일이 많아 공직으로 다망했으나, 메이지 30년 중엽부터는 소장 관리 중에 학재를 갖춘 인재도 배출되어, 「제국대학 교수와 정부의 부패 관계는 점차 헐거워져」 갔다. 吉野 「民本主義鼓吹時代の回顧」 三谷編・앞에 든 『吉野作造』 214쪽.

로 이노우에 등의 역린을 건드려[95] 그 후 정치가로서 불우해지는 원인이 된다. 외무대신을 그만둔 아오키는 주독일 공사로 전출되었다. 하지만 아오키는 후임 에노모토 타케아키(榎本武揚) 외무대신을 이어 이토오 내각의 외무대신이 된 무츠 무네미츠(陸奧宗光, 1844-1897) 밑에서 조약 개정위원에 임명되어 영국과의 조약개정 교섭을 강력히 추진, 마침내 새로운 조약의 조인에 이르렀다.[96] 조약 개정에 대한 아오키의 집념을 느끼게 한다.

일영통상항해조약(日英通商航海条約)은 1894(메이지 27)년 8월 24일 비준서를 교환했고 27일 공포되었다. 이에 따라 치외법권(治外法権)은 철폐되기에 이른다. 이때 새로운 조약의 유효 기간은 12년으로 하고 조인 5년 후에 실시되는 것으로 정해졌다. 그리고 공표되지는 않았지만, 그때 일본은 조약의 발효 1년 전까지 서양식의 법전을 정비하고 시행할 것을 약속했다.[97] 서양 법문화의 수용이 대등한 국제 관계의 조건이었던 것이다. 미국·이탈리아·러시아·독일·프랑스·오스트리아와도 속속 새로운 조약이 조인되고, 조약의 발효는 1899년 7, 8월이었다. 그 1년 전이 민법전(民法典)을 포함한 법전 정비의 사실상의 데드라인이 되었다. 따라서 노부시게 등에 의한 민법전 및 그다음 상법전(商法典)의 기초 작업은 엄청난 속도로 진행되었다.

그 후, 관세자주권을 완전히 회복하고 조약 개정이 마침내 목적을 이룬 것은 이러한 조약의 유효 기간이 만료된 1911(메이지 44)년이다. 이때 일본은 이미 러일 전쟁에도 승리해 제국주의 세계에서 신흥 세력으로 주목을 받는 존재가 되어 있었다.

---

95 佐々木隆『明治人の**力量**(日本の歴史21)』(講談社, 2002년)』74쪽.

96 佐々木『力量』110, 124쪽.

97 梅謙次郎「伊藤公と立法事業」国家学会雑誌 24권 7호 966, 968쪽(1910년), 佐々木『力量』125쪽. 張智慧「**明治民法の成立と西園寺公望**—法典調査会の議論を中心に」立命館大学人文科学研究所紀要 93호 214쪽. 또한 「仁井田博士に民法典編纂事情を聴く座談会」(「**仁井田座談会**」)法律時報 10권 7호(1938년) 16쪽 참조(새 조약 실시의 조건이었다고 니이타[仁井田]가 말하고 있다).

3. 법전논쟁

구민법 · 구상법

내셔널리즘이 높은 장애물이 되어 가로막은 또 하나의 국책이 법전편찬(法典編纂)이다. 당초 메이지 정부는 서양에서 합당한 학자를 초빙하여 조약 개정의 조건이 된 법전편찬 초안을 그들에게 작성케 하여 단번에 진행하려 했다. 그러한 외국인 초빙 법학자의 한 사람이 1873(메이지 6)년 일본에 온 프랑스인 법학자 귀스타브 브아소나드(Gustave Émile Boissonade, 1825-1910)이다. 프랑스에서 합당한 이를 극동의 작은 나라에 초청하기 위해 메이지 정부가 지급한 보수는 파격적인 것으로 정교수 승진을 앞둔 '아그레제(Agrégé)' 신분이었던 브아소나드가 프랑스에서 받던 연봉의 여섯 배를 넘는 보수가 지급되었다.[98] 그는 사법성 법학교(司法省法学校) 교사, 또 정부의 법률고문으로서 중요한 역할을 맡는 가운데 법전 정비에도 큰 기여를 했다. 불평등 조약의 개정을 서두른 메이지 정부는 브아소나드에게 형법과 형사소송법, 민법의 기초를 맡겼다. 브아소나드는 이 법전의 기초 외에 외교 고문으로서 메이지 정부에 다양한 조언을 주었다. 프랑스에서는 1896년에 법학교 교수 자격이 사법, 경제, 법제사, 정치 · 행정학의 네 부문으로 나누어졌는데, 브아소나드는 이전 시대의 교수자격자이다. 그의 시대까지 19세기 프랑스에서는 법학의 연구와 실무를 분리하지 않고, 법학은 사회에 대한 일반적인 지식으로 인식되었다.[99] 실무와의 미분리라는 점은 독일과 다르지만, 법학 교수가 좁은 전문 분야에 갇혀 있지 않다는 점은 공통하고, 브아소나드도 당시 유럽 법학자의 이미지를 구현하였다(독일인 초빙 외국인인 뢰슬러도 헌법의 기초에 관여하면서 상법전을 기초하였다.).[100]

98　大久保(泰)『ボワソナアド』38쪽.

99　野上博義「七月王政期のフランス法学と法学教育」上山編『近代ヨーロッパ』235-237쪽.

100　19세기 후반의 전문 분화의 경향에 대하여, 파리대학 법학부는 법학 분야의 단일성을

브아소나드는 먼저 형법과 형사소송법(당시는 치죄법[治罪法]이라 불렸음)을 기초해 1880년에 형법과 치죄법이 제정되었다. 1879(메이지 12)년에는 민법의 기초를 위임받는다.[101] 프랑스인에게 민법(民法)은 시민사회(市民社會)의 헌법(憲法)과 같고,[102] 나폴레옹 자신이 주도하여 제정하였기에 나폴레옹민법(Code Napoléon)으로도 불리는 프랑스민법(Code civil)은 프랑스인에게는 세계에 자랑하는 문화유산이기도 하였다. 그 민법전 기초를 맡았음에 감격하여 그는 약 10년을 들여 초안(草案)과 상세한 이유서(理由書)를 작성했다. 그것을 바탕으로 일본인 위원이 기본적으로 브아소나드 초안을 번역하는 형태로 민법전 초안이 만들어졌다(하루에 몇 개조라는 할당량이 주어져 실질 심의를 하고 있을 여유는 주어지지 않았음). 그러나 가족법 부분은 일본 고유의 관습도 많아서 일본인 기안자가 기안했지만, 브아소나드의 지도가 있었다는 것은 쉽게 상상할 수 있다. 이렇게 기초된 민법이 1890년 공포되어 1893년 1월 1일부터 시행되게 되었다. 법전의 구성·내용 모두 프랑스 법계의 민법이다.

마찬가지로 1881년 상법의 기초가 독일인 카를 뢰슬러(Carl F. H. Roesler, 1834–1894)에게 위탁되어 약 2년에 걸쳐 탈고한 그의 초안이 일본어로 번역되었다. 이것은 유럽 각국의 상법을 참조하는 내용으로 되어 있어 반드시 독일법을 모방한 것은 아니다(편성은 프랑스식[103]). 또한 뢰슬러는 그 후 헌법의 기초에도 큰 역할을 한다.[104]

주장하여 "법학부에서는 단 하나의 교육과목밖엔 없다. 법이다!"라고 했다 한다. 北村一郎 「『テミス』と法学校—19世紀フランスにおける研究と教育との対立(2·完)」 法学協会雑誌 133권 7호 136쪽(2016년).

101 大久保(泰) 『ボワソナアド』 134쪽.

102 星野英一 『民法のすすめ』 (岩波新書, 1998년) 제1,4장 참조.

103 高田晴仁 「明治期日本の**商法典編纂**」 『企業と法創造』 9권 2호(2013년) 60쪽 이하 참조.

104 ヨハネス·ジーメス(本間英世訳) 『日本国家の近代化とロェスラー』 (未来社, 1970년) 第2章, 堅田 『明治憲法』 참조. 또 長井利浩 『井上毅とヘルマン·ロェスラー—近代日本の国家建設への貢献』 (文芸社, 2012년), 同 『明治憲法の土台はド

상법은 민법과 함께 1890년 공포되어, 민법보다 먼저 1891년 1월 1일부터 시행되게 되었다. 민·상법이 공포되던 같은 해에 국회의 개설이 전부터 정해진 상태였는데, 정부는 의회의 심의에 따른 공포의 지연을 피하려고 그에 앞서 두 법전을 공포하였다.

그런데 그 공포 전부터 법전의 시행에 대한 비판이 일었다. 노부시게에 의해 주도된 대학의 법학 교육이 마침 궤도에 오를 무렵이다. 법전논쟁(法典論争)이라 불리는 이 논쟁의 결과, 민법·상법은 개설된 지 얼마 안 된 국회에서 시행 연기가 심의되기도 하였다.

논쟁은 우선 상법의 시행을 민법의 시행일인 1893(메이지 26)년 1월 1일까지 연기하는 법안의 심의를 둘러싼 '메이지 23년 상법 연기전(商法延期戦)'과, 민법·상법의 시행을 1896(메이지 29)년 12월 31일까지 연기하는 법안(상법은 다시 연기)을 둘러싼 '메이지 25년 민법 상법연기전(民法商法延期戦)', 이렇게 두 가지가 있었다. 노부시게의 말에 따르면, 전자는 "말하자면 천하를 놓고 판가름하는 세키가하라 전투(関ケ原役)"이며, 후자는 "오오사카진(大阪陣)과 같은 것"이다.

결국, 민법·상법의 시행은 1896년 말까지 연기되었다. 그동안 일본인 기초자에 의해 새로 민법, 상법을 급거 기초(起草)하도록 된 것이다. 이러한 새로운 법전과의 관계에서, 당초에 공포된 법전은 구민법(旧民法)·구상법(旧商法)이라고 부른다. 먼저, 민법이 구민법을 수정하여 기초되어 재산법의 영역에 속하는 제1편부터 제3편까지는 1896년에 공포되었다. 그러나 가족법(제4편 친족, 제5편 상속)은 이 시점에서 아직 수정의 심의가 끝나지 않았기 때문에, 1986년 중, 상법과 함께 시행이 또 1년 반 다시 연기됐다. 그리고 이 연기 기간 중인 1898년 6월에 친족·상속 편도 공포되었기 때문에, 결국 구민법은 시행되지 않고 새로운 민법이 같은 해 7월 16일부터 시행되었다. 이것이 노부시게가 기초자로 관여한 민법이다. 오늘날은 메이지 민법(明治民法)이라고 불린다.

イツ人のロェスラーが創った』(文芸社, 2015년)도 참조.

한편 상법은 중의원 해산으로 1898년에 성립에 이르지 못하고 재연기되지도 않았기 때문에, 구상법이 1898년 7월부터 시행되었으나, 이듬해인 1899년 3월 새로운 상법의 법안이 성립하고 6월 16일부터 시행되었다. 그때까지 1년 가까이 구상법이 시행된 것이다.

민법·상법의 시행 연기를 둘러싼 법전논쟁에서 일본에서 육성되던 법학자가 단번에 정치 무대에 등장하게 되었다. 법학자 노부시게(陳重)와 야츠카(八束)의 데뷔이다.

시행 연기파의 주장

논쟁의 계기가 된 것은 토오쿄오대학(제국대학) 법과대학 출신자를 중심으로 조직된 「법학사회(法學土會)」에 의한 「법전편찬에 관한 법학사회의 의견」의 공표이며, 1889(메이지 22)년 5월의 일이다.

이 시기는 오오쿠마 외상에 의한 조약 개정안에 대한 여론의 비판이 비등하던 무렵이며, 오오쿠마 조난 5개월 정도 전이다. 학사회 의견에 따르면, 민법은 프랑스인, 상법·소송법은 독일인, 이처럼 초안을 위탁한 외국인이 달라서 법계도 다름을 완곡하게나마 통렬히 비판하였다.

법전논쟁은 민법의 경우 영미법의 교육을 받은 영미법파(토오쿄오대학 출신자 중심)와 프랑스법의 교육을 받은 프랑스법파(사법성법학교와 프랑스 법계 사립학교 출신자 중심)의 대립이라는 측면이 있었다는 지적도 많다.[105] 영미법의 교육을 받은 법률가들이 프랑스식 민법에 반대했다는 이야기이다. 발단이 된 의견서를 낸 법학사회도 원래는 1884년 11월 친목 단체로 설립되었으나, 사법성법학교(司法省法学校)를 합병하면서 생긴 프랑스법과 졸업생의 참가는 인정되지 않았

---

105 "내가 느낀 바로는 이 다툼은 불법파와 영법파의 다툼입니다." 「仁井田座談会」 15쪽 등. 仁井田는 民法起草의 보조위원을 맡았고, 이 좌담회 당시, 말하자면 논쟁의 산 증인이었다.

던 모양으로, 영미법계의 졸업생 단체라는 성격이 있었다. 그것이 상기 의견서로 이어져 있다.[106]

법학의 파벌과는 거리가 멀었던 것으로 보이는 후쿠자와 유키치도 다음과 같이 말한다.

애초에 민법과 같은 큰 법전은 모두 그 나라의 사고방식과 관습에서 오는 것으로, 그 사고방식과 관습이 사회적으로 작용할 수 있어야 비로소 그 시비를 판단하고, 이에 강제력을 주는 법을 두는 것이다. 즉 그 나라의 사정에 따라 법이라는 형태를 취하는 것이니라. 〈중략〉 만약 서양이면서 동양의 성격에 어울릴 것을 바라고, 동양이면서 서양의 주의와 같으려고 한다면, 이야말로 이른바 법의 정신을 그르치는 것으로, 동서는 주된 관습이 각기 다른 만큼 법률 역시 다르지 않을 수 없는 것은 처음부터 명백한 도리이니라.[107]

후쿠자와 유키치

이 후쿠자와의 연기론은 표면적으로 원칙론을 말하는 것 같지만, 개설을 앞두고 있던 케이오의숙대학부(慶應義塾大學部)의 법률과에서 영미법 교육을 중심으로 했던 것과도 관계있다고 한다.[108] 또한, 이 연기론의 배후에는 다른 정치적 의도도 있었다. 후쿠자와는 원래 당시 진행하던 오오쿠마의 조약 개정안에 반대했다. 그러나 이노우에 카오루의 조약 개정 외교 때 이를 비판하여 지지신보(時事新報) 사설에 "조약 개정

---

106 沼正也「『法学士会』設立の経緯とその活動」『沼正也著作集7 民法におけるテーマとモチーフ〔新版訂正 二刷〕』(三和書房, 1981년) 수록 참조.

107 高田「法典延期派」302쪽. 1889(메이지 22)년 7월 17일, 18일 時事新報社說「条約改正・法典編纂」『福沢諭吉全集第一二巻』(岩波書店, 1970년) 204쪽.

108 高田「法典延期派」299쪽.

은 시의에 따라 중단해도 유감없다.”라는 문장을 게재했기 때문에(1887[메이지 20]년 6월 24일) 지지신보는 발행이 정지되었다.[109] 그래서 이번에는 내정문제인 법전편찬에 비판의 화살을 조준하여 통제를 면하고, 게다가 법전편찬을 조건으로 하는 조약 개정에도 간접적으로 영향을 준다는 것이 후쿠자와의 전략이었다고 한다.[110]

「민법이 나와 충효가 망한다」

일본의 국정을 모르는 외국인이 민법을 기초할 경우 가장 크게 문제가 생길 것으로 보이는 영역이 가족법이다. 따라서 시행 연기파의 논의가 집중한 것도 가족법이었다. 구민법에서는 가족에 관한 규정 중 상속 이외에는 인사편(人事編)이라는 곳에 있었기 때문에, “인사편 민법을 연기시킨다.”라는 말까지 나왔을 정도다.[111] 그리고 이 영역에서 연기파의 심정을 표현한 절묘한 캐치 프레이즈가 “민법이 나와 충효가 망한다(民法出テ丶忠孝亡フ)”[112]였다.

유학에서 돌아온 기예의 헌법학자 호즈미 야츠카(穂積八束)가 1891(메이지 24)년에 시행 연기를 요구하며 쓴 논문의 제목인데, 이 논문은 그 내용보다 제목으로 더 유명하며 시행연기파(施行延期派)의 슬로건이 되었다(야츠카는 이런 종류의 캐치 프레이즈를 만드는 재능이 있는 사람이었다.).

---

109 이 경위에 대하여는 高田晴仁「福沢諭吉の**法典論**—法典論争前夜」『慶應の法律学: 慶應義塾創立150年記念法学部論文集 商事法』(慶應義塾大学出版会, 2008년) 195쪽 이하(특히 215쪽).

110 高田「法典延期派」206쪽.

111 小柳春一郎「**穂積陳重と舊民法**—『民法原理』講義を中心として」法制史研究31号(1981년) 120쪽.

112 흥미롭게도 형인 노부시게는 야츠카가 유학 떠나던 해에 공표한 논문「英佛獨法學比較論」(明治17년.『遺文集1』) 속에서, 프랑스 법학을 평하여 “법전이 나와 포티에가 망하다”라는 비슷한 언사를 구사하고 있다.

사실, 구민법의 가족법 부분(인사편과 재산취득편 중 상속에 관한 규정)은 일본인 위원의 손으로 기초되었고,[113] 일본의 가족 제도를 상당 정도 배려한 내용이었다. 프랑스류의 개인주의를 그대로 가져온 것은 결코 아니었던 것이다. 그럼에도 일본 고유의 문화가 충분히 고려되지 않았다는 반응이 나왔다. 그리고 그것이 전체를 덮는 인상이 되어 연기파의 기세를 올려준 것이다.

야츠카 논문의 내용은 고대 그리스·로마로 거슬러 올라가는 서양 법제사의 지식을 바탕으로 조상 숭배와 그리스도교의 관계를 논하는 것이다. 짧은 것이지만, 서양 법학에 대한 나름대로 깊은 이해 없이는 쓸 수 없다. 일본에 수용된 서양 법학의 지식이 먼저 서양식의 법전을 비판하는 이론으로 사용되었다는 사실은 흥미롭다. 또한, 이 논문은 단순히 외국인의 기초에 반대한다는 것이 아니라, '충효'라는 표현으로 일본의 가족제도가 그리스도교 문화와 상반된다는 주장을 앞세운 점에서 서양적인 가치에 대한 대항 이론을 제시한다는 측면이 있었다. 이 점은 야츠카의 헌법 이론으로 연결된다(제8장에서 논함).

노부시게의 참전

이 논쟁이 한창이던 1890(메이지 23)년 3월 노부시게는 『법전론(法典論)』이라는 저서를 내었다. 노부시게의 첫 번째 저서이다. 서문에 밝힌 간행 동기에 따르면, 전부터 써 두었던 원고를 틈틈이 손질하던 차에 법전논쟁이 일어나 법전편찬론에 대해 "공평무사한 단안을 내리는 재료"가 되게 하기 위해서였다.

노부시게는 귀국 직후부터 당시 진행 중인 브아소나드에 의한 민법 초안 기초에 관심을 두고 1882년 학생들과 연구회(토오쿄오대학 법률연구회)를 만들어, 당

---

[113]　大久保(泰)『ボワソナアド』135-136쪽.

시 발표된 브아소나드 초안을 연구하고 있었다. 그러나 훗날의 법학협회(法学協会)의 설립은 브아소나드의 "민법안과 같은 진부한 자연법주의(自然法主義)에 대해 논구하기보다는 학회를 하나 일으켜 크게 법학의 진흥을 꾀하는 게 좋다."라고 판단했기 때문이었다.[114] 즉, 이 무렵부터 노부시게는 이미 브아소나드의 민법 초안에 대해 비판적 시각을 가지고 있었던 셈이다.[115] 법학협회는 그후 재단법인의 시기를 거쳐 현재 토오쿄오대학 법학부에 임의단체로 계승되고 있다.[116]

노부시게가 발간한 『법전론』은 비판과 논쟁에 주안점을 둔 저작은 아니다. 법전의 모습, 그 기초 방식이나 절차, 고려해야 할 사항 등등에 대하여 해박한 비교법적 지식을 종횡으로 구사하면서 주도면밀하게 검토한 연구서다. 법전이 어떻게 만들어져야 하는지에 대해 시사하는 바가 큰, 수준 높은 연구로,[117] 오늘날에도 꼭 읽어볼 만한 내용을 담고 있다. 당시 일본의 법학계에서 다른 사람을 압도하는 서양 법학의 학식이 뒷받침된 저작인 이 책은 서양 여러 나라에 대항할 수 있는 법학자가 일본에도 존재함을 선언하는 저서라 평할 수 있다.

이 저서에서 노부시게는 사비니를 의식한 역사법학의 입장에서 법전의 형태를 논한다. 그것은 영미법이냐 프랑스법이냐 하는 파벌 대립을 초월한 고도의 학문적 논쟁이다. 그러나 일본의 서양 법학 최고 권위자라고 해도 좋을 사람의 손으로 쓰인 이 저작은 시행 연기를 정당화하는 학문적 업적으로 연기파의 바이블이 되었다.[118] 하지만 '최고 권위자'라 해도 이 시점의 노부시게는 아

---

114 穂積陳重 「故奥田義人博士追懐録」 『遺文集4』 164쪽.

115 小柳 「穂積陳重と旧民法」 108쪽은 「법전논쟁은 벌써 이 메이지 15년의 「연구회」에서 준비되어 있었던 것으로도조차 필자에게는 느껴진다」고 한다.

116 http://www.j.u-tokyo.ac.jp/about/activity/hogaku/

117 小野清一郎 「立法過程の理論(1)」 法律時報 35권 1호(1963년) 44쪽 참조.

118 福島正夫 「**兄弟穂積博士**と家族制度」 『福島正夫第2巻家族』(勁草書房, 1996년) 수록 346쪽.

직 34세이다. 마치 무인의 설원을 가는 듯, "내 앞에 길은 없다. 나의 뒤에 길이 난다."하는 상황이었다.

그런데 『법전론』은 매우 아카데믹한 저작이지만, 노부시게는 조금 더 실천적인 면에서도 논쟁에 참여하려 했다. 야츠카가 앞의 논문에서 문제 삼은 것은 전적으로 가족법이었는데, 노부시게도 가족법의 위치와 관련하여 구민법에 불만이었다. 이러한 문제의식에서 노부시게는 다음 해인 1891년에 『은거론(隱居論)』이라는 아카데믹한 저작을 간행했을 뿐만 아니라 구민법의 규정을 구체적으로 비판하는 논문까지 썼다.

노부시게는 이와는 별도로, 구민법의 법리상의 단점을 지적하는 의견을 연기파의 사무국에 보내 의견서에 함께 실을 것을 청했다. 그러나 이에 대해 사무국은 내용적으로는 "지극히 타당하기는 하지만, 이 단계에서는 효험이 약해서 미안하다."라면서 되돌려 보냈다고 한다. 노부시게는 이렇게 말했다. "격렬한 논쟁과 논박이 벌어지던 마당에 법전의 법리상 단점을 지적하는 따위는 칼날이 오가는 와중에 손나라가 어떻고 오나라가 어떻고 하는 격으로, 내가 봐도 물정에 어두웠다. […] 중요한 것은 의원을 움직여 다가올 의회의 논쟁에서 다수를 얻는 일이었다."[119]

논쟁은 이미 정치의 영역으로 전장을 옮기는 중이었던 것이다. 그러나 그 의회의 논쟁에서도 노부시게는 중요한 역할을 했다.

귀족원 연설

그는 상법의 시행 연기를 둘러싼 심의가 이루어진 귀족원(貴族院) 제1회 통상회의(1890[메이지 23]년 12월 22일)에서 시행 연기를 지지하는 연설을 하였다.[120]

---

119 『法窓夜話』339쪽(第97話法典実施延期戦).

120 「『商法及び商法施行条例期限法律案』に関する演説」(1890[메이지23]년 12월 22일)『遺文集2』173쪽 이하.

유럽의 상법은 상관습을 모은 것으로, 입법자가 밀어붙일 것이 아니고, "조항이 1천 개 남짓한 이 대법전처럼 진무(神武)[121] 이래 인민이 꿈에도 본 적 없던 것이 위에서 털썩 떨어져 내리는 식은 입법사에 결코 없다고 생각한다."라고 했다. 상정되는 천 개 조항 이상의 큰 법전이 그 나라의 역사와 전통과 관계없이 억지로 주어지는 듯한 것은 역사상 예가 없다며 이렇게 말한다. "법률 제도에는 반드시 역사가 없어서는 안 된다." 역사법학파의 면목이 생생히 드러나는 대목이다.

그러나 회의장의 의원의 마음을 움직인 것은 다음의 발언이었다. "대저 이 법전의 기초를 외국인에게 위탁했다는 것은 독립국치고는 그리스를 제외하고는 없다는 게 내 생각이다." 후에 노부시게는 이렇게 회고하였다. "국민 행위의 전범(典範)인 여러 법전을 외국인이 만들어 주는 것은 국가의 수치라고 말한 것이 다소 의원을 움직인 것으로 보였다."(「벤담의 법전편찬 제의」『法窓夜話』 제72화). 상법전은 독일인 뢰슬러가 기초한 것이다. 일본의 관습을 무시하고 외국인이 기초한 법전이라는 이미지는 법전논쟁의 시행 연기파에 널리 공유되었다.[122] 노부시게는 민법 시행 연기 법안을 심의한 제3회 의회에서는 연설자로 서지 않았지만,[123] 프랑스인 브아소나드가 기초한 구민법에 대해서도 연기파의 심정이 마찬가지였던 건 틀림없을 것이다.

일본의 실정에 맞게 만들라고 주장하는 측도, 특히 재산법의 영역에서, 예를 들면 매매나 임대차 등의 시장 거래의 법적 룰에 대하여, 서양법에 대항할 수 있는 체계적이고 합리적인 내용의 법규범의 일본판을 제시할 수 있었던 것은 아니다. 그럼에도 불구하고 일본의 실정에 맞는 민법을 만들라는 일반론이 지지를 모은 이유는 한낱 영미법파의 파벌 의식만은 아니다. 역시 가장 큰 이

---

121 [역주] 일본에서 말하는 초대 천황(711-585BC).

122 11월의 제1제국의회에는 실업계로부터 「상법실시연기청원서」가 제출되어 있다. 또 뢰슬러가 서양법과의 조화를 위해 일본의 관습을 배제했음에 대하여는 高田晴仁 「商法典編纂」 64쪽.

123 福島 「兄弟穂積博士」 350쪽 注(1).

유는 노부시게가 바로 지적했듯이, 외국인이 기초했다는 데 대한 심정적 반발이었다.

노부시게는 공리주의(功利主義)에 따른 입법 추진을 목표로 각국 정부에 자신을 기초위원으로 임명하도록 거듭 노력한 벤담은 이러한 국민감정을 이해하지 못했다면서, 다음과 같이 쓰고 있다.

> 그가 연달아 각국 정부에 글을 보내고 또 각국 인민들에게 권고하고, 그때마다 실패해도 조금도 그 뜻을 굽히지 않고, 더더욱 노장의 정신을 발휘하여 세계 인민을 향하여 그 생각하는 바를 호소하였지만, 결국 받아들여지지 않았다. 그럼에도 그 원인을 깨닫지 못한 것은 어쩌면 벤담씨의 마음이 넓어 세계를 집으로 삼고 인류를 벗으로 삼아 국민감정 같은 게 있다는 걸 몰랐던 탓이다.(「벤담의 법전편찬 제의」, 『법창야화』 제72화)

노부시게는 "벤담의 안중에는 국경이 없음"을 지적하고, 이것이 "벤담이 벤담인 까닭"이라고 학자로서의 공감을 잃지는 않았지만, 입법에 관계된 몸으로 국민감정의 중요성을 실감하고, 기초자의 국적만이 아니라 내용 면에서도 역사법학파(歷史法學派)로서, 국민 의식의 중요성을 절감하였다.

그렇다고 연기로 인해 다시 일본인 기초자에 의해 만들어진 민법과 상법의 내용이 반드시 일본의 관습이나 국민의식을 근거로 한 건 아니었다. 조약 개정과 관련한 일본의 국제 정치적 처지 때문에 일본의 입법자에게 그런 고유 관습법의 반영으로 법전을 만들 자유와 시간이 허락되지 않았기 때문이다. 노부시게의 내면적 갈등을 상상할 수 있다.

독일과의 차이

나중에 노부시게는 이 논쟁을 이렇게 회고하였다.

단순히 영국과 프랑스 양파의 경쟁에서 발생한 학파 다툼처럼 보일지도 모르나, 이 분쟁의 원인은 원래 두 학파의 근본 학설상의 차이에서 오는 것으로, 실은 자연법파(自然法派)와 역사파(歷史派)의 쟁론과 다르지 않다. […] 사비니와 티보의 법전 쟁의와 그 성질상 추호도 다를 바가 없다.[124]

실제로 노부시게는 독일 법전논쟁의 사비니를 강하게 의식한 논의를 전개하여 연기파에게 이론적 지주를 제공했다. 그러나 독일과 일본의 법전논쟁은 그 전제부터 차이가 크다. 이미 언급했듯이, 독일의 법전논쟁에서 논의된 법전은 독일권의 통일 민법전이었다. 많은 영방(領邦) 국가로 나뉘었던 당시의 독일에서 국가의 통일 전에 독일권에 공통으로 타당한 민법전을 만들자는 주장이었다. 그러나 각 영방 국가는 각기 자국에 적용되는 민법을 만들 수 있었고, 실제로 프로이센, 오스트리아, 작센, 바이에른과 같이 티보가 "매우 완비되었다"라고 평가한 법전이나 그 초안을 이미 구비한 영방 국가들도 있었다. 티보의 주장은 이러한 축적을 바탕으로 통일법전을 만들자는 것으로, 사비니는 그것을 반대한 것이다.

사비니의 생각은 법전을 만들려면 법전 속에 구체화하기에 어울리는 규범을 고유의 관습과 전통 속에서 인식하고 적절한 개념을 사용하여 그것을 표현하며 체계적으로 정서하기 위한, 이른바 법적 인식을 위한 사고의 틀이 필요하다. 그것을 제공하는 것이 법학이다. 사비니는 고대 로마에서 성숙기에 도달한 법학에서 보편성이 있는 개념과 논리를 추출하고 이를 체계화함으로써 그와 같은 사고 틀로서의 법학을 수립할 수 있다고 생각하였다. 법전 기초에 앞서 먼

---

124 『法窓夜話』 342-343(第97話).

저 그러한 법학의 수립이 필요하다는 것이 사비니의 주장이었다.

이에 비해 일본의 법전논쟁은 양상이 상당히 다르다. 여기서 다투어진 것은 무릇 민법에 상당하는 영역의 법이 발달하지 못한 사회에서 어떤 법전을 만드느냐였다. 게다가 독자적으로 민법을 구상할 수 있을 정도의 법학 같은 것도 물론 존재하지 않았다. 독일은 13세기에 성립한 '작센 슈피겔'이라는 문서 등, 중세 이래 게르만 사회의 관습법을 편찬한 문서가 있었고, 로마법과 게르만법 어느 것을 중시하는가 하는 선택이 법전편찬에서 문제가 되었다. 이에 대해 일본은 그 역사에 법전화할 수 있는 사법(私法) 규범이 관습법으로 존재하는 지조차도 전혀 알 수 없었다. 처음부터 독일 법전논쟁과는 전제 조건이 다른 것이다.

혹 독일의 법전논쟁과 닮은 점이 있다고 한다면, 민법으로 말하자면, 프랑스적인 것에 대한 반발 정도일 것이다. 그 자체가 의외로 중요한 요소일지도 모르지만 말이다.[125]

역사법학의 의미

사비니는 법전논쟁에서 자신이 제창한 역사법학에 대해 다음과 같이 언급했다. 역사의 감각이야말로 "자신에게 고유한 것을 즉시 일반적이고 인간적인 것으로 생각하는 일종의 자기 기만(欺瞞)을 막는 유일한 보장이다."[126] "오늘날도 자신의 법적 개념과 의견이 본래 어디에서 유래했는지도 모르면서 그저 이성적이라고 생각하는 사람들을 날마다 만난다." "우리를 지키는 것은 오직 역사 감각뿐"이다.[127] 또한, "역사에 의해서만 민족의 원시 상태와의 살아 있는 연

---

125 그 밖에 구민법의 시행을 지지하는 단행파의 주장에 프랑스민법의 성립을 뒷받침한 시민적 공공성의 사상이 결여되어 있었음을 지적하는 것으로 大村敦志『法典・教育・民法学』(有斐閣, 1999년) 35쪽 이하 참조.

126 『大串訳』133쪽.

127 『大串訳』134쪽.

관이 유지될 수 있는 것이며, 이 연관을 잃어버리는 것은 어떤 민족에게나 정신생활의 가장 중요한 부분을 제거해버리는 것을 의미"한다.[128]

사비니에 따르면 "민법은 언어와 습속이나 정치 체제와 마찬가지로 민족 고유의 특정 성격을 반드시 담고 있다."[129] 노부시게는 이처럼 법을 언어와 병렬적으로 파악하는 역사법학에 매력을 느꼈다. 법은 자연법론이 설파하는 것처럼 서양의 전매특허가 아니다. 역사법학은 극동 아시아의 작은 나라에도 고도로 발달한 언어의 문화가 있는 이상, 서양법과 손색이 없는 법이 존재할 수 있다는 걸 인정할 터이다.

역사법학은 노부시게의 관심을 일본의 역사 속에 있는, 일본인 의식의 반영으로서의 법에 쏠리게 했다. 하지만 일본은 스스로의 역사적 전통에서 벗어나 외래의 법전을 계수하고자 했다. 게다가 노부시게는 그것을 주도하는 처지였던 것이다. 이러한 현실 속에서 역사법학은 노부시게에게 어떤 의미를 지닐 수 있었던 것일까?

서양법을 계수해야 하는 입장의 노부시게에게 법이 '민족 공통의 확신'을 기초로 한다는 것은 무조건 가담할 수 있는 이론이 아니다. 또한, 법이 언어와 마찬가지로 역사적으로 생성된다는 이론도 법전논쟁 때의 연기파의 논거로 당장은 원용할 수 있었다지만, 조약 개정을 위해 외래의 법전을 계수하지 않을 수 없는 일본의 현실과 충돌을 초래하고 만다.

법전논쟁 후 노부시게는 서양 법의 복사본으로서의 민법전 기초작업에 참여하는데, 역사법학을 신봉하는 그의 내면에 정신적 갈등을 일으키는 작업이었음이 틀림없다. 자연법론자처럼 유럽의 법이야말로 보편타당한 법이며, 일본은 그것을 그대로 받아들이는 것이 올바르다고 믿을 수 있다면 얼마나 간편했을까 싶지만, 그것은 노부시게가 귀국 이후 배격해 온 입장이었다. 게다가 노부시게만이 아니라 당시 서양법의 수용을 주도하는 입장에 있던 엘리트들의 자존심, 또 민족주의가 고양하고 있던 국민감정은 서양법의 무비판적 수용을 허

---

128 『大串訳』 135쪽.

129 堅田 『法の詩学』 88쪽의 번역.

락하지 않았다. 불과 20여년 전 에토오 신페이(江藤新平)가 프랑스 민법을 번역해서 그대로 일본 민법으로 삼고자 한 것은 극단적이었다고 해도 잇달아 유럽에서 학자를 초빙하여 법전의 기초를 위탁하고 있었을 무렵과는 분명 시대가 달랐다.

그럼 노부시게는 그 갈등을 어떻게 극복한 것일까?

제6장

법학의 수용

穗積陳重著

法律進化論 第一冊

原形論 前篇

穗積奬學財團出版

호즈미 노부시게 『법률진화론 제1책
원형론(法律進化論第一冊原形論) 전편』
(岩波書店, 1924년)

서양 법학의 수용은 어떻게 진행되었는가? 이 장에서는 호즈미 노부시게의 학문적 궤적을 찾아 서양 법학의 수용을 선도한 인물이 무엇을 생각하고 있었는지를 탐구한다.

1. 계몽의 시대

법학부 교수 · 법학부장

노부시게는 1881(메이지 14)년 6월 16일, 약 5년 만에 고국의 땅을 밟았다. 7월 28일에 문부성 발령을 받아 토오쿄오대학 법학부에서 근무하고 8월에 법학부 강사가 된다. 그리고 이듬해 2월 노부시게는 법학부 교수이자 학부장(学部長)이 되었다. 학부장으로의 발탁 배후에 토오쿄오대학 총장 카토오 히로유키의 뒷받침이 있었다는 것은 의심할 바 없다. 이렇게 하여 노부시게는 일본의 서양 법학 교육과 연구의 책임을 맡았다.

토오쿄오대학(東京大学)은 1886년 제국대학령(帝国大学令)에 의해 제국대학(帝国大学)이 되고, 학부가 단과대학이 되었다. 이때 그때까지의 학부장이 그대로 단과대학 학장이 되었다. 그런데 법과대학만큼은 제국대학 총장이 법과대학장을 겸임하게 되어, 당시 총장인 와타나베 히로모토(渡辺洪基)가 법과대학장을 겸하였다. 학부장이었던 노부시게는 교두(教頭=교감)가 되었다. 교육학자인 아마노 이쿠오(天野郁夫)에 따르면 그 이유가 이토오 히로부미와 모리 아리노리(森有礼, 1849–1889)의 손에서 독일식으로 구상되고 창설된 제국대학이 법과대학을 가장 중시하였기 때문이다.[1]

실제로 제국대학 창설 당시 법과대학 할당 학생 정원이 가장 많아서, 법과, 의과, 공과, 문과, 이과의 다섯 단과대학 전체 정원 400명 중 법과대학의 정원이 150명이었다. 제국대학이 되기 전 토오쿄오대학 시대 1883년까지 법학부 졸

---

1   天野 『誕生(上)』 102쪽 이하.

업생과 문학부 정치학계의 졸업생(양자를 합치면 후의 법과대학의 대상 영역과 같음[2]) 합계가 73명에 불과했다는 것[3]을 생각하면 그 확충의 정도를 알 수 있다. "국가의 수요에 응하는 학술 기예를 교수하고, 아울러 그 온축의 공구함을 목적으로 한다."라는 제국대학령(제1조)에 의거하여 법과대학은 관료 양성기관(官僚養成機関)으로 기대를 모았다. 법과 출신자가 관료 엘리트를 독점하는 독일형 법과주의(法科主義, Assessorismus)의 채용이다.[4] 법과대학 졸업생은 시험 없이 고등관(高等官), 그러니까 칙임관(勅任官)·주임관(奏任官)[5]의 시보(試補)가 될 특권과 사법관(司法官) 임용 시험·변호사 시험의 면제 특권이 있었다.[6]

그 후 1893년에 규칙이 개정되어 노부시게가 법과대학장이 되었다.

계몽의 시대

노부시게는 유학에서 귀국한 뒤 1893(메이지 6)년 민법의 기초자로 선정되기까지 약 10년 남짓 자신을 초청한 카토오의 기대에 부응하기 위해 서양 법학의 소개와 계몽 활동을 위해 정력적으로 집필하고 강연했다.

그때, 논의의 기조가 된 것이 '자연법론(自然法論)의 배격'과 '진화주의(進化主義)의 찬양'이다. 진화론이 인류와 사회에 관한 학문에 대변혁을 초래하

---

2 1885(메이지18)년 12월에 문학부의 정치학과를 법학부로 옮겨, 법학부가 법정학부로 되었고, 그 이듬해인 1886년에 개조된 법과대학으로 승계되었다. 『東京帝国大学五十年史 上』 584쪽.

3 天野 『誕生(上)』 203쪽.

4 上山安敏 『憲法社会史』(日本評論社, 1977년) 157쪽 이하, 西村 「ドイツ官僚法学」 (上山編 『近代ヨーロッパ』) 253쪽 이하 참조.

5 [역주] 당시 일본의 고급 공무원을 고등관이라 했고 그 최고 등급이 친임관(내각 총리대신, 조선총독, 특명전권대사 등)이다. 친임관 이외의 고등관은 1등부터 8등까지 있었고, 그중 1등과 2등을 칙임관, 3등부터 8등까지의 고등관을 주임관이라 했다.

6 天野 『誕生(上)』 104-105쪽.

는 상황에서 당시 법학이 나아갈 길에 대해 이렇게 호소하였다.

여전히 조상 전래의 자연법설의 미원(迷園)에 방황하고 옛 철학자의 정리설(正理說)의 심연에 부침하며, 고대 심리학파의 자유의지설이라는 가공의 누각에서 잠자는 것은 심히 불쌍하다고 할 상태가 아닌가? 후진의 법리학사(法理学士)여, 왜 어서 빨리 긴 밤의 잠을 깨고 진화주의의 낙원(楽園)에서 놀고 법리학의 기초를 걱정 없는 큰 반석 위에 올려놓지 않는가?(「법률학의 혁명」(1889년 『유문집2』)

노부시게가 심취한 역사법학과 대치하는 가장 강력한 계몽주의적 자연법 사고는 그 보편성을 완강하게 주장했다. 그것을 수용하는 것은 서구 문명과는 이질적인 일본의 역사와 문화에 대한 부정으로 이어질 수 있다. 후쿠자와가 『문명론의 개략』에서 언급한 일본 '학자의 요행'[7]을 감안하면, 자신의 세계관을 무너뜨릴 수도 있는 18세기적 자연법론을 거절하는 것은 서양 법학의 수용을 주도하는 지식인으로서 당연한 선택이었다.

그러나 노부시게의 격렬한 자연법 비판의 배경에는 좀 더 현실적인 이유도 있었을 것이다. 바로 대치해야 할 적이 국내에도 있었다는 점이다. 일본에는 사법성 법학교 이래의 전통으로 프랑스법 교육이 이루어져, 프랑스류의 자연법론에 친근감을 가진 법률가가 적지 않았다. 그리고 무엇보다 자연법론의 입장인 초빙 외국인 브아소나드가 프랑스류의 민법전을 기초 중이었다. 노부시게가 유럽에서 배운 법학이 이 자연법적 법전을 도저히 용인할 수 없었던 것이다.

한편, 노부시게의 진화주의의 배후에는 '전향'에 의해 천부인권론을 버리고 진화론을 채용한 카토오의 존재가 있다. 노부시게는 카토오의 기대에 부응하여 진화론으로 보조를 맞추면서, 역사법학적 관점에서 일본의 법학 교육을 주도한 것이다.

---

7 앞에 든 책 45쪽(岩波文庫12쪽).

노부시게의 교육

1881(메이지 14)년 7월 토오쿄오대학 법학부에 근무하게 된 노부시게는 독일식 법학 교육을 도입하기 위해 곧장 움직이기 시작했다. 8월 6일 카토오에게 상신하여 법문학부(法文学部) 1학년 과정에 "법률의 종류와 그 취지의 대의 등을 강술"하기 위한 과목으로서 '법학통론(法学通論; 엔사이클로페디아 오브 로)'의 개강을 요청한다.[8] 이것은 독일 대학에서 개설되는 동종의 강의(Enzyklopädie der Rechtswissenschaft)를 모방한 것이다. 법학입문(法学入門)의 강의가 일본어로 이루어진 것이 당시로는 획기적이었다.

『법창야화』(제48화 「법률의 학어」)에서 노부시게는 다음과 같이 술회하였다.

방어(邦語, 일본어)로 법률학 전부를 강술할 수 있게 되는 날이 하루빨리 와야 한다고 느끼고, 먼저 법학통론부터 시작해 해마다 한두 과목씩 일본어 강의를 늘려 메이지 20(1887)년 무렵에 이르러 비로소 용어도 대체로 정해져 불완전하나마 각 과목 모두 일본어로 강의할 수 있게 되었다.[9]

법학통론의 내용에 대한 노부시게 자신의 자세한 기록은 남지 않았다. 그러나 1888년부터 다음 해에 걸쳐 이를 수강한 아다치 미네이치로오(安達峰一郎, 1869-1934)가 붓으로 작성한 강의 노트가 케이오대학(慶応大学) 도서관에 남아 있다. 아다치는 개인적으로도 노부시게를 스승으로 받들어 진로에 대한 조언을 받기도 했다. 졸업 후 외교관이 되어 네덜란드 헤이그 상설국제사법재판소(常

---

8 森川 『井上毅』160쪽.

9 1881(明治14)년에 칸다 타카히라(神田孝平)가 쓴 「방어(邦語)로 교수하는 대학교를 설치해야 하는 설」『東京学士会院雑誌』 제1편 제3책 51쪽에 대하여, 카토오 히로유키(加藤弘之)가 코멘트를 하고 있으며(同誌 50쪽), 東京大学에서는 오직 영어로 교육을 하고 있으나, 교사와 서적이 결핍하여 부득이 그렇게 할 뿐, 장래는 일본말로의 교육을 목적으로 하고 있다고 적고 있다. 노부시게의 「법학통론」 개강은 참으로 이 방침에 따른 것이라 할 수 있다.

設国際司法裁判所, 국제연맹의 기관으로, 오늘날 국제사법재판소의 전신)의 소장을 역임했다. 만주사변(満州事変) 후 일본은 국제연맹을 탈퇴했으나, 그럼에도 불구하고 아다치가 그다음 해 1934년 네덜란드에서 죽었을 때 네덜란드 정부는 국장으로 그 공적에 보답했다.

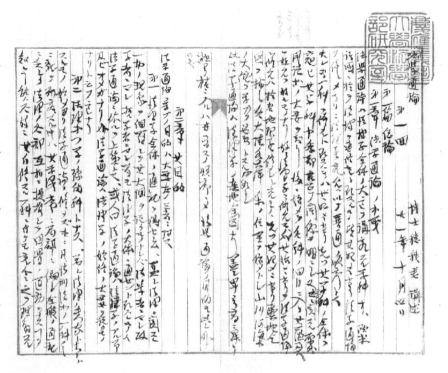

아다치 미네이치로오(安達峰一郎)가 붓으로 적은 호즈미 노부시게 「법학통론」(1888년) 강의
(「法学通論」第1回冒頭) (慶應義塾図書館所蔵)

아다치의 노트에 따르면, '법학통론'에서는 법학의 여러 학파(분석법학, 역사법학, 비교법학, 철리법학[哲理法学]과 같은 노부시게다운 이름의 학파가 등장한다.), 법률의 종류, 해석, 적용, 제재 등에 대한 개요가 상세하게 강의되었다. 마침 이 무렵 사립대학에서도 법학통론이라 칭하는 법학 입문의 강의가 있었던지 『법학통론』이라는 책이 여럿 발간되었다. 아마도 노부시게가 표준을 제공한 것으로 추측된다.

법리학 담당

법학통론(法學通論)과 함께, 노부시게는 법리학(法理學) 강의를 일관하여 담당했다. 노부시게는 'jurisprudence'를 법리학이라고 번역했는데, 독일에서는 'Rechtsphilosophie'라고 하였다. 니시 아마네가 영어의 'philosophy'를 철학으로 번역하여 일반화되었기 때문에, "법률철학"으로 번역하는 것도 생각했다고 한다.

> 철학이라고 하면, 세상에서는 이른바 형이상학(메타피직스)에 한정되는 것처럼 생각하는 사람도 많아서, 어떤 학파의 사람들이 이 과목을 맡아도 상관없는 명칭을 골라, 법리학이라 하였다.(『법창야화』 제49화 「법리학」)

이렇듯 이학(理學)이라는 번역어가 당초에는 'philosophy'에 대해서도 사용되었다. 유학(儒學)에서 '리(理)'의 추구와 공통되는 점이 있다고 생각했기 때문이다. 그러나 니시 아마네는 유학에서 이야기하는 이학이 서양의 'philosophy'와 다르다는 인식에서 이를 구별하는 취지에서 철학이라는 용어를 만들어냈다.[10] 이에 대하여, 나카에 초오민(中江兆民)[11]은 '이학'을 고집했다. 그 이유는 루소의 정치사상을 유교의 용어로 표현함으로써 "유교의 문화적 에토스 속에서 이해될 것을 도모"했기 때문이라고 한다.[12] 한편, 섭리의 탐구라는 의미에서 이학은 'science'의 번역으로도 사용되었는데, 이학부라는 말에 그 흔적이 남아 있

---

10 『哲学・思想翻訳語事典』(論創社, 2003년) 209쪽(柴田隆行)이 그 경위를 소개하고 있다.
11 [역주] 일본의 사상가, 정치가(중의원 의원). 자유민권 운동의 이론적 지도자. 이와쿠라 사절단 일원으로 일본을 떠나 프랑스 리용에서 유학했다. 계몽 사상가 장 자끄 루소를 일본에 소개하여 동양의 루소라는 평도 있다.
12 米原「儒教と天賦人権論」松永昌三『福沢諭吉と中江兆民』(中公新書, 2001년) 참조.

다. 이런 의미에서 당초의 이학은 현재 공학의 관념도 포함하였다. 그 후, 토오쿄오대학 학부에서 공예학부(工芸学部)가 분리되어, 제국대학이 된 1886년 공학부 소관이었던 공부(工部)대학교가 공부성(工部省)의 폐지에 따라 공예학부와 통합하여, 토오쿄오대학으로 흡수되어 공과대학이 되었다. 이때부터, 이학을 제외한 의미의 개념이 되었다고 할 수 있다.

노부시게의 법리학이라는 번역어는 법의 이학이라고 이해할 수 있으나, 이학이 궁리(窮理)의 학, 현대적으로 말하면 법칙을 규명하는 것이라고 한다면, 법에 대한 보편적인 법칙(普遍的 法則)을 탐구하는 법리학은, 노부시게가 이해하는 '학문으로서의 법학' 그 자체이다. 노부시게는 법학은 과학이어야 한다고 생각하였고, 그에게 과학은 보편적 법칙의 탐구였다. 그것은 노부시게가 흡수한 19세기 유럽의 지적 분위기를 반영하였다.[13] 따라서 법리학은 오늘날의 한 전문 분야로서의 법철학과 동의어가 아니라, 개별 법률 분야별로 성립하는 실천적 법학(헌법학과 민법학 등)의 전제가 되는 '법학'이라는 의미로 이해되었다고 생각한다. 하지만 그 후 전문 분화가 진행되어, 법철학도 전문화된 헌법학, 민법학, 형법학 등의 각 법학 영역과 대등한 전문 분야가 되었다. 따라서 오늘날의 교육 과목으로서의 '법학'은 단순히 법학 입문 또는 각 전문 영역의 초보적인 지식을 모은 것이며, 개별 영역의 전제가 되는 학문 영역으로서의 '법학'이 존재한다고 어언 생각할 수 없게 되었다.

번역어의 정비

일본에서 법학 교육을 수행하려면 서양 법학의 술어에 해당하는 용어를 일본어로 만들어내야 한다. 앞에서도 한학의 소양을 바탕으로 '사회', '자연법', '국제법', '법리학' 등의 용어가 만들어졌다고 했으나, 개별 법 분야의 교육을 위

---

13 노부시게의 과학관과 2차대전 후 한때 일본 법학에서 볼 수 있었던 과학신앙과의 관계에 대하여는 본장 5 참조.

해서는 각 분야의 방대한 기본 용어를 일본어로 바꿀 필요가 있다. 노부시게는 그 번역어 창출의 경위를 다음과 같이 말하였다.

> 메이지 16(1883)년 무렵부터 이 몸은 미야자키 미치사부로오(宮崎道三郎, 1855-1928), 키쿠치 타케오(菊池武夫), 쿠리즈카 세이고(栗塚省吾), 키노시타 히로지(木下広次), 히지카타 야스시(土方寧, 1859-1939) 제군과 상의하여 법률 학술 용어 선정회를 개최했다. 그 당시 쿠단시타(九段下)의 교쿠센도오(玉川堂)가 붓가게(筆屋)를 하면서 자리도 빌려주어서, 방을 하나 얻어 위의 제군과 매주 한 번 이상 모여 번역어(翻訳語)를 선정한 것이다. 또 한편으로는 메이지 16년부터 대학 법학부에 별과(別科)를 두고 모두 일본어로 교수하기를 시도했다.[14]

교쿠센도오는 지금도 쿠단시타에서 필묵, 벼루, 종이 영업을 계속하는 오래된 점포이다. 당시는 회의실 대여 사업도 하였던 듯하며, 법전논쟁의 발단을 만든 법학사회 설립자 11명의 발기인이 모인 곳도 바로 교쿠센도오였다.[15] 1884(메이지 17)년 11월의 일이므로 번역어 선정위원회와 거의 비슷한 시기이다.

노부시게 등의 이러한 노력으로 토오쿄오대학에서도 메이지 20년경이 되면 일본어로 하는 법학 교육이 거의 가능해졌다. 그리고 메이지 30년대가 되면 기본적인 법전이 정비되어 법학 교육은 일본법을 대상으로 하기에 이른다.

노부시게는 『법창야화(法窓夜話)』에서 막부 말기부터 노부시게 등의 시대에 만들어진 용어로서 '헌법' '민법' '국제사법' '자유' '국제법' 같은 것들을 들었다. '헌법'은 성덕태자(聖徳太子) 시대부터 존재하던 낱말이지만, 영어·프랑스어의 constitution, 독일어의 Verfassung의 역어로 이용했다. 당초의 번역어로서 후쿠자와 유키치는 율례(律例)를, 카토오 히로유키는 국헌(国憲)을, 츠다 마미치는 근본 율법(根本律法), 국제(国制)를, 아사가미(朝綱)와 이노우에 코와시(井上毅)는 건국법(建国法) 등을 내어놓았으나, 미츠쿠리 린쇼오(箕作麟祥)가 헌법(憲法)을

---

14 穂積陳重 『法窓夜話』 수록의 第48話 「法律の学語」.
15 沼 「法学士会」 175쪽.

쓰고, 이토오가 '헌법취조(憲法取調)'의 칙명을 받고부터 정착했다. '민법'은 츠다가 먼저 썼고, 미츠쿠리가 사용하고 나서 일반화되었다. 태정관제도국(太政官制度局)의 민법편찬회(民法編纂会)에서 미츠쿠리가 Droit Civil을 '민권(民權)'이라고 번역하자 회원으로부터 "백성에게 권리가 있다니 무슨 일"이냐는 논의가 나왔다고 한다. 또한, 노부시게의 아들 시게토오가 편집한『속 법창야화(續法窓夜話)』에서는 메이지 헌법에서 사용된 '신민(臣民)'이라는 단어도 새롭게 만들어진 용어로 소개하였다(여섯 번째 이야기「신민」).

이렇게 하여 귀국 후 약 10년간 노부시게는 기본 용어를 처음부터 만들어 가면서 서양법을 말하고, 법학 교육의 국산화를 실현해 나갔다.

여성의 지위

귀국 후 약 10년간의 '계몽의 시대' 노부시게의 활동에서 특필할 만한 사항 하나가 그의 계몽 활동의 대상에 여성이 포함되었다는 점이다. 그는 1887(메이지 20)년에 토오쿄오 고등여학교(東京高等女学校)에서 여자 교육의 중요성에 대해 강연을 했고(『여학잡지(女学雜誌)』에 게재된 원래의 제목은 '여학생에게 고함'), 또한 같은 해 법학협회에서 '부녀권리연혁론(婦女権利沿革論)'이라는 강연도 했다.[16] 이러한 것들을 연구한 진노 키요시(神野潔)는 노부시게의 '진보적인 경향'을 지적하며 노부시게의 아내가 된 우타코의 영향도 지적하였다.[17]

노부시게가 여성의 법적 지위에 관심을 둔 데에는 메인의 영향을 생각할 수 있다. 메인은 여성을 고찰 대상으로 했다는 점에서 당시로는 드문 존재였다. 저서『고대법』제5장「원시사회와 고대법」에서 메인은 여성의 법적 지위와 처우의 변화 속에서 사회 진보의 중요한 징표를 찾고자 하였다.[18] 이것은 "부인의

---

16 『遺文集1』626쪽 이하 수록.

17 神野潔「穂積陳重と『婦女の位地』─『女学雜誌』に掲載された二つの講演から」司法法制部季報128号(2011년) 76쪽.

18 Maine, *Ancient Law* (https://en.wikisource.org/wiki/Ancient_Law/Chapter_V) No.165–

지위는 문명의 한란계(寒暖計)로 […] 문명의 정도가 진행될수록 부인의 위치가 오른다."는 노부시게의 이론과 정확히 궤를 같이한다.

하지만, 예컨대 어성패식목(御成敗式目)[19]이 '여권(女權)'을 존중하는 이유 등, 노부시게가 강연에서 원용하는 역사적 사실에 대해서는 노부시게의 차세대 역사학자 미우라 히로유키(三浦周行, 1871-1931)의 실증적인 비판이 있다. 그런 의미에서 학문적으로는 다듬어지지 않은 진화론에 머물러있다는 것을 부인할 수 없다.

또한, 노부시게의 진보성이라 해도 어디까지나 당시의 일반적인 통념의 틀 속 이야기임을 지적해 두지 않으면 안 된다. 노부시게는 2년 후 또 한 차례 토오쿄오 고등여학교에서 '부인의 재산'이라는 제목의 강연을 했는데, 부부 재산 제도가 아내의 재산이 남편에게 귀속되는 '귀일주의(歸一主義)'에서 마침내 부부가 재산을 따로 소유하는 '별산주의(別産主義)'에 이른다는 진화의 도식을 제시하였다. 그러나 부인의 '지식 덕행(智識德行)'이 진보하지 않는 동안은 "별산주의가 도무지 이루어지기 어렵다고 생각합니다."라고 했다(유문집 Ⅱ).

노부시게가 이 강연 후 기초를 담당한 메이지 민법은 재산의 귀속이라는 점에서는 별산주의에 속하지만, 아내의 재산은 남편이 관리한다는 제도를 채택했다. 가장 진화된 단계에 이를 정도로는 일본 여성의 '지식 덕행'이 진보하지 않았다는 것이겠다.

또한, 그 후의 민법 편찬 작업에서 은거(隱居)에 관하여 여성에게 남성과 대등한 권리 부여 여부가 논의되었을 때도 노부시게는 대등하게 하는 것에 강력하게 반대하였다. "그것이야말로 새로운 민법이 나와 인륜을 문란케 한다는 것이라고 생각한다."[20] 부부 재산제에서 진화가 지연되는 이유를 여성의 능력에서 찾으려는 것 같은 입론과 함께 노부시게가 당시의 젠더 의식을 벗어나지 못

---

168. 또 内田力蔵·「メーン」(4) 40쪽 참조.

19 [역주] 카마쿠라 시대(鎌倉時代)에 선례(先例)와 도리(道理)라 불리던 무가사회(武家社会)의 관습과 도덕을 바탕으로 제정된 무가정권(武家政権)을 위한 법령(식목)이다. 1232년 제정.

20 『日本近代立法叢書5法典調査会民法総会議事速記録5巻』(商事法務研究会, 1984년) 740쪽.

했다는 것을 말해 준다.

덧붙이자면 현재의 민법은 부부는 재산의 관리도 따로 하는 별산주의이다. 그러나 부부의 재산에 대한 국민의 의식이 서양과 동질한지 여부는 논의의 여지가 있다. 예를 들어, 프랑스에서 사용되는 '부부 재산 계약'이라는 제도가 일본에서는 서양을 본떠 도입되었을 뿐 거의 사용되지 않는 것도 차이의 존재를 시사한다고 하겠다.

노부시게의 강연은 셰익스피어를 원용하는 등 지식욕이 있는 여학생들에게 흥미를 갖게 하려던 고심의 흔적이 엿보인다. 1887년경에 여성의 법적 지위의 진화론적 중요성을 여학생들에게 설명한 것 역시 주목할 만하다. 히라츠카 라이테우(平塚らいてう)[21]를 중심으로 하는 세이토오샤(青鞜社)[22]가 결성되는 것은 그의 강연으로부터 20년 이상 지난 1911(메이지 44)년이다. 당시로 보자면 '지식 덕행'을 들고나온 노부시게도 충분히 진보적이었다고 할 수 있을지도 모른다.

2. 살아있는 유제

노부시게의 갈등

유학에서 돌아온 후 10년 남짓 계몽과 교육에 몰두하던 노부시게는 법전논쟁을 거쳐 스스로의 손으로 일본민법을 기초하는 역할을 맡게 된다. 1893(메이지 26)년에 민법·상법의 기초작업을 담당하는 법전조사회(法典調査会)가 설치되

---

21 [역주] 본명은 히라츠카 하루(平塚 明, 1886-1971)이며 일본의 사상가, 평론가, 작가, 페미니스트, 2차대전 전과 후에 걸쳐 활동한 여성해방 운동가. 2차대전 후에는 주로 반전(反戰)·평화(平和) 운동에 참여했다.

22 [역주] 1911년 히라츠카 라이테우를 중심으로 결사된 여성문학사(女流文学社), 페미니스트 단체. 기관지 세이토오(青鞜)를 발행하고, 부인 해방운동을 정력적으로 전개했다. 문학적 사상 계몽 운동 단체. 1916년 해산했다.

고 토미이 마사아키라(富井政章), 우메 켄지로오(梅謙次郎)와 함께 민법의 기초위원으로 선정된 것이다. 이때 그에게는 갈등이 하나 있었다.

귀국 후 노부시게를 기다리던 모국은 말 그대로 처음부터 서양 법학을 받아들이고자 하는 신흥국이었지만, 동시에 자신의 오랜 역사와 문화에 대한 자부심이 넘치는 나라였다. 일본 법전논쟁의 원인도 따지고 보면 그 자존심에서 찾을 수 있다. 자국의 역사를 중시하는 노부시게의 역사법학이 지지를 받은 것도 그 때문이다. 그런데 노부시게는 역사법학을 강조하는 입장이면서 일본의 역사와는 단절된 서양식의 법전을 스스로 기초해야 하는 입장에 처했다. 법전논쟁 때 노부시게는 역사법학의 입장에서 구민법·구상법의 졸속을 비판하며 시행연기를 주장했다. 그러나 이제 그는 조약개정을 위해 초고속으로 민법의 기초를 추진해야만 하는 상황이었다. 특히, 다음 해 1894년에 비준서가 교환된 일·영통상항해조약에 의해 새로운 법전의 시행 데드라인이 1898년으로 설정되었기 때문에 잰걸음으로 기초를 진행하면서 심의해야 하는 일정이었다.[23]

그럼 노부시게는 그 갈등을 어떻게 극복했는가?

민법 중 재산법이라 불리는 영역은 시장 거래의 규칙을 정하는 성격이 있고, 일본이 서양적인 시장 경제를 도입하는 이상 그러한 시장에 필수적인 법적 인프라로서 서양식 민법 규칙을 도입하는 것은 현실적으로 불가피한 선택이었다.

---

23 창황히 기초된 민법이기 때문에 조약개정이 성취된 후의 적절한 시기에 필요한 손질을 하는 것은 기초자들의 당연한 상정이었을 것이다. 그러나 가족법(親族編·相続編)은 1946년에 공포된 일본국헌법에 맞춰 전면 개정되었으나, 재산법(총칙편·물권편·채권편)은 2017년에 채권법이 개정되기까지 근본적인 개정을 거치는 일이 없이 120년이나 살아남았다. 더구나 기초자들이 점차 신격화되어 민법의 조문은 경우에 따라 바뀌어야 할 텍스트가 아니라 해석에 의해 지켜져야 할 '경전'과 같은 지위가 되었다. 이러한 일에 가장 놀랄 사람들은 저 세상에 있는 기초자들일 것임에 틀림없다.

　　[역주] 이 책의 저자 우치다 타카시는 2017년 개정된 일본 채권법의 개정 작업을 첫 단계에서부터 주도적으로 이끈 핵심 주역이다. 채권법 개정에 관한 우치다의 저서는 다음과 같다. 内田　貴『債権法の新時代』(2009, 商事法務), 『民法改正』(2011, ちくま新書), 『民法改正のいま』(2013, 商事法務), 『改正民法のはなし』(2020, 一般財団法人民事法務協会)

일본의 역사를 바탕으로 한 관습을 반영한다 한 들, 서양식 민법에 공통으로 보이는 원칙의 세칙 부분에 한정될 수밖에 없다. 그래서 노부시게 등 기초위원은 브아소나드가 기초한 구민법의 특수 프랑스 법적 측면을 배제하고 비교법적 시각에서 지지할 수 있는 원칙을 가능한 한 간단하게 정하 는 조문으로 삼아 대응하려 했다.[24] 당시 기초가 진행 중이던 독일 민법 초안으로부터도 강한 영 향을 받았다고는 해도, 프랑스 민법, 독일 민법 모두가 2천 4백조 전후의 조문인데 비해 노부시 게 등이 기초한 일본 민법은 그 절반에도 못 미

민법 기초위원(오른쪽부터
호즈미, 우메, 토미이)

치고(제정 시에는 1146조), 게다가 각 조문의 문자 수도 적다. 비교법적으로도 드물 만큼 간단한 민법이 만들어졌다. 이것은 일본의 실정에 적합한 세부 규칙을 확 정하기에는 주어진 시간이 너무 짧은 현실에 대한 현명한 대응이었다.

그런데 이와 같은 대응으로는 대처할 수 없는 영역이 있었다. 바로 가족법 이다. 가족법은 법전논쟁의 최대 쟁점으로, 일본의 이에(家)제도와 서양적(근대 적)인 민법을 어떻게 조정할지가 문제였다. 이 분야에서 노부시게의 역사법학 과 근대화·서구화의 방향, 즉 '진화'의 방향이 제대로 충돌하였다.

'가(家)' 제도와 은거

일본의 법전 논쟁에서 가장 큰 쟁점 중 하나가 '가(=이에, 家)'라는 제도의 자

---

24 법전조사회의 「법전조사의 방침」(1893년 5월 2일 확정) 제11조는 「법전의 조문은 원칙, 변칙, 및 의의(疑義)를 낳는 사항에 관한 규칙을 정함에 그치고 세밀한 규칙에 이르지 않는다」고 정하고 있었다. 広中俊雄編著 『日本民法典資料集成 第1巻民法典編纂の 新方針』(信山社, 2005년) 591쪽.

리매김이었다. 구민법(旧民法)에서도 가족법(인사편과 재산 취득편 중 상속법)은 일본인에 의해 기초되고, 당시 일본의 지도층을 이루고 있던 무사 계급에게 전통적인 제도인 이에 제도도 그대로 유지되는 상태였다. 하지만 구민법은 근대적인(프랑스적인) 공법과 사법의 구별을 전제로 기초되었기 때문에, '가' 제도는 순수한 사법(私法)상의 권리 의무 관계로 규정되었다. 반면, 서양 법학을 배우고, 서양 법학의 관념을 가지고 일본의 전통적인 '가' 제도를 새롭게 바라본 사람들(대표적으로 노부시게의 동생 야츠카)에게 '가' 제도는 호주(戸主)에 의한 '가(家)'의 구성원에 대한 지배권(支配權)을 내용으로 하는 제도이며, 오히려 공법적 색채(公法的色彩)를 지닌 제도로 보는 것이 실태에 맞는 것 같았다(독일에도 그런 생각이 있었다.[25]). 그런 입장에서 구민법은 너무 프랑스적이며 용인하기 어려운 내용을 담고 있었던 것이다.

예를 들어, 가제도를 유지하는 핵심 제도의 하나인 은거(隠居)[26]를 보면, 그 규정은 재산 취득편에 있고, 재산권 이전의 한 가지 원인이 되었다. 즉, 상속은 재산 취득의 원인이며, 은거도 그 일종인 셈이다. 그런데 은거에는 호주의 지위, 즉 가의 지배권 이전이라는 측면이 빠졌다. 「민법이 나와 충효가 망한다」는 야츠카의 논문 제목은 이와 같은 구민법의 가 제도 이해에 위화감을 가진 사람

---

25 야츠카는 가(家) 제도를 기축으로 하는 친족법은 공법이라고 주장하였다. 八束「権利ハ無権力ナリ」(1893년)『穂積八束博士論文集』(1913년) 200쪽. 또 호주권을 공법(권력)으로 보는 야츠카의 이론에 대하여는 福島「兄弟穂積博士」370쪽. 하지만 그 후, 민법의 진화에 의해 사법관계로 될 수 있음을 인정하였다. 「사회의 진화는 개인간의 권력을 중앙에 수용·집중하여 그 지반을 평탄히 하는 것을 향하여 진행하고 있다」(「公法ノ特質」(1904년) 675쪽). 또「공법의 특질」에서는 독일의 조옴(R. Sohm)도 친족법은 사법이 아니라는 설을 주장한 적이 있다고 하고,(『論文集』674쪽), 論文「祖先教ハ公法ノ源ナリ」(『論文集』259쪽)에서는 조옴과 라반트(라반드라 표기)가 순수 친족법은 공법이라는 설을 주장했다고 언급하고 있다. [역주] 은거(隠居) : 일본의 구민법상 이에(家) 제도에서 호주의 신분에 따르는 권리 의무를 가독(家督)이라 했고, 호주가 타인에게 가독의 지위를 넘기는 것을 은거라 했다. 1947년 일본국 헌법의 시행과 더불어 폐지되었다. 한국 가족법상의 호주제도에는 '은거'에 해당하는 규정이 없었다.

26 穂積陳重『隠居論〈第2版〉』718쪽 참조.

들의 감정을 대변하는 구호였다.

그러나 "구래의 누습(陋習)을 깨고 천지(天地)의 공도(公道)에 바탕을 두어야 한다."(5개조의 誓文)라는 메이지 유신의 정책하에서 '천지의 공도'로서 서양 문명의 도입을 주도하는 입장인 노부시게로서는 일본의 전통에 반한다는 단순한 이유로 서구화를 비판하는 듯한 태도를 취할 수는 없는 노릇이었다. 일본의 전통적인 가족 제도의 존속도 글로벌한 보편성을 가진 이론 틀, 즉 서양적 이론 틀로 정당화를 수반하지 않으면 지지할 수 없었다. 여기에서 일본의 전통이라는 '역사'가 서양적 가치라는 '진화'와 충돌하게 되었다.

여기서 노부시게가 선택한 학문적 전략은, 일본의 전통적인 제도를 서양의 학문에서 추출한 '진화'라는 보편적 이론 틀에 담아 현시점의 전통 유지를 역사법학의 입장에서 정당화한다는 것이었다.

법전론을 공간한 이듬해(1891[메이지 24]년), 노부시게는 이러한 관점에서 은거를 논했다. 그것이 『은거론(隱居論)(초판)』이다. 그는 머리말에서 간행 이유를 밝히기를, 유신 이후 문물제도가 급변하여 "고례 구관(古例舊慣)의 폐기로 귀결될 것"이 대단히 많은데 은거 제도 또한 "이제는 거의 그 옛 모습이 없다.[27]"라고 하였다. 그래서 소멸하려는 유제의 자료를 남기기 위해 이 책을 썼다는 것이다. 유사한 연구 동기를 나중의 '5인조 제도(五人組制度)'의 연구에서도 언급하였다.[28] 하지만 머리말에 붙은 "메이지 24년 11월"이라는 날짜는 이 책이 법전논쟁이 한창일 때 간행되었다는 것을 말해 준다. 유제 자료를 남기기 위해서라는 동기는 액면 그대로는 받아들일 수 없다. 그럼 논쟁 속에서 이 책에 담긴 의미는 무엇일까?

---

27 福沢諭吉가 「세상의 식자, 우리 일본이 문자로 남기지 않는 것(불문[不文]의 소이)의 원인을 찾아, 우선 첫째로 이것을 우리 고풍습관이 좋지 않은 탓이고, 후에 이 고습을 일소하고자, 오로지 그 개혁에 착수하여, 폐번치현(廢藩置縣)을 비롯하여 옛것은 모두 폐하고」라고 평한 사태이다(『文明論之槪略』岩波文庫 266쪽).

28 三浦周行 『五人組制度の起源』(1900년, 有斐閣)에 실린 서문에도 들어 있으며, 1902(明治 35)년의 자저 『五人組制度』에서도 적고 있다.

은거와 진화

『은거론(초판)』에서 노부시게는 은거 제도 자체가 문명국가에서 널리 볼 수 있는 것은 아니더라도 사회의 진화에서는 '보통 현상'(보편적 현상)이라고 하였다(64쪽). 그리고 그것이 사회의 진화와 함께 일정한 패턴으로 진화해 왔지만, 곧 그 진화 과정에 은거 제도는 사라질 운명에 있다는 것이다. 노부시게는 일본 역사학의 태두인 시게노 야스츠구(重野安繹)의 은거 폐지론(隱居廃止論)을 소개하고, "이 몸 또한 박사에 동감을 표하며 이 습속이 하루빨리 소멸하기를 바라는 자"라고까지 말하였다(236쪽). 그러나 나중에 법전조사회에서 취한 입장처럼, 오랫동안 이루어져 온 관습이기 때문에 "한 편의 법률"로 폐지할 수는 없다며 은거 제도를 남겨 둔 브아소나드 구민법을 평가하였다(244쪽 이하). 법 제도는 사회의 진화에 따라 변화하는 것이기 때문이다. 이렇게 하여 일본의 전통적인 제도의 존속을 법률 진화론이라는 서양 법학의 틀 속에서 정당화한 것이다.

이 책에서 전개한 은거 제도의 진화 과정에 대한 고찰에 대해 나중에 노부시게 본인은 이런 말을 하였다(『법창야화』 제63화 「박래학설(舶来学説)」).

졸저 『은거론』의 서두에서 은거의 기원을 논하며 "은거속(隱居俗)이 식노속(食老俗), 살노속(殺老俗), 기노속(棄老俗)과 사회적 계통을 같이 하며, 이러한 만속(蛮俗)들이 진화 변천하여 마침내 노인 퇴은(老人退隱)의 습속을 낳았다."라고 했지만, 이 설의 근본 사상이 독일의 야콥 그림(Jacob Grimm)의 설에서 나온 것이라고 주장하는 사람이 있다. "독일에서는 노인을 버리는 습속이 후세의 퇴은속(退隱俗)을 낳았다."라는 그림의 『독일 법률고사휘(法律故事彙; Rechtsalterthuemer)』[29] 기록을 인용하여 내 주장의 논거로 삼을 작정이었지만, 사람들은 이것 또한 수입된 학설이라고 생각할 것으로 보인다.

---

29 [역주] Deutsche Rechtsaltertümer, Bd.1, Bd.2, Göttingen, in der Dietrischen Buchhandlung, 1824.

당시나 지금이나 구미의 권위를 원용하면 딱지가 붙어 독창적인 연구도 서양의 권위를 베낀 것이 틀림없다고 생각하는 경향은 변하지 않았지만, 스스로 다양한 비교법적·역사적 연구를 하는 노부시게에게는 불만이었을 것이다. 그러나 노부시게가 독일학 학자인 그림의 저서를 원용한 데는 필연적인 이유가 있었다. 은거의 관습이 유럽에 존재한 옛 관습과 같은 진화 과정에 있는 제도임을 논증하는 것이 그의 이론에서는 꼭 필요했기 때문이다.

구민법 비판

노부시게는 『은거론(초판)』 간행 직후, 구민법의 은거 규정을 비판하는 논문을 썼다. 「은거에 따라 이동해야 할 권리와 의무(구민법 재산 취득편 제311조 비평)」 (1892[메이지 25]년 1월, 『유문집』 둘째 권)로 은거론과 거의 동시에 집필된 것으로 봐도 좋을 듯하다. 이 논문에서 구민법의 은거 규정이 단서에서 은거자의 "평생을 한도로 하는 권리 의무를 소멸시키지 않는다."라고 규정한 것을 비판하고 은거자의 "일신에 전속하는 권리 의무는 은거로 인해 소멸하지 않는다."라고 고쳐야 한다고 논하였다.

이것은 호주(戶主)에게는 호주로서의 지위에서 유래하는 권리 의무와 한 개인으로서의 권리 의무가 함께 귀속한다는 제도적 원칙을 명확히 함과 동시에 구민법의 은거 규정을 인사편이 아니라 재산 취득편에 담아 오직 재산상의 권리 의무에 관한 제도로 만든 것을 은근히 비판한 것이겠다.[30] 여기서 문제의식은 은거가 호주로서의 지배권 이동이라는 게 철저하지 않고, 본래 '가' 제도 자체의 문제라는 것이다.[31] 이 점은 가족의 규율이 독립하지 않고 '인사편'의 일부

---

30 노부시게는 이미 1890(메이지 23)년 9월에 발표된 강연 「상속 이야기(相續の話)」 (東洋學藝雜誌121호 401쪽 이하)에서 구민법의 상속규정의 배치가 「유럽 방식을 모방」한 것이라고 비판하고 있었다. 小柳 「穗積陳重と舊民法」 116-117쪽.

31 구민법이 가독상속을 재산취득편에 규정했음은 구민법의 기초과정에서도 문제가 되었다.

가 되었다는 것과 함께 법전논쟁에서 연기론의 중요한 논거의 하나였다.[32]

그러나 일본의 현실을 근거로 은거 제도의 존치를 주장하면서 또 구민법이 일본의 현실을 충분히 반영하지 않은 것을 비판하고, 다른 한편,[33] 은거 제도가 사회의 진화와 함께 결국은 소멸할 제도라고 논한다. 역시 일정 부분 내면의 갈등이 엿보인다. 그 갈등은 노부시게의 내면에만 머무르지 않고, 일본 사회의 갈등이기도 했다. 법전조사회의 응수에서도 그런 부분을 볼 수 있다.

법전조사회(法典調査会)

구민법의 은거 규정은 상속에 의한 재산 취득의 한 형태로 규정되었다(재산취득편 306-311조). 그러나 법전조사회에서는 '친족편'의 규정으로 심의되었다. 이미 '선결문제(先決問題)'로서 친족편에 두도록 정했었기 때문이다.[34] 선결문제로서 은거가 거론된 것은 법전조사회가 설치된 지 얼마 되지 않은 1893(메이지 26)년 6월 9일 민법주사회(民法主査会) 제5회 회의에서다.[35]

미우라 야스시(三浦安)는 법전조사회총회 제3회 회의(1893년 7월 4일)에서, 「초안 때 원로원에서 이를 깊이 논의했으나 성립되지 않았다」고 적고 있다. 「法典調査会 民法総会議事速記録」『日本近代立法資料叢書12』(商事法務研究会, 1988년) 수록 73쪽.

32 N. Hozumi, *The New Japanese Civil Code, as material for the study of comparative jurisprudence (1904)*, p.24. 小柳「穂積陳重と舊民法」117쪽은 이 점이 종래의 법전논쟁사 연구에서 그다지 주목되지 않았다고 한다.

33 小柳「穂積陳重と舊民法」121쪽은 노부시게가 호주권에 관한 한 구민법 인사편에 불만을 갖고 있지 않은 것으로 추측하고 있으나 은거 논문으로부터 살필 수 있듯이 조심스러운 형태로나마 불만은 표명되고 있다.

34 『日本近代立法資料叢書5法典調査会民法議事速記録5巻』(商事法務研究会, 1984년) 716쪽.

35 『日本近代立法資料叢書13法典調査会民法主査会議事速記録』(商事法務研究会, 1988년) 98쪽.

그날 회의에서 의장을 맡고 있던 부총재 사이온지 킨모치(西園寺公望)는 애초에 은거 제도를 존속시킬 필요가 있는가 하는 근본 문제를 제기하였다. 사이온지는 은거도 호주도 "봉건시대(封建時代)의 여습(餘習)"으로 "저절로 봉건과 함께 소멸해야 할 것"이라는 의견과 함께 삭제에 동의하였다. 당시 오노 아즈사(小野梓) 등도 은거가 40대, 50대의 한창 일할 세대에서 거론되는 걸 들어 개인의 자유로운 사회 활동을 방해하는 폐풍이라고 비판했다.[36] 사이온지는 이러한 시대의 공기를 대변한 것이다.

이에 대해 은거 규정의 기초 담당자인 노부시게는 호주제도의 사법상 의미가 희박해졌기 때문에 "은거라는 것을 꼭 두어야 할 만큼의 필요는 거의 없다."라고 하면서, 종래 필요한 것으로 수백 년 지속되었고, 오늘 그 필요성의 대부분이 소멸하는 상태지만 아직 일반적으로 행해지고 있기에, 삭제는 시기상조라고 대답했다. 다만, 민법에 규정했다고 해서 은거해야만 하는 것은 아니고, 은거하고 싶은 사람은 이 요건을 채울 필요가 있다고 규정할 뿐이라고 하였다.

또한, 제8회 주사회(主査会, 6월 30일)에서 호주제도가 논의될 때도 사이온지가 다시 논의를 꺼냈다(이때 의장은 총재인 이토오 히로부미[伊藤博文]). 기초위원도 취지에는 찬성이지만, 시기상조라는 이유로 "나의 설은 말살되고 말았"는데, 국체(国体)나 행정법에 관한 것이 아니라 민법과 같은 개개인의 사권(私権)에 관계되는 법률에서 "이익은 인정하면서 아직 이르다는 말이 입법하는 사람의 입에서 나와도 좋은지 어떤지 심히 의문"이라며 강한 톤으로 문제를 제기한 것이다. 예컨대 차남은 양자를 들일 수 없다든가, 자녀가 부모의 승낙을 얻지 못하면 혼인할 수 없다는 것 등을 들으며 이렇게 말했다. "이런 어이없는 일이 어디 있

사이온지 킨모치

---

36 吉井蒼生夫「小野梓の法思想」早稲田法学会誌 25권 301쪽(1975년) 참조.

겠습니까? 이와 같은 것은 대체로 틀린 일이라고 생각하므로 호주라는 글자는 민법에서 제거하기를 바랍니다."[37]

이에 대하여 노부시게는 "법률로 인민의 생활을 엄하게 고칠 수는 없습니다."라며 호주나 은거나 법률로 폐지해도 인민의 생활을 바꿀 수는 없다고 응수하면서도 또 이렇게 이해를 표한다. "애초에 이를 보존하자는 주의가 아닙니다." "따라서 언제라도 가족생활을 깨고 개인 생활로 나갈 수 있는 편의를 제공해 두고, 개인적 능력이 미치면 분가를 하여 독립생활을 할 수 있는 편의를 이 규칙에 정해 둡니다. 즉 원하는 사람의 문호는 열어 두고자 하는 바입니다."[38]

살아있는 제도

여기에서 옹호된 호주제도와 분가제도(分家制度), 은거와 가를 잇는 양자라는 제도는 노부시게 자신의 인생에서 문자 그대로 살아있는 제도였다. 이미 언급한 바와 같이 노부시게는 유학에서 귀국 후 곧 이리에 집안(入江家)과의 입양을 해소하였다. 이리에 집안의 입양은 물론, 남자가 없는 이리에 집안을 잇기 위한 것이었다. '가'의 존속을 위한 입양 제도는 노부시게에게는 그대로 살아있는 제도였다.

덧붙이자면 노부시게는 1899(메이지 32)년 로마 강연 「조상 제사와 일본 법률」에서 일본의 가족 제도를 특징짓는 것으로서 양자 제도를 비중 있게 다루고 사위가 될 예정인 양자가 파양에 의해 양가(養家)를 나오는 경우에 대해서까지 자세히 언급하였다. "그렇지만 만약 후에 당사자 사이에 결혼을 원하지 않을 경우, 양자의 파양을 보는 일이 많습니다."[39] 또 다른 해외 발신에서 후에 언급

---

37 앞에 든 『日本近代立法資料叢書13法典調査会民法主査会議事速記録』 166쪽.

38 앞에 든 책 167쪽.

39 『祖先祭祀ト日本法律』 (有斐閣, 1917년) 168쪽.

208
법학의 탄생

할 1904(메이지 37)년 세인트루이스 만국학술회의(万国学術会議)에서 발표한 「새 일본민법전(The New Japanese Civil Code)」에서도 입양을 상세하게 논하며, "일본에서 양자는 가족법의 주춧돌이라 볼 수 있다."라고 했다.[40] 양자가 자녀의 양육을 위한 제도로 기능하는 서양과는 분명히 제도의 위상이 다르다.

또한, 아버지 시게키(重樹, 당시는 개명 전으로 시게노부)가 은거하고 형 시게카이(重穎)가 호즈미가의 가독(家督)을 상속한 것은 노부시게가 카이세이 학교에서 공부하던 1872(메이지 5)년의 일이고,[41] 형이 가독을 상속받아 구 번주(旧藩主)에 대한 호즈미가의 의무를 혼자서 맡아 준 덕분에, 메이지라는 새로운 가능성이 열린 시대에 노부시게, 야츠카라는 동생들이 자유로운 삶을 살 수 있었다. 그러므로 맏형의 은혜에 대한 노부시게의 생각은 강렬했다.[42] 은거도 노부시게 자신의 삶에 관계가 깊은 제도였던 것이다.

한편, 법전조사회에서 은거제도만이 아니라 호주제도의 폐지까지 언급한 사이온지 킨모치는 약 10년간 파리에 유학했고 민법도 공부했다. 그는 유학에서 귀국한 후인 1881(메이지 14)년 마츠다 마사히사(松田正久), 나카에 초오민(中江兆民) 등과 함께 프랑스의 급진 자유주의를 주장하는 동양자유신문(東洋自由新聞)을 발행하고 사장을 맡았다. 입장이 곤란한 정부는 그에게 사장을 그만두도록 메이지 천황의 내칙(内勅)까지 냈다.[43]

프랑스류의 교양과 법학 소양이 있는 귀인으로부터 극히 리버럴한 의견[44]이

---

40 *The New Japanese Civil Code*, p.53.

41 『出発』 43쪽.

42 「阿兄一週年祭祭文」(『遺文集3』 수록), 福島 「兄弟穂積博士」 363쪽 참조.

43 伊藤之雄 『元老 西園寺公望－古希からの挑戦』(文春新書, 2007년) 57쪽, 岩井忠熊 『西園寺公望－最後の元老』(岩波新書, 2003년) 45쪽.

44 법전조사회에서 사이온지의 역할에 관하여는 張智慧 「明治民法の成立と西園寺公望: 法典調査会の議論を中心に」, 『立命館大学人文科学研究所紀要』 제93호(2000년) 207 쪽 이하 참조. 그리고 법전조사회의 논의를 보는 한, 우메 켄지로오도 노부시게의 원안을 지지하면서도 호주와 은거제도에 부정적인 입장이었던 것으로 보인다(앞에 든 『民法主査会議事速記録』 99쪽).

표명되었을 때 노부시게는 그것에 충분한 이해를 표명하면서도, 자신의 인생에 살아있는 제도를 부정할 수는 없었다.

시부사와 에이이치

사이온지와 노부시게 사이에서 벌어진 주사회 논쟁은 그 직후인 1893년 7월 4일에 열린 제3회 법 전조사회 총회에서도 재현되었다. 이번에는 실업 가 위원인 스에노부 미치나리(末延道成)가 호주제 의 폐지를 제안하고, 노부시게의 장인인 시부사와 에이이치(渋沢栄一)가 이를 지지한 것이다.[45] 시부 사와의 말이다. "전체 호주의 제도는 어지간히 오 래된 제도이기 때문에 그 폐지에 대해 상당히 강한 반대가 있지만, 일본의 장래를 위해서는 없는 편이 좋다고 생각합니다."

표결에서 부결되기는 했지만, 사이온지 킨모치와 개명한 실업가들에 의해 표현된 놀라울 정도의 자유주의 사상은 그 후 20세기에 들어와서 가족 국가관 이 정치적 의도 아래 강화되어가는 가운데, 점차 억압되었다.[46]

그러나 이상과 같은 갈등을 품은 노부시게의 은거 제도론은 그 후 놀라운 변화를 이룬다. 이에 대해서는 다음 장에서 살피기로 한다.

---

45 앞에 든 『日本近代立法資料叢書12法典調査会民法総会議事速記録』 68쪽.

46 정치적인 가족국가관의 형성이 20세기에 들어와서부터라는 데에 관하여 石田雄 『明 治政治思想史研究』(未来社, 1954년) 6쪽 이하. 또 영일(英日)통상항해조약의 조인은 1894(메이지 27)년 7월 16일로, 그 이후는 법전실시의 기한 준수의 요청이 회의를 지배 해 가게 되는데(張 「明治民法の成立と西園寺公望」 233쪽), 그 이전의 이 시기에는 이 와 같은 원리적인 논의도 이루어졌다는 견해도 가능할 것이다.

3. 전통에의 침잠

법전편찬 후의 법학

노부시게 등의 노력으로 기본적인 법전편찬이 끝난 후 일본의 법학은 급속히 법실증주의(法実証主義)에 지배되어 서양에서 계수된 법전을 해석하는 데 정력을 쏟게 했다. 거기에서는 사비니와 그 후계자들이 구축한 로마니스텐 독일 개념법학의 영향이 압도적이었다. 일본의 젊은 법학자들은 독일의 정밀한 법개념(法概念)을 일본법의 조문과는 무관하게 일본에 들여와 '해석 이론(解釈理論)'을 구축하였고, 재판관들은 개념과 논리만으로 결론이 도출되는 양 판결을 썼다. 그러나 노부시게는 그런 법학과는 선을 긋는 법학을 지향했던 것으로 보인다.

옛 풍속과 제도에 대한 몰입

민법의 기초를 마친 후 노부시게의 연구는 일본의 옛 풍속(=고속[古俗]·유제[遺制])으로 향한다. 1893(메이지 26)년에 법전조사회가 설치되어 민법 기초자의 일원으로 선정되자, "만사를 제치고 민법전 기초에 매달리는" 시기로 이어진다.[47] 노부시게가 다시 학문적 간행물을 세상에 낸 것은 5년에 걸친 민법의 기초작업을 마치고 새로운 민법전이 시행된 다음 해인 1899년이다.

같은 해 10월에 그는 로마에서 개최된 만국동양학회(万国東洋学会)에 초청을 받아 연구 발표를 맡았다. 법학자 노부시게의 국제 무대 데뷔이다. 그때 택한 주제는 일본의 '조상 제사'로, 서양에 극히 이질적으로 보이는 일본의 전통적인 '가' 제도와 조상 제사의 적극적인 의의를 논한 것이었다. 일본 특유의 입양 제도에 관한 설명도 두텁다. 나중에 명확해지는 노부시게의 가족 국가관(家族国家

---

47 『遺文集2』序(穂積重遠) 2쪽.

觀)의 맹아도 여기에서 볼 수 있다.[48] 발표 원고는 그 후 1901(메이지 34)년 6월에 "Ancestor–Worship and Japanese Law"라는 제목으로 영어로 공간되었는데, 국제적으로도 주목을 받아 독일어, 이탈리아어로도 번역되었다. 1912(타이쇼오 원)년에는 제2판(정정 보정 재판)이, 1913년에 제3판이 나오고, 1917에는 조카 호즈미 이와오(穗積巖夫, 형 호즈미 시게카이[重穎]의 장남)에 의한 일본어판『조상 제사와 일본 법률』(영문 제3판의 번역)이 발간되었다.

민법전 시행 후인 1902(메이지 35)년에는『5인조 제도』를 공간하여 그의 전통적인 제도에 대한 학문적 침잠은 계속된다. 계몽시대의 저작과는 달리 연구자로서의 업적의 중심이 일본의 전통적인 고속 · 유제로 옮겨갔다.

이 때문에 오늘날 그를 법제사학자 또는 법철학자로 분류하는 경우가 많다. 그러나 그는 오늘날의 학자처럼 자신의 관심이 향하는 대로 연구 테마를 선택할 수 있는 입장은 아니었다. 노부시게는 일본 최초의 법학자로서 일본에 서양법학의 도입을 주도할 것으로 기대되었으며, 일본 법학 연구자의 롤 모델 격 역할을 한 인물의 하나였다. 그런 입장이던 학자가 오늘날로 보면 속세에서 벗어난 것으로 보이는 역사 연구에 몰두한 이유는 무엇일까?

노부시게의 연구를 알면 알수록 서양법의 계수에 그가 맡은 역사적 역할과 그의 학자로서의 연구 내용의 격차가 느껴진다. 지금까지는 양자가 암묵적으로 구별되어, 연구자로서는 이른바 호사가적인 연구를 하던 인물로 파악되었다고 생각할 수 있다. 오늘날 그의 이름은 민법의 기초자 중 한 명으로, 그리고『법창야화(法窓夜話)』같은 뛰어난 에세이의 저자로서 나오는 정도이다. 그러나 만약 그가 임종에 이르기까지 심혈을 기울인 연구가 단순히 취미에 따른 연구가 아니었다면, 바꿔 말해, 그가 서양법 계수에서 맡았던 역할과 연속성이 있는 문제의식에 이끌린 것이라면, 우리는 노부시게의 학문을 이해하지 못했던 것이 된다. 그것은 다시 일본의 서양 법학 수용을 선도한 인물이 무엇을 생각하던 것인지 이해하지 못했다는 의미이다. 역으로 말하자면, 그의 일관된 문제의식을 이해할 때 우리는 비로소 일본의 서양 법학 수용의 제 모습을 이해할 수 있

---

48 이 점에 대하여는 제7장 '노부시게의 조상제사론' 참조.

는 것이 아닐까?

그런 그의 문제의식을 느끼게 하는 업적이 있다. 『5인조 제도(五人組制度)』를 공간하고 2년 후 노부시게는 다시 국제무대에 초청받았다. 세인트루이스의 만국학술회의(万国学術会議)이다. 이 회의는 노부시게의 학술 발표 내용이 그의 학문적 관심의 소재를 나타내는 것으로서 흥미 깊을 뿐만 아니라, 이 회의에서 일어난 예상 밖의 사건이 노부시게 연구의 배후에 있는, 당시 서양에 대한 일본 지식인의 심정을 이야기해준다는 점에서도 흥미롭다. 그래서 조금 자세하게 이 회의에 대해 언급하고자 한다.

세인트루이스 엑스포

1904(메이지 37)년, 미국 미주리주 세인트루이스에서 엑스포(=만국박람회, Universal Exposition)가 개최되었다. 엑스포는 1851년 런던 엑스포 이래 서양의 선진국이 문화와 산업의 진보를 과시하는 국가적 행사로 개최되어 왔다. 그런 의미의 엑스포가 제2차 세계대전으로 의미를 잃었다고는 해도 일본인에게는 1970(쇼오와 45)년에 개최된 오사카 엑스포가 기억에 새겨져 있다. 이것은 아시아에서 처음 개최된 엑스포이며 고도 경제 성장을 계속하는 일본을 세계를 향해 자랑스럽게 선보이는 이벤트였다.

세인트루이스 엑스포는 미국이 프랑스로부터 루이지애나를 구입한 지 100주년이 되는 것을 기념하여 미증유의 웅장한 규모로 개최되었다. 부지 면적을 봐도 선행하는 1900년 파리 엑스포의 11배나 되고, 참가국은 44개국에 달했다.[49] 미국에서는 허버트 스펜서의 사회 진화론(社会進化論)이 본국 영국보다 훨씬 널리 받아들여졌으며, "사회에서도 경쟁의 결과 적자(適者)가 이기면 그만큼

---

49 穂積陳重「万国学芸会議に就て」『遺文集3』 95쪽, 楠元町子「セントルイス万博に見る日本ブランドの萌芽」 愛知淑徳大学論集—文学部・文学研究科篇 36호(2011년) 59쪽.

사회가 진보한다."[50]라는 믿음이 퍼져 있었다. 세인트루이스 엑스포는 그와 같은 진화와 진보의 성과를 과시하는 이벤트였다. 세계는 제국주의 시대이며 필리핀과 하와이를 병합하여 식민지를 가진 제국으로 변모하던 미국은 이번 엑스포의 인류학 부문에서 '인디언'과 '필리핀'을 '전시'하여 화제가 되었다. 악명 높은 '인간 전시'였다.[51] 일본도 타이완관을 건설해 구미 열강과 어깨를 겨누는 제국주의 국가로서의 존재를 어필하고 '아이누인'을 전시했다.[52]

'황화' "유럽의 민족들이여,
가장 신성한 보화를 지켜라!"

그런데 엑스포가 개최된 1904년은 러일전쟁의 와중이었다. 당시 '황화론(黃禍論, Yellow Peril)'이 소용돌이치는 가운데 일본의 엑스포 참가는 전쟁의 정당성에 대한 세계 각국의 이해를 얻기 위해, 특히 미국의 호의적인 중립을 확보하기 위한 중요한 국가 전략이었다. 황화론은 중국인이나 일본인이 백색 인종을 위협한다는 주장으로, 당시 독일 황제 빌헬름 2세 등이 선전하였다.[53] '황화(黃禍, gelbe Gefahr)'라는 표현을 빌헬름 2세가 처음 사용한 건 아니지만, 그의 황색 인종 배척 사상과 당시 유포되기 시작한 '황화'라는

---

50 楠元町子「セントルイス万国博覧会と**日露戦争**—異文化交流の視点から」異文化コミュニケーション研究 6호(2003년) 137쪽.

51 楠元「日露戦争」137-138쪽.

52 楠元町子「万国博覧会に見る**明治政府の国際戦略**—1902年ハノイ博覧会と1904年セントルイス万博を中心に」愛知淑徳大学論集—文学部・文学研究科篇37号(2012년) 105, 114쪽. 楠元町子=「万国博覧会と異文化交流—1904年セントルイス万博の事例を中心に」異文化コミュニケーション研究 5호(2002년) 155, 158쪽.

53 橋川文三『黄禍物語』(岩波現代文庫, 2000년)(初出 1976년) 20쪽 이하, 飯倉章『**黄禍論と日本人**— 欧米は何を嘲笑し, 恐れたのか』(中公新書, 2013년) 51쪽 이하 참조.

캐치 프레이즈가 결합하여 빌헬름 2세가 창안한 우의화(寓意畫) 화면이 '황화의 그림'[54]으로 불렸다.[55] 일본은 러일전쟁을 인종 간의 싸움, 서양 대 동양의 싸움이라는 틀로 파악되는 것을 막을 필요가 있었다. 따라서 러시아가 전쟁을 이유로 엑스포 참여를 중단한 반면, 일본은 비서양 국가에서 유일한 참가국[56]으로 수많은 출품을 함으로써 문명국임을 어필함과 동시에 일본에 대한 올바른 이해를 촉구하고자 했다.[57] 그것이 일정한 효과를 올린 것은 다음 해의 포츠머스 조약 교섭에서 미국의 중재로 나타났다.[58]

청일전쟁에 승리하고 1899(메이지 32)년에 메이지 유신 이후의 염원이었던 조약 개정의 과제 중 치외법권 철폐를 달성했으며 1902년 영·일 동맹을 체결한 일본은 서양에 필적하는 문화가 아시아에 있다는 자부심과 아시아의 맹주는 일본이라는 의식으로 엑스포를 맞았다.[59] 출품 전시면에서도 국제 사회에서 일

---

54 [역주] 역사화가 헤르만 크낙푸스(Hermann Knackfuss, 1848–1915)가 러시아 니콜라이 2세 차르에게 주는 선물로 빌헬름 2세 황제의 구상에 따라 1895년에 그린 그림이다. 독일의 수호자 대천사 미카엘이 북구의 발퀴레 풍의 우람한 여성들에 둘러싸여 있다. 이 여성들은 유럽 민족들을 상징하는 민족적 우화에 속한다(마리안네, 게르마니아, 브리타니아 등). 대천사는 유럽 풍경 위의 어두운 먹구름 속에서 동쪽으로부터 날아오는 부처를 가리킨다. 빌헬름 2세가 의도한 것은 황인종의 위험 내지는 신을 부인하는 불교에 맞서 유럽 그리스도교인들이 힘을 모아 다 함께 싸우자는 촉구였다.

55 飯倉『黄禍論と日本人』50쪽.

56 石部雅亮「明治期の日本法学の国際的ネットワーク―穂積陳重・岡松参太郎とヨーゼフ・コーラ―」早稲田大学比較法研究所編『日本法の国際的文脈: 西欧・アジアとの連鎖』(成文社, 2005년) 수록 100쪽.

57 楠元「日露戦争」140–141쪽.

58 하지만 러일전쟁의 승리는 결과적으로 구미의 황화론을 강화하게 했다. 미국도 얼마 가지 않아 대일강경노선으로 방향을 돌린다. 飯倉『黄禍論と日本人』, 簑原俊洋『アメリカの排日運動と日米関係―「排日移民法」はなぜ成立したか』(朝日選書, 2016년), 中村進「排日移民法成立の背景―写真結婚の影響を中心に」政経研究 52권 2호 381쪽(2015년) 등 참조.

59 楠元町子「万国博覧会と中国―1904年セントルイス万博を中心に」愛知淑徳大学現代社会学部論集10号(2005년) 130, 148쪽.

본의 평가를 높이는 데 주력했다.[60]

만국 학술회의

이 박람회의 개최에 맞추어 만국 학술회의(万国学術会議; Congress of Arts and Science)라고 칭하는 회의가 개최되었다.[61] 거기에서는 박람회와 같은 물품의 전시와는 별도로 당시의 거의 모든 학문 분야의 지도자를 모아 여러 학문 성과의 통합을 염두에 두었다.[62] 하버드 대학 뮌스터버그(H. Münsterberg) 교수의 구상에 근거한 학문 분류와 분과회 구성은 다음의 7대 분야 24개 부문으로 나뉘었다.[63]

우선 이론적 학문으로

A: 규범학(철학 · 수학),

B: 역사학(정치 경제사 · 법제사 · 언어사 · 문학사 · 미술사 · 종교사),

C: 물질과학(물리학 · 화학 · 천문학 · 지구과학 · 생물학 · 인류학),

D: 정신과학(심리학 · 사회학).

나아가 실천적 학문으로서

E: 실용과학(의학 · 공학 · 경제학),

F: 사회관리(정치학 · 법학 · 사회과학),

G: 사회문화(교육 · 종교).

---

60 楠元「明治政府の国際戦略」115~116쪽.

61 이 회의에 대하여는 뒤에 나오는 호즈미의 기록 외에, 北里柴三郎도 상세한 기록을 남기고 있다. 北里「**万国学術会議状况**」『北里柴三郎論説集』(北里研究所, 1978년) 945쪽 이하.

62 渡辺かよ子＝楠元町子＝板東江里子＝矢島洋子＝柳沢幾美「1904年セントルイス**万国学術会議の分析: 参加者と分科会構成を中心に**」愛知淑徳大学論集―コミュニケーション学部篇 2호(2002년) 155쪽.

63 渡辺他「万国学術会議の分析」158쪽.

이 분류 자체는 다양한 비판을 받았지만, 그것은 차치하고, 당시의 학문 분야를 망라하여 전 세계에서 저명한 학자들이 초대되었다. 이 회의에 일본인은 4명 참가하였다. 그 가운데 한 사람, 오카쿠라 텐신(岡倉天心)은 일본 학자로서 초대된 것이 아니라 파리의 루브르 박물관장이 참석할 수 없게 되자 그 대리로 초빙된 것이다. 오카쿠라는 당시 보스턴 미술관에 초빙되어 미국 체류 중이었다. 이미 국제적인 지명도가 있었다는 걸 알 수 있다. 오카쿠라는 화복(和服) 차림으로 등단하여, '회화의 현대 문제(Modern Problems in Painting)'라는 주제로 그림을 소재로 일본 고유의 정신을 논했다. 서양 국가들의 아시아 식민지에 대한 비판도 넣어, 그 민족주의적 강연은 유창한 영어와 함께 청중을 매료했다고 한다.[64]

일본인 학자로서 초대된 것은 3명으로, 한 사람은 키타사토 시바사부로오 (北里柴三郎, 1853-1931)이다. 키타사토는 독일 유학 중에 지도 교수 코흐 아래서 두각을 나타내고, 파상풍균의 순수 배양 성공과 페스트 병원균의 발견 등, 전염병 연구 성과가 눈부셨다. 당시는 공개되지 않았지만, 1901(메이지 34)년 제1회 노벨 생리학 · 의학상 후보로도 올랐다.[65] 또한 사람은 동물학자 미츠쿠리 카키치(箕作佳吉, 1858-1909)로 일본 동물학의 최초 지도자이다. "Mitsukuri"라는 학명을 가진 동물도 다수 존재

키타사토 시바사부로오

---

64 渡辺かよ子＝楠本町子＝坂東江里子＝矢島洋子＝柳沢幾美 「一九〇四年セントルイス**万国学術会議について**」大学史研究17호(2001年) 60쪽, 楠元町子 「岡倉天心にみる万国博覧会と異文化交流」 (http://aska－r.aasa.ac.jp/dspace/handle/10638/3479)(2001年). 노부시게는(陳重)는 미츠쿠리(箕作)와 키타사토의 보고도 호평이었다고 보고하고 있다(『遺文集3』 109쪽).

65 이 사실이 공표되어 일본에 알려진 것은 80년 이상 경과한 후이다. http://kitasato-respectlife.com/shibasaburo/3275.html 최종단계에서 그때까지 후보가 되지 않았던 공동 연구자인 독일인이 수상하기로 결정된 경위는 잘 알 수 없다.

할 정도다.[66] 남은 한 사람, 그리고 3명 중 리더 격이 법학자 호즈미 노부시게였다. 세계 학계의 선두 주자로 평가되어 초대된 일본인 학자 3명 중 한 사람이 법학자였던 것은 주목할 만하다.

법학자의 초대

자연과학과 같은 보편성이 강한 학문과 달리, 법학이라는 학문은 세계 역사상 서양에서만 성립, 서양의 문화와 역사에 깊이 뿌리내린 학문이다. 불과 30년 전까지만 해도 일본에는 법학을 논할 기본 개념조차 없었다. 이미 언급한 바와 같이 'society'에 대응하는 '사회(社會)', 'individual'에 대응하는 '개인(個人)', 'liberty'에 대응하는 '자유(自由)', (자연법 개념에 불가결한) 'nature'에 해당하는 '자연(自然)'과 같은 개념은 모두 메이지 이후에 만들어진 번역어이다. 또한, 의무(義務)의 체계인 유교 문화권(儒教文化圈)에 있던 일본은 'right'에 대응하는 '권리(權利)' 개념도 없어 새로운 낱말을 만들어 내야 했다. 그런 사회에서 서양 법학을 연구한다는 것 자체가 애초에 불가능해 보인다. 그런 일본의 법학자가 국제 무대에 초대된 것이다.

하지만 그 배경으로 당시 일본이 놓여 있던 위치도 생각해 둘 필요는 있을 것이다. 일본은 아시아에서 처음으로 서양식의 법 제도를 정비하고, 급속히 서양화를 이루어 서양 열강에 끼어들려던 신흥국이며, 대국 러시아를 상대로 전쟁을 시작해 세계의 주목을 받는 상태였다. 학술회의는 9월 19일 개회식으로 시작하여 9월 25일까지 진행되고 워싱턴과 보스턴에서 리셉션 등이 이어졌다. 러일전쟁은 뤼순항(旅順港)의 러시아 함대에 대한 기습 공격을 발단으로 2월 8일에 개시되어, 유명한 뤼순 요새 공방전은 8월부터 다음 해 1905(메이지 38)년

---

66 당초에는 노부시게, 키타사토 외에, 수학자인 키쿠치 다이로쿠(菊池大麓)에게 초대장이 왔으나 키쿠치에게 문제가 있어 미츠쿠리가 대신 출석하였다. 北里「万国学術会議状況」946쪽.

1월 1일 러시아 측이 항복할 때까지 계속된다. 그러니까 만국학술회의는 뤼순 요새 공방전의 와중에 개최된 것이다. 이른바 203고지의 함락은 12월 5일, 전쟁의 판국을 결정한 츠시마 해전[67]은 1905년 5월이다. 그처럼 세계의 호기심이 쏠린 국가에서 서양법의 계수를 주도한 것이 호즈미 노부시게였다. 서양법 문화의 보편성을 믿는 사람들이 보자면 노부시게를 부른 것은 나름대로 이유가 있는 것일지도 모른다. 서양 문명을 충실히 배우는 학생이 법 제도의 서양화를 어떻게 이룩했는지가 서양으로서는 충분히 흥미로운 일이었다.[68]

그런데 노부시게가 이 학술회의에서 한 강연은 일본이 어떻게 서양을 스승으로 삼아 이를 본받아 법 제도를 정비했는지를 보고하는 '학생 리포트'가 아니었다. 노부시게는 자기 스스로 기초를 맡아, 6년 전에 막 시행된 일본 민법을 소재로「새 일본 민법전(The New Japanese Civil Code)」이라는 제목으로 발표했는데, 그 내용은 프랑스법과 독일법에 준거하여 기초된 재산법 부분(민법전의 제1편부터 제3편)이 아니라 가족법(제4편, 제5편)을 대상으로 하고, 거기에 규정된 제도의 독자성을 논하는 것이었다.

법의 영역에서 일본 근대화의 기수로서 서양법의 일본 계수를 주도하고 서양식 법 정비를 담당하던 노부시게이고 보면 이 회의에서 그에게 기대되던 역할을 느끼지 않았을 리는 없다. 그러나 노부시게는 일본이 어떻게 서양화했는지를 서양을 향해 발신하는 것이 아니라, 서양에서 보아 가장 이질적인 일본 가족법을 들어, 게다가 그 독자성을 강조하는 발표를 한 것이다. 왜 그러하였을까?

호즈미 노부시게의 프레젠테이션

노부시게는 일본 민법의 성립 경위와 특징을 소개한 후, 서양과는 이질적인

---

67 [역주] 일본은 '일본해 해전(日本海海戦)'이라 한다.

68 당시의 서양에서 일본을 서양 문명을 충실히 배우는 학생·제자로 보는 의식이 있었음은 의심할 바 없다. 飯倉『黃禍論と日本人』130쪽 참조.

영역인 가족법을 다룬다고 하면서 일본과 고대 로마 가족 제도의 유사성을 지적한다. 그리고 그의 연구의 상투적인 스타일을 따라 가족 제도의 진화 단계를 유형으로 보여 일본이 과도 단계에 있음을 말한다. 예를 들어, 가족 제도가 가(家) 단위에서 개인 단위로 진화해 나가는데, 일본의 '가' 제도가 그 진화의 과정에 있고(24–25쪽), 사람의 등록 제도(호적)에서도 씨족의 등록, 가의 등록, 개인 신분의 등록이라는 진화의 단계가 있는데, 일본은 세 번째 단계에 들어갔을 뿐으로 신분의 등록과 함께 가의 등록도 인정한다는 식이다(52쪽). 상속에 대해서도 제사 상속으로부터 신분상속을 거쳐 재산상속에 이르는 진화의 3단계를 제시하며 일본이 두 번째에서 세 번째로 급속히 이행 중이지만, 첫 번째 요소도 남아 있다면서(60쪽), 일본 고유의 요소인 가독상속(家督相続)과 재산상속(財産相続)이라는 서양의 사고방식을 나란히 두면서 일본이 과도 단계에 있다고 하였다(65쪽).

이렇게 노부시게는 일본 가족법이 진화의 과도적인 단계에 있다고 한다. 그러나 그의 목적은 일본의 후진성을 지적하자는 게 아니었다. 사회 진화의 방식이 균일하지 않은 이상 그 사회를 반영한 법인 일본의 가족법은 서양과는 같지 않더라도 합리적인 존재 이유가 있다는 것을 주장한 것이다. 그리고 일본 민법에는 고대적 요소와 현대적 요소, 동양적 요소와 서양적 요소가 혼재한다는 것, 민법의 처음 세 편은 서양이지만, 나머지 두 편은 서양과 매우 다르다는 것, 외국법 계수의 순번은 고유성이 작은 채무법(債務法), 동산법(動産法)이 앞에 오고 다음에 부동산법(不動産法)이 오나, 상속법(相続法)과 친족법(親族法)은 토착의 요소가 강하다는 것을 밝혔다(71–72쪽).

이렇게 노부시게는 새로 제정된 민법의 가족법이 서양적이지 않은 이유를 진화론의 관점에서 논하였다. 여기에 그가 일본의 전통 고속·유제에 남다른 관심을 기울이는 이유를 찾기 위한 힌트가 있다. 게다가 그는 이상과 같은 논의를 뒷받침하기 위한 학문적 방법의 선진성에 대해 남다른 자신감을 보였다. 노부시게에 따르면 법은 국민적이고 지역적이지만, '법과학(法科学)'은 보편적이다. 그는 세계의 법 제도와 역사에 대한 해박한 지식을 배경으로, 비교법학(比較法学)의 새로운 틀을 제창했다. 즉 법의 비교법적 계통을 나타내는 법계(法

系; Legal genealogy)라는 개념과 법의 계수(繼受)에 의해 발생하는 관계를 나타내는 모법(母法; Parental law or mother law)과 자법(子法; filial law)이라는 개념을 제창하고 세계의 법족(法族; Families of Law)을 중국법(Chinese), 힌두법(Hindu), 이슬람법(Mohammedan), 로마법(Roman), 게르만법(Germanic), 슬라브법(Slavonic), 그리고 영국법(English)의 7가지로 분류하는 비교법 이론(比較法理論)을 제시했다. 이러한 법계의 존재 자체가 법의 진화가 단선적이지 않다는 걸 말해 준다. 그리고 일본 민법을 놓고 일본의 서양화와 함께 중국법계(中国法系)로부터 로마법계로 이행했다고 밝히면서 일본 민법을 보편적 비교법의 틀 속에 자리매김한다. 그러나 한편, '가' 제도에 관해서는 토착적 성격을 강조하고, 그 비서양적인 독자성에 학문적 입지를 부여하고자 했다.

노부시게는 "일본 민법전은 역사법학(歷史法学)과 비교법학(比較法学)의 교차점에 자리한다."라면서(1쪽), "일본 민법전은 비교법학의 소산"이라고 하였다(11쪽). '비교법학 연구를 위한 소재로'라는 그 발표의 부제부터 일본 민법의 비교법적 가치에 그 나름의 확신이 있었다는 걸 보여준다. 그의 발표는 "우리는 과거 서양의 과학적 법률가의 업적에서 이익을 얻었다. 앞으로는 세계의 과학적 형제들과의 상호 원조와 협력으로 눈을 돌려야 한다."라는 말로 마무리한다. 법학이라는 학문에서 일본의 기여에 대한 강한 의욕과 자신감이 엿보인다.

발표에서 제시된 그의 비교법 이론은 구두 발표라는 점도 있어서 이유가 그다지 충분히 언급되지는 않지만, 여기에서 전개된 법체계 이론은 법계(法系)에 관한 세계 연구사에서도 가장 이른 시기 연구 성과의 하나라 할 만하다.[69] 그후 미국의 저명한 법학자 헨리 위그모어 등 여러 서양 학자의 저작에서도 언급되었다.[70]

---

69 모법·자법의 개념에 대하여 노부시게는 벌써 1884(메이지17)년 공간의 논문 「영불독법학비교론(英佛獨法學比較論)」에서 언급하였다(『遺文集1』 336쪽). 그리고 이 강연에서의 비교법학의 방법에 관한 그의 논의의 의의에 대하여는 五十嵐清 『比較法学の歴史と理論』 (一粒社, 1977년) 165쪽 이하 참조.

70 五十嵐·앞에 든 책이 소개하는 바에 의하면 Sauser-Hall, *Fonction et méthode du droit comparé*(1913), p.104-105, n.1, Wigmore, *A Panorama of the World's Legal Systems*, vol.3

그러나 더욱 흥미로운 것은 여기에 제시된 비교법학의 새 이론에 대한 후일
담이다. 모법(母法), 자법(子法)이라는 법률 용어를 노부시게는 자신의 독창이라
생각하고 당초 그렇게 말하기도 하였다.[71] 그런데 이에 대해 자신의 제자 중 하
나로 일본 법제사 교수인 나카타 카오루(中田薫, 1877-1967)는 적어도 1869년 독
일에서 사용된 예가 있다는 것을 정확한 문헌을 들어 자신의 독창이 서양에 역
수입되었다는 노부시게를 비판하였다.[72] 노부시게는 저서의 개정판에서 설명을
정정하고,[73] 발문에서 나카타 논문에 사의를 표하였다. 노부시게가 유학에서
귀국하고 나서 30년 남짓 노부시게 등이 키운 일본 차세대 법학의 수준을 엿볼
수 있게 하는 사실이라고 할 만하다.

만국 학술회의에서 생긴 일

그런데 만국 학술회의 시작 단계에서 일본에서 온 참가자들은 뜻밖의 사건
과 조우한다. 거기서 그들이 보인 대응에서 당시의 일본인 학자의 긍지가 엿보
이는 동시에 당시 세계 속의 일본이라는 나라의 입지도 느껴진다.[74]

9월 19일 개회식 때, 각국의 참가자 중에서 한 명씩 명예 부회장으로 뽑혀
식순에 기재되었다. 그런데 일본에서는 뽑히지 않았기 때문에 노부시게 등은
사무국 직원과 면담하여 물었다. "명예 부회장이 학자 그 사람의 공적이나 학
력 등에 따라 선정하는 것이라면 우리는 물론 한 마디도 말씀드릴 게 없으나,
만약 참가국에 대한 경의라는 취지가 담긴 것이라면 일본도 상응하는 대우를
기대해도 되지 않은가."

---

71 『法窓夜話』初版(1916년1月) 第63話 「舶来学説」 215쪽 이하에 그 기술이 있다.

72 中田薫 「母法子法なる熟語に就て」 国家学会雑誌 30권 4호 122쪽(1916년).

73 『法窓夜話』 第3版(1916년 5월).

74 이하의 기술은 穂積陳重 「萬国学芸会議に就て」 (『遺文集3』 수록), 北里 「萬國學
藝會議状況」에 의한다.

이에 대해 사무국원이 놀라서 인쇄 과정에 실수로 이러한 잘못이 생겼다면 서 정정을 약속했다. 그런데 그것이 수정되지 않은 채 수천 명이 참가하는 개 회식이 시작되었다. 이러한 국제회의의 개회식에서는 보통 참가국의 대표가 국 가를 대표하여 연설한다. 이 점에 대해서도 노부시게 등은 사무국에 사전 조회 했으나, 사무국에서는 국가를 대표하는 연설은 없다는 응답이었다. 그런데 개 막식에서 각국 대표에 의한 인사가 시작되었다.

즉, 박람회 총재와 만국 학술회의 총장 등의 연설에 이어, 식순에서는 영국 제임스 브라이스(James Bryce)가 외국의 내빈 일동을 대표하여 연설하기로 되어 있었다. 브라이스는 저명한 법학자로 이 회의 당시 이미 장관도 경험한 국회의 원이었다. 그런데 브라이스의 도착이 늦어지는 가운데, 화학자 람세(W. Ramsay, 회의가 개최된 1904년 노벨 화학상 수상)가 대신하여 연설을 시작했다. 게다가 그 내 용이 내빈 일동을 대표하는 것이 아니라, 영국을 대표한 감사의 말과 상당 부분 은 자국의 자랑이었다. 게다가 이어서 프랑스 위원이 일어나 연설을 시작했다.

참가국을 대표한 이와 같은 연설이 이루어진다면, 일본에도 그 기회가 주어 져야 마땅할 텐데, 그런 얘기는 사전에 없었고, 게다가 명예 부의장 인쇄 정정 도 이루어지지 않았다. 강렬한 개성을 지닌 키타사토 시바사부로오 등은 그 자 리에서 일어나서 힐문 연설을 시작할 듯한 기세였다. 노부시게는 "저 잠시 기 다리세요."라고 키타사토를 제지, 미츠쿠리와 함께 연단 뒤의 위원석으로 가서 의문을 던졌다. 이에 대해 회의 사무국을 맡고 있던 회의 부장 로저스는 "그것 은 큰 실수였다."라고 사과하고 "이것을 갚아 드릴 테니 조금 기다려 달라."고 했다. 그러나 그동안 각국 대표들의 연설이 끝나고 식순은 다음으로 옮겨져 이 제는 어떻게 돌이킬 수 없게 되었다.

그래서 일본인 위원 세 사람이 로저스에게 말했다. "유감입니다만, 이것 이 그저 개인에 관한 것이 아니라, 국가의 대외적인 면목에 관한 것이므로 어 쩔 수 없이 이 자리에서 물러나겠다." 회의장에서는 만국 학술회의의 의장 뉴 컴(Newcomb) 박사가 연설하던 도중에 앞쪽 중앙에 앉아 있던 세 사람은 "만인이 주시하는 가운데" 자리에서 일어나 퇴장해버렸다. 29년 후(1933년)의 마츠오카

요오스케(松岡洋右)의 국제연맹 총회의 퇴장을 연상시킨다.[75]

세 사람은 일본 측의 사무국으로 돌아가 상의 끝에 항의 문서를 작성했다.

> 우리가 다른 나라와 동등하게 공개적으로 감사를 표현할 기회를 얻을 수 없었다는 걸 심히 유감으로 여기는 바이다. 따라서 우리는 부득이 여기에 항의서(프로테스트)를 내고, 삼가 이후 회의 참가를 정지할 수밖에 없게 되었다.

노부시게 등은 이 항의 문서를 사무국장인 시카고대학 총장 하퍼 박사에게 제출했다. 이에 대해 노련한 하퍼 박사는 즉시 위원과 상의하여 회원이 모여 있는 곳에서 사정을 설명하고 사과하며, 명예 부의장 건에 대해서도 모두가 착석한 가운데 정중히 해명하며 사과하였다.

> 위원회에서는 일본으로부터도 한 사람을 낼 것을 진즉 의결했지만, 의장 뉴컴 씨와 담당 실무 직원 간에 연락이 오가는 가운데 착오가 일어나 인쇄가 누락된 점 참으로 죄송합니다. 위원회의 회의록을 읽어 보시고 위원의 실수이지 고의가 아니었음을 양해하시어 계속해서 참석하시길 바랍니다. 또한, 각 위원회에서는 이후, 이 불행한 사건에 대해 대외적으로 보상할 조치를 게을리하지 않도록 해 주시기 바랍니다.

그 후 회의 부의장 로저스씨, 의장 뉴컴 박사도 공식 사과문을 보내왔다. 그에 따르면, 위원회는 당초 키쿠치 다이로쿠(菊池大麓) 남작을 일본 측 부의장으로 선정했으나, 남작이 급거 참석을 중지하는 바람에 남작의 이름을 지우고 차석(노부시게)을 부의장으로 한다고 결의했지만, 서기에게 지시하는 것을 잊었다는 것, 식순도 일본 회원의 조회에 응답한 후에 나름 식순이 변경되었는데, 그것을 서기가 잊고 통지하지 못했다는 것 등이 분명해졌다. 이렇게 하여 고의

---

75 그러나 의사록상으로는 일본의 대표로부터도 각국에 이어 감사의 인사가 있었던 것으로 되어 있었다고 한다. 渡辺他「万国学術会議について」60쪽.

로 발생한 것으로 여겨지지 않고, 하물며 "일본에 대한 경멸"의 의도 같은 것은 전혀 없었으며 단순한 사무 상의 실수라는 게 밝혀졌으므로, 세 명 모두 각자의 분과회에 참석하였다.

주최 측의 대응

그 후 일본인 위원에 대한 주최자인 미국 측의 대응은, 노부시게가 말하는 바를 읽어만 봐도, 두려워서 조심하는 배려였다. 만국 학술회의 종료 직전에 열린 만찬에서는 일본의 부의장(노부시게)에게는 영국의 제임스 브라이스 다음가는 상석이 주어졌다. 독일, 프랑스, 러시아, 오스트리아보다 윗자리였다. 또 엑스포 협회 회장 프랜시스도 특히 정중한 언사로 프랑스, 독일에 앞서 일본 학술의 진보에 축배를 들었다. 이에 대한 노부시게의 답사는 러·일전쟁의 와중이라는 사실을 느끼게 한다. 노부시게 자신이 쓴 일본어역 원문은 다음과 같다.

호즈미 노부시게(1904).
만국학술회의 출석 무렵.

우리는 외국인이 혹 일본을 호전국(好戰国)으로 보고, 일본인은 그저 군사적인 것에만 능하다고 오해할 것을 염려하는 바이다. [⋯] 일본인은 전쟁에만 앞서는 인민이 아니라는 것은 국사 다난함에도 불구하고 이번 엑스포에 동참하고 또한 이 학술회의에서도 다행히 초청의 영광을 받아 기꺼이 참여했다고 하는 것만으로도 이해하실 것이다.

이어 노부시게는 5개조의 서문(誓文) 등 천황을 언급하는데, 이 연설에 대한 회의장의 반응도 주목할 만하다. 노부시게가 서문의 "지식을 세계에 구하고" 운운할 때, 그리고 보통 교육의 취학자가 학령 아동 100명 중 92명에 달한다는 사실을 이야기할 때, 나아가 금년 7월의 토오쿄오 제국대학의 졸업식에 천황이 임석하여 "군사 면에서 다사다난함에도 불구하고 교육만큼은 소홀함이 없다." 라고 말한 바를 언급할 때 "그 자리에 모인 8백여 명이 죄다 일어나 환성을 지르며 손뼉 치고, 위층에 있던 귀부인들은 모두 손수건을 흔들었다."라고 하였다. 노부시게는 "문사(文事) 있는 이는 반드시 무비(武備)하다는 것은 꽤나 좋은 느낌을 준 것으로 생각한다."라고 술회하였는데, 주위의 관심이 심상치 않았음을 알 수 있다.

또한 노부시게의 연설에는 전시의 일본과 러시아가 교의(交誼)를 연결하는 유일한 장소가 학술 교류를 위한 회의라며 학문 연구가 국제 교류와 평화의 초석이 되기를 희구하는 내용도 담겨서 일동에게 특히 감명을 주었던 것으로 보인다. 키타사토가 전하는 바에 의하면, "(연설을 마친 노부시게가)만장의 갈채 속에 자리로 돌아오자 러시아 대표인 버클랜드씨는 호즈미 박사와 악수하고 서로 환대하자 만장의 시선이 쏠리며 그 성대한 자리에서 광채가 발산하였다."[76]

이 노부시게의 연설이 만국 학술회의의 전체 구상(학문의 분류 방법 등)을 지원하는 아이디어의 제공자인 하버드대학 뮌스터버그 교수(회의의 수석 부회장)에게도 강한 인상을 주었다는 사실이 그의 자서전에 적혀 있다고 한다.[77] 뮌스터버그는 유태계 독일인으로서 미국과 독일의 문화 교류와 상호 이해에 진력한 인물이다.

회의 종료 후 워싱턴의 백악관에서 시어도어 루즈벨트 대통령의 리셉션에 초대되었을 때에도 의장인 뉴컴 박사는 오스트리아 부의장 다음에 일본의 부의장 노부시게를 소개했다. 노부시게는 "이것도 아마 이전의 사건에 대해, 특히 영예로운 지위를 준 것이리라."라고 했다. 또한, 보스턴, 캠브리지 방문과 하버드대학 등의 초대를 받았을 때도 "늘 일본 부의장을 가장 상석에 두고, 예컨대

---

76 北里 「万国学術会議状況」 956쪽.

77 渡辺他 「万国学術会議について」 60쪽.

파티 등에서도 호스트 부인의 상대는 일본의 위원으로 배치하여 식탁에서 가장 상석을 제공하는 식으로 한껏 배려를 받았다."라고 했다.

당시 국제 사회에서 일본이라는 나라의 위상을 엿보게 하는 에피소드이다. 개국한 지 얼마 안 된 극동의 작은 나라가 청나라를 격파했나 싶더니 어느새 대국 러시아에 도전하지 않는가. 그 나라에서 온 학자들은 온몸에 소름이 끼칠 정도의 자존심이 넘쳐났다.

당시 미국에는 중국인 배척이민법(1882년)이 존재하여 1900년대에는 중국인의 입국 심사도 엄격해진 상태였다.[78] 한때 잠자는 사자라 불리던 청나라조차 이제는 단순히 노동력을 공급하는 후진국에 지나지 않았다. 그것이 제국주의 시대 아시아의 이미지였다. 그러나 세인트루이스 엑스포에 참가하는 일본은 구미와는 다른 문명이 아시아에 있음을 보이고, 그 맹주로서 국제적 영향력을 확대하기 위해 아시아 문명의 이해를 얻어야 한다는 사명감이 있었다. 일본이 "아시아에서 유일하게 근대화에 성공한 나라이며 아시아의 리더 자질이 있다는 걸 국제 사회에 보여주려 하였다."[79] 당시의 지식인들이 짊어진 이러한 의식은 단순히 민족주의라고 부르기에는 너무 좁을 것이다. 노부시게 등의 태도는 명예를 중시하고 수치를 무엇보다 싫어하는 무사(武士) 문화의 잔영을 느끼게 한다. 서양 법학은 이러한 사람들에 의해 수용된 것이다.

4. 노부시게의 변화

노부시게의 고속·유제 연구는 그 후에도 그의 일생 계속된다. 일본의 오래된 전통에 대한 집착은 아다우치(仇討ち[복수]), 이미나(忌み名), 말기양자(末期養子), 조상제사(祖先祭祀) 등으로 넓혀졌다. 하지만 전통에 대한 침잠을 계속하는 그에게 놀라운 변화가 찾아온다.

---

78 楠元 「明治政府の国際戦略」 116쪽.

79 楠元 「明治政府の国際戦略」 118쪽.

은거론의 변화

이미 소개했듯이 노부시게는 1891(메이지 24)년에 간행한『은거론(隱居論)』에서 은거를 진화의 과정에서 소멸할 제도라고 평가하고, 호주와 은거 제도의 폐지론에 반대는 하면서도 그에 대한 이해를 표시했다. 그러나 은거 제도에 대한 노부시게의 평가는 그 후 크게 변화한다.

『은거론』초판 간행으로부터 24년이 지난 1915(타이쇼오 4)년에 노부시게는 개정판을 출간했다. A5판 261쪽이었던 초판이 국판(菊判) 783쪽으로 내용이 대폭 확충되어(쪽수는 3배이지만, 판면이 확대되어 글자 수는 더욱 증가) 개정이라기보다는 별도의 저서라 해도 좋았다.[80] 그리고 은거 제도를 파악하는 방법도 일변한다.

내용의 변화를 가져온 이유는 크게 두 가지다.[81] 첫째, 메이지 민법이 시행되었다. 노부시게는 조문의 해석은 거의 하지 않았다고 하였고, 호즈미 시게유키(重行)도 같은 말을 하였다. "그 방대한 저작 중에서 개별 법문의 해석을 주제

---

80 荷見武敬「**改題**」穂積陳重『隱居論〈復刻版〉』(日本経済評論社, 1978년) 7쪽.

81 湯沢雍彦「穂積陳重における『**隱居論**』の発展—明治24年版と大正4年版の比較紹介」社会老年学 6호(1977년) 95-96쪽, 同「穂積陳重著『隱居論』」(「家族・婚姻」研究文献選集②〈新装版〉『隱居論(大正4年版)』(クレス出版, 1999년) 수록)도 참조. 그리고 노부시게의 은거론을 둘러싸고는 三浦周行, 中田薫 등 사이에 흥미로운 논쟁이 전개되었다. 神野潔「穂積陳重と三浦周行—『隱居論』をめぐる論争を素材に」民事研修 652호(2011년) 23쪽, 同「穂積陳重の, 研究に対する1つの「態度」について—『隱居論』に見る, 文献の引用と説の変更」司法法制部季報 135호(2014년) 10쪽 참조. 노부시게를 추도하여 쓰여진 鳩山秀夫「穂積老先生不朽の功績を憶ふ」学士会月報 458호 93쪽은「미우라 히로유키(三浦周行)・나카타 카오루(中田薫) 박사 등 순수 역사파 사람들로부터는 더러 사실에 반하는 사례를 인용하고 있다고 반박되는 일도 있으나 이것은 법학연구 방법의 차이에서 오는 것으로」라 옹호하고 있는데 오히려 노부시게를 실증적으로 비판할 수 있을 만큼의 젊은 사학자를 단기간에 배출할 수 있었음을 평가해야 할지도 모른다.

로 한 것은 전무라고 해도 과언이 아니겠다."[82] 그러나 이것은 사실과 다르다. 『은거론』 개정판에서 스스로 기초를 담당한 은거 관련 조문 기초의 취지를 원용하면서 자세한 해석을 펼쳤다. 둘째, 유럽의 노인 연금 제도의 정비, 즉, 일본 진보의 방향을 보여주는 선진국의 상황 변화이다. 노부시게는 새로 입수한 영국의 자료를 바탕으로 1909(메이지 42)년에 법리연구회(法理研究会)에서 「영국에서의 양로기금법(養老期金法)과 사회권(社会権)」을 발표했다.[83] 『은거론』 개정판 맨 뒤에 배치된 「제8편 은거의 장래」는 연구회 발표의 결과도 감안하여 작성되었으며, 분량도 초판의 7배나 된다.

그리고 은거 제도는 전혀 새로운 관점에서 그 존재 이유가 정당화된다. 즉 양로 연금 제도를 '사회권'으로 자리매김하는 관점이 제시되어, 같은 관점에서 은거 제도에 새로운 위상을 부여한 것이다.[84] '가족제 사회'에서는 자활 능력을 잃은 고령자(高齢者)(노부시게는 '노쇠자(老衰者)'라는 말을 씀.)는 집안에서 부양하지만, '개인제 사회'에서는 나라에서 부양한다. 가족제 사회에서 고령자는 '집안의 은거자'이지만, 개인제 사회에서는 '나라의 은거자'이다.[85] 따라서 가 제도가 없는 개인제 사회에서도 은거의 존재 이유가 있다는 것이다. "은거 제도는 그 기초를 사회적 도의에 두고", 사회에 대한 사회 구성원의 권리이자 사회의 의무이다. 이렇게 사회에 대한 은거 노인의 권리 성격이 부여되었고, 이 점이 고령화 사회를 맞이한 현대에 들어 노부시게의 선견지명으로 재평가되었고,[86] 그

82　穂積陳重『忌み名の研究』수록의 穂積重行「まえがき」 5쪽.

83　이듬해 法学協会雑誌に収録. 『遺文集3』 수록.

84　같은 책 694쪽. 菊池勇夫「穂積陳重と社会権」日本学士院紀要 30권 1호(1972년)는 노인권을 사회권으로 이론화한 노부시게의 개척자적 선각을 논하고 있다.

85　같은 책 718쪽.

86　湯沢雍彦「穂積陳重における『隠居論』の発展―明治24年版と大正4年版の比較紹介」社会老年学6호(1977년) 92쪽, 同「老人問題と老親扶養の動向」福島正夫編『家族―政策と法第3巻　戦後日本家族の動向』(東京大学出版会, 1977년) 수록, 荷見武敬「改題」穂積陳重『隠居論〈復刻版〉』(日本経済評論社, 1978년) 참조. 최근 저작으로서는 佐藤眞一=高山緑=増本康平『老いのこころ―加齢と成熟の発達心理学』

문제의식은 현대에도 이어진다.[87]

이처럼 노부시게는 은거 제도의 노인 부양이라는 측면을 조명하고 현대적인 위상을 부여함으로써 새로운 보편적 이론 틀로 정당성을 부여했다. 은거 제도의 이해는 초판과는 판이하다. 그러나 일본의 전통적인 제도를 서양의 보편적인 이론 틀 속에 자리매김하여 진화론에 적극적인 의미를 부여한다는 그의 학문적 전략은 일관되게 유지되었다.

5인조 연구

은거에서 볼 수 있듯이 법제도의 진화를 파악하는 관점을 전환함으로써 소멸할 운명에 처한 옛 제도에 새로운 생명을 불어넣는다는 수법이 사용된 제도가 또 하나 있다. 바로 5인조이다.

노부시게가 5인조(五人組)[88]를 처음으로 다룬 것은 1898(메이지 31)년 초로 법리연구회(法理研究会)[89]에서 발표하고, 거기서 받은 비평과 그 자료를 바탕으로 1902년에 『5인조제도』를 냈다. 즉, 민법 기초작업 직후(또는 병행하여) 착수한 테마에 조상 제사와 더불어 5인조 제도가 포함된다. 이 저서를 쓴 노부시게의 직접적인 연구 동기는 시정촌(市町村) 제도의 정비와 함께 모습을 감추려 하는 이 역사적인 유제에 대해 자치 단체의 한 형태로 법률 진화론상의 위치를 논해 두

(有斐閣, 2014년) 8쪽.

87 예컨대 岡村益「農村における老人扶養と隠居制」(那須宗一=湯沢雍彦編『老人扶養の研究―老人家族の社会学』(垣内出版, 1978년) 제3장).

88 [역주] 에도막부가 마을(町村)에 만든 이웃보증(=인보[隣保]) 조직. 서로 가까이 있는 5세대를 같은 조(組)로 삼고, 서로 연대책임으로 화재·도적·천주교 신자들의 단속과 공납(貢納) 확보·상호부조를 하도록 했다.

89 [역주] 사법대신(司法大臣)을 지낸 시오노 스에히코(塩野季彦)가 1940년 파시즘을 충군애국(忠君愛国) 정신으로 통합·일체화하기 위해 설립한 조직. 이른바 "대동아 전쟁 성전론(大東亜戦争聖戦論)" 같은 것이 주장되었다.

려는 것이었다.[90]

　방법론은 노부시게 저작 대부분에서 볼 수 있듯이, 행정 구역이 혈족과 종족에 따른 단체에서 지역 단체를 거쳐 국가의 지방 행정 조직의 설립과 동시에 개인 단위로 목적에 따라 형성되는 단체에 이르는 진화의 도식을 제시하면서, 5인조 제도가 혈족 단체에서 지역 단체로 나아가는 과도기적 단계에 있음을, 독일에서 법인류학의 선구자라 하는 알베르트 포스트(Albert H. Post, 1839~1895)의 저작도 인용하면서 논하였다.

　즉, 근대 서양의 학문적 지식을 바탕으로 구성된 진화의 도식에 일본의 유제(遺制)를 적용하여 그 고유의 성질을 밝히면서 과도적 제도임을 지적한다는 평소 노부시게의 방법이다. 하지만 단순히 진화 속에서 사라질 '원시 기관(原始機関)'이라는 걸 나타내기 위해 이 작품을 썼다고 생각하지는 않는다.

5인조장

　5인조 제도에는 5인조장(五人組帳)[91]이라는 게 있어서, 전서(前書)·증문(証文, 청서 請書)·연판(連判)의 3부로 구성되는데, 그 전서에서 규범이 개조(個條)로 나뉘어 명문화된다. 그중에는(노부시게의 표현대로 하자면) 마치 '민약주의(民約主義)'에 따르는 양, 즉 사회계약론(社会契約論)이 상정하는 계약과 같은 형태를 이루는 것이 있었다. 특히 노부시게가 큰 관심을 보인 것은 막부의 대관(代官)[92] 야마모토 다이센(山本大膳) 5인조장인데, 그것이 147개 조목에 이르며 법전과

90　본장의 주 28 및 대응하는 본문 참조. 하지만 5인조를 자치단체로 자리매김하는 것에 관하여는 瀧本誠一「穂積博士著五人組制度論を読む」史学 1권 2호 215쪽(1922년)이 의문을 제기하고 있다.

91　[역주] 5인조 구성원이 지켜야 할 법규를 열거하고 마을 책임자와 함께 서명, 날인한 장부.

92　[역주] 주군(主君)을 갈음하여 그 지방에서 사무를 맡는 자.

같은 모양을 갖추고 규정 내용도 매우 세밀하고 주도면밀했다.

에도 시대에는 법도(法度) 등 법규범이 대량으로 존재했지만, 적어도 표면적 방침으로는 법을 집행하는 일부 관리만 그 내용을 알게 하는 비밀주의(秘密主義)가 채택되었다. 인민에 대해서는 "백성은 이에 따라야 할 것이지, 이를 알게 해서는 안 된다."라는 게 통치의 기본이었다.[93] 앞서 소개한 세인트 루이스에서의 강연에서도 노부시게는 법을 공포한다는 서양의 전통이 들어감으로써, 법이 특정한 사람 외에는 알려지지 않았던 일본 봉건시대의 '법 관념'이 변화했다고 이야기하였다.[94] 그런데 5인조 법규는 인민을 소집해 낭독케 하여 민중의 교과서로도 사용되었다. 일본법의 모습에 대한 일반적인 통념을 뒤집을 수도 있는 내용이 있던 것이다.

폭넓은 시야에서 법의 모습(형식, 문체, 주지 방법 등)을 비교법적으로 고찰한 연구인 『법전론(法典論)』을 쓴 노부시게로서는 이상과 같은 특색이 있는 5인조 제도의 기록을 남길 사명감을 느꼈을 것이다. 뒤에서 검토하겠지만, 노부시게는 법의 스타일(형식·문체)과 공포의 방식에 관심을 기울였다. 법률이라고 하면 법문다운 문체의 조문이 줄지어 있고 관보(官報)에 공포되는 걸 당연한 것으로 느끼는 현대의 일본인은 노부시게의 문제의식을 이해하기가 쉽지 않을지도 모른다. 그러나 메이지 유신 이전의 일본에는 법이 있었다고 해도 형식이나 민중에게 주지하는 방식 면에서 서양법과는 전혀 달랐다. 그것을 단순히 일본이 뒤처진 사회이기 때문이라는 설명으로 정리해 버리는 걸 납득할 수 없는 일본 지식인이 그 차이에 의문을 품는 것은 자연스러운 일이다. 노부시게는 이러한 문제의식에서 5인조장을 주목한 것이다.

---

93 노부시게도 인용하는 『論語』泰伯第8의 「子曰, 民可使由之, 不可使知之」에 대하여는 본문과 같은 의미로 오해되고 있으나 실은 통치의 「리」의 내용에 대하여까지 백성에게 충분히 이해시키는 것은 곤란하다는 사실을, 아니면 쓰디쓴 체념을 적은 것이라는 것이 주자의 해석이라 한다. 渡辺浩「『教』と陰謀―『国体』の1起源」渡辺浩＝朴忠錫編著『韓国·日本·「西洋」：その交錯と思想変容』(慶應義塾大学出版会, 2005년) 378쪽.

94 Hozumi, *The New Japanese Civil Code*, pp.19~23.

그러나 이 시점의 그에게 5인조 제도는 일본 사회가 단순히 진화의 과정에서 뒤처진 사회가 아니라는 걸 보여주는 하나의 사례였다.

'5인조' 이해의 변화

그런데 그 후 19년이 지난 1921(타이쇼오 10)년에 노부시게는 『5인조 제도론(五人組制度論)』을 새로 발간했다. 머리말에서 241쪽이던 초판에 비해 584쪽으로 2.4배나 늘어, 개정이라기보다 거의 새 책의 면모도 있어서 제목에도 '론'을 붙여 초판과 구별했다고 썼다. 진화 과정에서 소멸해야 할 원시 기관의 기록을 남기기 위한 책자일 텐데 개정되어 배 이상의 분량으로 늘어 제목도 바뀐 것이다. 5인조 제도에 대한 노부시게의 입장 변화를 느끼게 한다.

개정판에서는 중국과 영국의 유사 제도에 대한 비교도 부가된다. 서양법과의 비교에 그치지 않고 널리 세계 법과의 비교가 필요하다는 노부시게의 생각을 반영한 것이고, 역사적으로 일본과 관계가 깊은 중국을 비교 대상에 추가함으로써 비교법에서의 독창성이 추구되었다.[95] 그러나 행정 구획의 진화에 관한 이전의 기본 틀은 유지되고 5인조 제도는 "혈족 단체 시대로부터 지역 단체 시대로 넘어가려는 변천 시기에 발생하여, 지역을 국가의 행정 구획의 통칙으로 삼기에 이른 뒤에도 여전히 잔존하는 것"이라는 이해는 초판과 공통된다. 그런데 그 직후 돌연 "세계는 순환한다."라는 말이 등장한다(580쪽). 아울러 과거로부터 지금까지의 진화를 이렇게 설명한다.

지금이야 이웃끼리 모임의 제도는 이미 과거의 현상에 속하여 간신히 역사가의 감흥을 끄는 데 그치고, 정치, 종교, 경제, 기타 사회 제반의 공동생활은 대체로 모두 개인을 단위로 하는 목적 단체를 그 기초로 삼기에 이르렀다. […] 그런데 20세기 초기의 세계 전쟁은 인류의 사상을 근본부터 뒤흔들어 삶의 전반에 걸쳐

---

95 牧野『日本法的精神』20쪽이 이 점을 지적하고 있다.

개조론이 고창되고, 특히 국가 개조론과 사회 개조론은 지극히 중요한 주제로 서 학자, 경세가들 사이에 논의되기에 이르렀다.(581쪽)

극단적인 개인주의에서는 각 개인이 독립 병존하여 무리 짓고 살지만, 그동안 조직적인 연합이 없어서 개인은 사실상 자유의사의 주체가 지녀야 할 능력이 없다. 통제가 없는 군중 심리에 지배당하거나 아니면 조직이 있는 정당 등의 집단에 억압되어 개인의 존재가 멸각된다. 그래서 새로운 국가는 각 개인이 그 고유의 인격을 완전히 보유하고 게다가 사회와 조화하여 생활할 수 있는 진정한 민주주의여야 한다는 사상이 나왔다고 소개한다. 타이쇼오 데모크라시의 시대 배경을 느끼게 한다. 그리고 정당이나 자치단체 같은 큰 집단과 극단적인 개인주의의 폐해가 두드러졌던 시대에 가까운 이웃의 인적 관계를 기초로 하는 집단주의로 사회 개조를 도모하려는 논의가 이루어지기 시작한 것에 주목하였다. 그리고 이런 말로 저서를 끝맺는다.

이제 5인조 제도는 이미 과거의 현상에 속한다 할지라도 적어도 인근 집단제를 부흥하고 이에 따라 현 제도의 결함을 보충하고 교화, 권업, 위생, 보안, 공제와 그 밖의 제반 사회적 협동 생활을 진행하며, 각종 계층의 융화 조화를 꾀하는 것 또한 문화 정치의 한 방책이겠다. 경세가(経世家)는 이를 세 번 생각할 만하다.

무슨 변화일까? 여기서도 진화의 틀에 새로운 관점을 덧붙여, 소멸할 일본의 유제에 새로운 입지 제시가 시도되었다. 더욱이 지금까지 보편적인 진화의 틀 속에 위치하던 존재 의의를 과시하면서도, 사라져가는 과거의 유제로 애석함의 대상일 뿐이었던 5인조 제도에 완전히 새로운 빛을 조명할 가능성이 생긴 것이다. 이를 위해 진화론에는 거의 어울리지 않는 '순환'을 언급, 지금까지의 서술과는 명백히 톤이 다른 결론이 덧붙었다.
노부시게는 학자로서는 매우 신중한 부류에 속한 듯하지만,[96] 이토록 민감

---

[96] 星野英一「出発点」158쪽.

하게 시대의 사조에 반응했다는 것은 지나친 개인주의에 대한 반성의 사조에 그 나름 공명하는 부분이 있었다고 하겠다.

그리고 5인조 제도는 노부시게의 예언대로 이후 일본의 정치 상황의 변천 속에서 확실히 재발견되기에 이른다. 즉, 1937(쇼오와 12)년부터 시작되는 이른바 '국민정신 총동원 운동(国民精神総動員運動)'[97]에서 새로운 입지를 부여받고 되살아난 것이다.[98] 관 주도의 인보(隣保) 조직인 토나리구미(隣組)[99]의 정비가 그것이다. 그 정치적 평가에 대해서는 엄격한 의견도 있을 것이다. 그러나 그 책임을 노부시게에 돌리는 것은 심하다. "사람은 그가 생각한 관념의 후세 경력에 관해서는 책임이 없다. 하물며 그로부터 파생된 일탈에는 책임은 없는 것이다."[100]

아다우치와 진화론

일본의 고속·유제에 대한 노부시게의 진화론적 관점에서 나타나는 '진화'를 느끼게 하는 것이 복수(復讎)의 연구이다. 노부시게가 복수(카타키우치[敵討ち][101]) 문제를 처음 논한 것은 아주 일러서 1888(메이지 21)년 일반인을 상대로 하는 대학의 대중강연회에서였다. 강의 제목은 「형법 진화의 이야기」였다.[102] 노

---

97 [역주] 제1차 코노에(近衛) 내각이 1937년 9월부터 전시의식을 고취할 목적으로 '국가를 위해 자기를 끝까지 희생하는 국민정신', 이른바 '멸사봉공(滅私奉公)'을 추진한 운동.

98 国民精神総動員本部 『部落会·町内会とその常会の話』(1940년) 참조.

99 [역주] 1940년 내무성 훈령으로 제도화된 가옥 10채 안팎의 말단 하부조직. 동원·공출·배급 등의 자치 업무를 맡았다.

100 バーリン(小池銈 訳) 『ヴィーコとヘルダー——理念の歴史·二つの試論』(みすず書房, 1981년) 25–26쪽.

101 [역주] 아다우치(仇討ち)라고도 하며 주군(主君)이나 직계 존속을 살해한 자에 대하여 복수가 허용된 사형(私刑). 무사(武士)가 대두한 중세기부터의 관행으로 에도 시대에는 경찰권의 범위로서 제도화되었다.

102 穂積陳重 『復讐と法律』(岩波文庫, 1982년) 수록.

부시게가 복수에 관심을 둔 것은 아마도 "아다우치"라는 유습에 개인적으로 관심이 있었던 탓도 있을 것이다. 아내 우타코와 함께 가부키(歌舞伎)를 더없이 사랑한[103] 노부시게는 후술하겠지만, 취미 삼아 많은 아다우치 사료를 수집했다.

강연에서 그는 복수에 관한 규범이 '복수의 시대'에서 '복수 제한의 시대', '배상의 시대'를 거쳐 '형벌의 시대'에 이른다는 진화의 흐름을 이야기하였다. 그가 보이는 상투적 수법의 효시라고 할 수 있다. 게다가 노부시게는 자연과학의 비유를 많이 사용하고 생물 진화론의 비유도 구사한다. "복수심은 마치 동물의 꼬리 같은 것이어서, 사회가 등에와 벌(虻蜂 아부하치)을 몰아내어, 가려운 곳에 손이 닿게 되면 소용없게 될 것입니다." 그리고 형벌이 단순한 복수에서 여러 변천을 거쳐 근세의 복잡한 형법에 이르러 법률도 "진화의 큰 법칙"에 따라 변화한다는 걸 보여주는 현상이라고 설명하였다.

청중이 어떤 사람들이었는지는 알 수 없지만, 대중강연회라고 했으니 비전문가인 일반 청중이 대상이었으리라 추측된다. 그러나 그것을 고려했다 하더라도 문자 그대로 '통속적'인 진화론의 느낌을 부정할 수 없다.

1888년이라고 하면 노부시게가 귀국한 지 7년, 그러니까 33세 때로, 이 강연의 논조는 자연과학적 진화론을 단순히 적용하였다는 인상을 준다.

두 번째 강연

그로부터 28년 후, 1916(타이쇼오 5)년 11월 18일, 노부시게는 토오쿄오 변호사회에서 「법의 기원에 관한 사력(私力) 공권화(公權化)의 작용」[104]이라는 강연을 하면서 다시 복수에 관하여 이야기하였다. 과거의 강연과 크게 다르지는 않았지만, 그 내용은 개별 사회의 도덕규범 따위에도 신경을 써 훨씬 세련된 이론

---

103 『歌子日記』로부터도 그 점을 엿볼 수 있다. 같은 책 「まえがき」(穗積重行) xi쪽 참조.
104 『復讐と法律』 수록.

틀로, 참으로 말 그대로 강의에서도 진화를 보였다.

　처음에 자신을 두고 "물정 모르는 늙은 학자"라면서, 강연을 맡게 된 경위를 설명한다. 일전에 토오쿄오 변호사회 시오타니 회장과 몇 명이 찾아왔을 때, 최근 '은거론'을 실천하는 중이라고 하며, 노인은 가급적 물러나 젊은이들의 걸림돌이 되지 않도록 조심하느라 강연 등도 일체 거절하던 차였다. 그러나 업무에 능하고 교묘한 교섭과 "사람을 움직이는 힘이 있는 여러분의 간곡한 우정을 이기지 못하여" 청을 받아들여 이 자리에 서게 되었다. 운운. 이때 노부시게는 연구에 전념하기 위해 벌써 대학도 퇴직하였으나 아직 61세였다.

　노부시게가 다시 복수를 테마로 택한 이유가 무얼까? 앞서 말했듯이 노부시게는 카타키우치(敵討ち) 이야기에 흥미가 있어 많은 자료를 수집했다. 노부시게 사후 간행된『복수와 법률』[105]에서 아들 호즈미 시게토오가 쓴 「머리말」에는 노부시게가 수집한 일본의 카타키우치 이야기책이 소개되는데, 28건의 카타키우치 관련 총 178권에 달한다. 하지만 개인적 관심을 넘어 노부시게는 조루리(浄瑠璃)[106]나 연극에서 열거할 수 없을 만큼 다루어지는 일본의 카타키우치 풍습을 코란에서 아프리카 보고스인들의 풍습에 이르기까지 그야말로 세계의 온갖 복수에 관한 사례를 섭렵함으로써 보편성 있는 이론 틀 속에 자리 매기고자 하였다.

　복수 관련 법제에 관하여 노부시게는 복수를 공적으로 허용했던 시대에서 복수 제한 시대를 거쳐 복수 금지 시대로 진화의 과정을 거친다고 하였다. 그리고 일본의 독자성으로 "문화의 진도에 비해 이 현상이 오랫동안 지속된 것으로 따지면 일본이 으뜸이라 할 것"[107]이라고 지적하였다. 특히 겐로쿠(元禄)의 아코오 로오시(赤穂浪士)의 아다우치 후에는 무사뿐만 아니라 평민의 아다우치

105　이 책은 노부시게의 사후에 아들인 시게토오가 유고를 정리해 간행한 法律進化論叢의 第4冊으로서, 1931(쇼오와 6)년에 공간되었다. 현재는 이와나미문고(岩波文庫)『復讐と法律』에 재록.

106　[역주] 일본의 전통예능에서 반주에 맞추어 이야기를 읊는 행위

107　『復讐と法律』30쪽.

도 많아졌다고 한다. 이처럼 일본에서 아다우치가 활발히 이루어졌던 이유로 그는 세 가지를 꼽는다. 첫째 무사도를 중시한 것. 둘째 유교의 영향. 예컨대 「예기」의 '곡례(曲禮)'에는 "아비의 원수와는 더불어 하늘을 이지 않는다. 형제의 원수와는 칼을 돌이키지 않는다. 사귀어 온 사람의 원수와는 나라를 함께 하지 않는다."라는 말이 있다. 셋째, 봉건 제도 때문에 법권(法權)의 통일이 없었다는 것. 살인을 저지른 사람이 타국의 영지로 도망가면 공적인 권력으로는 제재할 수 없는 사정이 거론된다.

한편, 복수가 제한되는 경우도 앵글로색슨의 신체 배상처럼 한쪽 눈은 얼마, 두 눈은 얼마, 손은 얼마, 다리는 얼마라고, 생명이나 신체의 각 부분에 대한 배상액의 표준이 정해져서 "마치 정찰 가격표가 붙은 것 같다.[108]"는 설명이 있다. 이 배상의 제한은 서양에만 존재하고 동양, 특히 "일본과 중국"에는 없다. 그 이유는 경제사상이 발달하지 않고 재산 관념이 희박했던 점도 있을지도 모르지만, "적어도 돈을 받고 신하의 의무를 파는 것을 깨끗한 것으로 여기지 않는 도의적 관념이 주된 까닭"이라고 한다.[109]

노부시게에게 일본의 아다우치는 부정되어야 할 전근대적 야만은 아니다. 그 시대의 사회적 상황과 사상적 조건(유교의 영향)에서 합리적인 제도의 하나로 아다우치가 자리 잡았다. 한편, 서양도 예전에는 복수의 풍습과 규범이 있었다가 나중에 부정되었다.[110] 그 역시 나름 역사적 이유가 있다는 것이다.

---

108 『復讐と法律』 40쪽. 「정찰표 부착(正札附)」이라는 말은 「刑法進化の話」 286쪽에서도 볼 수 있었다. 같은 논의가 전개되는 유고 「復讐と法律」 『復讐と法律』 235쪽은 강연이 아니기 때문에 '정찰'이라는 유머러스한 표현은 없다.

109 『復讐と法律』 42쪽. 「刑法進化の話」 『復讐と法律』 284쪽에서는 「支那」도 죄를 화폐로 갚는 것을 허용하는 예가 있었다고 쓰여 있는데 이 점은 수정된다.

110 혈수(血讐)(Blutrache)나 페데(Fehde)라 불린다. 복수에 관한 노부시게의 연구는 미완이며 이에 관한 고찰은 충분치 않으나 사회적 기능에서나 실태에서나, 일본의 아다우치와는 이질적인 부분이 많은 것으로 생각된다. 堀米庸三 『ヨーロッパ中世世界の構造』(岩波書店, 1976년) 210쪽 이하(「中世後期における国家権力の形成」), 261쪽 이하(「戦争の意味と目的」) 참조. 또 村上淳一 『近代法の形成』(岩波書店, 2004년) 195쪽

유고(遺稿)에서의 이론적 진화

노부시게는 만년에 이르기까지 복수에 대한 고찰을 계속했다. 1921(타이쇼오 10)년 전후에 최종 퇴고된 것으로 추측되는[111] 유고 『복수와 법률』(실제 간행은 사후인 1931[쇼오와 6]년)은 유럽에서 복수 풍속이 일찍 줄어든 반면, 일본에서는 그렇지 않았던 점을 놓고, 10세기의 타이라노 사다모리(平貞盛)[112]로부터 18세기의 아코오 로오시(赤穂浪士)[113]에 이르기까지 무사도의 영향을 보여주는 사례를 들어 논한다. 아다우치 개인의 취향은 차치하더라도 복수 풍속의 잔존을 부정적으로 파악하지 않았다. 일본에서 복수가 금지된 이유를 유신 후 법권 통일(法權統一)에서 찾는데, 노부시게는 그 역시 진화가 늦어진 것이라고는 하지 않는다. 즉, 세계적으로 보면 진화의 큰 흐름은 존재하지만, 진화의 방식이나 시기는 다양하여 거기에는 윤리적 · 사상적 요인이 작동할 여지가 크다고 보았던 것이다.

이렇게 노부시게의 진화론은 더 이상 단선적인 게 아니고, 게다가 진화에 대한 위협 요인으로 윤리 사상적 요인이 중시되며, 적자생존(適者生存)이나 자연도태(自然淘汰)와 같은 생물학적 진화론을 연상시키지는 않는다. 노부시게는 "법의 실질은 사회력(社会力)"이라고 하고 사회적 조건이 없는 곳에서 복수를 "금압하려는 것은 자연의 이치에 반하는 것이라 해야 한다."라고 설명했다.[114] 사회적 조건이 없는 법을 만들어 본들 실효성이 없다는 것이다. 그런 관점에서

이하, 同 『「権利のための闘争」を読む』(岩波書店, 2015년) 74쪽 이하도 참조.

111 『復讐と法律』에 붙어 있는 호즈미 시게토오에 의한 「序」 4-5쪽 참조.

112 [역주] 헤이안(平安) 시대의 무장

113 [역주] '추우신구라(忠臣蔵)'나 '47인의 사무라이'로 잘 알려진 사건이다. 1701년 3월에 도 성에서 일어난 칼부림 사건으로 아코오 번주(赤穂藩主)가 할복 처분을 당하자, 막부의 조치를 편파적이라고 생각한 47명의 가신들이 1702년 12월 번주의 원수 키라 요시히사(吉良義央)의 집을 습격하여 키라 일가들을 살해하고 그의 목을 주군의 묘에 바쳤다. 한 명을 제외한 46명은 이 사건을 막부에 보고하고, 막부의 지시에 따라 전원 할복했다.

114 『復讐と法律』 74, 75쪽.

법을 주권자의 명령으로 생각한 오스틴 류의 법실증주의 법에 대해 "형식에 대해서만 말할 뿐"이라고 비판한다.

이렇게 '사회력'이라는 개념에서 윤리적 가치관 등을 끌어들여, 그의 진화론은 복층적 '진화'의 모습을 보인다.

그런데, 모리 오오가이(森鴎外)가 명작 『호지원 들판의 원수 토벌(護持院原の敵討)』[115]을 쓴 것은 노부시게의 상기 강연보다 조금 일러서 1913년 10월의 일이다. 때마침 세상은 러일전쟁 후 충군애국(忠君愛国)의 기운이 넘치던 중이었다. 아버지의 원수를 찾아 정처 없이 길을 나서는 자기 아들 우헤이(宇平)로 하여금 동행하는 삼촌에게 이렇게 말하게 한다. "신불(神佛)은 알 수 없는 것입니다. 사실 저는 이제 지금까지 한 것 같은 일을 작파하고 제 멋대로 할까 생각하고 있습니다."

우헤이(宇平)는 그대로 행방불명이 되었다. 무사 윤리의 미덕으로 찬미된 아다우치를 실천하는 사람의 입장에서 아다우치 과정을 담담하게 묘사함으로써 오오가이는 시대의 풍조에 각성한 시선을 던졌다.

그 얼마 후 노부시게는 토오쿄오 변호사회의 강연에서도 복수에 대한 규범이라는 극히 보편적인 관점에서 아다우치를 논했다. 그는 노부시게 등이 정비한 근대법에 의해 부정된 아다우치를 역사적 · 사회적 맥락 속에 자리매김해 보이고, 한낱 전근대적인 야만이 아니라는 사실을 지적하지만, 그러나 동시에 그 윤리적 가치를 진화론적 틀 속에서 상대화하여 제시하였다. 동시대의 두 지식인의 시대사조에 대한 태도가 흥미롭다.

---

115 [역주] 토쿠가와 시대의 무사 기질에 최고의 예술적 표현을 부여한 역사소설. '바람직한 인간상'을 선명히 구체화한 걸작이라 한다. 호지원(護持院)은 현재 토오쿄오 치요다구(千代田区) 칸다니시키정(神田錦町)에 있었던 진언종(真言宗)의 절.

5. 법률 진화론

법률 진화론의 전체 구상

고속·유제의 연구를 포함하여 노부시게의 개별 업적 대부분은 일생의 작업인 『법률진화론(法律進化論)』의 준비 작업이었다. 어떤 부분은 그대로 『법률진화론』의 일부에 수록되었고, 다른 부분은 개정을 거쳐 통합되었다. 필생의 대작이라 할 저서 『법률진화론』은 1924(타이쇼오 13)년 제1, 2권을 간행하였고, 제3권을 집필하다가 '타이쇼오(大正)'가 끝나는 해(1926년), 저자는 세상을 떠났다. 메이지·타이쇼오 시대를 함께 산 학자의 인생이었다.

상정되어 있던 각 부분의 크기는 불분명하나 전체 구성만으로 보자면 그의 전체 구상 중 6분의 1 정도밖에 완성하지 못했다. "만약 이 연구 결과의 발표에 이르지 못하고 눈을 감는 일이 있다면 죽어도 죽은 것이 아니다."[116] 라고 탄성을 발한 연구는 결국 완성되지 못하고 말았다.

그러나 그가 남긴 원고는 아들 시게토오(重遠)에 의해 정리되어 『법률진화론 제3책』(1927년) 외에, 『법률진화논총(法律進化論叢)』이라는 일련의 저작 형태로 『신권설과 민약설(神権説と民約説)』(1928년), 『제사 및 예와 법률(祭祀及禮と法律)』(1928년), 『관습과 법률(慣習と法律)』(1929년), 『복수와 법률(復讐と法律)』(1931년), 이렇게 총 4권으로 나뉘어 간행되었다. 호즈미 시게토오 자신도 뛰어난 민법학자였기 때문에 시게토오의 전기를 쓴 민법학자 오오무라 아츠시(大村敦志)는 "이 작업에 소요된 시간을 시게토오 자신의 연구에 쏟았더라면 하는 생각을 하지 않은 것은 아니었다."라고 말했다.[117] 그러나 그 노력 덕분에 서양 법학 수용의 초창기를 이끈 학자가 무엇을 생각하고 있었는지를 엿볼 수 있게 되었다.

---

116 「雜報·穂積教授の休講」法学協会雑誌 26권 10호 287쪽.

117 大村敦志 『穂積重遠——社会教育と社会事業とを両翼として』 (ミネルヴァ書房, 2013년) 5쪽.

노부시게가 그렸던 『법률진화론』의 전체 구상은 다음 표와 같았다.

법원론 (法原論)	원형(原形)론: 법은 어떠한 형태로 발생하는가?
	원질(原質)론: 어떠한 규범(통제력)이 법의 바탕이 되는가?
	원력(原力)론: 법의 통제력(법의 구속력)은 어떻게 해서 발생하는가?
법세론 (法勢論)	발달(發達)론: 법의 외인적 진화를 논함
	계수(繼受)론: 법의 내인적 진화를 논함
	통일(統一)론: 법의 세계적 진화를 논함

메이지 시대가 종말을 고하는 1912년 3월, 노부시게는 56세로 대학을 퇴직까지 하면서 연구에 전념하고자 했다. 그러나 그 후에도 추밀고문관, 제국학사원 원장, 추밀원 부의장 그리고 의장으로, 공직에서 벗어날 수 없었고 생전에 공간된 것은 원형론(原形論)의 2권뿐이었다. 그것을 간행한 1924년은 노부시게가 69세가 되는 해로서, 자신의 『자서』에서 이렇게 탄식한다.

이제 [세는 나이로] 벌써 고희에 달하여 늙어빠진 노장군이 되려는 지경에 이르러 전부 6권의 계획 중 간신히 제1부 상권 2권만 발간할 수 있을 만큼 늦어지는 것으로 보아 생전에 계획의 절반을 이루는 것도 불가능하지 않을까 싶어, 이제와서 새삼 과거의 태만을 부끄러워하고, 또 입법 사업 등으로 순수한 학업에 힘을 쏟을 수 없게 되었던 사정을 후회하며, 쓸데없이 해는 저물고 갈 길은 멀다고 탄식할 따름이다.

2년 후 일생을 마칠 때까지 각오했는지는 모르지만, 언제 연구 활동이 마무리될지도 모르는 단계에 이르렀다고 자각하였다. 따라서 공간된 것은 전체 구상의 극히 일부이지만, "적어도 이 제1권만이라도 마무리된 것으로서 세상에 드러내고자 작년 가을에 이르러 간신히 탈고한 것이 곧 이 책이다."라고 적은 것으로 보아 하나의 완결된 연구로 정리되었다.

노부시게의 『법률 진화론』은 그의 독특한 용어로 분류하면 법원론(法原論)과 법세론 (法勢論)의 두 가지로 크게 나눌 수 있고, 법원론은 법의 발생을 다루고 법세론은 법의 변화(진화)를 다룬다.

법원론 가운데, 공간된 원형론(原形論)에 이은 원질론(原質論)은 법규범이 어떤 사회적 규범에서 생겨나는지를 논하는 부분으로, 노부시게에 따르면, 사회 규범에는 민중의 초자연력 신앙으로 형성되는 것(신앙 규범), 도의(道義) 관념에 따라 설정되는 것(도의 규범), 사회생활 상태에서 발생한 관행에 의해 점차 형성 되는 것(습속 규범)이 있다.

그리고 원시적인 신앙 규범 중, 주로 법의 원질(原質)이 된 것은 금기, 조상 제사(祖祭), 토템의 3종이다. 노부시게의 사후 아들 시게토오가 정리해 『법률진화론』 제3책으로 출간된 것은 이 가운데 금기에 관한 부분이며, 게다가 아직 완성되지 않은 원고였다.

이 구상에 적용하면 노부시게가 명시적으로 다룬 일본의 전통적인 제도 중 조상 제사는 신앙 규범, 은거와 5인조는 습속 규범, 이미나(忌み名)는 금기, 복수는 도의 규범에 해당한다. 또한, 노부시게의 사후 간행된 『신권설(神權説)』과 『민약설(民約説)』은 원력론(原力論)에 속하는 연구이지만 미완성으로 끝났다.

미완성의 법률 진화론 구상은 역시 미완성으로 끝난 독일 형법학자 포이에르바하(Paul Johann Anselm v. Feuerbach, 1775-1833)의 '보편적 법사(세계법사)'의 구상을 연상시킨다. 근대 형법학의 아버지로 불리는 포이에르바하는 18세기 말부터 19세기에 걸쳐 활약했으며 당시의 위대한 법학자에게 이런 장엄한 연구 구상을 쫓는 것이 꿈이었는지도 모른다.[118]

---

118 포이에르바하의 보편법사(세계법사)에 대하여는 ラートブルフ『一法律家の生涯― P.J. アンゼルム・フォイエルバッハ伝 (ラートブルフ著作集第7卷)』(東京大学出版会, 1963년) 286쪽 이하, 耳野『サヴィニーの法思考』99쪽 이하 참조.

지금까지의 평가

이렇게 미완성으로 끝났다고는 하지만 일본 최초의 법학자에 의한 기개 넘치는 장대한 연구는 지금까지 어떻게 평가되어 왔을까?

노부시게의 학문적 업적은 오늘날 거의 거론되지도 못하고, 드물게 그 이름이 인용되는 수는 있어도 읽히는 일은 거의 없다.[119] 그 이유 중 적어도 하나는 노부시게의 이론에 대한 지금까지의 평가가 스테레오 타입으로 굳어졌기 때문이다.

단도오 시게미츠(団藤重光)의 『법학입문(法学入門)』에서는 진화론이라는 "생물학상의 원칙을 사회과학에 가져다 맞추는 근본적인 오류가 있었다."라고 단언한다.[120] 노다 요시유키(野田良之)는 호즈미에 대해 "그는 오로지 직선적 진화론을 신봉한 것 같고, 일본은 개발 단계에서 뒤처져 있다고 생각했을 것이다."[121]라며, 그 시대를 외국 법제도를 "맹목적으로 모방"하는 "비교법적으로 무자각한 시대"[122]라고 불렀다. 또 나가오 류우이치(長尾龍一)는 "그는 기본적으로 인류학의 당시 수준의 공통의 전제(미신)인 단선적 인류 발전 사관의 신봉자였

---

119 지금도 유일하게 읽히는 것이 이와나미 문고(岩波文庫)에 들어 있는 엣세이집 『法窓夜話』, 『続法窓夜話』이며, 이것을 노부시게의 대표작이라 생각하는 사람조차 있다.

120 団藤重光 『法学入門』(筑摩書房, 1973년) 132쪽. 이 기술은 団藤 『法学の基礎〈第2版〉』(有斐閣, 2007년)에서도 유지되고 있다. 이에 대하여 岩波文庫 『法窓夜話』 권말의 福島正夫 「解説」이 이것을 「도저히 수긍할 수 없다」(같은 책 411쪽)고 비판했음에 대하여, 団藤·앞에 든 『法学の基礎』은 반론하여 「나로서는 승복하기 힘들다」고 하나(153쪽), 근거는 쓰여 있지 않다. 福島·앞에 든 또 호즈미 노부유키(穂積重行)가 『法律進化論』을 대국적으로 불성공작이라 평했음에 대해서도, 「더욱 검토를 요한다고 생각된다」고 적고 있다(411쪽).

121 野田良之 「日本における比較法の発展と現状(1)」 法学協会雑誌 89권 10호(1972년) 30쪽.

122 野田·앞에 든 논문 7쪽.

다."라고 말했다.[123]

그런 노부시게 상이 이야기될 때 자주 원용되는 것이 노부시게가 런던 유학 시절의 친구인 화학자 사쿠라이 조오지(桜井錠二)에게 했다는 "법률 진화에 관한 조사 연구를 자기 평생의 사업으로 하고 싶다."라는 말이다.[124] 후쿠시마 마사오(福島正夫)는 "그의 학문적 운명은 이때 결정되었다."라고 한다.[125] 그리고 노부시게에 대한 다윈과 스펜서의 영향이 언급되곤 한다. 미타니 타이치로오(三谷太一郎)의 『일본 근대화와 허버트 스펜서』도 노부시게의 '법률 진화주의', '법률학 혁명', '혼인법 논강', '부녀 권리 연혁론', '조상 숭배와 일본법(邦訳 · 조상 제사와 일본법)'을 들어 스펜서의 영향이 직접적이라고 지적한다.[126]

그러나 사쿠라이에 의하면 위의 말이 그에게 건네진 것은 1877(메이지 10)년 경의 일이므로 영국으로 건너간 지 얼마 안 되었을 때로, 22세의 노부시게가 영국의 선진 문화에 압도되면서 다윈과 스펜서를 탐독하던 시절의 이야기이다. 그 후에 이어지는 영국과 독일 유학 생활의 결과를 바탕으로 이야기된 것도 아니다. 이때 학문적 운명이 결정되었다고 하는 것은 얘깃거리로는 재미있지만, 70세를 넘을 때까지 학업에 매진한 노부시게의 생애를 평가하기에 이 말의 무게가 어느 정도인지는 신중히 생각할 필요가 있을 것이다.

또한, 스펜서의 영향이 지적되는 대부분의 저작물이(미타니가 거론하는 마지막 것을 제외하고), 메이지 20년대 중반에 쓰였다는 것도 주의할 필요가 있다. 유학에서 돌아온 '계몽 시대'의 저작인 것이다.

게다가 호즈미 시게유키의 지적에 따르면, 노부시게는 이 시기에도 생물학의 진화론을 그대로 법률학에 적용하기 어렵다는 것을 자각하였다.[127] 이와 관

---

123 長尾龍一 『**日本法思想史研究**』(創文社, 1981년) 62쪽(「穂積陳重の法進化論」).

124 『学士会月報』 458호(穂積男爵追悼号) 20쪽.

125 『法窓夜話』의 후쿠시마(福島) 解説(399쪽).

126 三谷 『人は時代といかに向き合うか』(東京大学出版会, 2014년) 99-100쪽.

127 穂積重行 「**比較法学と穂積陳重**―その出発点をめぐって」 比較法学 21권 1호 170쪽.

련하여 사쿠라이는 다음과 같이 말하였다.[128]

인사에 관한 법률 같은 것은 그에 관한 자료를 수집·정리하는 일도 꽤 어렵지만, 자연계의 현상과 달라서 요령부득한 재료를 모아, 그로부터 요령 좋은 결론을 낸다는 것은 매우 어려운 일임에 틀림없다. 이것은 호즈미 군 자신도 능히 알고 있던 것이며, 또 저희도 시종 그렇게 이야기해 왔던 것입니다.

또한 '맹목적(盲目的)'인 '모방(模倣)'이라는 평가와 관련하자면, 노부시게 자신부터 서양의 모방에 대해 날카롭게 경종을 울린 바 있다. 예를 들어, 1889(메이지 22)년에 쓴 「영·불·독 법률사상의 기초」(원래는 학생에 대한 강연)에서, 현실적으로 역사와 문화를 달리하는 나라마다 법학이 다른데, 한 국가의 법리가 만국에 통용된다고 생각하여, "우리(일본) 국체에 적합하지 않은 법리를 이식하면, 그 폐해가 앞으로 헤아릴 수 없을 것"이요, "열대 초목을 한대에 옮겨 무성하게 하려다가 자칫 고사시켜버리고 말 우려가 없다고 할 수 없으니 신중해야 하지 않겠는가."라고 하였다.[129]

물론 나라마다 법학이 다른 이유를 '법리학(法理学)'의 '발달이 아직 유치(発達幼稚)'하여 일정한 원리를 찾을 수 없기 때문이라고 하였는데, 궁극적으로는 글로벌 통일을 지향하는 그의 이상론이 그 배경에 있다. 그러나 모방에 대한 경계를 게을리하지 않았다. 그리고 이것은 이 시기 일본의 뛰어난 지식인들에게 공통된 의식이었던 것 같다(제5장 2 참조). 국제 정치에서 일본이 처해 있던 위치 때문에 서양의 모방과 같은 법전이 만들어졌으나, 그 사실에서 당시 법률가의 의식도 그것을 시인하는 것이었다고 그대로 추측하다가는 당시 지식인들 내면의 갈등을 놓칠 우려가 있다.

노부시게의 법사상을 말할 때 자주 인용되는 작품 대부분이 귀국부터 민법의 기초에 관계하기까지 10여 년 사이에 쓰인 것이다. 확실히 이 시대는 패턴

---

128 『学士会月報』 458호 21쪽.
129 『遺文集2』 166쪽.

화된 주장이 전개되는 경우가 많았고, '진화론주의자(進化論主義者)', '반자연법주의자(反自然法論者)', '역사법학 추종자(歷史法学信奉者)' 같은 꼬리표를 붙이기 쉬웠다. 그러나 이 시기의 저작은 귀국 후의 무대에서 그에게 기대된 역할이라는 요소도 가미하여 평가할 필요가 있다.

노부시게는 뜻밖의 시기에 인생을 마감했다고는 하나 70년 남짓의 삶을 살고, 마지막 순간까지 현역 학자로 활동했다. 게다가 그 인생은 막부 말기 · 메이지 · 타이쇼오의 큰 변동기에 걸치며 세 차례의 전쟁을 경험했고, 19세기 후반부터 20세기 초반이라는 서양 사상의 전환기를 포함한다. 그동안 한시도 게을리 하지 않고 세계의 움직임을 흡수해 온 학자에게 법에 대한 자기 생각에 변화가 없었다고 상정하는 것은 자연스럽지 못하다. 지금까지의 스테레오 타입으로 굳어진 이해는 노부시게의 법률 진화론에 대한 지나친 간소화가 아닐까?

실제로 노부시게의 법률 진화론에는 분명한 변화가 보인다.[130] 적어도 노부시게의 '법률 진화론'을 논하려면 인생 말년에 간행한 『법률 진화론 제1책』, 『법률 진화론 제2책』이 중시될 필요가 있지만, 이러한 연구가 종래의 평가에 충분히 반영된 것으로는 보이지 않는다.

시대 배경

노부시게 법률 진화론의 키워드 중 하나, 그것도 핵심 키워드는 '사회력(社会力)'이다. 법률 진화론 제1권의 첫머리는 "법은 힘이다. 법은 사회력이다."라고 시작된다. 그럼 사회력이 무엇일까?

---

130 松尾敬一 「穂積陳重の法理学」 神戸法学雑誌 17권 3호(1967년) 1쪽, 특히 34쪽에서는 자연법의 이해가 자유법론 내지 신자연법론을 흡수함으로써 변화하고 있음을 지적하고 그 징표로서 메이지37년의 "프랑스 민법의 장래(仏蘭西民法の将来)"에 주목하고 있다. 그리고 그 20년도 더 전에 마키노 에이이치(牧野英一)가 노부시게의 법학을 3기로 나누어 논하고 있다. 牧野 『日本法的精神』 64쪽 이하.

1918(타이쇼오 7)년 4월 28일의 강연 「예(禮)와 법의 관계」에서 그는 사회력을 "인류가 사회적 협동 생활을 하는 결과로서 발생하는 힘, 즉 사회의 조직에서 발생하는 힘이며, 그 사회를 조직하는 개인의 의사능력을 초월하여 이를 통제하는 것을 말한다."라고 했다.[131] 예를 들어, 사람들이 공동으로 생활하는 가운데 일정한 관습이 규범적인 힘을 갖게 되는 것은 개개인의 행위나 의사의 집적이 아니라 그것을 초월하는 집단의 힘이 작용하기 때문이라는 것이다.

하지만, 노부시게가 처음부터 사회력이라는 관념을 사용했던 것은 아니다. 그가 사회력을 강조하게 된 것은 『프랑스 민법의 장래』(1904[메이지 37]년) 무렵부터다. 세인트루이스 엑스포에서 일본 민법에 대한 발표를 한 것도 이 해이며, 이 무렵이 노부시게 법사상의 전환점을 나타낸다고 할 수 있을 것이다. 그 배경은 무엇일까?

19세기의 세기말부터 유럽에는 그때까지 노부시게가 알던 것과는 분명히 다른 사상이 출현하였다. 19세기의 가치가 흔들리고 있던 것이다. 그리고 그에 이어지는 제1차 세계대전은 유럽을 물리적으로나 정신적으로나 혼란에 빠뜨렸다. 러시아에서 혁명이 일어나고(1917년), 독일에서도 혁명이 발생하여 공화제가 선언되며 빌헬름 2세가 네덜란드로 망명했다. 한때 세계 패권을 자랑하며, 일본이 지향해야 할 목표를 제공했던 유럽 문명이 막다른 골목으로 빠져든 게 분명했다.

법학의 영역에서도, 프랑스에서 프랑수아 제니(François Gény, 1861-1959)와 레이몽 샬레이유(Raymond Saleilles, 1855-1912) 등의 자유법학(自由法学)이 발흥하여 '법률의 사회화(社会化)'가 주장되었다. 19세기 초 나폴레옹 법전(프랑스 민법전)으로 대표되는 법전편찬 이래 엄격한 조문 해석으로 일관하던 프랑스 법학도 더 이상 조문에 구속되어서는 변동하는 사회에 대응할 수 없게 되어, 규범을

---

131 『祭祀及禮と法律』235쪽. 사후에 공간된 『復讐と法律』에서는 「복수는 개체력(個体力)의 작용이다. 형벌은 사회력(社会力)의 작용이다. 이 개체력은 문화의 진전과 함께 집중 전화하여 사회력을 낳고, 공권제재인 형벌은 사력 제재인 복수를 대체하기에 이른 것이다.(82쪽)라는 표현이 등장하는데, 복수를 논한 1888(메이지 21)년의 「형법진화의 이야기」에는 이와 같은 「사회력」 개념을 사용한 진화의 파악은 나오지 않는다.

자유롭게 발견하는 것을 용인하지 않을 수 없었다. 독일에서도 루돌프 슈탐러(Rudolf Stammler, 1856-1938)의 "내용이 변화하는 자연법(自然法)"이 주장되고 급격히 변동하는 사회 현실에 대응할 수 없는 경직적인 법률을 극복하기 위한 유연한 해석이 지지를 받았다. 19세기에 만들어진 법 제도는 진화의 도달점이기는커녕 더 이상 변화하는 현실을 따라갈 수 없게 된 것이다.

한편, 일본에서는 서양식 법전을 편찬하는 직접적인 목적이었던 조약 개정이 이루어져(1911년에는 관세 자주권도 얻었다.), 유신 이후 40여 년을 거쳐 일본은 마침내 서양 선진국과 법적으로 동등한 지위에 올랐다. 당시 국제 사회는 유럽 중심의 격차 사회이며, 대사(大使)를 교환할 수 있는 것은 대국들끼리로 한정되었고, 러일전쟁까지의 일본의 재외공관은 공사관 수준이었지만, 마침내 일본은 대사를 교환할 수 있는 일등국(The First Class Powers)이 되었다.[132] 또한, 제1차 세계대전을 종결시키는 파리 평화회의에서 일본은 5대국의 반열에 들어 신설된 국제연맹의 상임이사국이 되었다.

그러나 일본도 수많은 어려움에 직면하였다. 전승국으로 임한 파리 평화회의에서 일본은 아무런 리더십도 발휘하지 못했고, 이를 목격한 정치인·외교관·지식인 사이에 일본의 정치 외교적 지체가 국가 발전을 방해한다는 인식이 생겼다. 귀국한 정치인과 언론인은 곧바로 일본 개조동맹회(日本改造同盟会)를 만들어 국민의 힘에 의한 정치로 일본의 진로를 개척해야 한다고 주장하고, 마침 그 무렵 시작된 민주주의 운동의 일익을 담당했다.[133] 또한, 1918년의 쌀 소동[134]으로 대표되는 일반 민중의 존재감 확대는 '국민'을 대상으로 한 사회 정책의 필

---

132 三谷太一郎『近代日本の**戦争と政治**』(岩波書店, 1997년) 46쪽(「戦時体制と戦後体制」), 同·『日本の近代とは』150쪽.

133 『大正デモクラシー』(中央公論社, 1966년) 217쪽.

134 [역주] 1918년 일반 민중이 쌀 도매상의 가격 담합에 항의한 사건(米騒動)을 말한다. 제1차 세계대전에서 전승국이 된 일본에서는 산업 혁명이 진행되어 젊은 농업 인구가 도시로 몰려 농사를 짓는 인구가 줄고, 쌀 도매상들이 가격을 담합하면서 일본 내 쌀값이 폭등하였다. 토야마현(富山県)에서 어부의 아내들이 쌀값을 내리라고 요구하며 쌀 가게를 습격하여 불태운 사건을 시작으로 거의 전국적으로 번져갔다.

요성을 정치의 중요한 과제로 인식하게 만들었다.

이리하여 사회개조와 통치기구의 재편이 활발하게 논의되기에 이르렀다. 역사학자 나리타 류우이치(成田龍一)는 1920년 전후 시기의 사회 개조에 대하여 4가지 조류를 지적하였다.[135] 첫째, 민본주의자(民本主義者) 논의의 계속과 진전. 둘째, 사회주의 운동(社会主義運動)과 피차별자(被差別者) 관점에서의 개혁. 셋째, 국체(国体)에 입각한 개조를 목표로 하는 국가주의(国家主義). 넷째, 국가 및 시정촌(市町村)에 의한 새로운 방책을 구사한 사회 편성의 시도. 노부시게는 이러한 조류에 학문적으로나 실천에서나 깊이 관여하였다.[136] 특히, 첫 번째와 세 번째 조류의 공방을 입법을 소재로 살펴보기로 하자.

임시법제심의회

제1차 세계대전 후의 새로운 사회 정세를 배경으로 1917(타이쇼오 6)년에 교육에 관한 중요 사항을 심의하기 위한 임시교육회의(臨時教育会議)가 설치되었다. 주목할 것은 이 회의가 1919년 1월 17일, 교육에 관한 답신과는 별도로 '교육의 효과를 다하게 할 일반 시설에 관한 건의'를 한 것이다.

이 건의는 "우리나라 고유의 순풍미속(淳風美俗)을 유지하고 법률 제도를 이에 부응하도록 개정할 것"을 '요목'으로 들고, 그 이유로 계수법(継受法)과 일본 '국풍민속(国風民俗)'과의 괴리, 특히 가족 제도의 문제점을 지적하며 다음과 같이 말한다.

각종 법령에서 우리나라 가족 제도와 서로 모순되는 조항이 두드러진 경우가

---

135 成田龍一『大正デモクラシー』(岩波新書, 2007년) 104쪽.

136 노부시게는 사회주의에는 비판적이었지만, 1902(메이지 35)년에 「社会主義と法律」을 대학의 연습 테마로 삼는 등 내재적인 이해에 노력하고 있었다. 法学協会雑誌 20권 12호 1015쪽 참조.

있다. 교육에서 가족 제도를 존중하면서 입법에서 이를 경시하는 것은 심한 자가당착이라 하지 않을 수 없다.

조약 개정을 이룬 일본에서 서둘러 계수한 서양법을 재검토하는 움직임이 있으리란 것은 충분히 생각해볼 만한 일이다. 외래의 계수법이 규율하는 일본에서는 법과 현실의 괴리가 유럽 이상으로 인식될 만한 이유가 있을 것이다. 그러나 임시교육회의의 건의는 오직 가족법을 대상으로 외국 전래의 계수법과 일본의 '국풍 민속'과의 괴리를 문제 삼아 일본 고유의 '순풍미속'을 반영하는 개정을 요구했다. 유럽 문명과 그 법문화가 교착 상태를 보이는 가운데, 일본이 고유의 문화에 자신감을 갖기 시작했다는 징표이기도 하다.

동시에 제1차 세계대전을 계기로 일본의 자본주의 경제의 비약적인 발전이 공장에서의 노동 운동, 농촌 소작인(小作人)의 농민 운동, 도시의 무산 계급에 의한 차가인 운동(借家人運動)[137]을 활발하게 하여 일본은 처음으로 대규모 '계급 투쟁(階級鬪爭)'을 경험했다. 위기감이 든 보수 세력은 '가족제도 이데올로기'를 강화할 필요를 느꼈다.[138]

이 건의를 받아 1917년 7월에 하라 타카시(原敬) 수상의 내각에서 노부시게를 총재로 하는 임시법제심의회(臨時法制審議会, 부총재는 노부시게의 제자인 히라누마 키이치로오[平沼騏一郎])가 설치되었다.[139] '고래의 순풍미속'과 '고유의 미풍양속'에 의한 법 개정의 대상은 민법(가족법) 외에, 1921년에는 형법으로도 확대되었다.[140] 흥미로운 것은 이 심의회에 이른바 배심(陪審) 제도의 도입에 대한 자문도 나왔다는 점이다. 배심제 도입은 정우회(政友会)의 하라 타카시가 이전부

---

137 [역주] 주로 대공황 때 전개된 가옥 차임 인하를 요구하는 시민운동. 제1차 대전 기간 중 도시로 인구집중이 진행되어 주택문제가 심각해짐에 따라, 1921 토오쿄오와 오오사카에서 차가인동맹(借家人同盟)이 결성되어 전기, 가스 요금 인하 운동과 더불어 전국 주요도시로 번졌다.

138 川島武宜『イデオロギーとしての**家族制度**』(岩波書店, 1957년) 제1장 참조.

139 임시법제심의회에 대하여는 大村『重遠』84쪽 이하도 참조.

140 牧野『日本法的精神』23쪽.

터 주장하던 것으로, 하라 내각의 성립에 따라 실제 입법 과정에 올랐다.[141] 여기에서 엿볼 수 있듯이 법과 현실의 괴리로 인한 법 개정을 밀어주는 세력에 일본 순풍미속을 기치로 내거는 보수 세력뿐만 아니라, 국민 참여라는, 근대 서양의 가치에 친화적인 입법을 요구하는 세력도 있었다. 타이쇼오 데모크라시[142] 시대의 양면성을 볼 수 있다.

민법·형법 개정 작업은 개정 요강의 책정에까지 이르렀지만, 전황의 악화로 결국 법 개정으로 이어지지는 못했다. 그러나 국민의 사법 참여를 가능하게 하는 배심원 제도는 수많은 저항과 장애(추진자인 하라 타카시의 암살[143]도 포함)를 넘어 1923(타이쇼오 12)년에 법안이 성립·공포되고 준비 기간을 거쳐 1928(쇼오와 3)년 10월부터 시행되었다. 전황 악화를 이유로 1943년 3월에 중단되었지만, 타이쇼오 데모크라시를 상징하는 하나의 성과라 할 수 있다. 이 법의 성립에 노부시게는 힘을 다하였다. 이 배심원 제도는 피고인의 선택을 인정하는 방식이지만, 배심제가 선택되는 사건 수는 점차 감소하여 결국 일본의 문화에 정착하지 못하고 말았다.[144] 그러나 60년 이상을 거쳐 2009(헤이세이 21)년의 재판원(裁判員) 제도[145] 도입 때 귀중한 선례로 다시 주목을 끌었다.

---

141 배심법 성립에 이르는 정치과정에 대하여는 三谷 『陪審制』 참조.

142 [역주] 1910년대부터 1920년대(대체로 타이쇼오(大正) 년간)에 걸쳐 일어난, 정치·사회·문화 각 방면에 걸친 민본주의의 발전, 자유주의적인 운동, 풍조, 사조의 총칭.

143 [역주] 하라 타카시(原敬)의 암살: 1921(타이쇼오 10)년 11월 4일 당시의 하라 사카시 수상이 철도성(鉄道省) 야마노테선(山手線) 직원에 의해 토오쿄오역 개찰구에서 암살된 사건을 말한다.

144 三谷 『陪審制』 249쪽.

145 [역주] 특정의 형사재판에서 만20세 이상의 국민 가운데 사건마다 뽑힌 재판원이 재판관과 함께 심리에 참여하는 일본의 재판제도를 말하며, 2009년부터 시행되었다.

가족법 개정과 사회력

한편, 민법(가족법) 개정에 관해서는 임시법제
심의회에서 '민법친족편 중 개정의 요강'(1925[타
이쇼오 14]년 5월)과 '민법상속편 중 개정의 요
강'(1927[쇼오와 2]년) ─ 이 둘을 함께 '타이쇼오 개
정요강(大正改正要綱)'이라고도 함[146] ─ 이 작성되
었다. 이에 대해서도 노부시게는 전자가 채택되
기 직전인 1925년 4월 30일 총회에서부터 총재
자리에서 물러날 때까지 요강 책정을 위해 노력
했다. 이때 노부시게의 아들 시게토오도 심의회
의 간사로 심의에 참여했는데, 시게토오의 활동

호즈미 시게토오

을 통해 타이쇼오 개정 요강을 연구한 오오무라 아츠시(大村敦志)는 이렇게 지
적한다. "여러 가지 한계와 제약은 있었지만 타이쇼오 개정 요강은 변화해가는
가족의 모습에 맞추는 방향으로 갔다."[147] 요강의 준비를 위해 시게토오가 마련
한 '조사 요목 사안'(1919년 9월 17일자)의 시작 부분에 다음과 같은 문장이 걸려
있다.

살피건대, 자문 제1호의 '우리나라(=일본) 고래의 순풍미속'이라 함은 주로 가
족제도를 가리키는 것이라 할 것이다. 그렇지만 우리나라 고래의 가족제도 풍
습 법제가 모두 반드시 순풍미속이라 할 수는 없고 어쩌면 과거에는 정당했으
나 장래에는 적응할 수 없는 것도 또한 적지 않을 것이다. 우리나라 고래의 순

---

146 大村 『重遠』 88쪽 참조.

147 그와 같은 의미에서의 근대적 가족이 가제도의 법제화에도 불구하고 메이지 초기부터
     확장되고 있었음에 대하여는 小山静子 「家族の近代─明治初期における家族の変
     容」 西川長夫＝松宮秀治編 『幕末・明治期の国民国家形成と文化変容』 (新曜社,
     1995년) 수록 참조.

풍미속으로 장래에도 역시 순풍미속일 것은 결국 일가의 친밀하고 평화롭고 정당하고 공평한 공동생활, 그것 말고는 없다.[148]

일본 고유의 순풍미속이라 해도 장래에까지 가치가 있을 것이라면 결국, 가족의 친밀하고 평화롭고 정당하고 공평한 공동생활이면 충분하다는 것이다. 이처럼 "국체의 본의를 명징하게 하고 이를 내외에 현양하는" 것이나 "우리나라 고유의 순풍미속을 유지"할 것을 내걸고 교육 개혁을 제안한 임시 교육회의의 건의를 계기로 심의가 시작되었지만, 타이쇼오 데모크라시 시대의 흐름 속에서 당시 일본 지식인들의 사상 경향도 반영하여 도시화와 그에 따른 노동자의 증가라는 현실 사회 가족의 실태를 반영한 가족법 개정안이 만들어졌다.[149] 건의는 사상적으로는 반대 방향으로 보이지만, 원래 고유의 순풍미속과 미풍양속이라는 게 정치적 구호로서는 몰라도, 법 제도로서 요구하는 게 무엇인지 명확하지 않았다. 제도 개혁에서 구호가 아니라 현실을 고려하는 것은 당연한 일이다.

이상의 입법 작업을 주도한 노부시게는 정치적 구호야 어떻든, 결국 법 제도는 사회에서 태어난 어떤 힘에 의해서 형성된다는 걸 몸소 체험하였다. 나중에 노부시게가 '사회력'에 주목한 것은 유럽의 선진 사상을 그대로 받아 옮기는 것이 아니라 서양법의 계수 후, 이어 일본의 법제도 정비에 관여해온 자신의 체험에서 비롯하였다고 할 수 있다. 그런 의미에서 인도에서 입법에 참여한 실무 경험을 통해 자신의 이론을 심화시켜 간 헨리 메인과 겹치는 측면을 볼 수 있다.

---

148 大村 『重遠』 90-91쪽(堀内節編 『家事審判制度の研究』 (中央大学出版部, 1970년) 361쪽).

149 川島 『家族制度』 50쪽 참조.

군주의 자리매김

사회력에 대한 관심으로 주권자로서의 군주에 대해서도 차가운 학문적 시선을 쏟게 되었다.

노부시게는 군주, 족장, 추장, 민회, 그 밖에 법을 말할 수 있는 사회 권력자(입법권을 가진 주체)는 "필경 사회력의 기관임에 지나지 않는 것"이라고 하였다.[150] 왜냐하면, 군주의 의사가 즉시 법이 될 때도 그 법에 통제력이 있는 까닭은 "인민이 군주에 외복(畏服) 또는 심복(心服)하고 그 의사에 절대적으로 복종하지 않을 수 없다는 공공감(公共感) 때문이고, 결국은 "인민 일반이 군주라는 국가의 최고 기관을 인정하기 때문"이다. 군주의 의사도 사회력의 표현과 다르지 않은 것이다.

이상과 같은 설명에서 그가 말하는 사회력이 법에 복종하는 인민 총체의 규범의식과 가까운 것으로 보이고, 그러한 의미에서는 사비니의 민족정신이나 루소의 일반의지를 연상시킨다. 그러나 현실의 법 제도를 움직이는 힘이며 이념적 성격이 희박한 점에서 일반의지와는 다르고,[151] 개개인의 이성 개입을 떠나작용하는 역사 속의 힘이라는 의미에서는 다름 아니라 역사주의의 사고라고 할수 있겠다. 그러나 노부시게는 독일의 '민족' 개념이 배타적 우월 사상으로 이어진 것에 비판적이어서(본장 6 (3) 참조) '민족'이라는 표현은 사용하지 않았다.

법을 제정하는 권력을 가진 군주도 사회력(社会力)의 기관(機関)이라는 이론은 보편성 있는 이론으로 제시되기 때문에, 일본 천황에도 당연히 적용된다. 이 부분을 포함하는 『법률진화론 제1책』의 간행은 1924(타이쇼오 13)년이며, 동생 야츠카와 그의 제자 우에스기 신키치(上杉慎吉), 미노베 타츠키치(美濃部達吉)와

---

150   穂積陳重 『**法律進化論第一冊**』(岩波書店, 1924) 170쪽.

151   福田歓一 『近代政治原理成立史序説』(岩波書店, 1971년) 411쪽은 일반의지가 역사 안에 본래 실현 불가능한 이념이라고 한다. アントーニ 『歴史主義』 96쪽은 역사법학이 말하는 「민족정신」(그 책에서는 「국민정신」으로 옮기고 있음)과 루소의 「일반의지」는 「전혀 별개」라 한다.

의 헌법 논쟁이 있고 난 다음이다. 천황의 자리매김에 관하여 노부시게의 생각은 야츠카의 이론과는 거리가 있어 보인다. 하지만 나중에 살펴보겠지만, 천황제에 관한 양자의 사상은 겹치는 부분이 많고, 그들 사이의 거리는 오히려 형제가 연거푸 천황 앞에서 했던 강의의 영향 때문이었을 가능성도 있다. 야츠카는 다섯 차례에 걸쳐 메이지 천황에게 직접 강의한 반면, 노부시게는 타이쇼오 천황 앞에서 네 차례에 걸쳐 강의했다. 그리고 1914, 1917, 1919, 1922년 4차례 중 적어도 후반 2차례는 타이쇼오 천황이 뇌 건강 악화로 점차 국민의 눈으로부터 격리되어 간 시기이다.[152]

노부시게가 죽음에 임박할 때까지 집필을 계속했던 '원질론(原質論)'의 앞부분은 아들 시게토오에 의해 편집되어 『법률진화론 제3책』으로 간행되었다.[153] 금기(터부)를 다룬 그 책에서 노부시게는 흥미로운 설명을 남겼다. "원시적 사회에서 수장의 권력을 불가침한 것으로 만드는 것은 '금기'이다." 그는 금기를 통해 수장을 민중으로부터 격리하는 이유를 이렇게 설명한다.

수장은 꼭 용맹에서 빼어난 사람일 것은 아니다. 그러므로 만약 백성이 그에게 함부로 접근하는 것을 허용하면, 그 수장이 굳이 자기와 다른 초자연력(超自然力)이 있는 사람이 아니라는 사실을 머지않아 간파하고, 자칫하면 그 단점, 악습 등을 폭로하여 경멸을 부르고 위신을 상할 우려가 없다고 할 수 없다. […] 다가가면 가까워지고, 가까워지면 가벼이 여기게 되는 것은 인지상정이다.[154]

노부시게가 천황의 존재를 추상화된 기관으로 파악하는 쪽을 선택한 계기

---

152 原武史 『大正天皇』(朝日選書, 2000년) 221쪽 이하. 하라(原)는 에도 시대에 정신병의 주군(번주)이 가신들에 의해 유폐(감힘)되었듯이 타이쇼오 천황이 궁내관료에 의해 "갇혔다"고 보고 있다. 같은 책 251쪽.

153 1927년에 호즈미 장학재단출판에 의해 이와나미서점(岩波書店)에서 간행되었다. 이 책은 그 후 『タブーと法律』이라는 제목으로 쇼시신스이(書肆心水)에서 2007년 재간되었다.

154 『タブーと法律』113-114쪽.

는 그 자신의 체험 때문인 듯하다.

　1935(쇼오와 10)년 키쿠치 타케오(菊池武夫) 의원이 귀족원에서 미노베의 천황기관설(天皇機関説)을 불경(不敬)이라고 문제 삼았고, 그로부터 천황기관설이라는 정치적 탄압사건이 시작된다.[155] 노부시게의 이론이 굳이 헌법상 주권의 소재를 문제 삼은 건 아니더라도 천황을 하나의 기관으로 파악하였던 노부시게는 다행이라 해야 할지, 이미 세상을 떠난 뒤였다.

성문법의 한계와 사회력

　사회력 개념을 중심으로 법의 진화를 논하는 노부시게에게 법이 주권자의 명령이라는 오스틴의 이론은 문명이 발달한 사회의 성문법을 형식적으로 관찰한 것일 뿐이다. 노부시게가 말하는 '원시사회'에서는 법이 선언되기 전에 먼저 관습 규범이 생겨났다. "군주라 할지라도 오로지 옛것에 따르지 감히 함부로 새로운 추상적 일반 명령을 발하고 사전에 인민의 행위 규범을 정하는 일은 없었다."[156]

　그러나 법이 사회력이고 "법현상이 항상 사회의 변천을 수반한다."[157]라고 해도, 성문법의 시대가 되면 법은 고정되는 한편, 사회는 항상 유동하며 변천하기 때문에 법규범과 사회의 실태 사이에 간극이 생긴다. 실제로 20세기에 들어 세계는 격동기에 있으며, 서양에서는 19세기에 제정된 성문법이 사회의 변화에 대응하지 못해 자유법론(自由法論)처럼 유연한 해석에 의한 법의 발견을 주장하

155　三谷太一郎「天皇機関説事件の政治史的意味」石井紫郎＝樋口範雄編『外から見た日本法』(東京大学出版会, 1995년) 433쪽 이하는 천황기관설 사건이 단순한 학설이나 이데올로기의 대립이 아니라 배후에 있는 군부, 정부 당국, 정당, 의회의 정치적 편의에 의해 부채질되던 메이지헌법 체제 그 자체에 대한 「합법 무혈 쿠데타」였다고 한다.

156　『法律進化論第1冊』164쪽.

157　『法律進化論第1冊』179쪽.

는 사상이 유력해지는 상황이었다.

성문법이 서양에서 계수한 법이었던 일본은 이러한 법과 사회의 괴리는 더욱 드러나기 쉽다. 그래서 일본의 재판소는 조문에 없는 개념을 원용하여 이 간격을 메우려고 했다.[158] 예를 들어, 대심원(大審院)의 1915(타이쇼오 4)년 1월 26일 판결(민록 21집 49쪽)은 혼인신고서를 제출하기 전의 사실상 부부 관계(내연 관계)를 혼인예약(婚姻予約)으로 파악하고, 혼인에 준하는 법적 보호를 주어야 한다고 판단하면서 "정의 공평을 취지로 하는 사회관념"을 원용하여 성문법의 제약을 극복하고자 했다.[159] 또한 1919(타이쇼오 8)년 10월 28일(형록 21집 1667쪽)의 대심원 판결은 장기간 예측 곤란한 부담을 주는 신원보증계약(身元保証契約)에 대해 "신원보증계약의 성질에 비추어 계약당사자의 의사를 추측하여" 보증인 측의 해제를 인정하는 판단을 했다. 이에 대해 하토야마 히데오(鳩山秀夫, 1884–1946)는 계속적 계약(継続的契約)은 계속적인 계약의 본질이라는 관점에서 정당화하여, 민법의 계약 관념에는 존재하지 않는 계속적 계약이라는 사회의 실태에 입각한 개념을 사용하여 계속적 계약의 특질을 갖는 소비대차·임대차·고용·조합의 규정을 유추함으로써 해석의 제약을 극복하고자 했다. 또한 1919(타이쇼오 8)년 3월 3일의 대심원 판결(민록 25집 356쪽)은 기차의 매연으로 길가의 소나무를 고사시킨 사건에서, 기차의 운행이라는 적법한 권리의 행사도 '사회 관념'상 피해자가 인용해야 할 한도를 초과한다면 권리 남용으로서 불법행위 책임을 낳는다고 판단했다(이 사건은 시든 소나무가 타케다 신겐[武田信玄, 1521–1543][160]이 깃발을 걸었다는 유서 있는 나무라는 주장으로 신겐공 깃발소나무 사건[信玄公旗掛松事件]으로 유명하다. 단, 수령의 감정 결과 신겐과는 관련이 없는 소나무라는 것이 나중에 밝혀졌다.). 이것도 사회 관념을 실마리로 삼아 성문법의 한계를 해석으로 극복한 예이다. 또한 1920(타이쇼오 9)년 12월 8일 판결(민록 26집 1947쪽)에서 대심원은 환매권의 사례에서 제공된 금전에 '사소한 부족'이 있는 경우도 유효

---

158 이하의 기술에 대하여 牧野『日本法的精神』110쪽 이하 참조.

159 鳩山秀夫『増訂日本債権法各論(下巻)』(岩波書店, 1924년) 536쪽.

160 [역주] 센고쿠(戦国) 시대의 무장이자 다이묘오(大名). 전투에서도 탁월했지만 황무지 개간, 치수(治水), 금광 개발 등 정치가로서도 수완을 발휘했다.

한 환매가 된다고 하여, 환매의 효력을 부정한 원심을 파기하면서, '채권 관계를 지배하는 신의의 원칙'을 언급했다.[161] 이렇게 사회관념, 권리의 남용, 신의성실의 원칙 등 당초 민법에 없는 유연한 개념을 이용하여 사회의 요청에 따르는

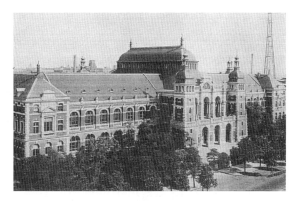
대심원 청사

판결이 발생하기 시작한 시대였다. 1947(쇼와 22)년에 이르러 이 판례에서 형성된 법리가 조문에 포함되어 일본 민법 제1조의 2항에 "권리의 행사와 의무의 이행은 신의에 따라 성실히 하여야 한다."와 3항에 "권리의 남용은 허용하지 않는다."라는 규정이 추가되었다(2004년 현대어화된 히라가나 구어문[平仮名口語文]이 됨).[162]

노부시게는 이러한 시대의 변화를 법이론에 민감하게 반영했다. 그것이 나중에 다루게 될 자연법론 재평가의 배경을 이룬다.

진화론과 과학

노부시게는 법학도 과학이어야 한다고 생각하였다. 그에게 법학은 "법 현상의 보편적 요소의 지식을 목적으로 하는"[163] 학문이다. 그런 점에서 법학의 목적이 법의 보편적 법칙 발견이라는 메인과 공통하며, 이것이야말로 그가 이

---

161 内田貴 『契約の時代—日本社会と契約法』(岩波書店, 2000년) 69쪽 주38 참조.

162 [역주] 1958년 2월 22일 공포된 한국민법 제2조 제1항(신의성실의 원칙)과 제2항(권리남용 금지의 원칙)도 같은 취지의 규정이다.

163 『法律進化論第1冊』 2쪽.

해한 서양 법학이었다. 당시 눈부신 발전을 이루던 과학의 한 분야로 이해한 것이다. 그러면 노부시게에게 과학적인 법학연구는 어떠한 연구를 의미했던 것일까?

일본의 법학계에서는 제2차 세계대전 후 전쟁에 대한 반성에서 법의 과학화(科學化)에 대한 강력한 동기가 작용하여 법학자들은 "과학성에 안타까울 정도의 동경"을 품게 되었다.[164] 카와시마 타케요시(川島武宜)의 "과학으로서의 법학"[165]은 그 대표적인 업적이다. 그 후 이처럼 치우친 과학신앙(科學信仰)은 비판을 받았으나,[166] 이 논쟁을 거친 현대의 눈으로 전후 일본의 법학에 자연과학수준의 객관성을 요구하는 특이한 '과학주의(科學主義)'[167]를 노부시게에게서 찾는 데는 주의가 필요하다.

호시노 에이이치(星野英一)는 노부시게 대해 이렇게 말했다. "기본적인 입장으로서 법학도 자연과학과 같은 방법이어야 한다는 실증주의(実証主義) 내지 '과학주의(科學主義)'라고나 해야 할 것이 있다. 이 점은 그의 일생 변하지 않았다."[168] 물론, 법학도 자연과학의 방법으로 연구해야 한다는 노부시게의 신념은 평생 변하지 않았다. 만년의 강연 「일본학술협회 제1회 대회 개회식 연설」(1925[타이쇼오 14]년 10월)에서도 자연과학자를 상대로 한 강연이라고는 하나 '인리(人理)'의 학문도 그 연구방법은 "가능한 한 이른바 자연과학과 동일하지 않

---

164 甲斐道太郎 「法解釈学の課題」 同 『新版法の解釈と実践』 (法律文化社, 1980년) 68쪽(처음 실린 곳은 法律時報 37권 5호)의 표현. 또 甲斐 「『せつないまでの憧憬』 再論」 ジュリスト940호(1980년) 64쪽 참조.

165 弘文堂,1955년 간행. 그 후의 발전에 대하여 川島 『「科学としての法律学」とその 発展』 (岩波書店, 1987년) 참조. 카와시마(川島) 이론을 포함하는 일본의 법학방법론을 그 논쟁의 중심이 된 민법해석학에 따라 논한 것으로 瀬川信久 「民法の解釈」 星野英一編集代表 『民法講座別巻1』 (有斐閣, 1990년) 수록 참조.

166 平井宜雄 「戦後日本における法解釈論の再検討——法律学基礎論覚書」 同 『法律 学 基礎論の研究』 (有斐閣, 2010년) 수록(처음 실린 곳은 ジュリスト 916호와 918호[1988년]).

167 星野 「出発点」 153쪽.

168 星野 「出発点」 153쪽. 松尾 「穂積陳重の法理学」도 마찬가지로 초기부터 동일한 입장이었다고 한다(21쪽).

으면 진정한 진보를 볼 수 없다."라는 지론을 펼쳤다.[169]

그러나 한편으로 그는 인간을 다루는 사회과학에서 자연과학의 방법을 단순히 적용하기는 어렵다는 것을 이미 초기의 논문「법률학의 혁명」(1889[메이지 22]년, 유문집 제2책)에서 지적하였다. 이 논문은 자연법주의(自然法主義)를 비판하고 진화주의(進化主義)를 주장하는 것으로 인용되는 것이긴 하지만,[170] "사회는 유기체 중 조직이 가장 복잡한 인류의 집합체이기 때문에 […] 사회적 학문들은 물리적 학문들에 비하면 그 원리 찾기가 또한 심히 곤란하고, 비록 이것을 정질적(定質的)으로 찾아낼 수 있다고 해도 이것을 정량적(定量的)으로 확정하는 것은 한층 더 곤란"하다고 했다.[171]

그럼 노부시게가 말하는 자연과학과 같은 연구방법으로 상정되는 것은 무엇일까? 그런 방법론을 보여주는 것으로 보이는 연구의 하나가 말기 양자(末期養子)[172]에 대한 "유이쇼오세츠(由井正雪)[173] 사건과 토쿠가와 막부의 입양법[174]"(1913[타이쇼오 2]년)이다. 이 논문은 에도 막부가 이른바 말기입양금지(末期養子禁止)의 원

169　『遺文集4』 501쪽. 이 시기의 이 발언으로 松尾敬一「穂積陳重」潮見俊隆＝利谷信義編『日本の法学者』(日本評論社, 1975년) 68쪽은 타이쇼오(大正)기의 철학계에서 융성을 자랑한 신칸트파의 이상주의에 동조하지 않았다는 의의를 지적한다.

170　예컨대 星野「出発点」151쪽.

171　『遺文集2』 88쪽. 또 노부시게에는 2차대전 후의 법학의「과학주의」를 특징짓는 사실과 가치의 준별이라는 이원론은 보이지 않는다.

172　[역주] 에도 시대에 무가(武家)의 당주(当主)의 후계자가 없는 경우, 가문의 단절을 막기 위해 급히 들인 양자를 말한다. 일종의 긴급 피난 조치이며 당주가 위독 상태에서 회복한 경우 등에는 그 입양을 취소할 수도 있었다. 당주가 이미 사망했음에도 불구하고 이를 감추고 당주의 이름으로 입양하는 경우도 있었다.

173　[역주] 에도 시대의 군학자(軍学者, 병법, 축성 등을 주로 연구). 1651년 토쿠가와 이에미츠(德川家光)가 48세로 병사하고, 11세의 아들 토쿠가와 이에츠나(德川家綱)가 잇도록 되어 있었다. 새 쇼오군(将軍)이 어려서 정치 권력이 약함을 안 유이 쇼오세츠가 이를 계기로 막부의 전복과 낭인(浪人)의 구제를 도모하고 거사했으나 직전에 발각되어 자결했다.

174　『遺文集3』 수록.

칙을 완화한 이유를 1651(경안 4)년 막부 전복(顚覆) 모의 사건인 유이쇼오세츠의 난(乱)에서 찾는다는 가설을 세우고 그것을 논증하기 위해 각종 사료 외에 말기 양자의 금지에 의한 낭인(浪人)의 증가와 완화 후의 감소를 통계상의 수치로 나타내 가설을 검증하고, 또한 가설에 대한 반증을 검토하였다. 결론적으로, 과학적 검증의 결과를 "불연(不然), 혹연(或然), 개연(蓋然), 진연(眞然)"으로 나눈 다음, 이런 말로 논문을 맺는다.[175] "이 결론은 어쩌면 어떤 혹연칙(或然則)의 영역을 넘어 적어도 가정설로서 개연칙(蓋然則)인 가치를 요구하는 것이 굳이 부당한 것이 아니리라 믿는다." 이게 바로 노부시게가 생각하는 과학적 방법의 실천이라고 볼 수 있겠다. 그리고 가설을 세워 데이터로 검증하고 그 정확성을 4단계로 측정하는 방법은 오늘날 사회과학의 방법으로 봐도 위화감이 없다. 또한, 그 후의 국사학에서도 노부시게의 위 추론을 뒤집는 연구는 보이지 않는다.[176]

이러한 방법은 이후에도 사용되며 이미나(忌み名)의 관행[177]이 일본 고유의 습속이 아니라고 하는 모토오리 노리나가(本居宣長) 설에 대한 반증을 시도한 『이미나(諱)에 관한 의심』[178](1919년 간행)에서도 가설을 세우고 증거로 검증하는 작업을 거쳐 다음과 같이 맺는다. "필연은 애당초 기대할 수 없다. 어쩌면 다행히도 개연은 바랄 수 있을 것인가? 만약 그렇지 않다면 적어도 혹연은 바랄 수 있을 것인가? 감히 식자의 가르침을 청한다."

---

175 [역주] 인과관계 아예 없음, 이따금 인과관계 있음, 대체로 인과관계가 있음, 인과관계가 분명함. 이렇게 네 단계로 풀 수 있으나, 원문의 성격을 살리기 위해 그대로 옮겼다.

176 『国史大辞典』(吉川弘文館, 1992년) 「まつごようしのきん」(林亮勝)의 항목에서는 「유력」한 설로서 기재되고, 児玉幸多 『日本の歴史16元禄時代』(中央公論社, 1966년) 32쪽은 「정설」이라 한다. 大森映子 『お家相続—大名家の苦闘』(角川選書, 2004년) 46쪽은 특히 문헌을 인용하지 않고 노부시게의 설을 조술하고 있다.

177 [역주] 태어날 때 받은 진짜 이름을 휘(諱, true name)라 하며, 그 이름을 부르는 것을 꺼린다(忌み名)는 뜻을 가졌고 그런 뜻에서 이미나라고도 했다.

178 그 후 1926(大正15)년에 『実名敬避俗研究』로 개정 출판되고 穂積重行에 의해 현대어화되어 『忌み名の研究』(앞에 든)로 간행.

이것이 일반론이 아니라 학문적 실제 작품을 통해 실천된 그의 자연과학적 방법이다.

6. 서양 법학의 심층 접근

(1) 법학의 원류

동양에 법학은 없었는가?

노부시게는 서양 법학의 깊은 지식만이 아니라 비서양을 포함한 광범위한 비교법의 지식을 바탕으로 일본 최초의 법학자로서 '법률진화론'이라는 오리지널 이론을 구축하여 서양의 일선 법학자에 못지않은 아시아의 법학자로서 존재감을 보였다. 그러나 그런 그에게는 애초부터 계속 마음에 걸렸던 의문이 있었다. 바로 동양(中国)에 법학이 성립하지 이유가 무엇인가였다. 중국은 서양으로부터 배울 것이 없다는 자부심을 낳을 정도로 고도 정신문화의 발달을 보였고 법도 고대부터 존재했다. 그런데도 법학은 없다니 말이다.

노부시게는 동양에 법학이 없었다고 하지만, 중국에는 고대부터 법에 의한 통치사상이 있었고 또 실제로 법이 정비되어 있었다고 지적한다. 특히 일본의 율령국가(律令国家) 성립 계기가 된 대보율령(大宝律令, 701년)의 모법인 당나라 영휘율령(永徽律令, 651년)은 매우 정밀한 법체계였다. 당연히, 그것을 해석하는 데는 그만한 전문성이 필요해, 그것을 위한 전문가가 있었다. 그러나 율박사(律博士), 율학박사(律学博士)로 불리던 법의 전문가는 고위직에 오르지 못했고(의박사[医博士] 등보다 하위였음), 율학(律学)의 지위도 낮았다. 이들 법가(法家)의 설에는 심원한 철학 이치가 없고, 율학을 익힌 사람도 어디까지나 실무적 관인(実務的 官人)의 위상으로 "사람들이 혐오하는 방면의 실무를 담당하여, 차츰 유학으로 관리가 된 사람들(儒吏)보다 낮은 처지가 될 수밖에 없었다. 이렇게 하여 드디어 법은 도덕의 보조물처럼 되고, 덕 중심에 형벌이 보완하는(德主刑輔) 것의 실현이야말로 왕도정치(王道政治)라고 하기에 이르렀다.[179]

당나라로부터 율령을 계승한 일본에는 당나라 율학박사를 본뜬 제도가 있었으며, 후에 명법박사(明法博士)라 불렸다. 율령의 해석을 담당하는 전문가이니 법학자적인 자리다. 이 신분은 조정에서 높은 지위를 부여받지 못하고, 게다가 율령의 해석이 나뉘어 수습되지 못할 지경이 되자 『영의해(令義解)』[180]가 편찬되어 공정해석(公定解釈)이 정해졌다. 또 명법박사의 신분이 세습되어 특정 가문에 독점되었다는 것 등으로 명법도(明法道)의 레벨이 저하되고 형식화해 갔다. 더욱이 남북조 동란(南北朝の動乱) 이후에는 율령법이라는 틀의 의미 자체가 공가[181]사회(公家社会)에서 격하되고 말아 법학의 단서일 수 있었던 명법도가 형해화하고 쇠퇴해갔다.[182] 그 결과 법규범을 해석하기 위한 기법이나 법 해석의 성질에 대한 식견, 나아가 어떤 법률에 대한 식견 등 오늘날 우리가 법학이라고 하는 학문의 내용으로 이해하는 지식이 객관적으로 이해 가능한 형태로 이론화되고 전승되는 일은 없었다.

좀 더 생각해보면, 동양(중국)의 법인 율령을 현대의 용어로 말하면, 율(律)은 형법, 영(令)은 행정법에 대응한다. "법은 기본적으로, 지배자가 질서를 유지하기 위한 수단이며, 서로 대등한 입장에 서는 사람들이 상호 관계를 규율하기 위한 민법을 − 적어도 그 원형을 − 낳는 일은 없었다."[183] 노부시게가 기초를 담당하고 일본의 수용을 이끈 민법이야말로 고대 로마에서 정교한 발전을 보였

---

179 布施弥平治, 『明法道の研究』(新生社, 1966년), 56쪽.

180 [역주] 일본 고대국가의 기본법이라는 양로령(養老令, 775년의 기본 율령)의 관찬 주석서. 10권으로 되어 있고 833년에 성립.

181 [역주] 일본에서 조정에서 일하는 귀족·상급 관인의 총칭. 천황을 가까이서 보살피거나 어소(御所)에 출사한 주로 3위(三位) 이상의 자리를 세습하는 집안.

182 布施·앞에 든 책 제2부 제5장, 早川庄八「応安四年の明法勘文」同『中世に生きる律令』(平凡社, 1986년) 수록, 新田一郎『日本中世の社会と法』(東京大学出版会, 1995년) 199쪽 이하 참조.

183 村上『〈法〉の歴史』99쪽.

고, 그 후 유럽에서 법학이라는 학문의 모델을 계속 제공해온 바로 그 분야였다. 그런데 고도의 상품경제를 발달시킨 에도시대에도, 일본에서는 그에 대응하는 법 분야는 발전하지 않았다. 유럽의 자연법론도 모델은 로마법 이래의 시민법(민법)에서 보편성 높은 규범 체계이다. 서양 역사에서 중심적 의의를 지녔던 법의 영역이 동양에는 전혀 없었다.

노부시게의 의문은 어째서 그것이 없었느냐는 것이다. 즉, 거기에 동양에서의 사상이나 철학 차원에서의 요인이 있었던 것은 아니냐 하는 물음이었다.

예(禮)와 법

노부시게가 주목한 것은 유학의 기본 개념인 예(禮)이다. 1906년의 논문 「예(禮)와 법」이나 그보다 앞서 한 강연 「예(禮)와 법의 관계」(1918년 4월 28일)에서는 '예'가 '도의의 표창'이며 "무형이며 파악하기 어려운 경신(敬神), 인의(仁義), 애경(愛敬) 등의 관념을 유형으로 사용하기 쉬운 법식으로 표시하고, 이로써 행위의 규범으로 삼은 것"이라고 한다. 즉, 종교, 관습, 덕의, 권력자의 명령 등 어떠한 근거로든 규범을 사람들의 행위의 외형적인 형식으로 정한 것이 '예'이다. 그 형식에 따를 때 사람들의 동기나 심리와는 상관없다. 그러나 그것이 관습화되어 일정한 행위 양식이 생겨나고, 이윽고 규범의식을 낳으면, 기존의 규범을 바꿀 힘도 생길 수 있다. 그런 의미에서 '예'도 노부시게의 용어를 사용하면 '사회력(社会力)'이라는 것이 되어 '법'과 성질을 공유한다.

그리고 원시사회에서는, 예(禮)의 범위가 거의 인간사 제반의 행위를 포함하였다. 오늘날의 용어로 말하면, 공법도 사법도 예 속에서 규율되었던 것이다. 이것을 노부시게는 예치사회(礼治社会)[184]라고 부른다. 이윽고, 국가의 체제가 점차 정해짐에 따라, 국가의 존재나 발전에 직접 관계가 있는 규범이 법률 쪽으로 편입되어 간다. 그 결과 현대어에서의 예는 인사말이나 신사참배 등의 형

---

[184] 「禮と法」『遺文集三』202쪽(초출 1906년).

식이 생각나는 정도로 영역이 한정되어 있지만, 원래는 그렇지 않았다.

노부시게에 따르면, 중국에서는 춘추시대에 힘이 약해진 주(周)의 예가 열국의 공통 규범이 되어, 이른바 국제법의 단서로 보이는 것이 존재하였다. 이는 마치 유럽에서 로마법의 유법(遺法)인 자연법이라는 공통관념이 있었기 때문에 근세의 독립국가가 발흥했을 때 이에 의거할 수 있었던 것과 같다. 다만 중국의 경우, 진(秦)이 육국(六国)을 멸하여 제국주의가 다시 열리는 바람에 국제법의 발달을 볼 수 없었다.[185]

진나라는 상앙(商鞅)으로 대표되는 법가사상(法家思想)을 채용하고 법가의 술책을 이용하여 천하를 통일하였다. 이때 갑자기 인의도덕(仁義道德)의 예치를 배제하고 분서갱유(焚書坑儒)까지 했기에 이후 예치와 법치가 서로 어울리지 않는다는 사상을 낳고 말았다. 한나라 시절 유학(儒学)이 지배적이었을 때는 유학이 법치를 배척했기 때문에 법학이 탄생하지 못했고, 법가(法家)는 있어도 법학(法学)이라는 문자는 없었다.

예와 법의 분화[186]

그러나 노부시게에 따르면, 역사적으로 법은 예(禮)에서 생겼다. 유럽에서도 그 고대법은 예전(礼典)에 포함되었고,[187] 기원전 6세기경 고대 그리스 솔론의 법전도 일종의 예전이었다. 이후 예와 법의 분화가 생기지만, 중국에서는 법술에 대한 혐오 때문에 어디까지나 예를 본으로 하고, 법은 그 보조적인 위치에 머물렀다. "예의는 그 자체로 이미 덕의(德義)의 성형(成形)이지만, 법률은 덕의의 성형에 맞지 않았기 때문이다." 즉, "법률은 덕의의 소극적 표창"이며,

---

185 『祭祀及禮と法律』213–216쪽(「禮と法律」), 245–246쪽(「禮と法との関係」).

186 『祭祀及禮と法律』185쪽 이하.

187 노부시게는 『管子』에도 "법은 예로부터 나온다."라는 말이 있다고 한다(「禮と法」, 219면). 『管子』의 제12편 "법은 예로부터 나오고, 예는 치로부터 나오고, 치와 예는 도다."라고 나온다. [역주] 원문은 다음과 같다. 法出於禮 禮出於治 治禮道也 (管子 樞言)

사람의 행위가 예에 위반되었을 때 비로소 법의 세계에 들어가는 것이다. 반면 고대 그리스에서는 법은 정의가 나타나 규칙이 된 것으로 정의 실행의 도구이며, 정의의 형태라는 생각이 있었고, 예와 법의 분화는 법을 추상화하는 형태로 발생했다.

즉, 예의는 덕이 꼴을 갖춘 것으로서 사람의 행위에 구체적 전형을 제공하고, 행위의 형식과 관계된다. 한편, 정의는 덕의 본체이며, 사람의 행위에 추상적 표준을 부여한다. 교환적 정의(交換的正義)나 배분적 정의(配分的正義)라는 추상적 이상은 이념을 제공함으로써 개량 진보(改良進步)의 목표가 된다. 그 정의의 표창이 법률로 여겨졌기 때문에, "법률은 용이하게 그 반려인 예의의 굴레를 벗어나 발전의 길에 오를 수 있었다." "예의는 정적(静的)"인 데 반해, "정의는 동적(動的)"으로 발전할 수 있었다는 것이다. 그렇게 법학이 탄생했다는 것이 노부시게의 이해이다. 즉, 실제로 있는 법이 아니라 있어야 하는 법을 탐구하는 것으로서 법의 학문이 생겨났다는 것이다.

그러나 그리스의 정의는 중국 문자로 말하면 의(義)이고, 정의의 형태가 법이라고 하는 것은, 마치 인의(仁義) 도덕의 형태가 예라고 말했던 것과 같고, 그 예로부터 법이 생기기 때문에 통하는 것이 있다. 노부시게는 이와 같은 관점에서 주자의 해석이 정당하다는 점도 지적하였다.[188] 즉, 논어 2편 위정(爲政) 3장에 이런 말이 나온다.

> 공자께서 말씀하셨다. "백성을 이끌되 법률로써 하며, 백성을 따르게 하되 형벌로써 하면, 백성은 형벌을 면하기는 하지만 부끄러움이 없을 것이다. 백성을 이끌되 덕으로써 하며, 백성을 한결같이 따르게 하되 예로써 하면 백성들은 부끄러움을 알고 선에 이를 것이다."[189]

---

188 『祭祀及禮と法律』252쪽.
189 「子曰, 道之以政 齊之以刑, 民免而無恥. 道之以德 齊之以禮, 有恥且格.」

시모무라 코진(下村湖人, 1884-1955)[190]은 이를 이렇게 번역하였다.

선사께서 말씀하셨다. 법률 제도만으로 백성을 이끌고 형벌로 질서를 유지하려 한다면 백성은 오로지 그들의 법망을 뚫는 일에만 매달려 그나마 면하기만 한다면 그것으로 조금도 부끄러울 게 없다. 이에 반하여 덕으로 백성을 이끌고 예로써 질서를 유지하게 한다면 백성은 부끄러움을 알고 스스로 선을 행하려고 하게 된다.

이에 대한 주자의 주석은 다음과 같다.

정(政)이란 다스리는 도구요, 형(刑)이란 다스림을 돕는 법이며, 덕과 예는 다스림의 근본이요, 덕은 또 예의 근본이다. 이것은 서로 시작과 끝이 되기에 어느 한쪽도 폐할 수 없다. 그러나 정과 형은 다만 백성이 죄를 멀리하게 할 따름이다.[191]

주자의 말은 법가가 말하는 법 제도나 형벌만이 아니라 덕과 예도 중요하고 덕치와 법치 중 어느 하나에 치우쳐서는 안 된다는 것이다. 노부시게도 이것이 중요하다고 보았다. 만일 법의 배후에 유교적인 덕이 있고, 그것이 정의의 관념처럼 이념화되었더라면 "있어야 하는 법이란 게 무엇인가"를 둘러싼 학문이 성립하지 않았을까? 하고 생각해 보았음직하다. 1906년의 논문 「예와 법」에서는 예법분화(礼法分化)가 생긴 역사가 이야기되지만, 법학의 발생에 관한 언

---

190 [역주] 일본의 소설가·사회 교육가.

191 「政者 爲治之具, 刑者, 輔治之法. 德禮則所以出治之本 而德又禮之本也. 此其相爲終始 雖不可以偏廢, 然政刑能使民遠罪而已.」 **일역:** 政は治を爲すの具, 刑は治を輔くるの法. 德禮は則ち治を出す所以の本にして、德も又禮の本なり. 此れ其の終始を相爲し、以て偏廢す可からざると雖も、然れども政刑は能く民を罪に遠ざけしむるのみ.

급은 없다. 아마 이런 문제의식은 때마침 진행되던 그의 자연법 이해의 변화에 따라 촉진되었던 것은 아닐까?

'예와 법의 관계'는 공자제전회(孔子祭典会)에서 한 강연도 있지만, 메이지(明治) 초기까지 일본 지식인의 공통 교양을 이루었던 한학의 개념을 통해 서양 법학의 성립이 설명되었다. 이게 바로 노부시게 자신이 서양의 법학을 이해하고 수용하던 과정이었지 않을까?[192] 동시에 법학의 성립이 바른 법, 있어야 할 법을 탐구한다는 사고, 즉 자연법적인 사고와 밀접하게 관련되어 있다는 걸 알 수 있다.

법학이 성립하지 않은 원인

노부시게의 사후 1928년에 간행된『제사 및 예와 법률(祭祀及禮と法律)』(법률진화논집 제2권) 속에 수록된 유고「예와 법률」은 거의 완성되어 있던 유고를 아들 시게토오가 정리한 것이다. '법률진화론' 전체 체계 속에서 '원질론(原質論)'의 덕의규범편(德義規範篇)에 속해야 할 원고라고 시게토오는 말하고 있다. 실제로 그 내용은 예와 법의 분화가 생기는 과정을 비교법적으로 논한 것으로, 왜 법학이 서양에서만 성립했는가 하는 의문에 대한 직접적인 언급은 없지만, 다음과 같은 기술이 있다. "예의는 동양에서 법의 기본이고, 정의는 서양에서 법의 기초이다. 예와 법의 분화가 동서에서 그 상태를 달리하는 것은 결국 기본 관념에 차이가 있기 때문이다."(같은 책 205면)

---

[192] 야츠카와 니시 아마네에서도 볼 수 있는 프로세스를 해명하고자 하는 연구로서 マイニア『穂積八束』가 있다. 하지만 坂井大輔「穂積八束の『公法学』(1)(2・完)」一橋法学 제12권 제1호, 제2호(2013년)는 마이니어가 "야츠카 학문의 내재적 이해에 성공하고 있지 못하며 그 점과 표리일체한 것으로서 근대 서구적 가치를 기준으로 야츠카의 국가론·헌법론을 조소하는 듯한 언사를 농하는 정도에 이르렀다."라고 비판적이다(「穂積八束(1)」243쪽). 사카이(坂井)의 비판은 필자에게는 타당한 것으로 생각된다.

한편, 「예와 법과의 관계」라는 강연에서 노부시게는 바로 저 문제의식에 따라 예와 법의 관계를 이야기하였다. 그리고 여기에 나타난 동양에서 법학이 성립하지 않은 원인에 대한 문제의식은 5년 후(죽기 2년 전)에 스스로 간행한 『법률진화론 제1권』에도 이렇게 나타난다.

> 서양에서는 법률 개선의 목표로 삼을만한 초월적 기본법(超越的 基本法)의 관념이 존재하고, 동양에서는 예로부터 그런 관념이 없었다는 게 동서 법률진화가 현상을 달리하는 일대 원인이었다. 서양에서는 그리스 · 로마 시대부터 중세를 거쳐 현재에 이르기까지, 입법, 사법 모두 장족의 진보를 하고, 동양에서는 법률이 수천 년간 거의 정지 상태였던 것은 주로 이 초월적 이상법(超越的 理想法)의 존재 여부로 인한 것이다. 서양에서는 로마 이래 법률의 학문이 크게 흥하고, 동양에서는 법학이 특수한 과학으로서 흥하지 않고, 법률의 전고(專攷)는 주로 기록과 암송, 해석에 그친 이유도 마찬가지다.(같은 책 223면)

자연법 관념(自然法觀念)이야말로 서양법의 발전과 법학의 성립을 뒷받침했다는 이해이다. 고도의 철학과 정치이론을 낳은 동양에서 왜 법학이 성립하지 않았을까? 이것은 전 생애를 통해 노부시게를 붙들고 떨어지지 않은 의문이었을 게 틀림없다. 노부시게는 이 차이를 낳은 '초월적 이상법'의 관념에 관해 법률화론의 「원력론(原力論)」에서 상세히 논하겠다고 예고했으나(『법률진화론 제1권』 223면), 실현하지는 못했다.

그러나 법학의 성립과 관련한 이상의 논의는 노부시게의 후기 연구에서 심화하였고, 법학 교육뿐만 아니라, 다양한 입법에 관여하는 등의 경험을 축적하는 가운데 서양법에 관한 이해가 깊어지고, 당초 그의 사고를 지탱했던 역사법학의 저쪽에 그가 도달했던 경지였다고 할 수 있다.

(2) 자연법

신자연법론(新自然法論)의 등장

법학의 성립에 관한 고찰은 자연법의 이행에 나타난 변화와 동시 진행적으로 생겨났을 것으로 보인다. 그리고 유럽에서 새로운 자연법론이 등장한 것이 자연법에 대한 노부시게의 이해를 크게 변화시킨 계기가 되었다.

노부시게가 만난 19세기의 유럽에서는 자연권(自然權)·자연법(自然法) 사상의 비판과 극복이라는 일련의 과정이 진행 중이었다.[193] 당뜨레브에 따르면, "자연법의 포기, 이것이야말로 근대 법률학의 흥기(興起)에 결정적인 계기였다."[194] 그것을 선도했던 것이 독일이었다. 독일 역사주의의 총괄을 맡은 마이네케(Fr. Meinecke, 1862-1954)가 말한 바와 같이, "문제의 중심은 모두 인간의 최고 이상(最高理想)의 영속성(永遠性)과 인간 본성(人間本性)의 항구적 동일성(恒久的 同一性)을 믿는 완강한 자연법적 사고를 무르게 하여 유동화하는 데 있었다."[195] 노부시게는 그 시대의 유럽 법학을 실제로 체험하였다.

그러나 자연법론이 사멸한 것은 아니었다. 노부시게는『법률진화론 제1권』에서 설명하기를, 입법의 추세, 독일의 역사법학, 영국 분석법학의 발흥으로 자연법은 위기에 처하는 듯했지만, "이때 한동안 칩복(蟄伏)하고 훗날의 등천(騰天)을 기다리던 피난소는 19세기의 모범 법전인 프랑스 민법의 제4조였다."[196]

그 제4조 규정은 다음과 같다.

---

193 田中浩「明治前期におけるヨーロッパ政治思想の受容に関する一考察—加藤弘之の『人権新説』をてがかりに」 家永三郎編 『明治国家形成過程の研究第三編 明治国家の法と思想』(お茶の水書房, 1966년) 수록 639쪽.

194 ダントレーヴ『自然法』149쪽.

195 R.マイネッケ『歴史主義の成立(上)』(筑摩書房, 1967년)(원서 초출 1936년) 13쪽.

196 『法律進化論第一冊』253쪽.

"법률의 침묵, 불명료 또는 불충분의 구실로 재판을 거부하는 재판관은 재판 거부에 대해 유죄로 소추할 수 있다."[197]

이 규정은 법문의 배후에 쓰이지 않은 법문이 존재한다는 것을 전제한다. 그게 바로 자연법이고, 자연법론은 이 규정의 배후에 엎드려 반자연법(反自然法)의 광풍이 지나갈 때까지 조용히 숨죽이는 시간을 보냈다는 것이다.

이윽고 세기가 바뀔 무렵부터 조류가 바뀐다. 자연과학의 진보와 경제성장은 전대미문의 번영을 가져왔지만, 그 결과 개인(노동자·소비자)의 자유는 조직(기업)의 힘 앞에 유명무실해지고, 사회문제는 심화되어 계급갈등이 격화되었다. 그러나 19세기 법학이 낳은 기존의 법은 아무런 해결도 가져오지 못했다. 기성 법문의 상정을 뛰어넘는 사건이 날마다 새롭게 발생하고, 어느덧 기존 법문의 적용이 정의에 맞는 결과를 가져온다는 것을 전혀 보장하지 못하게 되었다. 이리하여 사람들은 실정법보다도 고차원의 지도 원리를 추구하기에 이르렀다.[198] 노부시게의 설명은 이렇다.

성문법 숭배자인 법전론자이건, 자연법 배척자인 분석파 법학자이건, 마침내 자기 뜻을 접고서 초월적 이상법의 존재를 인정하고, 입법자도 '법의 원칙'이라고 할 수 있는 것 같은 범칭 아래[199] 이상법(理想法)의 존재를 공인하지 않을 수

---

197 번역문은 法務大臣官房司法法制調査部編(稲本洋之助訳), 『フランス民法典 ―家族·相続関係』(法曹会, 1978년)에 의한다. **[역주]** 프랑스 민법 제4조 : 법의 공백, 모호함 또는 흠결을 이유로 판결을 거부하는 판사는 재판 거부로 기소될 수 있다. (세계법제정보센터) https://world.moleg.go.kr/web/wli/lgslInfoReadPage.do?searchPageRowCnt=10&A=A&AST_SEQ=1286&searchType=all&searchNtnl=FR&searchNtnlCls=4&CTS_SEQ=38144&pageIndex=1&ETC=9&

198 時本義昭 『法人·制度体·国家―オーリウにおける法理論と国家的なものを求めて』(成文堂, 2015년) 50쪽.

199 이탈리아의 1865년 법례(法例) 3조 2항에 "여전히 의문이 존재하는 경우에는 법의 일반원칙에 따라 이를 결정한다."라는 규정이, 스페인의 1889년 민법 제6조 제2항

없는 기운에 도달하였다. 이때를 맞아 한 세기 동안의 법학계의 오랜 꿈을 터트린 새벽종이 자유법설(自由法説)이다."[200]

자연법론은 20세기 초창기 법학계의 '애호 문제'가 되고, 학계의 '신조류'로서 기세를 더했으며 마침내 "입법자를 움직여 이상법을 자유로 발견할 수 있음을 공인하는 법전의 발포를 보기에 이르렀다." 그런 다음 노부시게(陳重)는 스위스의 신민법(1907년)에서 총칙의 서두에 "법률의 적용"이라고 하는 다음 규정을 둔 것을 소개한다.[201]

제1조

1. 본 법은 그 문언 또는 해석으로 본 법이 규정을 두고 있는 모든 법률문제에 적용된다.
2. 규정이 결여한 경우 법원은 관습법에 따르고, 관습법도 없을 때는 자기가 입법자라면 설정했을 규범에 따라 재판하여야 한다.
3. 이때 법원은 확립된 학설 및 판례를 참조하여야 한다. (밑점 저자)

역사학자에 의한 자연법 비판의 시대에 서양 법학을 흡수했던 노부시게에게 자연법론의 부활은 충격이었던 것이 틀림없다. 그러나 신자연법론(新自然法論)을 접한 후의 노부시게는 자연법론을 고대 그리스·로마를 포함한 큰 역사적 시야 속에서 이해하여 자연법에 새로운 위치를 부여하려고 하였다. 그와 같은 변화의 조짐을 느낄 수 있는 것이 프랑스 민법 100주년을 계기로 그가 한 강연이다.

이 "정확하게 소송사건에 해당하는 법률이 없는 경우는 지역의 관습 및 법의 통칙을 적용해야 한다."라는 규정을 두고 있음을 소개하고 있다(『法律進化論第一冊』, 249-251쪽).

200 『法律進化論第一冊』 253-254쪽.
201 역문은 노부시게의 역을 참고로 독불 원문에서 필자가 작성했다.

프랑스 민법 100주년

1904년에 프랑스 민법이 제정 100주년을 맞아 일본에서도 프랑스 공사 등을 초대하여 이를 축하하는 행사를 개최하였다. 외국 법전의 100주년을 축하하는 터에 브아소나드 이래의 일본과 프랑스법과의 강한 인연을 느끼게 한다.[202] 그 때 노부시게의 강연이 '프랑스 민법의 장래'이다.

세인트루이스에서의 만국학술회의가 개최되었던 것과 같은 해, 미국으로 출발하기 전에 이루어진 이 강연에서 노부시게(陳重)는 프랑스 민법의 역사를 되돌아보고, 프랑스 법학의 현상을 비교법적으로 자리매김한 다음, 어언 나폴레옹 법전이 시대의 요청에 응할 수 없게 되었는데 "프랑스 인민은 이 세계적 대법전에 대한 미련이 남아 있어 쉽게 이를 버리지 못하고, 그렇다고 해도 해석은 이미 그 역할을 다하여 여력이 없으므로 새로운 사태의 급한 수요에 응하기 위해서는 제2 자연법설(自然法說)이라고나 할 것을 안출하여 해석 이외의 조화력을 찾는 것이 필요하기" 때문에 프랑수와 제니(François Gény, 1861–1959) 등의 신자연법론(新自然法論)이 등장하였다고 분석한다. 법률 규정을 떠나 법의 자유로운 발견을 주장한 이 새 조류는 "자유법론(自由法論)"으로서 독일에도 파급되었다. 노부시게는 이 새로운 자연법론의 부활에 대하여 남다른 관심을 보였다.

그렇지만 이 강연 자체의 취지가 프랑스의 법전에 대한 칭찬이었기 때문에 프랑스가 시대에 뒤진 법전과 "학문적 자유탐구(學問的 自由探求; libre recherché scientifique)"에 의하여 발견된 법이라는 국법(國法)의 이중성(二重性)을 용인한 것은 아니며, 머지않아 일본에게도 새로운 모델이 될 제2의 프랑스 민법전을 제정할 게 틀림없다는 기대를 말하며 강연을 마무리 짓는다.

그러나 그가 이 강연에서 논하려던, 법과 사회와의 괴리를 극복하기 위한 법의 발전은 사회의 변동기를 맞던 당시의 일본에서도 절실한 실천적인 과제였다. 동시에 또 노부시게의 법률진화론에서도 매우 중요한 테마였다. 문제는 그

---

202 참고로 프랑스 민법전 200주년 때, 일본에서는 학회 심포지엄 외에, 北村一郎編『フランス民法典の200年』(有斐閣, 2006년)이 간행되어 있다. 거기에 수록된 논문을 보면 200년간 일본 법학의 '진화'를 느낄 수 있다.

것을 언제 논하느냐였다.

이 주제는 노부시게의 법률진화론의 장대한 구상 속에서는 '법세론(法勢論)' 이라는, 법의 변화(진화)를 다루는 영역에서 다루어진다.[203] 그러나 그것을 실제로 논하는 것은 언제일지 알 수 없다. 그래서 노부시게는 "늙은 필자의 여생이 과연 법세론의 탈고를 허용할지 아닐지는 알 수 없고, 더구나 개연성이 없는 일이기 때문에"라면서 그 내용을 선취하는 형태로 『법률진화론 제1권』에 부록처럼 90쪽 가깝게 할애하여 법세론의 일부를 논했다(제1편 무형법[無形法]). 그것이 '법의 제2차 발견'에 관한 일련의 기술이다.

법의 제2차 발견

노부시게는 법과 사회의 괴리가 발생할 때 법을 수정하여 양자를 접근시키는 요인을 '조화력(調和力)'이라고 부른다. 메인은 조화력으로서 의제(擬制), 형평(衡平),[204] 입법(立法)을 들었는데 이미 법이 성숙해 있는 사회에서는 입법(법개정)과 나란히 형평이 원용된다. 이것은 기존의 법을 보충하는 형태에서의 법형성이고,[205] 원시사회에서 최초로 법이 탄생할 때에 이루어진 '법의 발견'과는

---

203 법세론(法勢論)은 법의 자발적인 발전을 논하는 발전론(發達論), 외국법의 영향을 논하는 계수론(継受論), 글로벌 공통화를 논하는 통일론(統一論), 이렇게 세 개로 나뉜다. 발전론은 인종, 민족성, 지세(地勢), 정체, 종교, 덕교(德敎), 여론 등의 법의 경계(境界) 중에 자발 내재하는 기본적인 법의 진화를 논한다. 계수론은 외국 민족과의 접촉에서 기인하는 외국법의 모방, 채택 및 외국 학설의 입법, 재판 등에 미치는 영향을 논한다. 통일론은 법이 "문화의 상진(上進)"에 수반하여 항상 세계화되는 경향이 있어, 각 국민은 "경계에 자국의 특유법(特有法)과 세계 공통법(共通法)에 의하여 지배받기에 이른다."라는 것임을 논한다.

204 노부시게(陳重)는 번역어로서 '공평'을 사용했으나 'equity'의 오늘날의 번역어로는 '형평'이 많아서 형평을 사용한다.

205 이상 『法律進化論第一冊』 175-181쪽.

다른 의미에서의 법의 발견이다. 이것을 그는 법의 '제2차 발견'이라고 명명하였다.

설령 법과 사회의 조화를 꾀하기 위한 입법이 이루어진들 입법자는 그 모든 것을 다 알 수 없고, 성문법이 전능한 것도 아니어서 머지않아 입법과 사회의 발전 사이에 괴리가 발생하기에 이른다. 처음에는 유추해석, 정신해석(목적론적 해석) 등의 법 해석이 이루어진다. 그러나 문화가 더욱 진화하여 법규가 정비되면 법규 외에 규범력의 원동력이 될 수 있는 기본법이 존재하는 것을 전제로 하여 법관은 그 기본관념인 형평(Aequitas), 정의(Justitia), 자연의 이치(Naturalis ratio)라는 추상적 관념을 체현하는 권능, 직무가 있다고 생각하게 된다. 이때 제2차적으로 발견된 대상으로서의 법이 이상법(理想法)으로서 자연법(自然法)이라고 한다.

이리하여 실정법(実定法) 외에 있는 법 형성 원동력으로서의 형평과 자연법에 대한 고찰이 진행된다.

법 형성의 원동력

마치 고대에서 자연법설이 만민법(万民法; Jus gentium)의 발달을 촉구한 것처럼, 근세 국제법 발달의 직접 원인이 되고 제18세기경에 이르면 학자들은 대체로 자연법의 효력이 국법 위에 존재한다고 보고 자연에 저촉되는 국법은 무효라고 주장하였다.[206]

노부시게의 이 말에서 만민법이란 로마제국의 범위가 이탈리아를 넘어 이민족 사이로 확대했던 때에 로마시민에게 적용되는 시민법과 구별하여 만민에게 적용되는 법의 관념에 붙여진 이름이다. 그러나 법사학자 프레데릭 폴록

---

206 『法律進化論第一冊』 200−201쪽.

(Frederick Pollock, 1845-1937)에 따르면, 만민법이라는 말 자체는 이러한 법률용어가 되기 전에 고대 통속어로서 '인류의 공통법(共通法; common law)' 내지 공통 관습—실제로 모든 사람에게 승인된 규범 일체를 의미한다.[207] 자연법의 발상은 그러한 공통법의 형성을 촉구한 것이다. 그리고 그 사상은 2천 년을 거쳐 이어지고 있다.

1804년의 프랑스 민법을 이어받아 1811년 제정된 오스트리아 민법은 앞 세기의 자연법사상의 영향 아래에 있고, 그 제7조는 법규의 해석에 의하여 정할 수 없는 사항은 "자연법의 원칙"에 따라(nach den natürlichen Rechtsgrundsätzen)에 따라 판단하라고 규정한다. 이에 관하여 노부시게는 이렇게 말한다. "넓은 의미에서의 자연법의 관념은 사회와 법률을 조화롭게 하는 원동력으로 항상 초월적 기본법 발견의 대상이 된다."[208] 19세기에 배격의 대상이 되었던 계몽기 자연법에 대한 새로운 역사적 자리매김을 한 논의라고 할 수 있다.

그럼 그가 지금까지 말해온 자연법의 쇠퇴 역사는 어떻게 바로 이해할 수 있을 것인가?

자연법사의 재조명

18세기에 유력해진 자연법론에 대하여 당뜨레브는 다음과 같이 말하였다.

근세 정치철학자가 말하는 '자연법'(jus naturale)은 이미 중세 윤리학자의 '자연법'(lex naturalis)이 아니었고, 또한 로마 법률가의 '자연법'(jus naturale)도 아니었다. 이들 3개의 관념은 서로 다른 것이며, 다만 명칭만 똑같은 것에 불과하다.[209]

---

207 F·ポロック 「自然法の歴史」 83쪽.

208 『法律進化論第一冊』 204쪽.

209 ダントレーヴ 『自然法』 87-88쪽. 또한, 같은 책 5면도 참조(명칭을 제외하고서는 중세의 자연법 개념과 근대의 자연법 개념 사이에는 공통된 것은 거의 없다.).

19세기에 영국과 독일에서 비판받던 자연법론은 이 18세기 계몽주의적 자연법론으로, 자연법의 역사에서도 약간 특이한 사상이라고 할 수 있다. 그러나 그것을 포함해 유럽에서는 고대 그리스나 고대 로마 이래 자연법의 관념이 존재하던 상태이고, 그것이 유럽 법학의 통주저음(通奏低音)을 이루었다. 노부시게가 주목한 것은 바로 서양 법학의 성립과 발전에서 그러한 자연법 관념이 떠맡은 결정적 역할이었다.

노부시게는 '자연'의 관념은 법의 제2차 발견 대상인 형평과 "서로 나란히 서로 수반하는 현저한 것"이라고 할 수 있다.[210] "그리스철학에서 자연법과 제정법의 대립은 실로 그 후 2천여 년간 서양 세계 법률 진보의 원동력이 되었다."[211] 그런데 19세기가 되면 "두 가지 큰 적"이 나타난다.

그 첫 번째 적은 독일의 역사법학파인데, 티보 대 사비니의 논쟁을 계기로 하여 법의 자연성·보편성에 반대하며 "법의 국민성과 특수성을 강조하였다. 역사법학자는 법의 기초가 '국민의 의식(Volksbewusstsein)'과 '국민의 확신(Volksüberzeugung)'이라고 역설하였다."[212] 역사파는 한때 독일계의 법학을 풍미하였지만, "그 사이에 자연법학설도 결코 그 근거를 잃지 않고, 다양하게 새로운 모습으로 학계에 나타났"다. 칸트(Kant), 셸링(Schelling), 피히테(Fichte), 헤겔(Hegel) 등이 푸펜도르프 이후의 자연법설로 대표되고, 근년에는 신칸트파, 신헤겔파 등의 출현도 보이고, 이들이 그 국가의 법 발견의 대상이 되어 입법, 사법에 영향을 미쳤다.

이것도 노부시게 초기의 저작에서 보면 현저한 관점의 전환이지만, 그의 눈길은 어느덧 서양 법학의 심층을 흐르는 수맥에 닿고 있다.

오늘날에는 역사법학의 자연법 비판에 대해 독일 법학에 대한 자연법의 영향이 "외관상의 단절"을 보였을 뿐, 실제로는 그 영향이 일관되게 계속되었다는 시각이 일반적이다. 무엇보다 역사법학은 "자연법에서 '개념법학(概念法学)'

---

210 『法律進化論第一冊』 198쪽.

211 『法律進化論第一冊』 198쪽 이하.

212 『法律進化論第一冊』 205쪽.

과 '구성법학(構成法学)'으로 가는 가교의 역할"을 한 것으로, 실은 "위장된 자연법(Kryptonaturrecht)"이라고도 평가받는다.[213] 이는 제2차 세계대전 후 나치를 부정하고 자연법론을 재생하는 가운데 생긴 역사법학의 자연법 파악이다. 노부시게의 이해가 거기까지 이르지는 못했지만, 가까이 다가간 것은 분명하다.

두 번째 적은 영국의 분석학파(分析学派)이다. 노부시게의 설명이다.

> 분석파의 학설이 지난 세기(19세기)의 후반에 이르기까지 거의 영미 법학계를 풍미하였고, 학조(学祖) 오스틴이 꾸짖으며 배척한 자연법은 그 이름을 칭하는 것조차 부끄러워하는 듯한 모습이었다.[214]

노부시게는 바로 이 시기에 영국에서 유학하였다. 그러나 벤담, 오스틴, 밀 등의 공리파(功利派)는 무엇보다 행복의 최고 실현을 법률의 목적으로 삼기 때문에 "자연법의 명칭이야 없지만 이를 대신할 이상법(理想法)은 존재하였다고 할 수 있다."[215] 이것은 폴록의 영향을 느끼게 하는 기술이다. 폴록은 이런 말을 하였다. "공리주의(功利主義)가 어찌 됐든 윤리학 내지 정치학의 다른 독단적 체계 못지않게 자연법 체계임은 지금까지도 지적되고 있다."[216]

노부시게는 영국에서 자연법을 설파한 블랙스톤을 "헛소리하는 것", "아이들 장난 같을 뿐만 아니라 유해함", "무정부주의(無政府主義)를 고취하는 것"이

---

213 上山 『法社会史』 178면, 河上 『ドイツ市民思想』 제3장 참조. 또한 우에야마(上山)와 카와카미(河上)는 "Kryptonaturrecht"를 "음성 자연법(陰性自然法)"이라고 번역하고 있는데 의미 파악이 힘들어 번역을 고쳤다.

214 『法律進化論第一冊』 206쪽.

215 『法律進化論第一冊』 206-207쪽.

216 ポロック 「自然法の歴史」 90쪽. Frederick Pollock, "The History of the Law of Nature: A Preliminary Study", *Columbia Law Review*, vol.1 no.1 (1901), p.22. 처음에는 Journal of the Society of Comparative Legislation, Vol. 2, No. 3(1900)에 게재됐다. 노부시게(陳重)는 이 논문에 입각하여 쓴 1904년 간행한 저서 The Expansion of the Common Law의 제Ⅳ장에서 인용하고 있다.

라고 격렬하게 비판한 오스틴에 대해서 "그 시야를 형식적 성법론(形式的成法論)에 국한하여, 법률의 동적 현상(動的現象)을 망각하고, 이러한 관념[자연법론]이 법률 진화의 원동력으로서 중대한 의의가 있음을 깨닫지 못한 데서 기인한다."라고 비판한다.[217]

폴록이 지적한 대로, 영국에서는 "합리성(reasonable한 것)"을 법의 이상으로 삼는다. 이것은 이름을 바꾼 자연법이라고도 할 수 있다. 왜냐하면, 대륙법의 자연법은 영국에서 "도리의 법(Law of Reason)"에 해당하기 때문에 그 의미로 보자면 자연법은 "문명인의 이성(reason)을 집성 체현(集成体現)한 것"으로 볼 수 있기 때문이다. 즉, 영국에서는 자연법이라는 명칭에 대해 벤담적 혐오(the Benthamite aversion to its name)는 있으나, 자연법적 사고 자체는 확실히 계승되는 중이었다.[218]

형평법도 자연법도 "필경 법의 이상적 기본관념의 범칭일 뿐" 다른 것이 아니다.[219] "넓은 의의에서 초월적 이상은 자연법이라고 할 수도 있다." 이것이 노부시게가 도달한 자연법관이다. 이리하여 자연법론의 기능을 큰 역사적 시야 속에서 파악할 시야를 얻은 노부시게가 왜 동양에 법학이 성립하지 않았느냐는 의문에 이른 것은 앞서 적은 대로 아주 자연스러운 흐름이었다고 할 수 있겠다.

번역어로서의 자연법

그럼 노부시게가 50세가 될 무렵 도달한 자연법관은 일본에 수용된 것일까? 그것을 생각하는 전제로서 '자연법'이라는 번역어에 대해 다시 생각해 보자.

유럽어의 'Nature'라는 말에는 "the basic or inherent features, character, or

---

217 『法律進化論第一冊』 204쪽.
218 『法律進化論第一冊』 207쪽.
219 『法律進化論第一冊』 208쪽.

qualities of something"[220] 즉, 가장 기본적이고 본질적, 내재적인 성질, 본질적인 요소라는 의미가 있는 동시에, "the innate or essential qualities or character of a person or animal"[221] 즉, 사람이나 동물이 타고난 본질적인 성질이라는 의미가 있다. 'natural law'의 'nature'에는 이러한 의미가 포함되어 있다.

이 함의를 전달하기 위해 처음에는 유교적 개념을 사용하여 성법(性法)이나 천률(天律)로 번역되었다. 주자학에서는[222] 물질의 근원이 '기(氣)'라고 여겨(음과 양), 이 기의 운동에 의해 만물이 발생한다. 그런데 기(氣)를 운동시키는 것은 이(理)이며, 만물이 그 원인자(原因者)인 이(理)로부터 받은 것이 성(性)이다. 사물이 발생하면 반드시 그 사물의 성(천성·본성·개성)이 있다. 만물은 각자의 성(性)에 비추어 그 근원인 이(理)가 명하는 것을 알고, 그것을 규범으로서 운동하고, 또 행동하는 것이다.

Jus naturale(natural law)란 바로 그러한 '성(性)'을 내용으로 하는 법이라고 이해하여, 니시 아마네(西周) 등이 '성법(性法)'이라고 번역한 것이다. 본질적인 번역이라고 할 수 있지만, 그로 인해 유럽의 전통 속 자연법은 문자 그대로 주자학적으로 이해된 것이 되고, 양자의 차이는 찾아볼 수 없게 된다. 더욱이 주자학의 소양이 지식인들의 교양 속에서 사라져버린 이후의 일본에서는 주자학의 '성(性)'과 자연법이 같고 다름을 따지기 전에 성법(性法)이라는 역어가 갖는 유교적 함의를 전달하기도 어려워졌다.

그 후 'natural science'라는 말의 번역어로서 '자연과학'이라는 번역어가 사용된다. '자연'이라는 숙어는 원래 중국에 있고, 일본에서도 사용되었지만, 그 의미는 "인위가 더해지지 않는, 있는 그대로의 모양"이다. 이것이 전용된 것이다. 1881년 간행된 브아소나드 『성법강의초(性法講義抄)』는 1874년에 했던 강의를 나중에 사법성 법학교의 이노우에 미사오(井上操, 1847-1905)가 정리한 것으

---

220 Oxford English Dictionary(OED)의 정의.

221 Oxford English Dictionary(OED)의 정의.

222 竹内照夫 『四書五経入門―中国思想の形成と展開』 (平凡社, 2000년) 332-335쪽 참조.

로 그 속에서 이미 '성법'과 나란히 '자연법'이라는 용어도 사용되었다. 즉 이 무렵 자연법이라는 말이 점차 성법을 대신하기 시작했다는 걸 알 수 있다.[223]

그러나 'natural science'의 'natural'이란 인간과 대립하는 대상을 말한다. 즉, 'nature(natural)'라고 하는 원어에 담긴 중층적인 의미 중 한 의미의 번역어로서 '자연'이 사용되었다. 바로 그 '자연'이 'natural law'의 'natural'에도 사용되어 '자연법'으로 번역되게 되었다.

그러나 '자연법'이라는 번역어에는 'nature'에 포함되어 있던 중요한 요소들이 빠져서 영어(유럽어)의 'natural law'가 갖는 그리스·로마에 기원을 둔 문명사적 함의를 전달하는 것은 거의 불가능하다. 동시에 여기에는 야나부 아키라(柳父章)가 '카세트 효과'라고 부른 번역어의 위험을 볼 수 있다. cassette(카세트)란 작은 보석함이며 속에 든 게 무엇인지 몰라도 사람을 매혹하고 마음을 끈다. 한자로 표기된 번역어는 종종 정확한 의미를 전달하지 못하고 잘은 모르지만 뭔가 중요한 의미가 있는 외래어로 독자들에게 받아들여져 왔다는 것이다. 자연법도 그 일례라고 할 만하다.[224]

자연법론은 수용되었는가?

노부시게의 자연법 이해에 영향을 미쳤을 것으로 추측되는 폴록은, 국제법이 참으로 자연법에 기초한 것인지, 아니면 문명국가들 사이의 관습에 입각한 것인지 하는 논쟁은 근본적인 생각의 차이라기보다는 표현의 차이라면서, 다음과 같이 말한다.

---

223 柳父章 『翻訳語成立事情』(岩波書店, 1982년) 137-138쪽. 柳父章 『翻訳の思想』 (ちくま学芸文庫, 1995년)은 'nature'와 '자연'이라는 역어를 둘러싼 문제를 집중적으로 논하고 있다.

224 柳父 『翻訳語成立事情』 36쪽.

다른 장면과 마찬가지로 여기에서도 우리는 아리스토텔레스의 원리를 적용해야 한다. 그리고 자격이 충분한 사람들에게 합리적으로 보이는 것을 합리적이라고 봐야 한다. 자격 있는 사람들의 폭넓은 동의가 있어야 하는데, 그러한 동의의 최선의 증거가 계속적이며 사려 깊은 관습이다.[225]

여기에서 폴록은 '합리적(合理的; reasonable)'이라는 단어를 사용하였다. 영국의 커먼 로에서 과실(過失)의 판단기준으로 사용되는 합리적인 사람(reasonable man)이라는 개념("과실이란 평균적이고 합리적인 사람에게 기대할 수 있는 신중함이 결여된 것이다."와 같은 식)이나, 상거래법에서 자주 등장하는 합리적인 가격(reasonable price), 합리적인 기간(reasonable time)이라는 개념이 로마법학자나 교회법학자가 자연법의 이름으로 이해하는 여러 관념과 연결되어 있다는 지적이다.[226]

또한 'reason'이라는 말은 이유(理由)나 이성(理性) 등으로 번역된다(노부시게는 '도리[道理]'로 번역함). 그러나 폴록은 자연법의 의미로 'the reason of the thing'이라는 표현을 쓴다. 이것을 '사물의 이성'이라고 번역하면 오늘날의 일본어로서는 의미가 통하지 않는다(유교적 관념으로서 '사물의 성[性]'이라고 하면 의미가 통하지만, 오늘날에는 이해할 수 없음). 폴록은 또한 이 'the reason of the thing'을 그로티우스가 말하는 'natura rationalis'와 동일시하였다. 폴록의 논문을 번역한 후카다 미츠노리(深田三德)는 이것을 고심끝에 '자연적 이성(自然的 理性)'이라 옮겼는데, 라틴어의 원문대로 번역하면 '합리적인 자연'이며, 'natura'는 영어의 'nature'와 같이 성질·본성·본질로도 번역되기 때문에 '합리적 본성(合理的 本性)'이라고도 번역할 수 있다. 그러나 여기에는 분명히 번역의 한계가 보인다.

자연법의 관념과 연결된다고 여겨지는 'reasonable'이라는 관념은 일본의 법률가로서는 실감 나게 이해하기 곤란한 것이다. 일본의 법률 입안 과정에서 '합리적'이라는 개념을 쓰려고 하면, 실무자로부터 기준이 명료하지 않고 자의적 운용의 우려가 있다는 반대 주장이 나오는 경우가 적지 않다. 이와 같은 비판

---

225 ポロック·앞에 든 102쪽(번역문은 약간 손질).
226 ポロック·앞에 든 105쪽.

에 대해 합리성의 기준은 '합리적 자연', '사물의 본성'에 비추어 판단한다고 하면, 의미가 더욱 불분명하다는 비판을 받을 것이다.

적절한 역어가 만들어지지 않았다는 것은, 이에 대응하는 관념이 일본에 존재하지 않다는 의미이기도 하다. 게다가 고대 그리스 · 로마에서 중세의 교회 법학, 계몽주의를 거쳐 전해져 19세기 잠복기를 넘어 현대적 환경에서 재생된 관념이고 보면, 이제 더는 언어의 문제가 아니다. 자연법론은 그만큼 서양 법학의 근간이 되는 사상이다. 말년에 이르러 노부시게가 전하려 하면서도 전하지 못한 서양 법학의 한 단면이다.

자연법론은 당시 우메 켄지로오(梅謙次郎)가 지지하고, 그 후에도 몇몇 유력한 학자가 지지하였으나, 그런 개별적인 예를 별도로 하면, 결국 실무를 포함한 일본의 법학에는 수용되지 못하고 말았다.

(3) 법의 문체

'시와 법'

노부시게는 자연법에 더하여 서양 법학의 또 다른 심층 한 가지에 관심을 보였다. 사비니에 의해 창설된 역사법학을 충실히 연구한, 사비니의 제자이자 그림 동화로 유명한 그림 형제의 형 야콥 그림(Jacob Ludwig Karl Grimm, 1785-1863)에 관한 관심 때문에 눈 뜬 것이다.

그림 형제는 1년 차이로 마르부르크 대학에서 배우고 함께 사비니의 가르침을 받았다. 사비니의 문제의식에 공명한 두 사람은 독일 관습법의 연구로 나아갔다. 그러나 그 후 사비니나 그 후계자들의 학문적 활동은 로마법 법원의 정밀 연구를 통해 후에 개념법학으로 비판받는 개념체계 구축을 지향하여, 그림 형제가 기대했던 것과 같은 독일의 역사를 중시한 법학과는 거리가 멀었다. 역사법학파 중에서도 로마법을 중시하는 사비니 등은 로마니스텐(로마법파)이라 불리며, 이에 반해 독일의 역사나 관습 연구를 중시하는 학자들은 게르마니스텐(게르만법파)이라 불린다. 독일의 오랜 역사 속에서 고유의 법을 찾은 그림의 연구는 게르마니스텐의 대표적인 업적이다.

그런데 법의 역사적 성질에 대한 강조는 법의 시적 측면에 관한 관심을 불러일으켰다. 일찍이 법은 시처럼 표현되었기 때문이다. J. 그림의 저서에는 『법에서 시의 역할에 대하여』[227]가 있는데, 거기서 법과 시가 공통의 기원을 갖는다고 주장하였다.[228] 이렇게 해서 법의 역사에 대한 그림의 관심이 문학에 대한 지향과 교차한다.

노부시게는 이 주장에 일찍부터 관심이 있었다. 그는 1906년에 「예와 법」이라는 논문의 서두 부기에 의하면 원래 「시와 법」이라는 논문을 쓸 예정이었고, 이미 복안도 세워 놓았으나 "우연히 대학사건(大学事件)이 발생하여 붓, 벼루와 친할 수 없는 상황에서 열흘, 간행 기간은 점점 다가오고 독촉이 배증했다." 그래서 부득이 저서의 자료(『법률진화론』의 준비를 위한 메모라고 생각됨) 중에서 예와 법률의 관계를 논한 부분의 개요를 적기로 하고, "시를 예로 대신하여", 그 책임을 면해 보려 했다.

여기서 말하는 '대학사건'이란 토미즈(戸水) 사건을 말한다. 러일전쟁에 대한 토오쿄오 제국대학 교수 토미즈 히론도(戸水寬人)의 무책임한 선동적 언동 때문에 토미즈에 대한 문부성의 휴직 처분으로 그치지 않고 야마카와 켄지로오(山川健次郎) 총장의 사퇴로까지 이어졌다. 이에 대해 노부시게는 대학의 자치를 지키고자 당시 법과대학장이었던 동생 야츠카(八束)와 함께 토오쿄오(東京)와 쿄오토(京都) 두 제국대학 교수들과 공동으로 문부대신의 사퇴와 처분의 철회를 요구하는 동시에 요구가 수용되지 않으면 두 제국대학 교수가 총사퇴한다는 태도를 보였다(이 사건에 대해서는 제8장 4에서 한 번 더 언급하게 된다). 노부시게가 이 일로 몹시 분주하던 시기였다.

---

227 『Von der Poesie im Recht』(1815). 카타다 츠요시(堅田剛)는 이를 "법 속의 포에지"라고 시적으로 번역했다.

228 堅田 『法の詩学』 89쪽.

그런데 1906년의 단계에서 공표되지 않은 논문이라면 그 후 1911년에 법학신보(法学新報)에 실린 논문 「시체법(詩體法)」이 아닌가 싶다. 이 논문은 더 개정되어, 가장 말년의 『법률진화론 제1권』(345면 이하)에 편입되었다.

법의 기억법

그림 형제. 오른쪽이 야콥.

『법률진화론 제1권』의 후반 3분의 1 정도는 법의 기억법을 다룬다. 문자가 아직 존재하지 않던 시대 혹은 글자 인식 능력이 인민에게 전달되지 않은 시대에는 법은 기억을 통해 보존되고 전달되었다. 그 때문에 법이 격언과 같은 형태로 표현되거나 시의 형태를 취하거나 운문의 형태를 취했다. 시의 경우는 절(節)을 붙여 부르는 경우도 많았다. 이점은 메인도 지적하였다.[229]

노부시게는 법을 시 · 회화 · 운문과 나란히, 기억법이라는 관점에서 고찰하는데, 일찍이 법이 시이고, 법학자가 시인이었던 시절에 깊은 관심을 기울이고, 메인의 업적이나 게르만법의 방대한 기록을 수집한 J. 그림의 『독일법 고사지(古事誌)(Deutsche Rechts Alterthümer, Göttingen)』(1828년) 등의 저작으로 촉발되어, 노부시게 자신도 유럽 외에 일본을 포함한 아시아와 중동에까지 미치는 사례를 수집했다. 사례 수집에 대한 강한 관심이라는 점에서는 J. 그림과 통하는 지향이 있다.

---

229 노부시게(陳重)는 『시체법(詩體法)』(1911년)에서 원시사회에서 법은 대체로 시가 또는 운문의 형태를 이루고, 시인은 곧 법률가였다는 메인의 말을 인용하였다(Maine, Early History of Institutions, Lecture I[1875]).

그런데 법의 시적 측면에 관한 그림의 관심은 19세기 유럽의 무대를 지배한 수학적 지식에 맞서는 또 하나의 지적 전통으로 이어졌다. 노부시게는 그림에 게서 모습이 드러난 그 사상과 관련한 유럽의 지적 계보에 관해서도 관심을 기울였다. 노부시게를 비롯한 후속 세대의 일본인이 적극적으로 수용한, 19세기 유럽을 특징짓는 과학 사고와는 전혀 다른 사상적 광맥이었다. 과학 만능의 시대에 거의 단절된 듯 보이면서도 유럽의 지적세계에서 면면히 이어져 내려온 조류다. 즉 수학적 지식만을 확실한 지식으로 보는 데카르트의 사상에 대항해 독자적 역사 철학을 제시한 잠바티스타 비코(Giambattista Vico, 1668-1744)의 『새로운 학문(Scienza Nuova)』(1725), 그 문제의식의 프랑스 승계자인 역사학자 쥘 미슐레(Jules Michelet, 1798-1874)[230]의 『프랑스법의 기원』[231] 등 법의 표현과 상징에 관심을 가졌던 석학들의 업적을 노부시게는 꼼꼼히 섭렵해 그 실례를 정리·분석하였다. 거기서 다루어지는 문제는 메이지 이후의 일본의 법률가들이 소개한 서양 법학의 주류에는 얼굴을 내밀지 못한다. 그러나 노부시게는 서양 학문의 저류를 굽이쳐온 이 지하수맥을 분명하게 언급하고 그에 공감까지 표하였다.

그 후 유럽에서는 19세기 말 이후 각 법 영역의 규범의 법전화가 진행되고 (판례법 국가인 영미권에서도 성문법화 진행), 법학의 관심은 법실증주의적으로, 법전의 내재적 해석으로 시야를 좁혀 간다. 그러나 그 직전의 시대, 아주 넓은 시야를 갖고 법을 파악하려던 시대의 서양 법학을 노부시게는 전체적으로 파악하려 했다.

---

230 미슐레와 비코와 학문적 만남에 대해서 大野一道 『ミシュレ伝―自然と歴史への愛』(藤原書店, 1998년) 73쪽 이하.

231 "Les Origines du droitfrançais"(1837). 카타다(堅田)는 "미슐레의 저서로 꼽히는 『프랑스법의 기원』(1837년)은 실은 그림의 『독일법고사지(ドイツ法古事誌)』(1828년)의 번역이라고 해도 좋을 책"이라고 지적한다(堅田剛 『法のことば／詩のことば―ヤーコプ・グリムの思想史』(御茶の水書房, 2007년) 5쪽. 또한 大野·앞에 나온 『ミシュレ伝』 186쪽 이하 참조.

법의 문체론

그림의 연구를 통해 법의 시적 측면에 관한 관심이 깊어진 노부시게는 서양 법학을 이해하는 데 필수적이라고 할 수 있는 중요한 관점으로 고찰을 진행한다. 바로 법의 문체에 관한 관심이다.

법이 언어인 이상 어떤 말로 표현할지 관심을 기울이지 않을 수 없다. 그리고 말과 생활이 일체라고 하면, 법의 문체 또한 사람들의 생활 및 마음과 불가분의 관계이다. 사람들의 생활이 진화함에 따라 법의 문체도 진화할 것이다. 이것이 노부시게의 관심을 끈 것이다.

노부시게는 『법률진화론 제2권』에서 법 인식을 논하고 법의 공시(公示) 방법이나 문체를 다루었다. 법규범의 표현 방식을 두고 원시적인 회화에 의한 방식과 문자에 의한 방식이 검토되었다. 이어 법을 알리는 방법에 대해 법이 비밀이었던 시대부터 법이 관리에 대한 훈령으로 자리매김하여 관리에게 반포된 시대를 거쳐 인민에게 공포되는 시대로 나아가는데, 법 공포의 양태는 호창(呼唱) 방식, 낭독(朗読) 방식, 통달(通達) 공포 방식, 게시(掲示) 공포 방식(일본의 고찰[高札]에 의한 공포에 대한 상세한 소개), 등록(登録) 공포 방식, 그리고 관보(官報) 등으로의 인쇄(印刷) 공포 방식으로 진전해 나가는 모습이 동서고금의 사례와 함께 제시된다.

이러한 것들도 흥미로운 내용이지만, 제2권의 후반에 위치하며, 제2권 전체의 약 3할의 분량을 차지하는 「법의 문체」야말로 주목할 만하다. 노부시게의 설명이다.

법률 문장용어의 변천은 한 나라 인민의 법적 사회력 자각(法的 社会力 自覚)의 바로미터라고도 할 수 있어서 법문의 난이도에서 국민문화의 수준이 드러난다. 난해한 법문은 전제(専制)의 표징이다. 평이한 법문은 민권(民権)의 보장이다. 그 때문에 대체로 이를 말하면 법률 문장의 용어는 사회의 진보에 따라 난해하기보다 평이하게 가서 법의 인식 가능성은 문화와 함께 상승한다.[232]

---

232 『法律進化論叢第二冊』　300쪽.

일본법의 문체

노부시게는 일본법의 문체와 관련하여 흥미로운 고찰을 하였다. 그에 따르면, 일본법의 문체는 율령시대(律令時代, 나라조[奈良朝]부터 헤이안조[平安朝])의 한문시대(漢文時代, 8세기~12세기 후반)에서 시작하여 무가(武家) 시대 초기(호오조오[北条] 시대와 아시카가[足利] 시대, 13세기 전반~16세기 후반)의 한자 일본글 시대(漢字邦文時代)를 거쳐 에도(江戸) 시대(17세기 초두~19세기 후반)의 "카나 혼합 일본글 시대(仮名交り邦文時代)"로 변천해 왔다.

한문은 말할 것도 없이 중국 문자이므로, 일본의 법은 외국어를 그대로 사용해 법을 계수한 것으로부터 시작한 것이다. 처음에는 중국(당)의 '율(律)'을 편목(編目)의 명칭 및 순서, 조문의 배치 등으로부터 용어 문장에 이르기까지 거의 그대로 계승하였다.[233] 외국법을 외국어 그대로 계수하는 방식은 메이지 유신 뒤 프랑스 민법을 그대로 일본어로 직역해 표제를 일본 민법으로 대체하려고 한 에토오 신페이(江藤新平)와 비교해도 "한층 과감한 외국법 계수"라고 할 수 있다. 그러나 한문을 이해하는 자가 조정의 관리 중 일부와 승려에 국한되었는데, 이들에게도 율령의 이해가 어려워서 조문의 해석과 관련하여 여러 가지 이설(異説)이 생겨났다. 그래서 끝내 실시되지 못하고 사법(死法)이 되고 만 것도 적지 않았다고 한다. 애당초 인민이 법문의 언어를 이해하지 못하는 이상 법은 은닉된 '비밀법(秘密法)'의 상태와 전혀 다르지 않았다. 이러한 설명의 배경에는 스스로가 중심이 되어 대량의 서양 법학 전문용어에 대응하는 일본어의 술어(術語)를 만든 사람의 고심이 있다.

서양에서 성립한 법이나 법학을 일본어로 받아들이려는 것은 당시 일본 사회와 서양 사회의 이질성을 고려했을 때 거의 무모하다고까지 할 수 있는 도전

---

233 그렇지만 정확히 말하면 글자 그대로가 아니다. 당나라 율령과 일본의 그것과의 비교에 대해서, 劉連安·前揭「唐法東伝」 참조. 또한 東野治之 『遣唐使』 186쪽 이하도 당시의 당나라 문화 수용이 도교를 받아들이지 않고 환관을 두지 않는 등 선택적 수용임을 지적하고 있다.

일 게 틀림없었다. 그러나 서양 전래의 법이 일본의 인민에게 인식 가능한 사회를 만들기 위해서는 이를 완수할 필요가 있었다. 노부시게는 그것을 주도한 것이다.

일본법의 문체는 '진화'했는가?

노부시게(陳重)에 의하면 한문에서 출발한 일본법의 문체는 점차 고유법화(固有法化), 민중화(民衆化)되어 에도시대의 카나 혼합 일본글 시대(仮名交り邦文)가 되면 비교적 읽기 쉬운 문체로 변했다. 예를 들면, 1630(칸에이 7)년의 무가제법도(武家諸法度)의 서두는 문체는 다음과 같다.

> 하나, 문무의 도를 닦고 인륜을 밝히 하고 풍속을 바르게 할 것(一、文武之道を修め人倫を明かにし風俗を正しくすへき事)

바로 노부시게(陳重)가 생각하는 법 문체의 진화에 따른 변천이라고 할 수 있겠다. 그런데 이런 히라가나를 섞어 쓰는 법문 스타일은 메이지 유신으로 바뀐다. 문체는 막부시대의 통용문체가 갑자기 한문체(漢文体)로 바뀌었고, 용어(用語)는 막부시대의 공용어를 대신해 한자어를 사용했으며, 글자는 막부시대의 히라가나가 카타카나로 바뀌었다. 1886년에는 초대 내각 총리대신이 된 이토오 히로부미 휘하에서 법률(法律), 칙령(勅令), 각령(閣令), 성령(省令) 등의 법 형식이나 공포 방법을 정한 '공문식(公文式)'이 제정되었다(1886년 2월 24일 칙령 제1호). 이후 법문은 모두 카타카나가 섞인 한문체가 된다.[234]

17개 조로 구성된 공문식은 법령 제정 절차 등을 정한 것이지만, 카타카나가 섞인 한문 투다. 그 제1조는 다음과 같다. "법률과 칙령은 상유로써 이를 공

---

234 『法律進化論叢第二冊』 336쪽.

포한다(法律勅令ハ上諭ヲ以テ之ヲ公布ス)." 그런 다음 "짐은 …을 제정할 필요를 인정하여 이에 …을 재가하고 이를 공포하노라(朕‥ヲ制定スルノ必要ヲ認メ茲ニ‥ヲ裁可シ之ヲ公布セシム)"라고 하는 형식의 전문 상유(上諭)[235]로 발표되었다. 이후 공문식에 대신하여 제정된 1907년의 공식령(公式令, 메이지 40년, 칙령 제6호)에서 헌법(憲法), 황실전범(皇室典範), 황실령(皇室令), 법률(法律), 칙령(勅令), 국제 조약(国際条約) 및 예산(予算)은 모두 상유를 붙여 공포하고, 각령(閣令), 성령(省令)은 대신(大臣)이 서명하여 공포하는 형식이 정해졌다.

노부시게는 문체가 히라가나 섞인 통용문에서 카타카나 혼용 한문조가 된 원인으로 '정권 담당자의 경질'을 꼽았다. 이전의 정권자는 문벌로 선임되어 관용 문례를 속속들이 알고 있었지만, 신정부의 입법을 맡은 에토오 신페이(江藤新平), 오오키 타카토오(大木喬任)의 두 사법경(司法卿), 형률의 편찬자인 미즈모토 나루미(水本成美), 군사법의 기초자 니시 아마네(西周) 등은 '한학(漢学)의 대가'이고,[236] 새 정부 관리가 대체로 한학자 출신들이어서 한문체가 주류가 되었다. 특히 왕정복고(王政復古)로 원래 한문으로 쓰던 '타이호오령(大宝令)'을 본뜬 관제, 마찬가지로 중고율(中古律)을 본뜬 형사법에서 '카타카나 섞인 한문 훈독 표기(片仮名交り漢文崩し)'의 법 문체가 시작되었다. 특히 내용으로서 서양의 군율을 채용하면서 문체는 중국의 율을 본뜬 니시 아마네가 기초한 해륙군형률(海陸軍刑律)에 대해 노부시게는 서양 몸에 일본 옷을 입혔다고, "양신화복(洋身華服)"이라 평하였다.[237]

에도시대에 히라가나 대신 카타카나를 쓰게 된 이유는 "글자형이 둥그스름해서 화문(和文), 소식문(消息文)에 어울리는 히라가나를 버리고 각형(角形)으로 한문을 연결하거나 한문체로 바꿔 쓰기에 어울리는 카타카나를 이용하게 되었

---

235 **[역주]** 현행 헌법 시행 전의 일본에서, 천황이 법률, 칙령 또는 황실령을 재가하여 공포할 때 그 머리말에 천황의 이름으로 당해 법령을 재가하고 공포한다는 뜻을 적은 문장을 말한다.

236 『法律進化論叢第二冊』 321쪽.

237 『法律進化論叢第二冊』 327쪽.

기 때문"이라고 한다.[238] 사용자의 변화와 함께 에도시대의 공용문에 사용된 '어가류(御家流)'의 서체가 쇠퇴하여 '중국 서체(唐樣)'가 쓰이게 되었다.

그러나 이상의 이유만으로 카타카나 섞인 한문체로 갑작스럽게 전환된 것을 다 설명할 수는 없다. 노부시게(陳重)는 왕정복고라 불렸던 당시의 풍조를 다음과 같이 기술하였다.

> 사회 일반에 혁명의 기분이 넘치고 '5개조 어서문(五箇条ノ御誓文)' 중에도 '구래의 누습(陋習)을 깨고'라는 말이 있는 데다, 또한 민간에서는 '구폐(舊弊)'와 '인순고식(因循姑息)'이란 표어가 유행하여 무슨 일이든 간에 옛 예에 의하는 것을 '완고'하다고 이를 배척하고 일상 사교의 담화와 서한에도 한자어를 사용하는 일이 유행할 정도였다.[239]

이 분위기는 당시 정부 요인들의 서한 문체에서도 드러난다. 그 결과 법률용어도 '어촉서(御触書)', '어서부(御書付)', '어법도(御法度)', '어정목(御定目)' 등은 '법령(法令)', '포고(布告)', '포달(布達)', '달(達)', '조례(条例)' 등의 용어로 개정되고, '공사(公事)'도 '소송(訴訟)', '역인(役人)'을 '관원(官員)'이라고 하는 등, 법제 용어를 모두 종래의 관용어를 버리고 한어로 바꾸었다.

뒤에 살피겠지만, 이러한 메이지 이후의 법령 문체의 변화에 대해서 노부시게는 비판적이다.

법령의 세 가지 문체

노부시게의 이해에 따르면, 이상의 흐름에서 일본 법령의 문체에 다음 세 가지 계통이 형성되었다. 첫째, 1870년 '신률강령(新律綱領)' 이후 형사 법령의 문체(형법계[刑法系]). 둘째, 제국헌법, 황실전범(皇室典範) 등의 공법에 속하는

---

238 『法律進化論叢第二冊』 329쪽.
239 『法律進化論叢第二冊』 328쪽.

법령(공법계[公法系]). 셋째, 민법, 상법 등의 사법(私法)에 속하는 법령(민법계[民法系]). 형법계는 중고의 율을 원조로 하기에 순 한문 바탕에 카타카나 혼합 문체다. 한편, 제국헌법의 문체는 이토오 히로부미가 기초자에게 문장용어에 관해 전고를 찾아가며 신중히 기초하도록 하여, 자연히 장중삼엄(莊重森嚴)하고, 이것이 공법계 법령에 계승되었다. 사법은 법규의 성질에서도, 평이하고 통속적일 필요가 있었다. 특히 민법은 법전조사회 편찬의 제1방침에서부터, "민법의 문장용어는 그 의미의 정확성을 잃지 않는 한 통속 평이(通俗平易)함을 지향"하도록 규정하였다. 이 때문에 정부는 민법 법안을 의회에 제출할 때, 당시 법제국(法制局)의 양해를 얻어 헌법계 법령의 문체와 맞추지 않고 의회에서도 문체를 개정하지 않고 가결했다.[240]

이리하여 세 계통의 문체가 병존하고, 오쿠리카나(送り仮名)[241]에 이르기까지 그 용법을 달리하게 되었다. 예를 들어 헌법계에서 '그(其ノ)', '이(此ノ)', '단(但シ)'이라고 한자어에 카나를 붙인 경우도 민법계·형법계는 단순히 '그(其)', '이(此)', '단(但)'이라고 표기하고, 주어에 대해 민법계는 '소유자가(所有者カ)', '주주가(株主カ)'라고 '가(が)'가 붙지만, 헌법계·형법계에서는 '제국의회(帝国議会)', '피고인(被告人)' 등과 같이 단순히 주격을 표기할 뿐 오쿠리카나(送り仮名)를 붙이지 않는 식이다.[242]

법 문체의 진화

노부시게는 사법(私法)의 문체가 평이하고 통속적이라고 하였다. 그렇지만

---

240 『法律進化論叢第二冊』 339쪽.

241 [역주] 낱말을 한자를 써서 나타낼 경우 오독을 피하고 읽기 쉽게 하기 위해 그 한자에 붙는 카나. 이를테면 위 본문에서 "그(其ノ)"에서 "ノ"를 말한다. 또 한문의 훈독을 돕기 위해 한자의 오른쪽(세로쓰기)이나 아래(가로쓰기)에 붙이는 히라가나나 카타카나.

242 『法律進化論叢第二冊』 339-340쪽.

"지금 이것을 보면, 민법이 과연 이 요구를 만족스럽게 충족했는지 여부는 의문이지만"이라고 말하면서, 당시에는 다른 여러 법령과 비교해 "두드러지게 평이했음에 관해서는 다툼이 없다."라고 하였다.[243]

그러나 국민의 교육에서 한학의 요소가 희미해짐에 따라 법문과 일상 일본어의 괴리는 사법에서도 확대일로였다. 민법에서는 2004년에 현대어화될 때까지 예를 들어,

> 채무자가그채무의본지에따른이행을하지않은때는채권자는그손해의배상을청구
> 할수있다채무자의책임으로돌릴사유에의해이행을할수없기에이른때도같다 (띄
> 어쓰기와 구두점이 없음)[244]

이런 식으로 표기되었다. 여기에는 전문용어의 난해함 이전의 문제로서 문체상의 문제가 있었다고 하지 않을 수 없다.

노부시게는 일본 법의 문체에 관한 위와 같은 고찰을 총괄하여 일반적으로 문화의 향상과 함께 법문은 평이하고 통속적으로 되고, 가독성(可讀性)이 커진다고 보았다. 그러나 유신 후의 변화에 대한 노부시게의 결론은 다음과 같다.

---

243 『法律進化論叢第二冊』 423쪽.

244 일본어 원문: 「債務者カ其債務ノ本旨ニ從ヒタル履行ヲ為ササルトキハ債権者ハ其損害ノ賠償ヲ請求スルコトヲ得債務者ノ責ニ帰スヘキ事由ニ由リテ履行ヲ為スコト能ハサルニ至リタルトキ亦同シ」 (구 415조). **[역주]** 일본 민법은 이른바 '조선민사령'에 따라 식민지 상태의 조선에서도 대체로 '의용(依用)'되었다. 당시의 해당 조문의 번역은 다음과 같았다. "債務者가其債務의本旨에從흔履行을아니ᄒᄂᆫ씨ᄂᆫ債権者ᄂᆫ其損害의賠償을請求홈을得홈債務者의責에帰홈이可홀事由에因ᄒ야履行을홈이不能홈에至흔씨도亦同"(415條). 민법을 포함, 주로 1950년대에 제정된 한국의 주요 법률들도 이러한 방식으로 표현되었다. 예컨대, 위 일본 민법 415조에 해당하는 한국민법 제390조는 다음과 같았다. 第390條(債務不履行과損害賠償) 債務者가債務의內容에좇은履行을하지아니한때에는債権者는그損害의賠償을請求할수있다 그러나債務者의故意나過失없이履行할수없게된때에는그러하지아니하다(띄어쓰기 마침표 없음)

진화의 추세에 역행하여, 풍속의 이해에서 멀어졌다고도 할 수도 있지만, 유신 후에 학문의 번성, 특히 1872년의 학제(学制) 반포 이후 국민 교육의 보급에 따라 해가 갈수록 증진되는 인민 일반의 이해력을 감안하면, 법의 인식 가능성은 상대적으로 진보했다고 할 수 있다.[245]

힘겨운 정당화이며 법의 문체에 관한 한 일본은 노부시게가 이해하는 진화의 프로세스를 제대로 거친 게 아니었다고 할 수 있겠다.

문제는 그 이유이다. 노부시게는 그 점에 대해서는 파고들지 않지만, 법학이라는 새로운 학문의 등장과 법률가라는 전문가 계층의 새로운 출현으로 법문이 자기네 전문가가 읽을 수 있으면 충분하며, 보통 사람은 읽을 수 없어도 좋다(그러는 편이 전문가에게는 오히려 고마울 수 있다.)는 심리의 작용도 부인할 수 없다. 민법의 조문도 고풍이어서 알기 어려운 것이 고쳐져야 할 입법과제로 의식되기까지는 100년 이상 걸렸다.

겨우 2004년에 민법 문체의 현대어화를 꾀하고, 카타카나를 히라가나로 하고 구어체로 개선하였다. 그리고 2017년에는 채권 관계 규정이 제정 이후 처음으로 근본적으로 개정되었다. 그 개정의 자문이 2009년에 법무대신으로부터 법제심의회(法制審議会)로 요청되었을 때, 개정의 목적으로 "국민 일반에게 알기 쉽게 함"이 명시되었다. 여기서 노부시게가 말하는 진화의 프로세스가 비로소 실현되었다고 할 수 있을 것이다. 이 개정까지 민법 시행에서부터 벌써 119년이나 경과한 상태였다.

독일법에 대한 비판적 시선

노부시게는 법의 문체론에서 외국의 예로 영국과 독일을 들었다. 특히 그가 남다른 관심을 기울인 게 독일이었다.

---

245 『法律進化論叢第二冊』 340쪽.

독일은 국가의 통일을 통해 법의 통일을 이뤘다. 그래서 제정된 민법전을 비롯한 법전은 일본에 큰 영향을 미쳤다. 그러나 그 법의 문체에 대한 노부시게의 시선은 지극히 비판적이었다. 왜일까? "내가 이 진화론의 마지막 편에서 적듯이 혹 다행히 남은 목숨과 두뇌가 허락한다면 – 법률의 인류화(모든 민족에 타당한 공통화라는 취지인 듯)야말로 법률 진화의 목표이다."[246] 그런데 그가 보기에 독일의 근세입법 노력은 법문의 배타적 국민화(排外的 国民化)였다.

노부시게에 따르면, 독일이 계승한 로마법에는 법의 세계적 통일을 도모할 사상이 담겼다. 그러나 독일은 이를 따르지 않고 오히려 로마법을 민족적·국민적 통일에 이용해 배타적인 국민운동으로 국가통일을 이룬 결과 법의 형태에 현저한 배타성이 내포되었다. 여기에서 19세기 말 이후 독일의 내셔널리즘에 대한 노부시게의 시선은 각성된 것이어서, 뒤에 살펴볼 동생 야츠카와 좋은 대조를 이룬다. 노부시게는 법문의 국어화와 배타주의를 명확히 구별하고, 세계 각지의 법 역사 비교연구를 통해 법이 국어화를 통해 민중의 인식 가능성을 높이는 방향으로 진화함과 동시에 그 내용은 국제적 공통화로 진화할 것을 확신하였다. 그러나 독일은 이에 반하는 길을 선택한 것이다.

독일 민법전의 국어화[247]

독일의 국가통일 이후 법의 통일을 상징하는 것이 민법전 제정이었다. 그 기초를 맡은 위원회의 중심인물이 빈트샤이트(Bernhard Windscheid, 1817–1892)였다. 그는 로마법을 바탕으로 한 정교한 법학(판덱텐 법학으로 불리는)의 권위자이자 로마니스텐의 태두였지만, 동시에 국어 옹호론자였다. 이 때문에 독일 민법의 초안에는 민법의 민중화에 대한 기대가 강했다.

---

246 『法律進化論第二冊』 383–384쪽.
247 독일의 국어운동에 대해서는 『續法窓夜話』 제85화, 제86화에 『法律進化論』의 기술을 바탕으로 한 시게토오의 손에 의한 보충적 수필이 있다.

그런데 완성된 초안(제1초안)이 너무나 학문적이었기 때문에, 법조계의 비판을 불러왔고, 그 비판이나 반대 초안은 "실로 한우충동(汗牛充棟)도 이만저만이 아닌 '능히 한 서고를 채우기에 족하다.'"고 했다.[248]

오토 폰 기르케(Otto von Gierke, 1841-1921. 대표적 게르마니스텐) 등의 거센 비판에 대해 빈트샤이트는 이렇게 응수했다. "법전은 법관을 위해 만드는 것이다. 일반인을 위해 만드는 것이 아니다. 따라서 법전의 가치는 법관에게 알기 쉽게 하는 데에 있다. 속인이 이를 이해할 필요는 없다." 노부시게는 이를 인용하고, 이렇게 평가하였다. "법의 국민화와 민주화가 반드시 동일한 것은 아니다. 게다가 이 사람(빈트샤이트)의 지도 아래 만들어진 민법 제1 초안은 양자의 분기점이었음을 알 수 있다."[249]

왜냐하면, 제1 초안은 규정된 내용과 관련하여서는 지나치게 로마법적(학문적)이라고 비판받았지만, 다른 한편, 용어나 문체와 관련하여서는 칭찬받았기 때문이다. 1885년에 일반 독일어협회(Allgemeiner Deutscher Sprachverein)[250]가 설립되어 국어의 독일화, 국어순화(国語純化)운동, 외래어 배척운동을 추진하였다. 빈트샤이트는 이에 공명하는 법학자의 한 사람으로, 이들에 의해 법률용어의 철저한 독일어화를 꾀하고 로마법 기원의 전통적 용어가 차례차례로 독일 고유의 용어로 대체되었다. 민법의 제1 초안은 이를 실천한 것이다. 그러나 노부시게에 따르면, 이것은 국민화(国民化, 독일어의 'Nation'은 일본어로 말하면 '민족'이라는 어감이므로[251] '민족화(民族化)'라 할 수도 있을 것)라고 해도 민중화(民衆化)는 아니었다.

독일의 국어운동은 "민족통일 운동의 여세로 국운의 융성으로 커진 국민

---

248 『法律進化論第二冊』 392쪽.

249 『法律進化論第二冊』 395-396쪽.

250 일반 독일어협회는 국가주의 사상의 단체이기는 하지만 흥미롭게도 나치는 외래어를 즐겨 사용했기 때문에 협회 쪽은 나치에 편입하려고 했으나 나치의 지지는 얻지 못했다. Gudrun Graewe 「Denglishの危険性―ドイツ語の現状について」 立命館言語文化研究 19권2호(2007년) 228-228쪽.

251 塩川信明 『民族とネイション―ナショナリズムという難問』 (岩波新書, 2008년), 45쪽.

적 자긍심과 배타적 애국열에서 비롯했으리라 짐작할 수 있다.[252] 그 영향을 받아 제국민법의 기초에서도 위원들은 법 문장에 부득이한 경우를 제외하고 "순독일어"를 쓰기로 결의하고, 민법이라는 법률명도 기존에 관용되어 온 'Zivilge-setzbuch'가 아니라 오스트리아민법, 작센민법의 예를 따라 'Das Bürgerliche Ge-setzbuch'를 썼다.[253] 그 밖에 독일어화된 예를 두 가지만 들자면, 첫째, 채권이나 채무를 나타내는 용어로 대부분 구미의 공통적인 법률용어 'Obligation'(채무)이 있는데도, 외래어라고 버리고 'Recht der Schuldverhältnisse'(채무관계법)라고 세 개의 단어를 사용하였다. 둘째, 양자라는 용어도 라틴어 'Adoption'에서 유래했다고 하여 버리고, 'Annahme an Kindes Statt'(자식 대신 받아들임)라고 네 개의 단어로 대체하였다. 노부시게의 평가는 이렇다. "외래어 제거를 위해서라면 어떠한 희생도 치르고, 어떠한 불편도 감내하였다."[254] 그 결과 제1 초안 규정의 실질은 로마법으로 치우쳐 있다고 하여 비민족적이라고 비난받았으나, 용어는 순결하고 민족적이라는 호평을 받고, 지나치게 학문적이라는 점이 제2 초안에서 수정되기에 이르러 국어 순화론자의 열렬한 칭찬을 받으면서 국어 순화의 모범으로 알려졌다.

이리하여 각 영방마다 분열되었던 독일 민법은 "한 민족, 한 제국, 한 법률"(독일 민법 제정을 축하하는 독일 법조신문의 표현)을 실현함과 동시에, 문체는 극단적으로 독일화되어 민중적 성격을 잃었다. 노부시게는 이 국어순화운동이 "국민적 자존심과 잘못된 애국심"에서 발생한 것이라고 보았다.

> 자긍심과 애국심이란 자칫하면 배타 천외(排他賤外)의 사상으로 기울기 쉬워서 이 자부심과 애국심으로 나타나는 독일 국어순화운동의 의의가 결국 국어를 순미하게 만드는 게 아니라 그저 국어 속에서 외래어를 배제하는 것이 되고 만 것도 필경 이 때문일 것이다.

---

252 『法律進化論第二冊』 398-399쪽.
253 『法律進化論第二冊』 405쪽.
254 『法律進化論第二冊』 408쪽.

이리하여 독일 민법은 내셔널리스틱한 군집심리(群集心理)에 의해 '민족화'되었기 때문에 '민중화'는 희생되고 말았다.[255] 독일 민법의 국어화를 일본에 적용하여 말하면, 민법을 '타미노노리(たみ[民]ののり, 백성의 룰)', 상법을 '아키나히[商]노노리(あきなひののり, 장사의 룰)' 등이라고 바꾸어 말하는 것이라고 노부시게는 설명한다. 그것은 민중에게도 결코 쉽고 통속적이라고는 할 수 없어 "법의 국민화, 민중화의 양자는 그 길을 달리하기에 이르렀다."[256]

배타사상에 대한 자세

노부시게는 "사물의 세계화는 사회 진화의 대세이다."라고 생각했다. 그로부터 보면, 독일 법문의 국민화는 이 추세에 역행한다. 그 국민화가 배타적이 되면, "가령 일시적으로는 크게 그 국위를 선양하는 것과 같은 외관을 지녀도, 종국에는 그 국민은 오히려 세계적 진보에 낙오해, 심지어는 고립 쇠망의 원인이 되는 일이 있다."[257]라는 날카로운 선견을 제시한다.

"국어 전용, 외래어 배척은 쇄국주의(鎖国主義)가 아니라면 유아독존주의(唯我独尊主義)이다." "만약 독일제국의 입법이 국어운동의 횡류(横流)에 편승하지 않았더라면, 그 주도면밀하게 마무리된 법률은 현재와 같이 국민적·배타적으로 되는 대신에 갑절로 민중적·국제적이며, 타국의 입법에 좋은 모범을 주는 바가 한층 큰 것이었으리라고 생각된다." 그럼에도 불구하고 "독일에서 국어순화운동이 법의 통상적인 형체진화(形体進化)에 역행한 것이다."[258]

---

255 『法律進化論第二冊』 411-414쪽.
256 『法律進化論第二冊』 415쪽. 물론 독일에서도 이를 비판하는 냉정한 학자들이 있었다. 노부시게(陳重)는 트라이취케(Treitschke), 피어효(Virchow), 조옴(Sohm), 예링, 헤르만 그림(그림 형제의 동생 빌헬름의 아들), 벡커(Bekker), 구스타프 뤼멜린(Gustav Ruemelin)의 이름을 들고 있다.
257 『法律進化論第二冊』 417쪽.
258 『法律進化論第二冊』 419-420쪽.

일찍이 칭찬했던 독일의 법학에 대해서 이 정도의 비판을 던진다는 것은 그의 법률진화론의 비판 이론으로서의 심화를 느끼게 함과 동시에[259] 일본 국내에서 진행되고 있던 동종의 경향에 대한 경종도 있었을 것이다.

독일 법학을 매섭게 비판한 칼로 노부시게는 잽싸게 일본을 비판한다. "한편, 우리나라(=일본) 최근의 법 문체 추세를 보면, 역시 반대의 방향에서 잘못되고 있는 것이 아닌가 하는 의구심을 품지 않을 수 없다." '카타카나가 섞인 한문 훈독 표기(片仮名交り漢文崩し)' 문체에 대해서는, "통속과 비천을 동일시하여, 일반 인민이 용이하게 이해할 수 있는 말은 하품(下品)이라고 생각해 엄숙한 한자어를 사용하는 것은 곧 법의 위엄을 유지하는 까닭이라고 믿은 것이다."

평이한 통속어가 존재하는데도 특별히 한자어로 고치고, 혹은 새로운 숙어를 만드는 등 "흡사 독일에서의 국어순화운동과는 정반대이며", "독일은 법의 국어화를 위해 민중화를 희생하고, 우리는 법의 위엄을 위해 그 민중화를 희생하는 것이다."라고 비판한다.[260] 현대에도 해당하는 비판이다.

노부시게(陳重)의 유언?

『법률진화론 제2편』의 말미, 제3편「법의 인식」의 마지막에「결론」이라는 장이 있다. 불과 네 쪽 남짓한 이 장은 이제 자신의 손으로 나머지 권을 간행할 가능성이 없다는 현실을 내다보고, 자신의 학문을 마무리하는 유언이라고도 할 수 있다. 노부시게는 거기에서 "법은 사회력(社会力)으로, 그 발현은 인문이 발전함에 수반하여 자각 상태로 나아가는 것이다."라고 말한다. 사회력의 자각, 즉 법이 무엇에 의해 발생하고 변화하는가를 자각하는 상태로 사회는 나아간

---

259 최초의 저서 『法典論』에서도 '법의 문제'가 다루어졌고, 독일의 국어 운동에 대한 언급으로 "독일 고유의 언사를 사용하려는 결의"로 언급하고 있지만(186면), 비판에는 이르지 않았다.

260 『法律進化論第二冊』 420-424쪽.

다. "법률의 진화는 사회력의 자각사(自覺史)이다."

책을 닫는 마지막 말은 다음과 같다.

성형법(成形法) 공포의 시대에 달하여 비로소 아침의 해가 새벽 안개를 깨고 동쪽 하늘에 떠올라, 사람들 저마다 우러러 햇볕을 쬐고, 고개를 숙여 자신의 모습을 보기에 이르렀다.

아침 해가 아침 안개를 거두고 떠올라 사람들이 그 빛을 느끼고 스스로 자신의 모습을 본다는 플라톤의 동굴 비유를 연상시키는 이 한 문장은 민중이 법을 자각하여 민주적 사회로 진화한다는 확신을 서술한 것이라고 이해할 수 있을 것이다.

『법률진화론』의 최초 2권이 간행되었을 때, 일본에서는 간난신고(艱難辛苦)를 극복하고 노부시게의 진력으로 배심법이 성립하고, 또한 고유의 '순풍미속'을 반영하려는 배타주의적인 압력에 저항하여 노부시게가 총재를 맡은 임시 법제심의회에서 가족법 개정 심의가 진행 중이었다(제6장 4). 노부시게는 그가 믿는 진화의 방향을 향하여 사회력이 작용한다는 확신이 결정적으로 배신당하기 전에 세상을 떠난 것이다.

제7장

조상 제사와 국체 –
전통의 진화론적 정당화

만년의 호즈미 노부시게

노부시게의 변화와 불변

노부시게의 역사에 대한 집착은 일본의 전통적 법 제도를 단순히 전근대적(혹은 비서양적)인 것으로 부정해버리는 것이 아니라(그러한 움직임이 메이지 초기에는 현저하게 보임), 세계를 널리 살펴서 인류의 역사라는 시야 속에서 진화론적으로 정당한 자리매김을 하려는 자세이다. 그리고 서양에도 일찍이 똑같은 제도가 존재했다는 걸 지적하고, 일정한 사회적 조건에서 합리성이 있다는 걸 논증하려 한다. 서양 법학은 이를 위한 무기였다.

초기의 노부시게는 그 진화론적 도식에 일본의 전통적 법제도를 진화의 어느 한 단계에서 다음 단계로 이행하는 과도적인 단계에 있으며, 이윽고 사라져가는 제도라는 결론에 이를 때가 많았다. 서양의 법제도 도입을 주도하는 입장이던 노부시게가 일본 전통의 가치를 부정하지 않으면서 서양 제도로의 이행을 정당화하는 방법이었다.

그러나 그 후 19세기 말부터 제1차 세계대전 후에 걸쳐 격동기를 맞은 서양 사상의 변화를 흡수하고 또한 청일전쟁과 러일전쟁을 경험하는 중에 일본 자체(자신감을 얻어가는 형태로)의 변화도 반영하여 진화에 대한 노부시게의 시각에도 변화가 생긴다. 일본의 전통적 제도를 파악하는 시점의 전환으로, 진화 과정에서 사라져야 할 제도로서의 위상에서 진화 과정에서 변용할망정 새로운 시대에서도 의미가 있을 수 있는 제도로 재평가하게 된 것이다.

이 변화는 노부시게 한 사람의 변화에 그치지 않고 서양 법학을 수용하는 일본의 변화를 나타낸다. 실제로 노부시게가 세상을 떠난 후 일본의 법학은 서양적 틀, 즉 보편성이 있는 틀에 의한 정당화라는, 노부시게가 짊어졌던 무거운 짐에서 해방되어 일본 정신의 독자성을 강조하는 방향으로 궤도를 선회한다. 그러면서 변화하는 현실에 대한 법의 대응을 이끌기 위해 보편적인 근거를 탐구하려는 자세는 희박해졌다. 자연법 전통의 결여가 불러온 일탈이라는 시각도 있을지 모르겠다.

그런데 이상과 같이 노부시게가 변화하는 중에서도 초기부터 일관되게 변하지 않았던 것이 있다. 바로 조상 제사에 대한 사고방식인데, 시대의 변화가 오히려 그의 일관성을 강화하는 쪽으로 작용했다.

조상 제사에 대한 관심

이미 소개한 바와 같이, 민법의 기초작업을 마친 노부시게는 1899(메이지 32) 년 10월에 로마에서 개최된 만국동양학회(万国東洋学会)에 초대받아 연구 발표를 하였다. 서양의 학자 중에는 1901년 6월에 『Ancestor-Worship and Japanese Law』로 공간된 이 연구를 비판하는 이들도 있었다.

노부시게 스스로 발표에 대한 비판적 분위기를 이렇게 전했다. "이 명망 있는 교수는 자국의 전설을 무척 애지중지하기 때문에, 조상 제사에 대한 자기 신앙이 제대로 드러나는 기회로 삼아, 득의양양하게 조상 제사를 지내는 자신을 자랑스러워하니, 실로 놀라울 따름이다." 이런 식의 비판을 피하기 위해 표현에 세심한 주의를 기울였던 노부시게로서는 울분을 터뜨린다. "이런 부류의 인사들 대부분의 논평은 전혀 기대하지 못했던 어투였다."[1] 그러나 노부시게는 그 뒤에도 일본의 조상 제사에 대한 논의를 계속했다.

그런데 노부시게는 로마 강연에 앞서 그 준비로 볼 수도 있는 강연을 하였다. '제사와 법률'이라는 표제의 강연인데, 유문집 제2권 서문에서는 "1896(메이지 29)년 7월"에 "토오쿄오의 모처"에서 이루어졌다고 기재되어 있다. 신민법의 심의가 재산법과 친족법을 마치고 종반의 상속편에 들어간 시기[2]의 강연이다.

---

1 『祖先祭祀ト日本法律』原序(1912년 7월) 3면 참조. 그리고 일어판 원서 14쪽에 의하면 본서가 1902(메이지 35)년에 원래의 강연 내용 그대로 발간되어 같은 해 독일어로 번역되었으나, 1901을 잘못 쓴 게 아닌가 생각된다. 독일어판은 Paul Brum의 번역으로 베를린에서 간행되었다. 영문서는 1912년 9월에 정정보정 재판, 1913년 3월에 증보 제3판이 나오고, 호즈미 이와오(穗積巖夫)에 의해 일본어로 번역된 게 이 제3판이다. 1941년에는 노가미 소이치(野上素一)에 의한 이탈리아어 번역이 로마에서 간행되었다.

2 법전조사회의 축조심의는 1895(메이지 29)년 중에 재산편의 심의를 마치고, 친족편의 심

민법 시행 후인 1899(메이지 32)년에도 동일한 내용을 '조상교와 법률(祖先教と法律)'이라는 제목으로 화불법률학교(和仏法律学校)³에서 강연했다. 또한, 영문서 간행 후인 1912(타이쇼오 원)년 12월 2일에는 마츠야마(松山)중학교에서 개최된 에히메(愛媛)교육협회총회에서 '제사와 국체'라는 제목으로 강연하고, 1919(타이쇼오 8)년 1월 9일의 타이쇼오 천황에 대한 어강서시(御講書始)에서도 '제사와 정치 법률과의 관계'라는 제목으로 쿨랑주의『고대도시(古代都市)』를 다루었는데, 역시 똑같은 내용이 많았다. 노부시게의 유고를 정리했던 아들 시게토오에 의하여 간행된『제례 및 예와 법률(祭祀及禮と法律)』(1928년)도 내용면에서 겹친다. 이와 같이 이 문제에 관한 노부시게의 사상은 처음 논의를 시작했을 때부터 일관된다는 걸 알 수 있다.

노부시게의 문제의식은 조상 제사가 일본 특유의 풍습이라는 이해가 그릇되었다는 것이다. 그래서 조상을 모시는 풍속이 국가의 성립, 진보 및 법률의 발달과 어떤 관계가 있는지를 밝혀내고자 하였다. 노부시게에 의하면 어느 사회에서나 사회의 단합을 유지하기 위해 조상을 모시는 풍습이 존재한다. 그러나 다른 종족을 정복한 결과 혈족을 국민 단결의 기본으로 삼을 수 없거나, 외국과의 교통이 많은 나라의 경우 조상 제사의 풍습이 일찍부터 없어졌다.

그 결과 서양은 그런 풍습과 거리가 멀었다. 이에 비해, 일본처럼 다른 문물이 발달해 있으면서도 조상을 모시는 풍습이 오래 존속한 것은 드문 일로, 이 점에서 "우리는 서양인보다 이 문제를 판단할 힘이 많다."라고 하였다. 이 명제는 그의 작품에서 반복하여 등장한다. 그리고 위와 같은 이론에는 퓌스텔 드 쿨랑주(Fustel de Coulanges, 1830-1889)의 영향이 드러난다.

의도 같은 해 5월에 마쳤다. 상속편(제5편)에 들어간 것이 1895년 5월 25일의 심의이다 (『日本近代立法資料叢書7 法典調査会民法議事速記錄七』 (商事法務研究会, 1984 년) 227쪽).

3 [역주] 1880년 일본어에 의한 내외 법률의 전문교육을 목적으로 설립된 토오쿄오 법학사(東京法学社)를 1889년 화불법률학교로 개칭하고 프랑스법 계통의 교육에 특색을 보였다. 오늘날 호오세이대학(法政大学)의 전신이다.

쿨랑주

쿨랑주

퓌스텔 드 쿨랑주(Numa Denis Fustel de Coulanges, 성이 퓌스텔 드 쿨랑주이지만 이하에서는 쿨랑주로 표기)의 주요 저서인 『고대도시(La Cité Antique)』[4]는 그리스도교 이전의 고대 그리스·로마의 조상 숭배 종교를 논하고 그 종교가 당시의 다양한 제도를 어떻게 규정하였는지 묘사하였다. 고대사가 관심을 끌던 시대에 마치 이야기를 하는 듯한 문체로 생생하게 고대사회를 그린 이 책은 일약 각광을 받았다. 그러나 곧이어 헨리 메인의 『고대법』과 마찬가지로 실증적 역사학의 비판과 함께 점차 사료적 근거의 빈약함을 지적받았고, 이제는 학문적으로는 망각 속에 묻히고 말았다. 그러나 메인의 경우에 그랬던 것과 마찬가지로 중요한 것은 일본이 서양법학을 수용하고자 했던 바로 그 시기에 유럽에서 각광을 받고 있었다는 사실이다. 일본에서는 노부시게와 야츠카가 재빨리 이 저서에 주목해 자기 이론의 기초로 삼았다.[5]

---

4   [역주] 국역 : 퓌스텔 드 쿨랑주『고대도시 – 그리스 로마의 신앙, 법, 제도에 대한 연구』 (김응종 역)(아카넷, 2000).

5   나가오 류우이치는 쿨랑주가 야츠카의 이론형성에 큰 암시를 주었다고 논하고 있다. 長尾 「穂積八束伝ノート」 『日本法思想史研究』 수록 119면. 福島 「兄弟穂積博士」 379쪽은 야츠카가 『古代都市』의 제1, 2편만을 인용하고, 법의 진화를 말하는 제4편 이하를 불문(不問)하고 있는 점을 '완전히 선택적이다.'라고 비판한다. 같은 비판은 정도 차이는 있지만 노부시게에도 해당하지만, 제4편은 '혁명'이라고 하여 사회의 변화와 함께 가족제도 변화 과정도 이야기된다. 일본의 가족제도와 유사한 제도가 서양의 고대에 존재했음을 주장하려는 노부시게와 야츠카에게 인용이 자의적이라기보다는 제4편 이하를 논할 필요가 없었다는 것으로 족할 것이다.

민법학자 나카가와 젠노스케(中川善之助)는 일어 번역[6] 초판(1944년)에 추천의 글에서 다음과 같이 썼다.

> 과거 오카무라 츠카사(岡村司) 박사는 퓌스텔 드 쿨랑주의 책을 읽고 '언뜻 생각건대 이것이 우리 가족제도를 설명하는 것이 아닌가?'라고 감탄했다는데, 오카무라 박사뿐 아니라도 […] 이 책을 읽은 사람이라면 아마 모두 이러한 느낌을 똑같이 가질 게 틀림없다고 본다.

그만큼 일본의 전통을 방불케 하는 내용이었다. 오카무라는 쿄오토(京都) 제국대학 교수 시절인 1911년 강연에서 가족제도는 필요없다고 주장하여 견책 처분을 받자 대학을 그만두고 변호사가 된 인물이다.

『고대도시』의 초판은 1864년에 간행되었지만, 노부시게가 처음으로 쿨랑주를 언급한 것은 귀국 직후에 쓰인 「혼인법 논강」[7]에서다. 이 논문은 1881년 10월부터 다음 해 1, 2월에 걸쳐 명법지림(明法志林)이라는 잡지[8]에 게재되었다. 귀국이 1881년 6월이므로, 이미 유학 중에 이 책을 읽었을 것이다. 다만 이 논문에서는 그리스의 혼례 방식을 기재한 문헌으로서 인용한 것에 불과하다. 그러나 그 후 세계사에서 조상 제사 습속의 중요한 선례를 밝히는 문헌으로서 무게감 있게 인용된다. 참고로 메인이 저작에서 쿨랑주를 언급한 것은 「Dissertations on Early Law and Custom」(1883년)이 처음이 아닌가 생각되고, 노부시게가 쿨랑주에 주목한 것은 메인의 영향 때문이었을 것이다.

앞서 설명했듯이 노부시게의 쿨랑주 체험을 미루어 보면, 야츠카도 유학을 떠날 시점에 이미 형을 통해 쿨랑주를 접했을 가능성이 있다. 야츠카는 귀국 직후의 「우리 법학 사회(法学社会)에서 법사(法史)의 냉대를 수상히 여김」(1889년 4

---

6   일본어 역은 1961년에 개정되어 재간행되었다. Fustel de Coulanges(田辺貞之助 역) 『古代都市』(白水社).

7   『遺文集第一冊』 122쪽.

8   1881(메이지 14)년 3월 창간한 법률잡지.

월), 「민법(民法)이 나와 충효(忠孝)가 망한다」(1889년 8월), 「예수교(耶蘇教) 이전의
유럽 가족제도」(1891년 8월) 등에서 쿨랑주를 언급했고, 귀국 전에 이미 쿨랑주를
소화하여 자신의 가족·국가관의 논거로 삼을 의지를 굳혔던 것으로 보인다.

노부시게의 조상 제사론

고대 그리스·로마와 대비하면서 일본에 조상 제사의 풍습이 남은 이유가
있다는 노부시게의 논의는 조상 제사의 풍습이 단선적 진화 과정을 거치는 게
아니라는 걸 전제한다. 복수(復讐)(아다우치) 풍습의 잔존에 대해서도 같은 논법
을 구사한다(『복수와 법률』). 즉 서양의 인류학·사회학 등의 성과에 의지하면서,
일본의 전통에 세계사의 보편적인 위상을 부여해 큰 진화의 흐름을 지적하지
만, 그 안에서 일본 사회의 현상에 어울리는 진화 단계로서 해당 전통의 존재
가 정당화된다. 이는 일본이 서양과 비교해서 진화단계에서 꼭 뒤졌다는 의미
는 아니다.

노부시게의 생각에 따르면, 일본이야말로 그리스도교의 도래와 함께 조
상 제사가 없어진 지 오래된 구미와 달리 조상 제사의 존재 이유를 더 잘 이해
할 수 있다. 그리고 조상을 모시는 풍습을 죽은이의 영(靈鬼)에 대한 두려움으
로 설명하는 서양 학설[9]을 비판하고, 오히려 부모에 대한 경애의 연장으로 이
해해야 한다고 본다. 이것이 조상 제사론을 관철하는 그의 지론이다. 원래 영
문으로 쓰인 『조상제사와 일본법률(祖先祭祀ト日本法律)』에서는 런던에서 연극

---

9 이 점에 관하여 「祭祀と法律」에 문헌의 인용은 없지만, 「祭祀と政治法律との関
係」(1919년)에서는 쿨랑주(「クーランヂ」로 표기), 스펜서, 러복(John Lubbock, 남작
(男爵) 칭호를 받았던 1900년 이후의 문헌인 『祖先祭祀ト日本法律』에서는 「ロー
ド・エーヴバレー(Lord Avebury)」라고 작위를 고려한 호칭이 쓰임), 예링이 인용되었
다. 보다 상세한 각 설의 논평은 『法律進化論叢第二冊 祭祀及禮と法律』 수록의
「祭祀と法律」 38쪽 이하.

햄릿을 보았을 때, 아버지의 망령에 대한 공포로 인한 햄릿(헨리 어빙, Sir Henry Irving)[10]의 전율의 표정에서 의외의 생각이 떠올랐다고 하였다.[11]

노부시게는 호적, 성(씨), 혼인, 이혼, 양자, 가장권, 소유권, 상속, 형법, 증거법 등 다양한 법 영역을 조상 제사의 관점에서 설명하였다. 조상 제사는 사회의 근간을 이루는 법 제도의 기초를 이룬다는 이해이다. 그리고 "실로 조상을 모신다는 것의 제도, 도덕 등에 미치는 영향이라는 것은 막대한 것입니다."라면서 "조상 제사라는 것이 사회에 어떠한 효용이 있었는지를 모르면 법률의 발달을 알 수 없다."라고 하였다(『祭祀と法律』).

이어서 모든 씨족을 통솔하는, 씨의 맨 위로서의 천황을 받드는 대일본제국헌법의 근거를 다음과 같이 설명한다.

> 국민이 이세신궁(伊勢神宮)을 숭경하는 것은 천황 폐하의 선조인 아마테라스오오미카미(天照大御神)를 모실 수 있기 때문만이 아니라, 실로 아마테라스 오오미카미를 온 국민의 선조(先祖)로 삼기 때문이다. 우리 국민은 하나의 큰 가족을 형성하고, 황실(皇室)은 실로 그 종실(宗室)이며, 신민은 모두 그 분가(分家)적인 관계에 있다고 생각한다.[12]

일본이라는 나라가 하나의 가족을 이루고, 그 공통의 조상이 천황가의 선조인 아마테라스오오미카미이기 때문에, 국민은 자신들의 공통 조상에 대한 숭경심으로 통합된다. 즉, 조상 제사의 관념이 천황을 정점으로 하는 일본의 기초를 이룬다는 말이다. 노부시게는 바로 같은 취지를 설파한 라프카디오 한(=코이

---

10 영국의 명우 Henry Irving은 기사 칭호를 받은 최초의 배우이다. 1878년부터 햄릿을 재연했고 노부시게가 본 것은 이때의 상연이다.

11 같은 책 35쪽. 또한, 같은 책 초판 간행 후 타일러가 조상의 영혼을 모시는 데 있어서 공포 증오의 마음이 주가 되는 일은 없다고 설명하고 있음을 발견했다고 한다(37–38쪽). Sir Edward Burnett Tylor, *Primitive Culture. Volume* 2, ch. XIV를 인용.

12 Ancestor-Worship, 2nd ed.(1912) p.102, 『祖先祭祀ト日本法律』 110쪽.

즈미 야쿠모[小泉八雲])의 『신의 나라 일본(神国日本)』에 대하여 찬성한다.[13] 그리고 이 가족 국가관은 뒤에 살필 야츠카(八束)의 국가관과 겹친다.

노부시게는 서양에서 조상 제사의 전통을 쇠퇴시킨 요인으로 활발한 '외국과의 교통' 같은 것을 들지만, 쿨랑주가 지적하는 그리스도교에 대해서는, 뒤에 볼 야츠카와 달리, 대결 자세까지 취하지는 않는다. 조상제사와 일본법률(『祖先祭祀卜日本法律』)에 수록된 '원서(原序)'에서는 조상제사와 그리스도교가 모순이 아니라고 했다. 그만큼 그에게는 조상제사가 보편적이고 유연하다. 그의 법률 진화론에서는 비록 일본 사회의 서양화가 진행되더라도, 조상 제사의 풍습이 쇠퇴하는 방향의 '진화'가 필연적인 게 아니었다.

노부시게의 일관성

이상과 같은 조상 제사에 관한 노부시게의 이론은 처음부터 일관되어서, 이 점에 관한 한 그의 사상에서 흔들리는 일이 없었다. 발간물을 보면, 조상 제사와 가족제도를 국가론과 연결하여 논하는 것은 확실히 러일전쟁 후라고 할 수 있다.[14] 『Ancestor-Worship and Japanese Law』도 제2판(1912년)에서 일본의 법 제도와 조상 제사의 관계를 논하는 제3편에 「황실(The Imperial House)」이란 장(제3장)이 새롭게 추가되어, 황실친족령(皇室親族令, 1910년)의 언급과 함께 전술한 가족 국가관에 기초한 기술이 추가되었다.

당시 일본의 전승(戰勝) 요인으로서 가제도가 꼽혀 가족국가관이 국내외에서 주목받았다. 이 점을 추가하여 기술한 데는 그러한 시대 배경이 있다. 그러나 뒤에 살피겠지만, 야츠카가 가족국가관 자체를 논한 것은 더 이른 시기부터

---

13 『祖先祭祀卜日本法律』 원서 6쪽 이하.

14 후에 인용하는 미츠이 스미코(三井須美子)의 일련의 연구에서는 1906년경부터 가족 국가관이 등장한다고 논한다. 그러나 그 무렵부터 붐이 되긴 했어도 등장은 그보다 훨씬 이르다.

였고, 노부시게도 조상제사에 관한 그의 사상으로 볼 때 가족국가관이 이때부터 생겼다고 보는 것은 옳지 않다고 생각된다.

한편, 당시 일본이 가족국가관 일색인 것도 아니었다. 1911년에 나츠메 소오세키(夏目漱石)는 다음과 같이 말하였다.

> 우리는 날마다 개인주의 입장에서 세상을 바라보기 마련이다. 따라서 우리의 도덕도 자연 개인을 본위로 하여 짜 맞춰질 수 있게 되어 있다. 그러니까 자아로부터 도덕률을 산출하려고 시도하게 된다. 이것이 현대 일본의 대세라면, 낭만적인 도덕, 바꾸어 말하면, 나의 이익 모두를 희생하고 다른 것을 위해 행동하지 않으면 부도덕하다고 주장하는 알트루이스틱(altruistic) 일변도의 견해는 아무래도 공허한 것이 되고 만다.[15]

서양의 영향을 받은 새로운 도덕과 전통적 도덕이 격렬하게 충돌하였다. 식물학·분자 유전학자인 후지이 켄지로오(藤井健次郎)는 이렇게 설명한다. "지금(메이지) 40년대는 이른바 새 도덕의 정신과 역사적 국민사상 사이에 점점 그 중견과 중견, 근저와 근저의 진검 승부가 벌어졌다."[16] 이러한 사상의 정황도 노부시게로 하여금 새로운 장을 추가하려는 의욕을 갖게 한 이유의 하나였을지 모른다. 또한, 초판이 나온 뒤 라프카디오 한의 『신의 나라 일본(神国日本)』이 간행되어 주목받은 영향도 있었을 것이다.

이처럼 가족제도로 향하는 사회적 관심이 이에 대한 노부시게의 학문적 입장을 개진하는 동기가 되었을 가능성은 있다. 그러나 그의 사상에 어떠한 변화나 새로운 전개가 있었던 것은 아니다. 그는 그때까지 모든 법제도 배후에 조상제사가 있다는 입장에서 자신의 전문인 사법 영역의 제도를 거론해 왔다. 그러나 1901년 간행된 초판에서도 "황실의 천황 앞에서 지내는 제사는 국민적 제사이다."라는 가족 국가관이 이미 얼굴을 내밀고 있다. 원래 1899년의 로마에서

---

15 1911년 8월의 강연 "문예와 도덕"(夏目漱石全集 수록)에서.

16 藤井健次郎 「新来思想と歴史思想との衝突」 『太陽』 18권 12호(1912년 9월) 62쪽.

의 강연이 국가론을 대상으로 하는 것은 아니었기 때문에 거기까지 논하지 않았을 뿐, 사상적으로 당시 노부시게의 조상 제사론은 뒤의 가족 국가관을 당연히 예상케 하는 것이었다. 그의 사상은 이 점에서는 일관된 것으로 생각된다.

그리고 조상 제사가 그의 법학에서 매우 중요한 위치를 차지하는 논점이었던 것은 그의 세계 데뷔가 될 로마 강연 주제로 이 문제를 선택한 데서도 엿볼 수 있다. 유신 후의 개혁이나 사회변동 속에서 부정되려고 하는 일본의 전통적 제도에 역사법학의 입장에서 보편적 위상을 부여한다는 그의 문제의식에서 지켜야 할 중요한 전통이 조상제사였던 것이다.

두 개의 얼굴

전후의 일본 법학은 대체로 노부시게를 자유롭고 존경할 만한 학자로 그려 왔다.[17] 노부시게가 자유로운 학자로 보였던 이유는 독일법의 문체론에서 소개한 것과 같은, 배타주의를 싫어하고 민중에 시점을 둔 그의 법학 때문이다. 또한, 온화하고 상식적인 인품,[18] 학생에 대한 보살핌,[19] 『개정판 은거론(改訂版隱居論)』에서 볼 수 있는 노인 문제에 대한 선견성, 여성의 지위에 대한 진보적인

---

17 예외는 앞서 든(제4장 주47) 白羽祐三 『民法起草者穗積陳重論』(中央大学出版部, 1995년)에서 사회주의의 입장에서 노부시게를 교묘하고 은밀한 입신주의자, 광신적 천황제 수호자라고 비판적으로 논하고 있다.

18 노부시게의 인품에 관하여 민법 기초과정에 관한 기술이지만, 호시노 토오루(星野通)는 다음과 같이 말하고 있다. "그 성격은 원만하고 조화성이 풍부하고 착잡한 학설을 정리하여 분규 대립하는 이견을 조화시키는데 비범한 재능이 있으며, 그 치우치지 않는 판단, 조화성 있는 성격은 자주 대립하는 기초위원들의 논의의 결렬을 막을 수 있었다고 한다". 星野通 『明治民法編纂史硏究』(ダイヤモンド社, 1943년), 174쪽.

19 吉野作造 「穗積老先生の思ひ出」 『吉野作造選集12』(岩波書店, 1995년) 수록에 상세하다.

입장[20] 등도 이유가 되었을 것이다.

그런 리버럴한 학자 이미지 안에서 노부시게의 법학을 긍정적으로 평가하려는 전후 법학자들에게 목에 걸린 가시와 같은 것이 바로 이 조상제사론이었다.

노부시게의 가족론을 논했던 후쿠시마 마사오(福島正夫)는 노부시게의 '제사와 법률' 논의에 "냉정한 태도가 유지되고, 조상 제사에 대한 국수적인 이데올로기는 거의 없다."라고 하였다. 또 노부시게가 야츠카의 관용어인 '조상교(원문은 祖先教)'라는 단어를 사용한 것은 위에서 이야기한 1899(메이지 32)년의 강연뿐이고, '국체'라는 말을 겉으로 드러낸 것은 1912(타이쇼오 원)년의 강연뿐이었다면서 어떻게든 노부시게를 야츠카와 구별하려고 하였다.[21] 강연「조상교와 법률(祖先教と法律)」에 대해서는 말미의 "원만한 조상 종교 아래 충애자인(忠愛慈仁)의 도가 이루어져, 황실과 신민이 은의(恩義) 있는 친밀한 관계가 되는 것이 우리들의 최대 행복이라고 할 수 있다."라는 설명을 두고도 그 내용이 1896년의 논문과 같다고 하였다. 또「제사와 국체(祭祀と国体)」강연에 대해서도 "조상 제사와 결합하는 국체의 우월성을 강조하고 가(家)를 강조한다."라고 지적하면서도 기본적으로는 그의 학자적 태도가 관철되어 내용상 아주 쉬운 것은 아니라고 설명한다.[22]

그러나 어진강(御進講)「제사와 정치법률의 관계(祭祀と政治法律の関係)」(1919[大正 8]년 1월 9일 어강서시[御講書始] 진강[進講]. 유문집 제1권)에서는 다음과 같은 설명이 나온다.

> 황실 제사와 국민 제사의 합일, 즉 황실의 조상제사와 각 씨족, 각 가족의 조상 제사가 서로 중첩되어, 그 위에서 그것을 포괄하는 것은 실로 우리 국민 전체의 정신이 어떤 숭고한 한 점에 집중하는 까닭으로, 이와 같은 것은 외국에서는 그 유례를 찾아볼 수 없는 바이다. 우리 황실의 국체가 만국보다 탁월한 까닭도 여

---

20 제6장의 1 참조.

21 「兄弟穂積博士」361쪽.

22 「兄弟穂積博士」362쪽.

기에 있다. […] 국가 융창의 기초도 실로 이 황조황종(皇祖皇宗)의 제사와 국
민 제사의 합일에 의해 통일된 국민의 단결력으로 인한 것이다.[23]

이에 대하여 후쿠시마는 그 내용이 1911년의 야츠카의 메이지 천황에 대한
진강과 거의 같다고 지적하면서도 내용에 대한 새로운 분석은 제시하지 않은
채, 그저 "종래 그의 학설을 잘 정리·요약"할 뿐이다.[24] 야츠카와 차별화하려는
노력은 눈물겨울 지경이다.

그러나 리버럴한 학자상(学者像)과 "조상제사와 결합하는 국체의 우월성을
강조하고, 가(家)를 강조하는" 노부시게를 어떻게든 조화시키려고 노력한 후쿠
시마 마사오도 결국 노부시게에게 '두 얼굴'이 있었다고 하지 않을 수 없었다.
"그 하나는 런던 유학 시절에 생겨나 평생 관철했던 법률 진화설의 학문체계,
또 하나는 어떤 형성과 발전 과정이 있었는지 밝힐 수 없지만, 조상 제사와 가
제(家制)의 신념이다."[25] 그리고 노부시게의 두 가지 요소(두 얼굴의 실체)가 어떻
게 공존했는지, 과연 모순은 없었는지의 문제는 복잡하다고 설명한다.

노부시게를 둘러싼 환영

호즈미 시게유키(穂積重行)도 노부시게와 야츠카의 사상적 차이를 강조하
고, 그 요인의 하나로 어렸을 적에 야츠카의 교육을 광신적 국학자(狂信的 国学
者)인 야마우치 로오보(山内老墓)[26]에 맡겼던 사실을 든다. 야츠카를 논했던 나

---

23 「祭祀と政治法律の関係」 『遺文集一』 57쪽.
24 「兄弟穂積博士」 363쪽.
25 「兄弟穂積博士」 391쪽.
26 [역주] '오래된 묘(老墓)'라는 뜻이 기묘하나 사람 이름이다. 강렬한 개성을 지녔던 듯하
며 호즈미 야츠카(穂積八束)의 유년시대에 국학(国学)을 지도했고, 훗날 쿠마모토현(熊
本県) 관리가 되며 암살되었다 한다.

가오 류우이치(長尾龍一)도 이 점을 지적한다.[27]

그러나 조상 제사나 가족 국가관, 만세일계(万世一系)의 천황에 대한 숭배에 관한 노부시게의 논조는 초기부터 일관되었으며, 야츠카와의 차이라면, 야츠카의 문체가 선동적인 점, 가족제적 국가 이데올로기를 추진하는 정치적 역할 담당에 대한 의식, 또는 학문적 방법론 정도일 뿐, 이 점에 관한 한 두 사람의 사상은 매우 가까운 것으로 보인다.[28]

사실 노부시게는 옛 주군에 대한 충성과 아버지·큰형에 대한 경애 그리고 조상에 대한 존경심이 매우 강한 사람이었다.[29] 또 우와지마(宇和島)의 은사에 대한 경모심도 각별하여 1912(타이쇼오 원)년 금의환향했을 때 형과 은사에 대한 제사를 지냈다. 그런 친형제, 그리고 조상에 대한 경애심의 연장으로 이해되는 가족 국가관이야말로 그가 실제로 체험하며 느낀 감정이었을 것이다.

노부시게와 야츠카의 국가관이 질적으로 다르다는 것은 야츠카를 "사상사(思想史)의 몬스터"[30]로, 노부시게를 일본 법학의 아버지로 자리매김하는 결과로 이어진다. 이처럼 둘 사이의 "사상·학풍의 차이는 놀라울 정도였으며, 말 그대로 세계관의 차원에서 대비되어야 할 것"[31]이라는 생각은 선입견이 낳은 환영이 아닐까?

또, 노부시게에게 두 얼굴이 있는 것처럼 보이는 건 그의 사상에 대한 전체적인 이해를 불가능하게 만드는 현대의 이데올로기를 투영한 틀에서 그를 평

---

27 하지만 "야츠카(八束)에 대한 야마우치(山内)의 감화를 과대평가하는 것은 위험할 수 있지만"이라는 유보를 달고 있다. 『穂積八束集』265쪽.

28 小柳 「穂積陳重と舊民法」 123쪽도 같은 취지. 福島 「兄弟穂積博士」 389쪽은 노부시게의 기본사상에 관하여 "'부르주아의 법학적 경향' 아래서 나아가 '가족적 진화의 극점에 있었던 것은 […] 결국 서양의 근대 가족이었다.'라는 마츠오 케이이치(松尾敬一) 교수의 견해는 대체로 맞다."라고 서술하는데, 생애를 통한 법사상을 두고 이와 같이 단정할 수 있는지는 의문이다.

29 「兄弟穂積博士」 363쪽.

30 『出発』 289쪽.

31 『出発』 47쪽.

가하려 했기 때문은 아닐까? 역으로 말하면, 노부시게의 얼굴이 하나로 보이는 시점을 획득했을 때, 비로소 우리는 서양 법학의 일본 수용을 이끌고, 일본에서 최초의 법학자가 된 인물을 이해할 수 있게 되는 것이 아닐까?

법률 진화론과의 긴장

그러면 노부시게는 후쿠시마가 느낀 '모순'을 어떻게 피한 것일까?

조상 제사나 국가론에서 노부시게는 틀림없이 메이지 국가를 지탱하는 사상의 옹호자고, 그래서 천황의 최고 자문기관인 추밀원의 의장으로까지 추대되었다. 그러나 예컨대 쿠가 카츠난(陸羯南)의 경우 토쿠토미 소호오(德富蘇峰, 1863-1957)의 '가족적 전제론(家族的專制論)'에 대해 반론하며, 일본의 전통적 '가' 제도를 '애(愛)', '은(恩)'의 공동체로서 옹호하는 것은 "(종래의)전통에 비추어 보면 분명히 혁신적이다.[32]"라고 평가하기도 하였다. 같은 의미에서 노부시게가 '가' 제도를 핵심으로 하는 가족 국가관의 옹호자였지만, 그중 혁신적이었다고도 할 수 있지 않을까?

앞에서 서술한 타이쇼오 천황에 대한 진강 「제사와 정치법률과의 관계」에서는 쿨랑주에 의거하여 조상 제사가 "인문 진화가 일정 정도에 이르렀을 때의 보편적 현상으로서 어느 인종이라도 그 사회적 생활의 초기에는 반드시 있고, 만일 이런 습속이 없다면, 사회도 그 발전의 길에 오를 수 없다.[33]"라며 제사가 보편적 현상이라고 강조하고, 가(家)·사회·국가의 기원이 조상제사에 있다고 한다. 그러면서 다른 한편으로는 상속법의 진화를 제1기 제사 상속(祭祀相続) 시대, 제2기 가독 상속(家督相続) 시대, 제3기 재산 상속(財産相続) 시대의 셋으로 나누어 조상제사가 남아있다는 게 진화의 과도기적 단계라는 것을 시사하였

---

32 河野有理 『「養子」と「隠居」－明治日本におけるリア王の運命」 中野剛史編 『成長なき時代の「国家」を構想する』(ナカニシヤ出版, 2010년) 210쪽 이하, 221쪽.

33 『遺文集一』43쪽.

다. 이처럼 한편으로 가족 국가관을 칭양하면서, 다른 한편 그 가치를 상대화하는 노부시게의 법률진화론이 갖는 비판 이론적 측면도 함께 보인다.

그렇지만, 이상과 같이 노부시게를 옹호한다 해도, '두 얼굴'의 거리를 조금 좁히는 효과밖에 없다. 타이쇼오 천황에 대한 진강의 결론 부분에서 노부시게는 황실 제사와 국민 제사의 합일이야말로 "우리 황국의 국체가 만국에 탁월한 이유"라고 한다. 진강이라는 상황에 맞춘 표현이라는 면은 있다고 해도, 이 결론과 서양 사회를 포함한 세계 각국의 역사적 비교법의 고찰로부터 추출된 진화 과정의 이해는 어떻게 어울리는 것일까? 여기에는 그의 내면에 가실 길 없는 긴장이 조성될 수 있는 계기가 포함돼 있다.

그렇지만 그 상극의 표면화를 피한 것이야말로 그가 이해한 역사법학이었을 지도 모른다.[34] 조상 제사의 존속에 관하여 노부시게는 진화의 과정을 단선적인 것으로 보지 않는다. 일정한 사회적 조건에서 조상 제사가 쇠퇴하는 진화가 발생하더라도, 다른 사회적 조건에서는 조상 제사를 유지하기 위한 충분한 합리성이 있다. 그것은 그것으로 하나의 진화의 모습이라는 것이 그의 역사법학의 귀결이었다.

야츠카에 대한 시선

가령 그렇게 생각하여 서양과는 다른 진화의 모습을 인정함으로써 법률 진화론과의 모순을 회피할 수 있었다고 한들, 노부시게의 두 얼굴이 하나가 될 것인가? 거기에 부자연스러움은 남지 않는가?

여기서 시야에 들어오는 것이 동생 야츠카이다. 두 얼굴 중 하나는 틀림없이 야츠카의 얼굴이었다. 그 얼굴이 네거티브한 가치밖에 가질 수 없다면, 설령 하나의 얼굴이 될 수는 있어도 차라리 지우고 싶은, 멍든 얼굴일 수밖에 없

---

34 クーランジュ(陳重の表記では「クーランヂ」)도 그의 논문 「『スペンサー』氏の法理学に対する功績」(『遺文集一』)에서는 프랑스의 역사법학파로서 소개되어 있다.

다. 그럼 야츠카의 얼굴은 후쿠시마와 호즈미 노부시게가 상정하듯 부정되어야 할 얼굴일까?

다섯 살 연하의 야츠카 또한 노부시게를 바짝 뒤쫓으면서 서양 법학의 일본 수용을 이끈 학자의 한 사람이었다. 노부시게의 법학을 전체적으로 이해하고 그것을 통하여 메이지의 서양 법학 수용을 이해하려면, 야츠카에게도 눈을 돌릴 필요가 있다. 그때 중요한 게 지금의 우리가 그의 사상을 지지할 수 있느냐 없느냐가 아니다. 해명해야 할 것은, 일본에 서양 법학을 수용하는 역할을 담당한 인물로서 당시 그의 과제가 무엇이었고 또 그가 무슨 생각을 했느냐 하는 것이다.

제8장

국가주의의 법이론 – 메이지 국제의 법적 정당화

『특명전권대사 미국·유럽회람실기
(特命全権大使米欧回覧実記)』
(태정관기록괘장판, 1878년 10월간행)

1. 야츠카라는 '이데올로기'

동생 야츠카

　호즈미 야츠카(穂積八束, 1860-1912)는 노부시게(陳重)보다 다섯 살 어린 아우로 세 형제의 막내다. 일본에서 유일한 대학이었던 제국대학에서 최초의 헌법 담당 교수가 되어, "천황이 곧 국가(天皇即国家)"라는 국가주의적 헌법 이론을 전개했다. 메이지 헌법 제정 이후 시기의 '국체론(国体論)' 최강의 이데올로그',[1] '메이지 헌법 체제 최고의 호교가(護教家)'[2] 따위로 불린다. 호즈미 야츠카라는 이름 자체가 거의 하나의 이데올로기 명칭인 상황이다. 야츠카는 토오쿄오대학의 후계자인 우에스기 신키치(上杉慎吉)와 함께 미노베 타츠키치(美濃部達吉)의 천황기관설을 비판한 것으로도 알려져 광신적(狂信的)인 국가주의자(国家主義者)·천황 숭배자(天皇崇拝者)라는 이미지가 정착되어 있다. 게다가 미노베와 우에스기의 논쟁은 미노베의 승리라는 게 학계의 평가로, 야츠카·우에스기라는 스승과 제자는 학계에서 고립되어 갔다.

　하지만 학계 밖에서는 사정이 다르다. 예를 들어 이토오 히로부미(伊藤博文) 아래서 메이지 헌법의 기초에 관여했던 카네코 켄타로오(金子堅太郎)는 이런 말을 하였다. "헌법 발포 이래 세상에는 일본의 역사도 모르고 일본의 국체도 헤아리지 못하고, 헛되이 서구의 헌법 이론에만 의거해 일본의 헌법을 해석하려는 사람이 있는데, 그것은 다만 일본 헌법의 정신을 이해하지 못할 뿐만 아니라 그것을 그르치는 것으로 믿는다."[3] 이런 평가를 하는 사람들 사이에서 야츠카란 이름의 무게는 제법 무거웠다.

1　松浦寿輝 『明治の表彰空間』(新潮社, 1914년), 29쪽.

2　泉谷周三郎 「國民道徳と個人主義」 横浜国立大学教育人間科学部紀要三号(社会科学)(2000년) 4쪽.

3　金子堅太郎 『憲法制定と欧米人の評論』(金子伯爵功績顕彰会, 1938년) 3-4쪽. 이 책은 '문부성 추천'도서이다.

그러나 오늘날에는 형인 노부시게의 이름은 경의를 갖고 거론하지만, 야츠카의 학문은 기피하여 부정적 이미지로 언급한다. 노부시게의 손자 시게유키(重行)는 "한 집안이지만 극단적으로 말하면 '사상사(思想史)의 몬스터' 같은 인상조차 금할 수 없었다."[4]라고 하였다.

오늘날의 법률가 사이에서는 노부시게도 야츠카도 거의 읽히지도, 또 인용되지도 않지만, 학문적 업적이 망각에 묻히고 만 형 노부시게와 달리, 야츠카는 역사학, 정치사상사, 철학, 문학의 세계에서 여전히 관심의 대상이다. 그 이유

호즈미 야츠카

는, 야츠카를 "철두철미 모순되는 백치(白痴)의 호즈미 박사"[5]라는 키타 잇키(北一輝, 1883-1931)의 비판처럼 그 이론의 이상함 때문일 듯하다.

1930년대 이후, 문자대로 이상한 국수주의 사상에 직결된 것으로 보이는 야츠카의 법이론은 제2차 세계대전 후 완전히 부정되었다. 그러한 야츠카에 관한 연구는 벌써 몇 개나 있지만, 최초의 본격적 연구로서 흥미로운 것은 일본 연구자로서 호즈미 야츠카를 다룬 미국인 리처드 마이니어(Richard H. Minear, 1938 -)의 연구[6]이다.

자신의 이론을 진심으로 믿었을까?

마이니어의 연구는 제2차 세계대전 후 일본 지식인의 사고를 지배한 서양 근대사상을 비교 기준으로 삼는 야츠카 연구의 대표라고 할 수 있다. 현대에서 고전에 이르는 일본의 관계 문헌을 폭넓게 섭렵해 마이니어가 도달한 결론은 야츠카가 "자기 학설을 진정 믿었는가, 아니면 다른 목적을 위해 전통적 상징

4　『出発』289쪽. '일종의 이상한 느낌'이라는 표현도 쓰고 있다(339쪽).

5　『北一輝著作集第一巻』(みすず書房, 1959년) 220쪽.

6　[역주] 영어 원서와 일어 번역본에 관하여는 본서 27쪽(주73) 참조

을 조작하는 냉소에 불과했던가"라는 회의였다.[7] 마이니어로서는 그것이 도저히 제대로 된 지식인이 진지하게 전개하는 이론으로 생각되지 않았던 것이다. 그러나 "그의 반동사상이 냉소적이라는 증거는 전혀 없다." 그래서 마이니어는 다시 한번 의문을 던진다. "그가 자신의 이론(自說)을 제정신으로 믿었을까?" 마이니어는 이렇게 말한다.

> 그는 시정의 백성과는 달리 토오쿄오대학 예비문(東大予備門)[8]에서 6년, 토오쿄오대학에서 5년, 독일 유학에서 다시 5년 동안 최선의 근대적 교육을 받지 않았던가? 그런데 왜 이렇게 시야가 좁은 사상에 빠져버렸을까?[9]

이러한 사상을 제정신으로 주장했다면, 정상 상태라고 보기는 아무래도 어렵겠다. 그만큼 서양 근대사상의 눈으로 보면, 야츠카의 사상은 이해하기 어렵다. 그러나 서양 근대사상의 신봉자가 야츠카에 대해 느끼는 이 초조함은 야츠카 이론이 어떤 의미에서 성공하였다는 증거일지도 모른다. 예를 들면, 마이니어도 에도 막부 말기 지사들에게 영향을 준 미토의 사상가 아이자와 세이시사이(会沢正志斎, 1782-1863)[10]의 『신론(新論)』[11]에 대한 평가는 야츠카에 대한 평가만큼 감상적이지 않다.

---

7 マイニア 『穂積八束』 172쪽.

8 [역주] 1877(메이지 10)년부터 1885년까지의 토오쿄오대학 예비기관으로서 구제(旧制) 제1고등학교(第一高等学校)의 전신.

9 マイニア 『穂積八束』 179쪽.

10 [역주] 에도 후기부터 말기(막말)의 미토 번사(水戸藩士)로 미토학 후지타파(水戸学藤田派)에 속하는 학자·사상가.

11 [역주] 1825(분세이 8)년 3월에 아이자와 세이시사이가 낸 존왕론(尊王論)과 국방을 역설한 책. 미토번주(水戸藩主)에게 봉정하기 위해 쓰인 것이나 내용이 문제 되어 출판 금지되자 사람들이 복사하여 익명으로 퍼졌고 1857년에야 정식 출판되었다. 영국 등 서양 제국의 아시아 침공에 대한 위기감에서 그에 대항하기 위한 사상으로 '국체(国体)'를 들고 나왔다. 천황에 대한 충성을 다함은 효의 실천이 되고, 천황 즉위 시 거창한 황위 계승 행사를 하는 것이 인심을 통합할 수 있다고 주장했다.

『신론』에서 일본은 신의 나라(神州)이며 일본의 천황은 "모름지기 대지의 원수"라든가, 세계를 인체에 비유하면 일본은 머리에 해당하고 그래서 크지는 않더라도 만국에 군림하는데, 서양 국가들은 '허벅지나 정강이'라서 온 세계를 배로 돌아다닌다든가, 미국은 '등'이라서 그 국민은 우둔하고 무능하다고 단정한다. "이 모두가 자연의 형체(是皆自然之形軆也)라는 것이다." 이것이 마이니어가 공감할 수 있는 논리였을 리 없다. 그러나 원래 이질적인 문화로 나누는 이상, 이질성 때문에 다른 차원의 세계 논리나 개념을 거절해서는 결말이 나지 않는다. 그도 아이자와에 대해서는 내재적으로 이해하려고 끈기 있게 노력하는 학문적 태도를 보인다.[12]

이에 비해, 야츠카에 대한 당혹감이 생기는 것은 야츠카가 서양 법학의 개념과 논리로 이야기했기 때문이다. 일본 고유의 통치구조를 서양 법학의 개념과 논리를 구사하여 정당화하는 것, 그것이야말로 야츠카가 노린 바였다. 그때문에 서양의 근대적 정치 이론에서는 있을 수 없는 그의 결론은 '이해 불능'이라는 반응과 당혹감을 초래한다. 그것이 꼭 서양인으로 국한되지는 않는다. 서양적 지성을 획득한 일본의 법학자, 예를 들면 미노베 타츠키치(美濃部達吉)로부터도 '비논리적인 독단'이라는 비웃음을 샀다.

한편, 그를 지지한 사람들도 있었다. 메이지 헌법을 운용해 일본의 방향타를 잡고 있던 정권 핵심의 정치가들과 국민의 도덕 교육에 관계하는 사람들이다. 그래서 체제에 몰두하는 곡학아세의 무리라는 비판도 생겼다. 유학할 때 '전향' 경험을 거쳐 야츠카의 충실한 승계자가 된 우에스기 신키치(上杉慎吉)는 다음과 같이 말한다.

> 나는 대학에 들어가기 전부터 호즈미 야츠카라는 사람이 편녕(便佞)하고 비굴하여 고관에게 아부하며 그 설을 이리저리 움직여 부잣집 사위가 되어 영달을 도모한다는 평판을 듣고 깨끗이 이 사람을 타기하기로 했다.[13]

---

12 マイニア『穂積八束』160면 참조(마이니어는 세이시사이[正志斎]라는 호가 아닌 야스시[安]라는 이름으로 표기하고 있음).

13 上杉編『穂積八束先生遺稿憲法大意』수록의 안내(小引) 7쪽.

그 우에스기는 유학 중에 종교적 회심에 필적하는 사상적인 전환을 경험한다. "선생님이 말씀하셨던 게 이것이었던가"라는 생각에 다다른 일이 있었던 듯하다. "메이지 42년 여름 귀국한 나는 다른 사람이 되어 선생님을 뵈었다."[14]

학계에서는 야츠카나 우에스기나, 둘 다 고립되어 있었다. 그러나 야츠카가 중앙·지방을 불문하고, 당시의 정치를 담당하는 사람들 상당수로부터 평가받았다는 사실은, 학문을 굽혀 그때그때의 권력자에게 아첨했다고 할 가능성 말고도, 서양의 이론으로는 석연치 않은 일본의 현실에 적합한 이론을 제공하려고 했다고 볼 가능성도 시사한다.

게다가 야츠카를 평가할 때에 유의해야 할 것은 야츠카 역시 노부시게처럼 법학의 개척자였다는 사실이다. 뒤에 보겠지만, 야츠카는 헌법도 헌법학도 아직 일본에 존재하지 않았던 시대에, 일본인으로서 최초의 헌법학설을 만들어내리라는 기대를 받던 인물이었다. 그런 의미에서 그의 학설을 이후의 학설과 동렬로 놓고 우열을 논한다면, 그의 학설이 당시에 담당했던 역할을 평가할 수 없다. 일본에서 최초의 헌법 이론이 어떤 의도로 만들어졌는가 하는 관점도 필요하다.

만일 야츠카가 '몬스터'도, 광인도 아니고, 당시를 대표하는 지성인 중 한 사람으로서 서양 헌법학·국법학의 일본 수용을 리드해야 한다는 스스로의 국가적 사명을 의식하면서 법 이론을 전개하였으리라고 상정하면, 그의 이론에서 무엇을 볼 수 있을까?

야츠카의 재평가

그런 재평가가 조금씩 생겨나고 있다. 야츠카를 내재적으로 이해하려 하는 최초의 본격적인 연구라고 할 수 있는 것이 나가오 류우이치(長尾龍一)의 연구이다. 나가오는 자신이 조교수였던 당시의「호즈미 헌법학잡기(穗積憲法学雑記)」

---

14 앞에 든 안내 7쪽.

(법철학연보 1969권, 1970년), 평전『호즈미 야츠카』(『일본의 법학자』일본평론사, 1975년)로 시작하여 토오쿄오대학에서 정년 퇴임한 후에 쓴「야츠카의 골수에서 메이지의 역사를 들여다보다」(동 편『호즈미 야츠카집』[신잔사(信山社) 2001년] 수록)까지 그 학문적 활동에서 이따금 야츠카로 회귀하여 내재적 이해를 시도하였다.

행정법학자로 최고재판소 판사를 지낸 후지타 토키야스(藤田宙靖)는 야츠카가 유럽의 18, 19세기적인 자유주의와 개인주의의 한계를 보고 이를 극복하려 했다면서, 그가 제기한 진정한 문제는 '자유'를 취할지 '경제적 복지'를 취할지의 선택이었다고 지적하였다[15]. 또한, '국민 도덕', '가족 국가관'을 키워드로 하는 미츠이 스미코(三井須美子)의 일련의 연구[16]는 공간된 저작에서는 볼 수 없는 야츠카의 정치적 움직임도 열심히 추적함으로써 그가 무슨 일을 했는지 밝혔다. 최근에는 사카이 다이스케(坂井大輔)의 논문「호즈미 야츠카의 '공법학'[17]」이 야츠카 사상의 포괄적인 이해를 시도하고 그 공법 연구의 내재적 이해를 추진하였다.

우에스기 신키치

법학의 세계에서도 야츠카 이론을 기피하는 시대를 벗어나 사상사적인 비판의 눈을 유지하면서도 냉정한 내재적 이해를 할 수 있는 시대에 들어섰다고 할 수 있을 법하다. 야츠카도 노부시게와 마찬가지로 일본이 서양 법학을 수용하려 했던 가장 초기 법학자 중 하나였다. 오늘날의 눈으로는 아무리 이상하게 보일지라도, 그것이 일본 최초의 헌법 이론으로서 제시되었다는 것은 일본의 서양

---

15 藤田宙靖「行政法理論体系の成立とその論理的構造—穂積八束博士の公法概念を中心として」同『行政法学の思考形式〔増補版〕』(木鐸社, 2002년)57쪽(初出 1972년)

16 三井須美子「国定第1期教科書改定運動と穂積八束」都留文科大学研究紀要30集1쪽(1993년), 同「家族国家観による「国民道徳」の形成過程(その1)〜(その6)」都留文科大学研究紀要 32集〜37集(1990〜1992년), 同「家族国家観の形成過程-福島四郎編集の〈婦女新聞〉にみる」都留文科大学研究紀要 31集 39쪽(1980년).

17 一橋法学 제12권 제1호, 제12권 제2호(2013년).

법학 수용의 한 형태였음을 의미한다.

　이 장에서는 서양 법학의 수용이라는 관점에서 그의 법이론에 다가선다.

인물

　호즈미 시게유키(穂積重行)의 『메이지 시대 한 법학자의 출발』은 유학에서 돌아오기까지의 노부시게를 그린 전기인데, 거기에 야츠카의 결혼에 대한 새로운 언급이 들어있다.

　야나카묘원(谷中霊園)에 있는 우와지마 번주(宇和島藩主) 다테가(伊達家)의 묘소 주위에는 재경(在京) 옛 가신의 무덤이 주군의 묘소를 지키도록 배치되어 있다. 그중 하나인 사이온지 킨나루(西園寺公成)의 무덤을 다녀온 시게유키는 우연히 사이온지 가문의 묘소의 일각에서 "호즈미 야츠카의 처 쿄오코 무덤(穂積八束妻郷子墓)"라고 적힌 이끼 끼고 오래된 묘비를 발견하였다.[18] 거기에는 "메이지 14[1881]년 8월 17일 사이온지 킨나루 장녀 생년 18세"라는 글도 새겨 있었다.

　야츠카는 1873(메이지 6)년 우와지마에서 상경, 즉 토오쿄오로 올라왔다. 맏형 시게아키(重穎)는 번주 다테(伊達)의 '가종(家従)'으로 1871년경에 상경해 있어서 동생 야츠카를 거두었다. 야츠카는 영어를 배우기 위해 공립학교에 입학하나, 아버지는 은거했고 맏형도 경제적 여유가 없었다. 이 점에서 공진생으로서 출발점에서 풍족했던 형 노부시게와는 다르다. 당시 쿄오리츠학교(共立學校)에서 함께 공부했던 타카다 사나에(高田早苗)는 야츠카가 세상을 뜬 다음 날 요미우리 신문에 다음과 같은 회상을 실었다(1912[타이쇼오 1]년 10월 6일). "쿄오리츠 학교 시절에는 우와지마 사람 사이온지 모라는 사람 집에서 통학하였고 학자금의 여유가 없어 서생(書生)으로 지냈던 것 같다."[19]

　그렇게 사이온지 가문의 서생이었을 무렵, 네 살 연하의 사이온지 집안의

18　『出発』287쪽.
19　『穂積八束集』267쪽.

장녀 쿄오코(郷子)와의 사이에 사랑이 싹텄다. 야츠카는 학창 시절 쿄오코와 결혼했다. 그러나 곧 (아마 결혼한 이듬해) 아내를 잃고 만다. 시게유키는 이것이 야츠카가 만혼이 된 이유가 아닐까 추측하고 있다.

그 후 야츠카는 시부사와 집안(渋沢家)의 중매[20]로 한 대에서 대재벌을 구축하게 된 아사노 소오이치로오(浅野総一郎)의 장녀 마츠(松)와 1891년 3월 7일에 선을 보고 이듬해 2월에 결혼했다. 야츠카가 15살 연하의 아내를 "섬기는 게 대단했고 […] 가정은 원만하여 늘 봄바람으로 가득했다."[21]

야츠카는 대학에 가까운 코이시카와(小石川)의 집에서 쌍두마차로 대학에 다녔다. 당시 대학에서 야츠카의 강의를 받은 미노베 타츠키치(美濃部達吉)는 이렇게 말했다. "그 강의는 음성이 낭랑하여 입에서 나오는 말씀이 절로 영롱한 문장을 이루어 그 장중한 태도와 함께 일세의 명강의로 알려졌다."[22]

하지만 바로 그 뒤에 "논리 따위는 전혀 상관하지 않고 강력하고 독단적인 단정으로 시종하시는 것이었다."라는 문장이 나오는 것은 야츠카와 미노베의 사상적 입장 차이를 드러내는 것이겠다.

나중에 상법의 교수가 되었고, 제2차 세계대전 후 시데하라(幣原) 내각의 국무대신(国務大臣)으로 헌법 개정 문제를 담당한 마츠모토 조오지(松本烝治)는 다음과 같이 회상하고 있다.

법과대학 입학 후 먼저 깜짝 놀라게 한 것은 헌법 교수 호즈미 야츠카 선생이었다. 29번 교실 대강당 앞까지 말을 타고 오시는, 턱수염에 마르고 창백한 안색의 교수가 선생이셨는데, 교단을 태연히 잡고 필기할 수 있을 정도로 천천히 강의하셨다. 그 강의가 바로 이른바 호즈미 헌법이며, 한마디로 말하면 천황이 곧

---

20 『歌子日記』에 아사노가(浅野家)와 야츠카에 대한 기재가 메이지 23년 10월경부터 늘어난다. 『歌子日記』의 시게유키(重行)에 의한 해설도 우타코가 야츠카 곁에서 수발을 들고 있었던 것으로 추측하고 있다. 『歌子日記』 64쪽.

21 어느 것이나 신문기사로부터. 長尾「八束の髄」314쪽에서.

22 美濃部達吉「退官雑記」同『議會政治の撿討』(日本評論社, 1934년) 587쪽.

주권자, 즉 국가라는 것이다. 그 논법은 예리하고, 논리는 정치하여 조금도 이설을 넣지 않는 것이었다. 우리 학생들은 그저 바짝 숙이고 맹종할 뿐이었다.[23]

확실히 그 시대의 맛이 난다. 그러나 야츠카 뒤에 행정법 강좌를 담당한 카케이 카츠히코(筧克彦)처럼 연구실에 카미다나(神棚)[24]를 모시고 교실에서 박수치며 강의하는[25] 정도로 신들린 것은 아니었다. 그 카케이는 야츠카의 죽음 직후에 토오쿄오 제국대학 법과대학 32번 교실에서 열린 추도회에서 "선생님께는 편하신 날이 없었다. 근엄으로 일관"했다고 말했다. 취미는 독서. 운동도 하지 않고 음악도 즐기지 않고, 복장에 무관심, 수염도 깎지 않아 학생들은 시골 신관(神官)[26]이라는 별명을 붙였다.[27]

사회적 활동

그의 헌법 학설은 메이지 헌법의 문언에 충실했지만, 학계에서는 고립되었다. 조문의 문언에서는 벗어나도 서양 근대 법사상과 조화를 이루는 미노베 학설이 정설화되고 있었다. 그 자신은 이렇게 말했다.

---

23 松本烝治「大学時代の諸先生の思い出」『書斎の窓』269号(1977년) 33쪽.

24 [역주] 집이나 사무소 등에 주로 신토오(神道)의 신을 섬기기 위한 제단. 실제로 놓여 있는지와는 별개로 재래식 가옥에는 예외 없고, 아파트에서도 카미다나를 놓을 수 있는 장소는 마련되어 있다.

25 高見勝利「講座担当者から見た憲法学説の諸相―日本憲法学史序説」北大法学論集 52권 3호 821-822쪽(2001년).

26 [역주] 신을 섬기고 신을 모시는 시설에 봉직하는 사람으로 2차대전에서 일본이 패망하기 전까지는 국가의 관리였다. 현재 일본에는 존재하지 않는다.

27 長尾龍一「穂積八束」潮見俊隆＝利谷信義編『日本の法学者』(日本評論社, 1975년) 97쪽.

나의 국체론(国体論)을 주장한 지 어언 30년, 게다가 세상의 풍조와 맞지 않는 다. 후진의 열성으로 이를 계승할 일도 없다. 이제 고성낙일(孤城落日)을 한탄 하노라.[28]

그러나 야츠카는 야마가타 아리토모(山縣有朋, 1838-1922)[29]에게 접근하여, 정권 내부, 특히 야마가타 그룹의 정치인과 황족으로부터는 지지를 받았다. 황족 강화회(皇族講話会)[30]에서 1901(메이지 34)년부터 이듬해까지 헌법 강의를 32차례에 걸쳐 실시했다.[31] 그리고 국민교육 방면에서는 초등학교의 수신(修身) 교육의 텍스트를 작성하는 등 이 방면의 권위자였다.

야츠카는 1897년부터 제국대학 법과대학장(관선)을 14년 가까이 지내는데, 이는 다른 교수에 비해 매우 길었다. 또한, 공직을 꺼리던 형 노부시게와 달리 정부의 관직을 겸임하는 경우가 많았다. 귀국 후 얼마 안 된 1889년에는 법제국참사관(90년까지), 임시 제국의회 사무국 서기관, 1891년에는 추밀원 서기관(1908년까지), 1893년에는 교과용 도서 심사위원(문부성), 법전조사회 사정위원, 1896년에는 조약 실시 준비위원(내각), 1899년에는 귀족원 의원, 황실제도 조사국 어용괘(御用掛), 1907년에는 고등교육회의 의원(내각), 1908년에는 궁중 고문관(1912년 8월까지)이자 교과용 도서 조사위원(내각)과 같은 식이었다.

황실 제도조사국은 이토오 히로부미를 총재로 하는, 격이 높은 황실에 관한

---

28 『憲法提要』(1910년) 214쪽.

29 [역주] 무사(초오슈우번사), 육군 대장 원수, 내각 총리대신(2회), 사법대신(司法大臣), 추밀원 의장(3회), 육군참모총장을 지냈다.

30 [역주] 1901(메이지 34)년 일본의 헌법을 연구하라는 천황의 지시로 창설된 모임. 호즈미 야츠카는 처음부터 헌법 강의를 맡았다. 실제로는 황족만이 아니라 궁내대신(宮內大臣)과 육해군 고위 간부도 참석했다. 야츠카의 헌법학이 황족과 군부에 침투한 경로가된 셈이다. 그 후 헌법 이외의 분야로 확대되었고, 메이지 말기에 일단 중단되었다. 堀口修「皇族講話会について―大正~昭和戦前期を中心として」2019년에 나온「明治聖德記念学会紀要」復刊 제56호에 실림.

31 『皇族講話会に於ける帝国憲法講義』(協同会, 1912년 5월).

여러 제도의 심의 기관으로, 대학에서는 야츠카가 우메 켄지로오(梅謙次郎)와 함께 임명되었다.[32] 교과용 도서 관련 위원은 아래의 국민교육과 관련하여 그 의미가 중요하다. 형 노부시게도 법전논쟁의 시기에 귀족원 의원에는 임명되었으나, 1년 반도 되지 않아 퇴임했다. 그러나 야츠카는 죽을 때까지 의원직을 맡았다.

그는 메이지 천황의 마음에 들었던 모양으로,[33] 1908년부터 천황의 사망까지 연속 5회에 걸쳐 신년 강서회[34]에서 메이지 천황에게 강연하였다. 노부시게의 강의는 타이쇼오 천황부터였고, 이미 언급한 바와 같이(제6장 5 '군주의 자리매김') 이 차이가 군주의 역할에 대한 형제의 생각에 영향을 미쳤을 가능성이 있다.

이상의 이력에서 나름대로 행정 능력도 있고 정권 중추와 연결되어, 대학 밖에서의 활동에도 열심이었던 인물상이 부각한다. 특히 국민교육에 관해서는 다양한 이면(裏面) 공작을 포함하여 활동이 활발하였다.[35]

하지만 단명한 데서도 알 수 있듯이 그는 건강을 타고나지 못했다. 병약하게 타고나 '갯버들의 질'이라고 형용되어 질병을 이유로 1912(타이쇼오 원)년 8월 토오쿄오 제국대학 교수직을 그만두고 카마쿠라 자이모쿠자(材木座) 별장에서 요양 생활에 들어갔다. 마지막 강의 '헌법 제정의 유래'는 8월 20일에 이루어졌다. 그런데 그의 사직 직전 7월 29일에 그의 강의를 다섯 차례에 걸쳐 받았던 메이지 천황이 서거했다.[36] 마치 천황 서거에 맞춘 것처럼 대학에서 물러난 야츠카는 같은 해 9월 13일 메이지 천황의 장례 때 병을 무릅쓰고 참석해 한기에 노출된 직후에 고열이 나 10월 5일 52세로 세상을 떠났다. 나가오는 "노기(乃木)만큼 장렬한 것은 아니지만, '준 순사(準殉死)'라 할 수도 있을 것이다."라고

---

32 長尾「八束の髓」376-377쪽. 우메는 이토오에 가까운 학자였다.

33 長尾「八束の随」378쪽.

34 [역주] 원문은 신년강서시(新年講書始)이다. 궁중의 신년 행사의 하나로, 천황 부부가 국서(国書)·한서(漢書)·양서(洋書)의 각 분야에 대하여 학자의 강의를 듣는 일. 현재는 출석자 범위가 확장되었다.

35 후술하는 三井須美子의 일련의 연구가 이 측면을 명확히 하고 있다.

36 붕어의 날짜를 궁중에서는 30일로 발표했다(成田『大正デモクラシー』18쪽).

평했다.[37] 노기 마레스케(乃木希典, 1849–1912)[38]가 아내 시즈코와 함께 할복한 것은 장례 날인 9월 13일이다.

그런데 이 책의 관심사는 야츠카가 서양 법학을 어떻게 수용했는지, 형 노부시게와는 어떻게 다른지 하는 것이다.

야츠카는 형이 시작한 토오쿄오대학에서 법학 교육을 받았다. 그러나 국내의 법학 교육은 아직 모색 상태의 시대이며, 역시 본격적인 법학 교육은 유학에서 받았다고 봐야 할 것이다. 그도 형과 마찬가지로 서양의 법학을 자신의 두뇌에 담아 가져온 최초의 법학자 중 하나였다. 그럼 서양 법학에 본격적으로 접할 기회가 된 독일 유학시 야츠카는 무엇을 경험했고, 그 경험은 귀국 후 그의 법학에 어떻게 반영되었을까?

2. 야츠카의 서양 체험

독일 유학

야츠카는 1884(메이지 17)년부터 89년까지 독일에 유학했다. 같은 배로 요코하마 항을 떠난 유학생 중에는 육군 군의관 모리 린타로오(森林太郎, 오오가이[鴎外])도 있다. 야츠카와 오오가이의 인생은 그 후 몇 차례 엇갈린다. 야츠카의 유학은 형 노부시게보다 8년 늦을 뿐이지만, 이때 일본 법학에는 이미 독일의 영향이 강해지고 있었다.

---

37 長尾 「八束の髓」 412쪽.

38 [역주] 무사, 육군대장, 타이완 총독, 교육자. 러일전쟁에서의 여순(旅順) 공방전과 봉천회전(奉天會戰)의 지휘, 특히 여순 공방전 승리 후 항복한 러시아 병사에 대한 관대한 조치, 무엇보다 패장인 러시아 지휘관에 대한 극히 신사적인 예우로 국제적으로 유명하다. 메이지 천황을 따라 같은 날 순사(殉死)했다. 임진왜란 · 정유재란 때 끌려간 조선인 포로의 후예로도 알려져 있다.

흥미로운 점은 출발하기 전 야츠카가 이토오 히로부미와 면담했다는 것이다. 이때 야츠카는 24세로 토오쿄오대학 문학부 정치학과(당시 정치학과는 문학부에 속함)를 졸업하고 연구생 신분이었다. 아직 출세하기 전의 야츠카를 이토오에게 소개한 사람은 이노우에 코와시(井上毅)였다. 이노우에는 다망한 이토오 앞으로 시간을 내어달라고 요청하는, 다음과 같은 취지의 편지를 썼다.

이노우에 코와시

> 한데 호즈미 노부시게의 아우 야츠카의 건, 이번에 문부성 문학부로부터 독일 유학의 명을 받아 서방으로 항해하게 될 자, 학과상 이 목적 등에 관하여, 선진한 지시를 얻고자 소생에게 상담한 일이 있사옵니다. 위 사람은 이번에 (귀하와 상담할) 중요한 안건이 있아오므로 가급적이면 귀하를 뵈옵고 가르침을 받고자 하옵니다. 송구하오나 다망 중 잠시나마 시간을 내시어 만나 주시옵기를 간곡히 청하옵나이다.[39]

이 서한의 날짜는 8월 15일인데, 야츠카가 유학을 떠난 것은 8월 24일이다. 참으로 출발 직전에 면담이 성사되었다. 이토오는 전년도 1883년 8월 독일·오스트리아로 1년 남짓한 헌법 조사 여행에서 돌아와 이듬해 3월 헌법 제정을 위해 궁중에 설치된 제도 조사[取調]국 장관에 취임하여 헌법 기초의 준비에 들어간 상태였다. 이노우에는 이토오 미요시(伊東巳代治)·카네코 켄타로오(金子堅太郎) 등과 함께 이토오 아래에서 어용괘(御用掛)[40]가 되어 이토오의 보좌역을 맡

---

39 長尾「八束の髓」290쪽에 이노우에가 이토오에게 보낸 서간이 게재되어 있다. 井上毅伝記編纂委員会編『井上毅伝史料篇4』(国学院大学図書館, 1971년) 76쪽(방점은 長尾 앞에 든 글을 참조했고, 본문은 원사료에 맞춰 수정했다.).

40 [역주] 관청의 정식 직원과는 별도로 관청의 명을 받아 일을 처리하는 자리로 이해되고 있다.

고 있었다.

바쁜 가운데 시간을 내어 야츠카와 면담한 이토오는 바로 독일 유학을 떠나려고 하는 이 젊은이에게 "헌법 연구에 관한 희망을 선생 [야츠카]의 장래에 맡기고, 주도한 주의"를 주었다고 한다.[41] 원래 야츠카가 지시받은 유학 목적은 "유럽 제도의 연혁사 및 공법학 연구"라는 일반적인 것이었는데, 이 면담을 계기로 이토오의 "내밀한 의향"에 의해 "헌법 전공"으로 특화되었다 한다.[42] 바야흐로 헌법을 제정하기에 이르러 일본의 헌법학을 맡길 인재로서의 국가적 기대를 안고 야츠카는 독일로 떠난 것이다.

1880년대 유럽

일본에서 학문의 독일화가 진행되는 가운데, 게다가 프로이센 헌법을 모델로 한 헌법의 초안이 준비되는 가운데 헌법 전공의 야츠카가 유학국으로 독일을 선택하는 것은 자연스러운 일이었다. 형 노부시게의 유학과 비교하면 노부시게의 독일 체류는 1년에 지나지 않고, 게다가 1881(메이지 14)년 3월에 독일을 떠났다. 이에 비해 야츠카의 독일 체류는 1884년부터 4년 남짓이다. 이 차이는 의외로 큰 의미가 있다. 유럽은 바로 1880년대부터 본격적인 제국주의 시대에 들어가 세계 분할에 나서기 때문이다.

1890년대 중반부터 유럽은 '벨 에포크'(좋은 시대)라 하며, 돌연한 전쟁으로 막힐 때까지 벼락 경기에 의한 풍요 속에서 파리를 중심으로 독특한 문화가 꽃을 피웠다. 그러나 노부시게와 야츠카가 유학했던 시기의 유럽은 불황의 시대였다. 세계 경제는 1873년 이래, 전례 없는 경기 변조 및 침체에 빠져[43] 심각한

---

41 高橋作衞「穂積八束先生伝」『論文集』수록 15쪽.

42 「故穂積八束先生追悼会」法学協会雑誌30巻12号(1912년) 2116쪽이 전한다. 추도회에서의 노부시게의 발언.

43 E. J. ホブズボーム『帝国の時代 I』(みすず書房, 1993년) 49쪽. [역주] 에릭 홉스봄『제

디플레이션을 경험 중이었다. 사회적으로는 임금 노동자가 대량으로 출현하고 소비자라는 대중이 탄생했다. 빈부 격차가 벌어져 자본주의의 모순을 드러내는 동시에 민주주의가 정치를 정체시켜 그것이 사회주의로의 길을 열 수 있다는 우려를 낳았다. 노동자 대중의 증가로 사람들 사이에는 "그들이 한 계급으로서 정치적으로 조직화되면 도대체 어떤 사태가 발생할까?"하는 불안이 생겨났다.[44] 특히 독일에서는 대중 정당의 조직화가 빨라 독일 사회주의노동자당(후의 독일 사회민주당, SPD)은 선거에서 무시할 수 없는 존재로 자리 잡았다. 야츠카 등은 이러한 유럽의 상황을 일본의 가까운 미래를 보듯 자세히 관찰하였다.

국제 정치면에서 1880년대는 제국주의(帝国主義)가 특징이다. 이 시대는 또 "스스로를 공개적으로 '황제'라고 칭하거나 서방 외교관이 '황제'의 칭호에 합당하다고 생각한 국가 원수의 수가 근대 세계사에서 가장 많았다."[45] 독일, 오스트리아, 러시아, 터키, (인도의 군주라는 자격으로)영국, 그리고 유럽 이외에서는 중국, 일본, 페르시아, 에티오피아, 모로코 등이 있었고, 프랑스도 극히 최근까지 황제가 있었다. 일본은 그런 시대에 황제(천황)를 받드는 나라로 서양과 어깨를 견주려고 했다.

새로운 형태의 제국주의적 정복, 합병, 통치와 같은 형태로 미주를 제외한 세계 대부분을 식민지로 분할해 갔다. 서양 열강과 대치한 나라의 정부와 엘리트로서는 스스로 서구화하거나 아니면 굴복하거나 하는 수밖에 없다는 것은 자명한 일이었다.[46] 지배하거나 아니면 지배당하거나의 선택이 강요된 이 시대에 일본은 철저한 서구화를 선택함으로써 지배당하는 쪽으로 분류되는 것을 회피하고자 했다.

이즈음 민족주의(내셔널리즘)라는 말이 등장한다.[47]

국의 시대』(김동택 옮김) (한길사, 1998년). 120쪽 이하 국역『제국의 시대』에 맞춰 표기함.

44 홉스봄『제국의 시대』246쪽.

45 홉스봄『제국의 시대』154쪽.

46 홉스봄『제국의 시대』185쪽.

47 홉스봄『제국의 시대』284쪽.

내셔널리즘

"오늘날 우리는 인종 = 언어에 의한 국민[48](네이션)이라는 정의에 너무 익숙해져서 이 정의가 원래 19세기 말에 창안되었다는 사실을 잊는다."라고 에릭 홉스봄(Eric Hobsbawm)은 말한다.[49] 하지만 어떤 집단에서 공유된 이미지로서의 국민이라는 관념, 즉 베네딕트 앤더슨(Benedict Anderson)이 말하는 '상상된 공동체'(imagined communities)로서의 내셔널리즘이 정치적 힘을 갖게 된 것은 조금 더 앞선 일이다.[50] 그러나 제국주의 국가 간 경쟁의 시대에 권력에 의해 만들어진 '관제 민족주의'[51]가 탄생한 것은 확실히 이때였다. "국가가 국민을 만드는 것이지, 국민이 국가를 만드는 것은 아니다."[52] 민주화가 진행 중인 시대의 정부 당국은 더 이상 사회적 신분이 높은 사람에게 낮은 사람이 자발적으로 따른다는 식의 전통적인 사회 질서나 복종을 효과적으로 보증해준 전통적인 종교 등에 의존할 수 없게 되어 갔다. 그래서 사람들 사이에 정부의 전복 계획과 반체제적 의견에 대항할 수 있는 결속을 만들어낼 수단이 필요했다. 여기에서 '국민'이라는 개념이 등장한다.

그것은 국가 차원에서 보자면, 전통 종교를 대체하는 새로운 시민 종교(市民宗敎)였다.[53] 그 포교를 위해 활용된 것이 초등교육이다. "대부분의 유럽 국가들에서 특히 1870년부터 1914년까지의 시대는 초등교육의 시대였다." 이 정책은 거의 동시 진행으로 일본에서도 채용되었다.

---

48 번역서에서는 '민족'으로 옮겨져 있으나 오해를 피하기 위해 '국민'으로 옮겼다.

49 홉스봄 『제국의 시대』 289쪽.

50 アンダーソン(白石隆＝白石さや역) 『定本　想像の共同体―ナショナリズムの起源と流行』(書籍工房早山, 2007년). [역주] 베네딕트 앤더슨(서지원 옮김) 『상상된 공동체-민족주의의 기원과 보급에 대한 고찰』(길, 2018).

51 アンダーソン・앞에 든 책 第6章 「公定ナショナリズムと帝国主義」 앤더슨 『상상된 공동체』 133쪽 이하 (제6장 관제민족주의와 제국주의).

52 1918년 이후 신생 독립한 폴란드의와 지도자 필스츠키의 말. 홉스봄 『제국의 시대』 292쪽.

53 이하 홉스봄 『제국의 시대』 293쪽.

국가 형성이 늦어진 독일에서는 통일 국가 성립 후의 제일 과제는 국민 국가의 형성이었다. 즉, 지금까지 각 영방 국가에 귀속 의식이 있던 민중에게 한 나라의 국민으로서의 국민 의식을 양성하여 주위를 둘러싼 경쟁 상대의 국민 국가(특히 그중 하나인 프랑스와는 불구대천의 적대 관계에 있었음)에 맞서 나가야 했다. 따라서 민족주의의 양성이 조직적으로 이루어진다.[54]

이러한 점은 여러 가지 차이점이 있다고는 해도, 각 번(藩)에 귀속 의식을 가진 인민을 메이지 국가에 통합하여 국민 국가의 형성을 서둘러야 했던 일본과 닮은 면이 있었다. 일본은 신생 독일이 민족주의를 조직적으로 만들어 국민 의식을 만들어가는 모습을 보면서 그것을 자국에서 실천한 것이다.

이렇게 민족주의는 산업화의 진전과 함께 급성장한 새로운 중산층을 통합하기 위한 세속 종교로서, 교회와 왕실 등 한때 나라의 통합 역할을 하던 전통에 갈음하는 새로 '만들어진 전통'이 되었다.[55]

애국정신과 민족

독일의 이러한 민족주의 융성을 야츠카는 어떻게 보았을까? 유학 시절 야츠카의 심경을 짐작게 하는 자료는 찾을 수 없다. 그러나 동시기에 유학하고 귀국 후 국체론과 국민교육에서 동지 관계에 있던 이노우에 테츠지로오(井上哲次郎)(나이는 야츠카보다 네 살 위)가 그 무렵의 사정에 관해 이야기한 글이 있다.

---

[54] 18세기 독일에서의 내셔널리즘의 결여에 대하여 上山 『法社会史』 278쪽 이하.

[55] エリック・ホブズボウム＝テレンス・レンジャー編(前川啓治＝梶原景昭他訳) 『創られた伝統』 (紀伊國屋書店, 1992년) 455쪽(ホブズボウム 「伝統の大量生産—ヨーロッパ, 1870-1914」). [역주] 에릭 홉스봄=렌저 편(박지향/장문석 옮김) 『만들어진 전통』 (휴머니스트출판그룹, 2020) 560쪽(홉스봄 「대량생산되는 전통들: 유럽 1870-1914」).

당시 독일 국민의 애국심이 극히 왕성했던 것은 나 자신 가슴 깊이 체험한 바이다. 그리하여 돌이켜 우리 일본의 사정을 생각해 보면 유신 이후 20년 동안 서양 숭배의 시대로, 충군애국(忠君愛国)보다는 오히려 외국 숭배의 마음이 훨씬 크다는, 참으로 우려할 경향이 있었다. 그러나 나 자신은 독일인의 애국심이 극히 왕성한 분위기에서 교양을 쌓았기 때문에, 어떻게 해서든 귀국하면 충군애국 정신을 대대적으로 환기하지 않을 수 없음을 통감하고 귀국했던 바이다.[56]

1880년대 독일에 유학한 일본 청년이 독일의 애국심 앙양을 보고 자극을 받아 모국에 충군애국 사상을 확립할 필요성을 느꼈다는 말이다.[57] 게다가 야츠카와 이노우에가 본 독일 민족주의는 프랑스와 비교하여 다소 특수한 요소가 있었다. 독일에서는 조직적으로 민족주의가 양성되어 가는 가운데, 그 일체감을 인식할 범위가 하나의 문제였다. 신생 독일은 프로이센을 중심으로 하면서도 여러 군주국가의 연방 형태를 취하고 있으며, 프랑스와 같은 완전한 중앙 집권 국민 국가가 아니었다. 독일 통일은 소(小)독일주의에 의해 오스트리아를 배제하는 형태로 실현되었지만, 다민족 국가 오스트리아에는 독일어를 말하고 자신들을 독일인이라고 인식하는 사람들이 있었다. 이러한 상황에서 민족주의의 경계를 긋는 범위가 문제가 된 것이다. 그 난문에 주어진 새로운 대답은 에른스트 모리츠 아른트(Ernst Moritz Arndt, 1769~1860)가 1813년에 쓴 노래 "독일인의 조국이란 무엇인가?"의 가사처럼, "독일어가 울리고 천상의 하느님이 독일 가곡을 노래하는 곳 모두, 이것이 독일인의 조국이어야 한다." 즉, 독일어라는 언어를 공유하는 언어 공동체였다. 이것이 "인종과 문화의 공동체[58]"로서의 민족 공동체(Volksgemeinschaft)로 민족 개념을 통해 자기를 인식하게 되었다.

---

56 井上哲次郎『釋明教育勅語衍義』(廣文堂書店, 1942년) 284쪽.

57 하지만 오오가이(鴎外)도 같은 시기에 독일에 있었으나 『独逸日記』에는 그러한 류의 화제는 보이지 않는다.

58 オットー・ダン(末川清＝姫岡とし子＝高橋秀寿訳)『ドイツ国民とナショナリズム 1770—1990』(名古屋大学出版会, 1999년) 139쪽.

독일의 이러한 상황은 민족주의의 '민족'이라는 요소의 중요성을 유럽 땅에서 이방인으로 사는 동양 민족인 일본 유학생에게 강하게 의식되었을 게 틀림없다.

국가 간의 생존 경쟁

노부시게가 본 1870년대까지의 유럽, 특히 영국에서는 "한 국민 국가의 이익이 반드시 다른 국민 국가의 손실이 되지는 않는다."라는 주장이 가능했다. 하지만 그 후의 큰 불황기를 거치면서 "노골적으로 다른 나라를 애물단지로 여기는, 일종의 내셔널리즘이 우세해졌다."[59] 이렇게 유럽의 외교는 국민국가의 '신성한 에고이즘'에 지배당하게 된다.[60] 국민 국가 상호 간의 갈등은 종종 사회 다윈주의의 복장을 한 '원칙'으로까지 격상되었다. 즉 국제 정치의 기조에는 더 이상 "여러 국가 간의 이익 조정" 같은 것은 없고, 그 대신 여러 국민 간의 '생존을 둘러싼 투쟁'이 기조가 되었다. 19세기 말부터 20세기 초두까지는 세계 분할에 의한 시장의 확보와 서로 대립하는 국가 경제 상호 간의 생존 경쟁이 전개되는 시대가 된다.

야츠카는 당시 세계를 국가 간의 생존경쟁으로 인식하고 다음과 같이 말하였다. "개인이 지식이 있고 부유하다 할지라도 합동하여 민족사회를 이루고 그 독립을 유지하지 않으면, 세계의 생존경쟁에 대치할 수 없음을 알아야 한다."[61]

세계의 생존경쟁, 이것이 바로 그가 본 당시 유럽의 현실이었다. 그 생존경쟁에서 살아남기 위한 당시 독일의 조직적인 '내셔널리즘'과 '민족'이라는 관념은 야츠카에게 강력한 인상을 남겼을 것이다.

---

59 홉스봄 『제국의 시대』 310쪽.

60 이하 ダン 『ナショナリズム』 146쪽.

61 穂積八束 『国民教育愛国心』 (有斐閣, 1897년) 39-40쪽.

'충군'과 민족주의

그렇지만 이상과 같은 독일식 내셔널리즘은 민족의 관념과는 일체이지만, 반드시 '충군(忠君)'을 불가결한 요소로 하지 않는다. 예를 들어, 노부시게의 장남 시게토오는 독일 유학 중이던 1913년에 황제 생일 축하 학생 대회에 나왔을 때를 다음과 같이 일기에 썼다. 대학 총장의 축사 등에도 "카이저(황제)라는 말은 한두 번 나온 정도이고 '파터란트'(조국)라는 말이 두 번째 문장에 나올 정도로 황제의 생일은 말하자면 애국심 고취의 구실로 쓰여서, 같은 제국이라도 우리나라와 국체의 차이는 실로 천지 차가 난다고 하지 않을 수 없다."[62] 그리고 여기는 프러시아라서 그나마 괜찮지만 "다른 연방에서는 카이저가 더욱 통하지 않는다.[63]

독일 내셔널리즘은 이러한 특성 때문에, 1차대전 후의 제정 폐지를 극복하고 1919년 후반 이후 바이마르 공화국 시대에 민족적 내셔널리즘으로 놀랍고 격렬하게 되살아났다.[64] 당시는 "많은 사회주의자와 지식인까지 포함하여 거의 모든 사람에게 우생학과 유전학이 등장한 19세기 문명의 근저에 있는 차별적 인종 사상이 마음속에 스며들었기 때문에" "사람들은 자신이 속한 계급이나 국가가 다른 사람에 비해 본래부터 우수하다고 믿는 데서 생기는 유혹을 간접적으로 받기 쉬웠던 것도 틀림없다."[65]

인종적으로 차별받는 쪽에 있는 일본으로서는 그와 같은 시대의 국제적 생존경쟁을 이겨내야만 했다. 국민의 충성심(忠誠心)을 조달(調達)하고 서양 열강과 어깨를 나란히 할 수 있을 정도로 국민 국가로서의 구심력을 창출하는 방법

---

62 三谷『戦争と政治』200-201쪽에 인용. 또 穗積重行編『欧米留学日記(1912~1916년) ―大正―法学者の出発』(岩波書店, 1997년) 25쪽은 현대어화되어 있어서 일부 생략이 있고, "우리나라 국체와의 차이" 운운하는 부분은 생략되어 있다. 만약 '국체'를 말하는 시게토오를 지우고자 했다는 것이라고 한다면 작위가 지나친 편집이라 할 것이다.

63 穗積重行編『欧米留学日記』25쪽.

64 ダン『ナショナリズム』185쪽 이하.

65 홉스봄『제국의 시대』311쪽.

이 무엇인가? 이 과제 앞에 선 것이 메이지 정부를 맡고 있던 정치적 리더들이다. 그들은 삿쵸오(薩長)[66]의 하급 무사를 중심으로 한 세력으로서 자신들에 대한 국민의 충성은 기대할 수 없었다. 그래서 이토오 히로부미는 에도 막부 말기의 존왕(尊王) 사상을 이용하여 천황 중심의 국가를 앞세워 그 '전통(伝統)'을 의도적으로 '날조(捏造)'한 것이다. 야츠카에게 기대하던 건 바로 그에 대한 법적 정당화였다. 이에 대해서는 뒤에 다시 살피기로 한다.

식민지주의

1880년대 이후의 제국주의를 특징짓는 것이 식민지 획득에 대한 열광이다. "식민지 영유가 이제 국민의 위대함과 생명력과 현대성의 기준이 되었다." 식민지 획득은 국내 정치의 대립을 잊게 하여 국민의 일체감을 만들어낸 것이다.[67]

이러한 열정은 단순히 부화뇌동하기 쉬운 일반 대중의 심리에 그치지 않고 당시의 유럽을 대표하는 지성인도 말려들었다. 막스 베버(Maximilian Karl Emil Weber, 1864 - 1920)는 1895년에 한 프라이부르크 대학 교수 취임강연 「국민 국가와 경제 정책(Der Nationalstaat und die Volkswirtschaftspolitik: akademische Antrittsrede)」에서 다음과 같이 말했다.

만약 경제의 가나다를 알고 있었다고 한다면, 독일의 국기가 곳곳의 해안에 휘날리는 것이 독일 원양 무역에 얼마나 큰 의미를 가지는지를 그들[대 부르주아]

---

66 [역주] 사츠마번(薩摩藩)(현 카고시마 지방)과 초오슈번(長州藩)(현 야마구치 지방)의 약칭. 처음에는 대립했으나 1866년에 동맹이 성립, 메이지 신정부의 요직과 육해군 간부를 다수 배출하였다.

67 ダン 『ナショナリズム』 147쪽.

은 이해했을 것입니다.[68]

만약 독일의 통일이 독일의 세계 권력 정책의 결말일 뿐 출발점이 아니라면, 독일의 통일은 국민이 과거에 저지른 젊은 혈기의 실수이며, 그 때문에 치른 희생의 크기를 생각하면 차라리 없는 게 나은 일이었음을 우리는 확실히 알아야 합니다.[69]

이 점에서 흥미로운 것이 야츠카의 국체론(国体論)이다. 그것은 일본 민족의 결속을 다져 국제적 생존경쟁에 대비한다는 방어적인 이론이지 식민지 획득에 의한 제국주의적 확장에 대응하는 것은 아니었다. 따라서 한국 병탄 후의 국체의 설명에는 궁하다. 그의 국체론이 정체성의 근거를 둔 민족 신앙으로는 '보자기'가 너무 작은 사태가 된 것이다.[70] 한국 병탄 직후에 열린 문부성 주최 전국 사범학교 수신(修身)과 교원 강습회에서 강연한 뒤, 수강자로부터 "새로운 영토의 인민에게 본국 영토의 국민이라는 확신을 갖게 하는 방법은 무엇인가"라는 질문에 야츠카는 다음과 같이 대답할 수밖에 없었다.

영원을 기하여 말한다면 국내외 역사가 교시하는 대로 새로운 곳의 백성을 우리 민족과 동화시키는 방안을 취하는 수밖에 없고, 영원의 다음에는 결국 혼동하여 한 민족의 관념을 갖게 하기에 이르겠지요.[71]

그의 이론이 원래 어떤 현실을 보고 있었는지를 엿보게 한다.[72] '영원'이라는

---

68 マックス・ウェーバー(田中真晴訳)『国民国家と経済政策』(未来社, 2000년) 49쪽.

69 マックス・ウェーバー『国民国家と経済政策』52쪽.

70 米原『アイデンティティ』37쪽. 키노시타 나오에(木下尚江)와 키타 잇키(北一輝)의 비판을 논하고 있다.

71 三井「『国民道徳』の形成過程」(その6)」90쪽.

72 三井「『国民道徳』の形成過程」(その6)」97쪽은 야츠카가 식민지 조선의 교육에 관계했던 시기에 「국민도덕의 경전」인 수신교과서가 만들어졌다는 데서 「호즈미의

시간에 걸치지 않으면 달성할 수 없는 병탄은 구미의 식민지 경영과 달리 도저히 현실적이라고 할 수 없다. "동질적인 국민에게 둘러싸여"[73]라는 이념 선행의 동화 과정은 당연히 한국 백성의 거센 반발을 낳았다. 1880년대의 독일에서 당시 유럽을 관찰하면서 위기감을 갖고 자신의 이론을 구상한 야츠카는 일본이 불과 20여 년 후 구미와 어깨를 나란히 하고 제국주의적 확장을 시작하리라고는 상상하지 못했던 것일지도 모른다.

3. 국민국가의 형성과 법

신헌법 해설

이토오 히로부미의 주도로 설계도가 그려진 대일본제국헌법(大日本帝国憲法)이 1889(메이지 2)년 2월 11일에 공포되었다. 야츠카는 공포 13일 전인 1월 29일 귀국해 3월에는 법과대학 교수로 임명되었다. 그 야츠카가 귀국 직후 새 헌법에 대한 해설을 둘 내어놓는다. 하나는 귀국 후 "아직 짐도 풀지" 않은 가운데 쓴 「신헌법의 법리 및 헌법해석의 자세(新憲法ノ法理及憲法解釈ノ心得)」이다. 헌법 공포 전의 집필이며, 야츠카는 "우리나라의 신헌법을 읽을 영광을 아직 갖지 못했다."라고 말했다. 헌법의 조문을 모른 채로 그 법리와 해석을 다룬 대담함에 놀라게 된다. 물론 야츠카는 신헌법이 어떤 원리에 초안하였는지는 알고 있었다고도 할 수 있지만, 동시에 당시 일본에서 서양 법학이 갖고 있던 지위를 엿볼 수도 있다. 조문의 세부 사항이야 무엇이 되든 보편적으로 타당한 이론이 존재하고(하지만 야츠카 자신은 이를 부정하고 있음), 서양 법학을 배운 사람은 그것을 알고 있는 것으로 보였던 것이겠다. 또 하나의 해설은 헌법 공포 직

『국민도덕』만들기는 조선의 식민지화를 염두에 두고 이루어졌다」고 한다. 그러나 「영원」을 기해야만 한다 해서는 도저히 현실적인 이데올로기라고는 할 수 없을 것이다.

73 文京洙 「近代日本の国民国家形成と朝鮮」 西川他編 『文化変容』 652쪽.

후 제국대학의 와타나베 히로모토(渡辺洪基) 총장의 요청에 따라 법과대학에서 했던 강연 「제국헌법의 법리(帝国憲法ノ法理)」이다.

흥미로운 것은 야츠카와 함께 독일로 유학하여 야츠카보다 1년 늦게 귀국한 이노우에 테츠지로오(井上哲治郎, 1856-1944)도 귀국 직후인 1890년 10월 30일에 발표된 교육칙어(教育勅語)[74]의 해설 집필을 요구받았다는 것이다. 이 시기에 독일에 유학한 준재에게 국가가 얼마나 크게 기대하였는지를 말해 준다. 야츠카가 그에 관한 사정을 얘기한 자료는 찾지 못했지만, 이노우에의 회상이 남아있다.

'교육칙어'를 해석하려면 그저 황한(皇漢) 학자의 입장에서 해석한 것만으로는 도무지 사회의 신용을 얻을 수 없는 시대였다. 다시 말해, 아무튼 서양의 지식을 갖춘 이가 아니면 인용되지 않는 시대였다.

그러나 황한학(皇漢学)[75]과 서양 지식의 쌍방에 통하는 인재가 적었다. "서양의 지식을 갖춘 이들은 대부분 황한학에 어둡고, 아무튼 자유, 민권이 아니면 박애·인도와 같은 것을 창도하여 충효·절개의 도덕을 경시하는 경향이 제법 많았다."[76]

이러한 자각으로 이노우에가 배포한 국체론은 그 후 야츠카와 연계하여 제

---

74 [역주] 「교육에 관한 칙어」의 준말로 '신화적 국체관(神話的国体観)'과 '주권재군(主権在君)을 표방하는 메이지 천황의 칙어. 1890년 10월 공포되어, 가족국가관에 의한 충군애국을 국민도덕으로 한 학교 교육이 이루어지고 천황제의 정신적·도덕적 지주가 되었다. 1947년에 '민주 평화 국가'와 '주권재민(主権在民)'에 입각한 일본국헌법의 성립과 더불어 실효되었고 그에 관한 명시적 확인도 뒤따랐다.

75 [역주] 유럽 서적에서 직접 지식을 얻는 양학(洋學)이 출현하자, 기존의 학문을 이와 구별하는 의미로 황한학이라 불렀다. 그러나 후에 한학(漢學)과 국학(國學)으로 다시 나뉜다.

76 井上 『釋明』 수록 「釈明」 285쪽.

2기 국정 수신(修身)교과서(1910년)에 반영되어[77] 문부성 교학국의 『신민의 길』
(1941)로 이어진다.

「신헌법의 법리 및 헌법해석의 자세」

「신헌법의 법리 및 헌법해석의 자세」는 '정리(政理)'와 '법리(法理)'의 구별에
서 시작한다.

> 정리는 이해득실의 변(辨)이니 모름지기 국정(国情)에 비추어 이를 의정해야 할
> 것이다. 법리는 성질 작용의 변(辨)이니 모름지기 공법(公法)의 원칙에 따라 이
> 를 해석해야 할 것이다.

헌법의 규범에 대한 정치 이론은 이해득실을 논하는 것이므로, 국정에 비추
어 논하면 된다. 그러나 법이론은 법규범의 성격 작용을 논하는 것이므로, '공
법의 원칙'에 따라 해석해야 한다는 것이다.

정치에서 분화된 법 고유의 영역을 인정하는 것은 바로 법실증주의(法実証
主義)를 선언하는 것이며, 일본에도 법전 해석(法典解釈)의 시대가 찾아왔음을
말한다지만, 동시에 야츠카가 독일에서 공부한 파울 라반트(Paul Laband, 1838–
1918)의 영향을 강하게 느끼게 한다. 법리에는 고유의 논리가 존재한다. 하지만
고유의 논리라 해도 다음의 논문 「제국헌법의 법리」에 언급된 바와 같이, 유럽
각국의 헌법은 각각 특수 법리가 있어서 각국 공통의 법리를 밝히는 것은 곤란
하다. 대일본제국헌법은 입헌군주제(立憲君主制)라는 점에서 독일 헌법과 유사
성이 있고, 프로이센의 공법학자가 수십 년간 헌법의 법리를 연구하고 헌법의
법리를 명석하게 하는 기술을 발전시켜왔다. 그것은 모방할 가치가 있으니 그

---

[77] 松本三之介 『明治思想における**伝統と近代**』(東京大学出版会, 1996년) 43쪽 주5
참조.

것에 의존하면서 일본 제국헌법의 법리를 논하겠다는 입장이다.

야츠카의 헌법론은 마이니어에서 보이는 것처럼, 서양 근대법 사상의 관점으로는 이해하기 어려운 것으로 평가되었다. 그러나 서양을 본받아 제정된 헌법을 '법이론(法理論)'으로 논하는 이상 그 논의의 씨름판이 서양 법학에 있음은 분명하다. 야츠카는 독일 헌법의 '법리'(독일 헌법 해석의 전제가 되는 다양한 개념과 원리)를 말하자면 도구로 이용하여 대일본제국헌법의 해석을 위한 기초 이론을 제시하고자 한 것이다.

주목되는 것은 대일본제국헌법의 제정을 일본이라는 나라의 헌법 '개정'이라고 파악한 점이다. 일본이 모범으로 삼은 프로이센 헌법(1850년)은 흠정헌법(欽定憲法)이라는 점에서 독재의 과거가 연속하는 것이니 프로이센 건국 이래의 성문법전을 대조 참작하여 해석해야 한다. 그와 동시에 일본의 제국헌법도 흠정헌법이라는 점에서 건국 이래의 국체와 법적으로 연속되어 있고 일본 고유의 '입군독재제(立君独裁制)'라는 불문헌법(不文憲法)이 '입헌군주제'라는 성문헌법(成文憲法)으로 개정되었다는 것이다.[78]

국체(国体) 변혁의 유무

메이지 유신을 체제의 변혁으로 파악하고 메이지 헌법을 구체제를 타도한 정치 세력에 의한 정치적 선언 문서로 이해하면 메이지 유신은 혁명이 된다. 그러나 야츠카는 에도 시대의 무사 정권에서 정체(政体)는 바뀌었으나, 천황 독재(独裁)라는 일본의 정치 체제의 근간(국체)은 일관되게 유지되었다고 한다. 그리고 무릇 헌법이라는 법적 사고가 없었던 과거에 불문헌법(不文憲法)을 읽어넣어, 이 불문헌법을 성문화(成文化)한 것이 메이지 헌법이므로 헌법의 개정(改正)이라는 것이다. 여기에는 황실 공가(公家)[79]도 자기의 통제하에 두고 있던 군

---

78 八束「新憲法ノ法理及憲法解釈ノ心得」『論文集』3쪽.

79 [역주] 조정에서 일하는 귀족과 상급관인(官人)의 총칭. 천황을 가까이에서 시중들거나

사 정권인 토쿠가와 막부를 입군(立君)독재제로 바꿔치고 "우리나라 인민들은 수백 년 동안 천자가 있음을 알지 못하고, 단지 입으로만 전할 뿐[80]"이었음에도 불구하고, 만세일계(万世一系)의 천황에 의한 통치가 면면히 이어져 왔다고 하는 역사적 전통의 '날조(捏造)'에 의한 권위의 창출이었다. 그것이 의도적으로 이루어졌다는 것은 말할 것도 없다.

실은 헌법 조사를 위한 시찰에서 귀국했을 무렵의 이토오는 헌법 제정으로 국체도 바뀐다고 생각하였다.[81] 이때 이토오가 이해하던 '국체'는 'National Organization'의 뜻이었다. 이에 대해 카네코 켄타로오의 회상에 따르면, 국체에 대응하는 개념은 서양에는 없고, 겨우 에드먼드 버크(Edmund Burke, 1729~1797)의 'Fundamental Political Principle'이 그에 해당한다고 볼 수 있으나 일본만의 독특한 것이었다. 일본의 국체 개념은 미토 렛코오(水戸烈公)의 『홍도관기(弘道館記)』에서 보이고, 후지타 토오코(藤田東湖)가 『홍도관기 술의(弘道館記述義)』를 써서 일본의 국체를 처음으로 명료하게 해석했다. 카네코 자신은 일본의 정체는 바뀌었지만, 국체는 변하지 않았다고 주장하여 제도취조국에서 이토오와 논쟁하였다. 카네코는 이후 1908(메이지 41)년의 헌법 발포 20주년 축하 야유회 때의 이토오의 연설이 카네코 설을 채용한 것이었다고 소개하고 있으나 이토오를 포함하여 헌법 기초자들은 헌법 공포의 시점에 국체 불변이라는 이해가 있었던 것으로 보인다.[82] 이것은 이토오와 카네코 논쟁을 잠자코 듣고 있었다는 이노우에 코와시(井上毅)도 마찬가지일 것이다.

이토오의 이름으로 발간된 『헌법의해(憲法義解)』도 제1조 해설에서 "우리 일본제국은 일계(一系)의 황통(皇統)과 시종일관 하나 되어 고금 영원히 하나이고 둘이 없으며 늘 있고 변함없음을 나타내고, 이로써 군주와 백성의 관계를 만세

어소(御所)에 드나드는 주로 3위(三位) 이상의 위계를 세습하는 가문.

80 福沢 『文明論之概略』(岩波文庫) 260쪽.

81 이하의 기술은 金子 『欧米人の評論』 85쪽 이하 참조.

82 金子 『欧米人の評論』 354쪽.

에 밝힌다."라고 설명하여, 이러한 이해와 어울린다.[83]

이렇게 메이지 헌법의 제정이 새로운 체제의 선언이 아니라 전통적인 불문헌법의 성문화에 의한 개정에 불과하다는 야츠카의 설명은 메이지 헌법 기초자의 의도에 맞는 것이었다고 평할 수 있고, 이것은 동시에 프로이센 헌법의 해석을 모방한 것이었다.

야츠카가 한 일은, 비록 의도적으로 만들어낸 것일망정, 일본의 '전통'을 서양의 국법학(国法学)이라는 씨름판 위에서 정당화하는 것이었다. 그 점에서 바로 노부시게가 했던 일본 고속·유제의 자리매김과 이어지는 생각을 볼 수 있다.

노부시게와 다른 것은, 그것을 사회 발전에 따른 법의 진화의 틀에서 설명하는 것이 아니라, 어디까지나 헌법 내재적인 '법리'로 설명하려고 한 점이다. 야츠카에게는 법과 사회를 묶겠다는 생각은 없다. 거기에서 볼 수 있는 법실증주의적 사고는 단순히 독일 법학의 영향이라기보다는 노부시게의 시대와 달리, 일본에 해석의 대상이 되는 법전이 이미 존재한다는 전제 조건의 차이가 크다. 야츠카에게 요구되는 것은 서양 헌법학 자체의 도입이 아니라 제정된 일본 법전의 해석이었다. 그리고 야츠카의 해석은 그 법전의 입법자 의사(立法者意思)에 부응하는 것이기는 하나, 입법자 의사를 근거로 하고 있지는 않다. 그는 입법자의사설(立法者意思説)에 대해 "그것은 법리 이외의 해석 방법"이기 때문에 논하지 않는다고 밝혔다.[84] 또한, 서양의 헌법 이론과 정치 이론에 직결되는 설명을 하는 것도 아니고, 어디까지나 메이지 헌법에 내재하는 법리의 체계로 해석하려는 것이다. 이야말로 그가 배운 독일 헌법학 방법론의 응용이었다.

---

83 『憲法義解』는 그 대형본이 1880(메이지 22)년 4월 24일에 출판된 것이 세상에 나온 최초의 것인데, 야츠카(八束)의 최초의 해설논문은 같은 해 2월의 国家学会雑誌에 게재되고, 이어지는 「帝国憲法ノ法理」는 4월 1일의 法理精華에 게재되었기 때문에 어느 것이나 『憲法義解』가 공식적으로 공표되기 전이다. 다만 같은 해 2월부터 3월에 걸쳐 열린 『憲法義解』의 공동심사 회의(후술함)에 형인 노부시게가 참가하였기 때문에 그를 통하여 원고를 보았을 가능성도 없는 것은 아니다.

84 「帝国憲法ノ法理」 『論文集』 12쪽.

야츠카의 '법리'

그럼 야츠카가 말하는 '법리'는 어떠한 것일까? 그것은 기본 개념을 엄밀하게 정의하고 그 개념의 논리적 조작으로 해석 이론을 체계화해 나가는 개념법학적 방법이다. 앞서 소개한 바와 같이, 미노베 타츠키치(美濃部達吉)는 야츠카의 강의에 대하여 대체로 "논리 따위에는 전혀 상관하지 않고" 독단적이라고 적었다. 이것은 예를 들어, 국가란 단체와 다름없으니 "천황 즉 국가"라는 명제 아래에서는 "천황 이콜 단체 (조직)"가 되는 것이 아니냐는 비판인데, 야츠카 특유의 표현에 대한 단순한 트집 잡기이다. "미노베의 논리"는 아니었다는 의미에서 그럴지도 모르지만, 법해석학적으로 보면 야츠카 이론은 매우 논리적이고 자기완결적인 논리로 일관된 개념법학(概念法学)이다. 이것이 라반트의 법학 방법론의 적용이었다. 『독일제국국법』 제2판 서문에서 라반트는 다음과 같이 말한다.

> 어떤 특정 실정법의 교의학(教義学)이 갖는 학문적 임무는 법 제도의 구성, 즉 개개의 법명제(法命題)를 일반적인 개념으로 환원하는 것이며, 그리고 다른 한 편으로 이러한 개념에서 생긴 귀결의 도출이다. [⋯] 이것은 순수하게 논리적인 사고 활동이다.[85]

라반트가 말하는 교의학(Dogmatik)은 일본에서는 '법해석학(法解釈学)'이라 불린다. 라반트 자신은 교의학이 법학의 전부가 아니라 일부에 불과하다고 단언하고, 역사학이나 국민 경제학, 정치학, 철학이 법에서 갖는 가치를 부정하는

---

85 西村清貴「パウル・ラーバントの国制論―『国法講義』を中心として」早稲田法学 58권 2호(2008년) 422-423쪽. 라반트의 공법학이 그때까지의 국가학적 방법(차하리에, 최플, 모어 등)에 대하여 법학적 방법을 주장하고 그것이 지배적이 되어 감에 대하여는 海老原明夫「ドイツ国法学の『国家学的』方法について」『国家学会百年記念国家と市民第1巻公法』(有斐閣, 1987년) 355쪽 이하 참조.

것은 아니다. 그러나 야츠카의 눈에는 서양 법학의 가장 법학스러운 측면이 교의학이었음에 틀림없다. 야츠카가 말하는 '법리'는 현재의 용어로 말하면 바로 법해석학인 것이다.

그 '법리'가 전개된, 헌법 공포 직후의 강의 '제국헌법의 법리'에서는 "군주는 곧 국가",[86] "제한된 주권은 주권이 아니다."[87]와 같은 그 후 야츠카의 헌법학의 특색이 이미 나타나 있다. 이 논문이 공표되자, 야츠카와 동갑으로 사회학과 국법학을 전공하는 아리가 나가오(有賀長雄, 1860-1921)는 너무도 민족주의적인 그 주장에 대해 "호즈미 야츠카군은 제국헌법의 법리를 그르친다."라고 격렬한 비판을 썼다. 아리가는 이렇게 말한다. "이것은 또 무슨 망언인가? 씨는 귀국한 지 일천하여 일본에 정치사상이 어떻게 나아가고 있는지를 헤아리지 못해서 이런 말을 하는 것이다."[88]

아리가는 일본 최초의 체계적인 사회학 저작을 출간하며 다방면에서 활약한 재사(才士)로 문학부 철학과를 졸업한 후 야츠카보다 2년 늦게 독일, 오스트리아에서 유학하고 야츠카보다 1년 일찍 귀국했다. 비엔나에서 이토오 히로부미가 사사한 로렌츠 폰 슈타인(Lorenz von Stein, 1815-1890) 교수 밑에서 공부했으며, 유학 기간은 짧아도 헌법은 자신도 전공이라는 의식이 있었을 것이다. 이 비판 논문은 야츠카에 대한 남다른 대항 의식을 느끼게 한다. 이에 대해 야츠카는 법학협회잡지에 게재한 논문 「아리가 학사(學士)의 비평에 대하여 약간 주권의 본체를 밝힘」[89]으로 반박하였는데, 아리가의 논문에 볼 수 있는 감정적 표현을 사용하지 않는 차분한 논조이다.

아리가는 메이지 헌법을 서양의 입헌제의 이념을 반영하여 해석하려 하였다. 그런 의미에서는 나중의 미노베 헌법학에도 통한다. 그러나 야츠카에 대한

---

86 『論文集』 24쪽.

87 『論文集』 28쪽.

88 松本三之介編集·解説 『明治思想集 II (近代日本思想大系31)』(筑摩書房, 1977년) 75쪽.

89 『論文集』 149쪽.

비판에는 상기와 같은 감정 표현 외에 트집 잡기식 비판도 많다. 무엇보다 아리가 논문의 문제는 야츠카가 말하는 '법리'의 내재적 논리를 이해하지 못했다는 점이다. 야츠카가 "나는 아리가 학사의 비평으로 얻은 바 많다. 그가 수고한 것에 깊이 감사한다."라고 여유 있는 응답을 할 수 있었던 것은 야츠카의 논리가 '법리' 내재적으로 일관하고 있으며, 아리가의 비판이 그것에 대한 공격일수 없었기 때문일 것이다. "아리가 학사가 공격을 시도하는 적(敵)은 나 야츠카가 아니라 내 강술의 법리이다. 내가 주장하는 공법 법리학파이다. 그렇다면 법리로써 법리를 칠 수 있는 법이다."라고 반론하였다.

라반트에서는 "분할 불능(分割不能), 지상(至上), 무답책(無答責)의 국가 권력이 주권(主權)이라 불린다."[90] 야츠카의 논의는 이러한 주권 개념을 일본제국헌법 제1조에서 "대일본제국"을 "통치한다"고 명문으로 규정한 천황에 적용한 논리적 귀결에 불과하다. 이것은 야츠카가 의존하는 법리에서의 주권의 정의로부터 유도되는 논리적 추론이다. 그것을 부정하는 조문과의 정합성을 버리거나 가정된 주권 개념을 부정해야 한다. 그러나 이 주권 개념은 일정한 국가론에서의 논리적 귀결이며 그 국가론을 부정하지 않으면 주권 개념의 유효한 비판일 수 없다. 이렇게 일단 야츠카의 '법리'의 씨름판에 오르면, 독일 국가학에 통달하지 않으면 유효한 내재적 비판을 가하는 것은 지난한 일인 것이다(참고로 미노베는 나중에 보는 바와 같이 조문과의 일치성을 포기함으로써 야츠카에 대항했다.).

야츠카의 이론을 야츠카와 같은 씨름판에서 비판하고자 한다면, 가장 효과적인 공격은 라반트에 대한 비판이 그랬던 것처럼(카를 슈미트[Carl Schmitt, 1881–1985]에 의한 비판이 잘 알려져 있음[91]), 그의 법리가 의거하고 있는 가정(천황이 주권자임)의 허구성과 정치성(政治性)을 파헤치는 것이다. 그러나 가장 먼저 야츠카를 비판한 아리가도 이 점에 대해서는, "황제권의 중점은 내 어찌 이를 생각하지 않을소냐. 적어도 황실의 존엄 특권에 관한 것은 나도 세계 풍조 여하를 고

---

90 西村「ラーバントの国制論」428쪽.
91 西村「ラーバントの国制論」416쪽 참조.

려하지 않고 힘이 미치는 한 이를 주장한다."라는 것이기 때문에 결국 야츠카에게 타격을 주지는 못하고 말았다.

"우리나라의 기축"

야츠카의 '법리'는 입법자 의사와는 분리된 법 내재적인 이론이라는 자리매김이다. 그러나 그런 '법리'를 전개한 야츠카의 동기(動機) 레벨에서, 야츠카가 유학을 떠날 때 '주도한 주의'를 준 이토오 히로부미의 천황제 이해가 기저에 있었다는 것은 명백해 보인다.

이토오는 헌법 초안의 심의를 위해 신설된 추밀원의 제1차 회의(1888[메이지 21]년 6월 18일)의 시작 부분에서 헌법 원안 기초의 대의를 설명하였다. 잘 알려진 그 발언에서 헌법 제정에서는 우선 국가의 기축을 정하는 것이 필요하다며 다음과 같이 말했다.

> 원래 유럽에서는 헌법 정치의 싹이 튼 지 천여 년, 단지 인민들은 이 제도를 습득할 뿐만 아니라 또 종교(宗教)라는 것이 있어서, 이것이 기축(機軸)을 이루고 사람 마음에 깊숙이 침윤하여 인심이 이에 귀일한다. 그런데 우리나라에서는 종교라는 것의 힘이 미약하여 조금도 국가의 기축이 될 수 없다. 불교(佛教)는 일단 융성의 세를 뻗쳐 위아래의 인심을 연결하지만, 오늘날에는 쇠퇴로 기울었다. 신토오[神道]는 조상의 유훈에 기하여 이를 근거짓는다고는 하나 종교로서 인심을 돌이킬 힘은 모자란다.

유럽에서는 종교가 국가의 기축을 이루고 있으나 일본에는 국가의 기축이 될 것이 없다는 말이다. 불교도 신토오도 써먹을 수 없다. 그럼 어떻게 하는가?

우리나라에서 기축으로 할 것은 오직 황실(皇室)이 있을 뿐이다. 이 헌법 초안에서는 이 점에 뜻을 두어 군권(君權)을 존중하여 될 수 있는 한 이를 속박하지 않도록 힘쓴다. […] 굳이 저 유럽의 주권 분할(主權分割)의 정신에 따르지 않는다.

일본에서 국가의 기축이 될 수 있는 것은 황실뿐이다. 그러므로 군권을 존중하여 서양류의 권력분립제를 채용하지 않았다는 말이다.[92]

여기에는 서양에서 인심을 통합하기 위한 역할을 하는 그리스도교의 기능적 등가물(機能的 等價物)[93]로 천황제가 의도적으로 선택되었음이 놀라울 정도로 솔직하게 이야기되었다. 종교를 대체하는 것이기 때문에, 군권을 헌법에서 제한하는 일은 아예 하지 않았다는 말이다.

이토오 히로부미

'황당'하고 '기괴'한 종교

이토오는 서양에서는 그리스도교가 국가의 기축을 이룬다고 말한다. 그러나 고도의 문명을 달성한 서양에서 성경에 쓰여 있는 그리스도교를 믿는다는 것은 애초에 이토오 같은 사람들로서는 믿기 어려운 것이었다.

---

92   이 연설을 중시하는 와타나베 히로시(渡辺浩)는 이토의 이 문제의식이 후에 소개하는 그나이스트의 조언에 유래한다는 미타니(三谷)의 분석을 소개하고 있다(「『教』と陰謀」 374쪽 이하).

93   三谷『戦争と政治』200쪽. 渡辺 「『教』と陰謀」 403-404쪽도 참조. 또 米原·앞에든 『アイデンティティ』 16쪽은 막말(幕末)의 후기 미토학(後期水戸学)의 「국체」개념을 이데올로기면에서의 그리스도교에 대한 대책으로 파악한다.

이토오에 따르면 헌법 조사차 유럽에 머무는 동안 유럽 대륙의 입군정치(立
君政治) 정신이 상류층 귀족에서는 찾을 수 있었고, "귀족 상류사회에서 군권을
주장하는 사람 가운데 십중팔구는 모두 종교 신앙자"였다. 단, 지적인 이들의
그 믿음이 진심인지의 여부는 군이 따지지 않았다. "그 뇌리의 허실은 알기 어
려울지라도 정신(精神)과 방략(方略) 모두 신민을 잘 다스리는 데 필요한 도구이
므로 대부분 바로 옆에 두고 떨어질 수 없는 것과 같다."[94]

"그 뇌리의 허실은 알기 어려울지라도"라는 말은 막부 말기 유신을 거친 일
본 지식인들의 실감이었다. 메이지 초년에 서양을 순방한 메이지 정부 요인들
이 서양 사회에서 그리스도교의 실상을 목격하고 놀란 모습은 쿠메 쿠니타케
(久米邦武)의 『특명전권대사의 미국 유럽 회람 실기(特命全権大使米欧回覧実
記』에 생생하게 기록되어 있다.

> 신구약성서라는 것, 우리가 보면 일부 황당한 이야기일 뿐이다. 하늘에서 소리
> 를 발하고, 죽은 죄수가 부활하고, 그러니 정신병자의 헛소리라 할 수 있다. 저
> 런 이단을 주장하고 십자가형에 처한 자를 천제의 참 아들이라 하여 통곡하고
> 무릎을 꿇는다. 우리는 그 눈물이 무엇 때문에 생기는지 괴이하다. 구미의 각
> 도시, 가는 곳마다 붉은 피가 뚝뚝 떨어지는 식으로 죽은 죄인을 십자가에서 내
> 리는 그림을 그려 성당의 벽과 방의 구석에 건다. 묘지를 지나 형장에서 지새는
> 듯한 생각이 들게 한다. 이것이 기괴하지 않다면 무엇이 기괴하다 할 것인가.[95]

이와쿠라(岩倉)는 서양의 발전과 그리스도교가 깊은 관계가 있다는 걸 알고
사절단에 "종교 조사계"라는 자리를 마련하고 황한(皇漢)학자인 쿠메 쿠니타케
를 그 자리에 임명했다. 쿠메는 견문 기록의 편찬과 함께 특히 종교에 대한 관찰

---

94 渡辺「『教』と陰謀」375쪽이 인용하는 이토오의 베를린에서의 서간. 芝原拓自ほか
校注『対外観(日本近代思想大系12)』(岩波書店, 1988년) 55쪽.

95 久米邦武編(田中彰校注)『特命全権大使米欧回覧実記(1)』(岩波書店, 1985년)
343쪽.

의 명을 받았던 것이다. 그래서 쿠메는 자세한 기록을 남겼다. 위에서 말한 '기괴한' 이야기도 단순한 비판이 아니었다. 계속된 관찰에서 서양인이 "공부 격려의 마음을 일으켜 서로 협화하는" 것에는 이 믿음이 근거가 되었다고 보았다.[96]

충성심의 조달

서양에서는 종교가 실제로 국민을 통합하는 기능을 하고 도덕을 유지하는 역할을 담당한다. 이것이 이토오와 같은, 서양을 아는 메이지 정부 지도자들의 이해였다. 이와쿠라 사절단이 먼저 미국을 방문했을 때 자신들은 종교 따위는 지금까지 생각하지 않았지만, 서양에서 무종교의 인간은 "영악하고 꾀 많은 호랑이와 늑대(虎狼) 같은 것"으로 여겨지므로 종교를 묻는다면 뭐라고 대답할 것인지 심각하게 고민했다. 영국에서 외교관 파크스의 안내로 교회에 간 이와쿠라(岩倉), 키도(木戸), 오오쿠보(大久保) 등은 "정말 그렇게 종교를 믿고 있는 거냐 하면 약간 냉소의 기미에, 파크스도 그것을 믿는지는 아무래도 이상하다는 식이었고, 그 무렵까지 역시 종교를 믿는 것은 바보 같은 일이라 생각하면서도 그러나 뭐가 되건 종교라 하는 것에는 까닭이 있는 것이리라는 식의 사상으로 넘어갔다."[97]

그럼 어떤 "까닭이 있는 것"인가 하면, 와타나베 히로시(渡辺浩)에 따르면, 요인들의 믿음이 '우민(愚民)'의 인심을 장악하기 위한, "의식적 또는 무의식인 멋진 가면의 연기"로 보았다.[98] 그리고 이러한 문제의식을 바탕으로 기초한 헌법에서 서양의 그리스도교에 갈음하는 "우리나라의 기축", 즉 국가 통일의 기반으로서 천황제(天皇制)가 의도적으로 선택된 것이다.

---

96 西田みどり「久米邦武の宗教観―『米欧回覧実記』を中心に」大正大学研究紀要 98집 11쪽 이하.

97 久米邦武「神道の話」『久米邦武歴史著作集第三巻 史学・史学方法論』(吉川弘文館, 1990년) 수록 321-323쪽(처음 실림『東亜之光』3권 5호(1908년)).

98 渡辺「『教』と陰謀」305쪽.

메이지 정부는 세이난 전쟁(西南戦争)[99] 정도의 내전을 진압할 만한 군사력은 있었지만, 문제는 서양 열강에 대항할 수 있는 군사력이었다. 그것을 위해서는 일본의 인민이 일본의 '국민'으로서 국가를 위해 목숨을 바치는 마음을 지니도록 충성심을 조달하고 국가를 통합할 권위가 필요했다. 그러나 메이지 유신까지의 일반 일본인에게 주군이나 '나리'라고 하면 번주(藩主)이며, 그 위에 토쿠가와 가문(徳川家)이라는 공권력이 있었지만, 일본국에 대한 충성이라는 발상은 없었다. 정말 필요로 한 건 바로 그런 충성심인데, 이를 위해서는 불교도 신토오도 전혀 써먹을 수 없다고 이토오는 냉정하게 분석하였다. 그래서 이토오는 인민을 '국민'으로 통합하기 위한 권위는 만방 무비의 오래됨을 자랑하는 천황밖에 없다고 생각한 것이다.

이토오가 헌법 조사 과정에서 조언을 받은 하인리히 그나이스트(Heinrich Rudolf von Gneist, 1816~1895)는 다음과 같이 말했다고 한다.

> 병사가 죽음을 무릅쓰고 나라를 위해 몸을 희생하는 것도 역시 이것밖에 없느니. 조용히 유럽 내, 부강하다는 나라를 볼지어다. 먼저 성당을 일으키고 종교를 성하게 하지 않는 일은 없다. 모두 종교에 의해 나라를 세움을 알아야 하느니라.[100]

---

99 [역주] 1877년 현재의 쿠마모토·미야자키·오오이타·카고시마현에서 사이고오 타카모리(西郷隆盛)를 맹주로 하여 일어난 사족(士族)에 의한 무력 반란. 일본 국내의 최후의 내전.

100 「西哲夢物語」吉野作造編集担当代表『明治文化全集　憲政篇』(日本評論社, 1928년) 수록 434쪽. 이것은 이토오에 이어 그나이스트의 담화를 들은 후시미노미야 사다나루(伏見宮貞愛)에게 말한 바의 기록으로 되어 있다. 이 문서의 유래에 관하여는 堅田『明治憲法』참조. 카타다(堅田)는 이 문서에 기재된 청강을 실제로 한 것은 야마가타 아리토모(山縣有朋)의 부하로 후시노미야를 수행한 오오모리 쇼오이치(大森鐘一)라고 한다. 같은 책 80쪽. 「이토오 참의(伊藤参議)에게 말한 바 있다」는 대목이 보이고 그나이스트는 같은 뜻을 이토오에게 말했음을 문서로부터도 살필 수 있다.

이 담화를 통해서도 이토오는 종교의 역할을 인식하였다.[101] 와타나베 히로시(渡辺浩)는 이토오의 천황제 선택이 소라이(徂徠) 이래의 일본적인 유교관(儒敎觀)과 거기에서의 종교에 대한 이해를 배경으로 그리스도교에 갈음하는 정치적인 '술수', 과거 소라이가 사용한 표현을 쓰자면 일종의 '음모(陰謀)'라고 주장했다. 천황제에 대한 이토오의 냉정한 현실주의는 와타나베가 소개하는 다음 에피소드에서도 엿볼 수 있다.

이토오는 독일인 의사 에르빈 밸츠(Erwin von Bälz, 1849-1913)[102]와의 회의 석상에 동석했던 아리스 가와노미야 타케히토 친왕(有栖川宮 威仁親王) 쪽을 반쯤 향해 "황태자로 태어나는 것은 아주 불행한 일이다. 태어나자마자 도처에 예식(에티켓)의 사슬에 얽매이지, 크면 측근들이 부는 피리에 놀아나야 한다."라며 인형을 실로 춤추게 하는 것과 같은 몸짓을 보였다고 한다.[103]

국가에 대한 일반 국민의 충성을 조달하는 것이 당시 일본의 리더들에게 얼마나 절실한 문제였는지는 자유 민권의 투사인 이타가키 타이스케(板垣退助)의 무진전쟁(戊辰戰爭)에서의 체험에서도 볼 수 있다. 관군(官軍)을 이끌고 아이즈 전쟁에서 싸운 이타가키는 당시의 경험을 다음과 같이 말하였다.

그러는 사이에 병사를 움직여 아이즈(会津)에 들어가려 하면서 스스로 생각건대, 아이즈는 천하 굴지의 웅번(雄藩)으로 선정(善政)에 백성이 부유하니, 만약 위아래 마음이 하나가 되어 육박전으로 자기 나라(=아이즈 번)를 위해 버틴다면 우리 3천 미만의 관군이 어떻게 쉽게 항복시킬 것인가? 그저 와카마츠 성하(若松城下)를 무덤으로 삼아 쓰러져 죽기까지 버틸 뿐이라고. 저돌적으로 간신히 그 안에 들어가니 어찌 생각이나 했으랴. 일반 인민은 처자를 데리고 가재를 챙겨 모조리 사방으로 도주해, 어느 한 사람 와서 내게 달려드는 사람 없을 뿐

---

101 三谷 · 앞에 든 『日本の近代とは』215쪽.

102 [역주] 독일의 의사로 메이지 시대에 일본에 초빙 고용된 외국인. 27년간 의학을 가르쳤고 의학계의 발전에 힘을 쏟았다.

103 トク · ベルツ編(菅沼竜太郎訳) 『ベルツの日記(上)』 (岩波文庫, 1979년) 204쪽. 渡辺 「『教』と陰謀」 404쪽에 인용.

아니라 점차 오히려 우리 수족이 되어 그 임금(賃金)을 탐하며 태연하니 부끄러
워하지 않는 상태가 된다. 나는 그 모습이 매우 기묘하게 느껴져 아직도 마음속
으로 이를 잊지 못하노라."[104]

관군을 이끌었던 이타가키(板垣)는 이때 받은 충격에서 인민 모두가 국가와
운명을 같이 할 수 있는 체제를 만들 필요를 통감했다. 이타가키는 "사민균일
(四民均一)의 제도를 세워 낙을 함께 하고 근심을 함께 해야만, 나중에 비로소
백년대계를 이룰 수 있다. 부강의 기초가 굳어질 것이다."[105]라며 자유 민권 운
동(自由民權運動)에 나섰다.[106] 현실 정치에서 방향은 이토오와 정반대였으나 동
기는 똑같았던 것이다.

"일본은 고래로 아직 나라를 이루지 않았다고 할 수도 있다."라며 "일본에
는 정부는 있어도 국민(네이션)은 없다.[107]"라고 경종을 울리던 후쿠자와 유키치
도 같은 생각을 공유하였다. 그러므로 일본의 지도자들은 고뇌 속에 "촌각을
다투어 일본 민중을 '국민화'하는 사업에 열중한" 것이다.[108]

법학적 정당화

이렇게 절대적인 군주제가 채택된 일본에서 그다음에 필요한 것은 그 정당
화(正當化)였다. 요구된 것이 보편성 있는 서양 세계의 생각에 비춘 정당화였기
때문에, 필요한 것은 '법학적(法學的)' 정당화였다. 야츠카에게 기대되고 실제로

---

104 栗原亮一=宇田友猪 『板垣退助君伝第1巻』(自由新聞社, 1893년) 365-366쪽.

105 『板垣退助君伝第1巻』 368쪽.

106 橋川 『ナショナリズム』 157쪽.

107 福沢 『文明論之槪略』(岩波文庫) 220-221쪽.

108 橋川 『ナショナリズム』 160쪽. 홉스봄에 의하면 일본은 「사회적 종속관계라는 구래
의 질서」를 남긴 채로 새로운 전통의 창출에 의한 「근대화」를 이룬 희귀한 예라고 한
다. 홉스봄 앞에 든 「대량생산되는 전통들: 유럽 1870-1914」 『만들어진 전통』 500 쪽.

그가 씨름한 것은 바로 이 일이었다.

정치적 권력의 법학적 정당화는 11세기 이르네리우스(Irnerius von Bologna, c. 1050-c.1130)의 로마 법학 이래, 서양의 법학자가 해왔던 일이다. 서로마제국 멸망 후 조각난 로마법이 처음으로 체계적으로 강의된 것이 1088년 이탈리아 볼로냐에서 로마법을 강의한 이르네리우스의 강의라 하며, 이때를 볼로냐 대학의 창설로 여긴다. 당대 최고의 로마법 권위자가 된 이르네리우스는 교황과 황제의 권력 다툼 속에서 황제 권력의 정당화에 로마법을 구사하였다. 이 때문에 그는 교황으로부터 파문당한다.[109] 서방 세계에서는 정치 권력의 정당화는 전통적으로 법학이라는 학문이 맡아 온 역할이다. 태양의 여신(아마테라스 오오미카미)[110]의 신화로는 서양에 통용되는 정당화가 어려우니, 야츠카가 서양 법학의 학식으로 그걸 정당화해주길 기대하였다.

야츠카의 이론은 리버럴한 서양 법이론의 신봉자들로부터 비논리적인 천황숭배, 국가주의 등 엄격한 비판을 받았다. 그러나 그의 이론이 얼마나 서양 법학적(西洋法学的)인 것이었는지를 알기 위해서는 메이지 헌법의 '헌법 발포 칙어(憲法発布勅語)'와 '상유(上諭)' 앞에 놓인 '고문(告文)'을 보면 된다. 고문은 신에게 고해 받드는 문장을 의미한다. 신인 천황이 자신의 선조인 신령에게 말씀 올린다는 형태를 취한[111] 그 문장은 다음과 같이 시작된다.

---

109 사료의 텍스트 비판을 거친 이르네리우스 상(像)의 제시를 시도한 것으로서 佐々木有司 「イルネリウス像の歴史的再構成」 日本法学 40권 2호 1쪽.

110 [역주] 천조대신(天照大神). 신토오 최고의 신. '아마테라스'는 '하늘에서 빛난다'는 뜻이다.

111 이것은 5개조의 선서문 – 어서문(御誓文)이라 함 – 이다. 5개조의 선서문(御誓文)은 당초 미츠오카 하치로(三岡八郎)(由利公正)와 후쿠오카 타카치카(福岡孝悌)의 원안에서는 천황이 공가제공유사(公家諸公有司)에 맹세하는 형식이었으나, 공가(公家)가 반대하여, 키도 타카요시(木戸孝允)의 수정으로, 천황이 천지신지황조황종(天神地祇皇祖皇宗)에 맹세하고, 그 어서문을 신하에게 하사한다는 형식을 취하며, 공가제후유사가 복종을 답한다는 형식을 택했다(金子 『欧米人の評論』 4~13쪽.).

황(皇) 짐(朕)이 삼가 고하노라

황조(皇祖)

황종(皇宗)의 신령(神靈)에 고하노니 짐이 천양 무궁(天壤無窮)의 굉모(宏謨)
에 따라 보조(宝祚)를 승계하고 유구한 과업을 보전하며 감히 실수함이 없었노
라. ….

이것은 천양무궁(天壤無窮)의 조칙(詔勅),[112] 즉 「일본서기(日本書紀)」 신대(神
代)의 권에서 아마테라스 오오미카미가 그의 손자에게 내렸다고 하는 '칙'을 천
황 통치의 궁극적인 정통성의 근거로 하는 것이며, 정치학자 와타나베 히로시
는 이에 관하여 다음과 같이 말한다.

> 1889년, 곧 20세기를 맞이할 무렵, 천 수백 년 전에 왕권을 설명한 태양의 여신에
> 관한 설화가 '근대 국민 국가' 통치권의 정당성 근거를 짓기에 이른 것이다. '군권
> (君權)'은 태양의 여신에 의한 무기한(無期限)·무한정(無限定)의 위탁이다."[113]

이 헌법이 만들어지기 꼭 백 년 전에 의결된 프랑스 인권선언의 전문(前文)
은 다음과 같이 시작한다.

> 국민의회로 구성된 프랑스 인민의 대표자들은 인간의 권리에 대한 무지, 망각,
> 또는 경시가 공공의 불행과 정부 부패의 유일한 원인임을 고려하여 사람의 양
> 도할 수 없는 신성한 자연적인 권리를 엄숙한 선언으로 제시할 것을 결의했다.

또한 102년 전에 미국 헌법이 제정되었는데, 그 전문은 다음과 같다.

> 우리 합중국의 인민은 보다 완전한 연방을 형성하여 정의를 수립하고 국내의

---

112 [역주] 천황의 말을 선언한다는 의미. 지금은 천황의 의지를 전하는 문서의 총칭이다.
113 渡辺 「『教』と陰謀」 403쪽.

평온을 보장하고 공동의 방위에 대비하며 일반의 복지를 증진하고 우리와 우리의 자손에게 자유가 가져오는 혜택을 확보할 목적으로 미합중국을 위해, 이 헌법을 제정한다.

근대적 이성에 호소하여 헌법의 정통성을 언급하는, 이러한 세계 헌법의 선례를 충분히 의식한 가운데 기초한 메이지 헌법 전문(前文; 告文)의 종교성(宗教性)은 주목할 만하다. 일본 국민에 대한 헌법 제정자의 헌법 제정 의도가 드러난다고 할 수 있다. 메이지 헌법의 기초에 관여한 뢰슬러는 고문(告文)에 천황제의 신화적 기초를 부여하는 것에 부정적인 의견을 제시했다. 그러나 '합리주의자(合理主義者)'인 이노우에는 신화에 의한 기초 부여를 의도적으로 선택한 것이다.[114]

하지만 '국민국가 형성을 위한 종교'를 국민에게 제공한다는 국내용 의도와는 별도로, 메이지 헌법은 서양 제국에 대하여 일본이 근대적 입헌 국가라는 걸 나타내는 사명도 담고 있었다. 상기 고문만으로는 이것을 아무리 잘 번역해도 천황의 '국가 통치의 대권'(상유)의 정통성을 서양의 지식인들에게 이해시킬 수는 없다(상유에는 "국가 통치의 대권은 짐이 이를 조종으로부터 승계하여 자손에게 전하는 바이니"임). 그래서 고문으로 표현된 헌법의 종교적 정통성을 서양 법학의 개념과 논리로 바꾸는 것, 이것이 일본 최초의 헌법 이론에 기대된 역할이었다.

군권(君權)의 무제약

이토오는 추밀원 발언에서 군권의 남용을 우려하는 주권 분할의 원리는 취하지 않았다면서 다음과 같이 말하였다.

---

114 ジーメス『ロェスラー』120쪽 이하.

혹은 군권이 심히 강대할 때는 남용의 우려가 없지 않다고 하는 자가 있다. 일리가 없는 것은 아닐지라도 만약 과연 그것이 있을 때는 재상(宰相)이 그 책임을 져야 한다. 혹은 그 밖에도 그 남용을 막는 길이 없는 것이 아니다. 공연히 남용을 우려하여 군권의 구역을 축소하려 하는 따위는 도리가 없는 설이라 하지 않을 수 없다.

수상, 그 밖의 천황을 지원하는 주위의 사람이 군권의 남용을 방지하는 방법이 있으니까, 군권을 속박하지 않도록 권면했다는 이야기다. 이처럼 군권을 제약하지 않은 이유 중 하나는 천황제에 그리스도교를 대체하는 종교성을 갖게 하기 위해서는 신(神)인 천황에게 실정법상의 제약을 부과하는 것은 이상하다는 이론적 이유도 있다. 그러나 이 밖에 이토오가 실제로 견문한 프로이센의 현실도 있었다.

서구에서는 국왕도 법 아래에 두는 방향에서의 정치 체제가 정비되어 있었다. 프로이센조차 예를 들어, 예산의 결정에 의회의 승인이 필요하며, 이러한 제한 때문에 자유주의 세력과 사회주의 세력이 약진한 프로이센에서 국정에 차질을 빚는 사태가 있었다.[115] 따라서 그나이스트도 헌법 기초에 대한 조언을 구하려 찾아온 이토오에게 병권(兵權) 및 회계권(会計權) 등에 국회의 입김이 들어가는 것을 인정해서는 "금새 화란(禍乱)의 미끼가 되고 말기 때문에 처음에는 미약하게 만드는 게 상책이다."라는 식으로,[116] 예산에 대한 권한을 의회에 부여하여 군권에 제약을 가하는 일은 피해야 할 것이라고 조언했다.[117]

---

115 프로이센 헌법 분쟁(쟁의)이라 불린다. 望田『近代ドイツの政治構造』참조

116 春畝公追頌会編『伊藤博文伝　中巻』(原書房, 1970년・復刻原本 1943년) 271쪽.

117 수행원이었던 히라타 토오스케(平田東助)의 회상에 의하면, "일본제국은 아무쪼록 병권(兵權)을 잘 장악하고 예산의 권능을 의회에 맡기지 않고, 병마의 권과 더불어 이를 제실(帝室) 및 정부에 두어야 한다."라는 조언이 있었다고 한다. 清水伸『独墺に於ける伊藤博文の憲法取調と日本憲法』(岩波書店, 1930년) 47쪽. 또 吉田善明「〈予算〉概念および〈予算〉条項の解釈論の歴史的検討―その1」法律論叢 42권 3・4・5호 117쪽 이하.

이에 대해 이토오는 그나이스트설이 "대단한 전제론(專制論)"이라고 말하긴 하였지만,[118] 실제로 이토오 등이 기초한 메이지 헌법은 예산에 대해 다음과 같이 규정하였다.

제64조 국가의 세출·세입은 매년 예산으로서 제국의회(帝國議會)의 협찬을 거쳐야 한다.
제71조 제국의회에서 예산을 의정하지 않거나 예산 성립에 이르지 않을 때는 정부는 전년도의 예산을 시행하여야 한다.

이러한 것들은 프로이센의 경험에서 배운 기초자 이토오의 고심의 산물이다. 비록 의회가 예산의 성립을 막을지라도 정부는 전년도의 예산을 사용할 수 있는 것이다.[119] 그리고 헌법 발포 후 『헌법의해(憲法義解)』의 영어 번역본을 지니고 메이지 헌법에 대한 평가를 살피기 위해 구미에 파견된 카네코 켄타로오는 구미의 전문가로부터 특히 이 예산에 관한 규정에 높은 평가를 받았다.[120]

야츠카는 이러한 규정을 해석하여, 예산은 법률이 아니라고 되어 있기 때문에(법률과 같은 천황의 '재가'도 요구되지 않음[121]), 회계 검사상의 '사전 준비'라고 한다('예산의 법리' 처음 나온 것은 1891[메이지 24]년 1월). 천황(및 그 뜻을 구현하여 기능하

---

118 앞에 든 『伊藤博文伝·中卷』 271쪽.

119 전년도의 예산을 쓸 수 있다고 하는 71조의 규정은 참으로 그나이스트 조언에 따른 것이다. 吉田·앞에 든 論文(その1) 118쪽. 그리고 64조의 '협찬'이라는 문자는 심의의 최종단계에서 '승낙'에서 변경된 것인데, 37조 등, '승낙'을 쓰고 있는 다른 조문과 함께 일률적으로 변경되었고(稲田正次 『明治憲法成立史下卷』 [有斐閣, 1962년] 832쪽), 이 용어 자체에는 의회의 권한을 제약한다는 취지는 들어있지 않다. 그리고 ジーメス 『ロェスラー』 173쪽 이하는 이러한 규정들에 대한 뢰슬러의 기여를 지적한다.

120 상세한 코멘트를 한 케임브리지대학 시지윅 교수의 평가 등. 金子 『欧米人の評論』 290, 294쪽.

121 이 점의 이해는 미노베도 같으나 미노베는 법리와 구별함에 대하여 비판적이다. 美濃部 『憲法提要』 (有斐閣, 1923년) 511쪽.

는 행정기구)에 의한 행정의 실시를 제약하지 않는 것이다. 이것은 라반트의 예산론(予算論)을 메이지 헌법의 해석에 들여온 것이라고 할 수 있다. 라반트는 그 대표작의 하나인 '예산론'에서 다음과 같이 언급했다.

> 예산은 형식적 의미의 법률로서 실질적 의미의 법률이 아니다. 그것은 하나의 계산이며 미래에 대한 견적이다. 따라서 예산은 실질적으로 입법과는 아무런 관계가 없고, 본질적으로 행정이다.[122]

이러한 논리에 의해 라반트는 프로이센 헌법의 쟁의에서 비스마르크 정부의 행위를 합법화하는 이론을 전개했다. 이 쟁의는 비스마르크가 예산 없이 군비 확장을 위한 재정을 처리함으로써 일어난 것이다. 이토오 히로부미가 독일에서 헌법 기초에 관하여 받은 조언은 이러한 경험을 바탕으로 한 것이었다.[123]

야츠카의 예산론은 라반트 이론의 연장선상에 있다. 그리고 야츠카는 이런 자세에서 의회의 권한을 넓게 파악한 우메 켄지로오(梅謙次郎)의 예산론을 비판하였다.[124] 예산에 관한 야츠카의 해석론이 이토오 등 입법자의 기대에 부응한

---

122 芦部信喜「ラーバントー法学者・人と作品」同『憲法叢説 I 憲法と憲法学』(信山社, 1994년) 수록 330쪽.

123 瀧井一博『文明史のなかの明治憲法——この国のかたちと西洋体験』(講談社, 2003년) 96쪽 이하.

124 의회에서는 헌법67조를 둘러싸고 의회가 정부의 동의 없이 법률의 집행을 곤란케 하는 예산을 의결할 수 있는지가 다투어져 이노우에 코와시(井上毅)가 1891년에 그 불가함을 주장하는 의견서를 공표했다(「憲法第67条ニ関スル意見」 1891[메이지 24]년 2월 21일). 이것을 비판하는 논문을 우메 켄지로오(梅謙次郎)가 쓰고(「『議会ニ於ケル予算議定ト勅令トノ関係ニ付井上毅氏ノ意見』 ヲ読ム」 国民之友 140호(1891년 12월 23일 발행) 14쪽 이하), 이에 관련하여 예산은 법률인가 하는 점을 둘러싸고 야츠카와 우메 간에 논쟁이 있었다(穂積八束「質問一則」法協 10권 1호 47쪽, 梅謙次郎 「答穂積八束君」 同10권 2호 128쪽). 그리고 야츠카가 나중에 東京日日新聞 1901년 1월 3일자에 게재한 「法学博士梅謙次郎氏ノ予算論ヲ読ム」(『論文集』 267쪽 이하)는 1892(메이지 24)년 제야에 집필했다고 하고 있으므로(「제야에 화병의 매향 감도는 곳

것이었음은 말할 것도 없다.[125]

이노우에 코와시(井上毅)의 평가

이렇게 야츠카는 메이지 헌법 제정자들의 의도를 최대한 반영할 수 있는 해석 이론을 제시한 것으로 보인다. 그런데 헌법이 공포된 1889(메이지 22)년 2월에서 3월에 걸쳐 메이지 헌법의 공정 해설서인『헌법의해(憲法義解)』원고의 공동 심사 회의가 열렸다. 여기에는 제국대학 교수인 호즈미 노부시게, 토미이 마사아키라(富井政章), 스에오카 세이이치(末岡精一)와 대장 참사관(大蔵参事官) 사카타니 요시로오(阪谷芳郎)[126] 등이 참석했으나 일본 최초의 헌법학자인 야츠카는 선정되지 않았다. 당초 와타나베 히로모토(渡辺洪基) 총장이 독일에서 막 귀국한 야츠카를 이토오에게 추천했음에도 불구하고 헌법학자 야츠카를 뽑지 않은 이유를 묻자, 이노우에 코와시는 "야츠카는 라반트의 새로운 학설에 심취한 사람이라 오히려 그의 형 노부시게가 좋다."라고 했다 한다.[127] 이에 대해 아

에서 붓을 든다」로 되어 있어 위트를 느끼게 한다.), 이때의 논고일 것이다. 법학협회는 그 직후 우메와 야츠카의 대결의 형태로 1892(메이지 25)년 2월에 정례의 토론회의 주제로서 "법례(法例)를 변경하지 않으면 예산안에 대하여 정부는 동의할 직권을 갖는가."를 내세웠던 것이다. 10명의 논자가 의견을 피로하고 논의하고, 우메는 예산을 법률과 성질을 같이 한다는 입장에서 그 증감에 대한 의회의 권한을 넓게 이해하고 적극론에 서서 토론했다. 이에 대하여 야츠카는 소극론에 섰고, 표결의 결과 소극론이 대다수를 점했다. 이 토론의 경위에 관하여는 張智慧 · 앞에 든「明治民法の成立と西園寺公望: 法典調査会の議論を中心に」210-212쪽.

125 『憲法義解』의 64조와 71조 항 참조.

126 시부사와 에이이치(渋沢栄一)의 차녀의 사위이며 노부시게로 보자면 동서에 해당한다.

127 稲田 · 앞에 든 책 883쪽. 하지만 朝比奈 · 뒤에 나오는 책에서는 야츠카를 민 아사히나(朝比奈)에 대하여「뭐든지 라반트 교수 등의 새 학설을 듣고 돌아온 사람이라고는 듣고 있으나」등이라고 어정쩡한 답이었다고 한다(264쪽). 다소 인상이 다르다.

사히나 카즈이즈미(朝比奈和泉)가 야츠카를 추가할 것을 진언하자 이토오가 이해를 나타냈다. 그러나 "아무래도 형제 두 사람을 부를 수는 없다."라는 사람이 나와 이야기는 끝났다고 한다.[128] 아사히나는 이후 토오쿄오 일일신문(東京日々新聞)의 주필로서 이토오 미요지(伊東巳代治) 사주 아래서 활약하는 언론인으로서 법전논쟁 때 시행 연기파로 야츠카와 같은 진영에 선 인물이다.

이것을 들어 이노우에가 야츠카를 평가하지 않았다는 말도 있다. 물론, 귀국 직후 야츠카의 논문을 읽은 이노우에가 입법자 의사(즉 이노우에의 의사)에 대한 배려가 모자라고 '법리' 내재적 논리로 일관하고 있는 점에 불만을 품었을 가능성은 있다. 그러나 이노우에가 마키노 노부아키(牧野伸顕)에게 (1890년 5월 22일 자)보낸 서한[129]에서는 상기 논문에 이어 야츠카가 쓴 「국가전능주의(国家全能主義)」(1889년 9월)를 극찬하였다. 이 소논문에서도 야츠카는 자신의 논의가 "유럽에서 목하 배출되는 법리 대가의 정설에 의거한 것"이라 하고 일본의 독자적인 헌법이론은 어디까지나 (그가 주장하는) 서양의 유력한 이론의 맥락에서 정당화되고 있다. 이노우에의 서한은 야츠카에 대해 "때로는 편견도 있을지언정"이라며 "당시 [현재] 얻기 어려운 탁월한 지론을 갖고 있아오며", "우선 대가(大家)로 알고 있음"이라 평가하고 있다. '법리' 내재적 논리에 의한 야츠카의 해석론이 서양 법학의 개념을 구사한 치밀한 논리로 메이지 헌법 체제에 정통성을 부여할 수 있는 강력한 무기임을 이노우에의 혜안이 간파했을 것이다. 이 평가는 나중에 이노우에가 문부대신이 되었을 때, 교과용 도서 심사위원에 야츠카를 기용한 것으로 연결된다. 따라서 야츠카의 이론은 국민교육으로 침투해 가게 된다.

나중에 야츠카가 건강상의 이유로 대학을 그만둘 때, 학생들에게 행한 마지막 강의 '학생 제군에 대한 고별사'의 제목으로 야츠카는 「헌법 제정의 유래」를 택하여 메이지 헌법에 이르기까지 역사를 자세히 이야기하였다. 그리고 은근히 미노베와 같은 헌법 이론을 이렇게 비판한다.

---

128 朝比奈和泉 『老記者の思ひ出』(中央公論社, 1938년) 264쪽.
129 長尾 「八束の随」 305쪽에 인용.

무릇 우주의 사물치고 역사가 없는 것은 없다. 길가의 돌 조각도 입이 있다면 개벽 이래의 내력을 말할진대 하물며 한 나라의 정체(政体)와 헌법에서야. 그런데 우리 학자의 헌법을 보면 외국 헌법의 번역을 보는 것과 같다. 오직 외국의 법제 주석을 바로 우리의 것으로 들어 맞추려 하는 것이다.

이렇게 서양 헌법학의 직수입 해석론을 비판하며, "이렇게 한다면 유신 이래 원훈 중신의 참담한 고심을 어떻게 할 생각인가?"라고 말했다. "제정의 역사", 즉 기초자의 의도에 입각한 해석을 해야 한다는 것이다. 그리고 그때, 이노우에 코와시가 헌법 초안에 깊이 관여했음을 시사하고, "사람들은 거의 그를 모른다. 그래서 이에 한마디 붙인다."라며 "헌법에 관하여 소생은 이 사람에게 가르침을 받은 바 많다."라고 회고했다. 야츠카가 헌법 기초의 의도를 이노우에에게서 직접 들었을 가능성은 크다. 그러나 이러한 종류의 뒷이야기 내용은 "대부분 정부의 비사(秘事)에 속하여 이를 소상히 밝힐 수 없음은 유감이다."라며 깊이 들어가지 않았다. 법리로는 법실증주의의 입장에서 입법자의사설(立法者意思説)을 배제한 야츠카는 어디까지나 기초자의 의도를 충실히 반영한 법이론을 구축하고자 했던 것이다.

법전논쟁

오늘날 야츠카의 이름은 법전논쟁(法典論争)과의 관계에서 거론되는 경우도 많다. 유학에서 귀국 직후 시작된 법전논쟁에 그는 적극적으로 관여하여 시행연기파(施行延期派)의 이데올로그가 되었다. 노부시게도 연기파였으나 야츠카 쪽이 적극적으로 구민법의 시행에 대한 반대 운동에 관여했다. 이때 그가 집필한 논문 「민법(民法)이 나와 충효(忠孝)가 망한다」(1891[메이지 24]년 8월 25일)는 전술한 바와 같이, 제목의 캐치 프레이즈로서의 탁월함으로 유명하며 연기파의 슬로건이 되었다.

시행 연기를 쟁취한 야츠카는 형 노부시게 등이 작성한 신민법 초안을 심의하는 법전조사위원회 위원으로 가담한다. 그리고 재산법에 속하는 제1편부터 제3편까지가 1896년 4월 27일에 성립된 후, 제4편 친족, 제5편 상속의 기초가 진행되던 그해 5월에 「법의 윤리적 효용」이라는 논문을 집필했다. 이 논문에서 야츠카는 "법전을 만드는 자에게 한 마디 하려 함"이라고 기초자에게 메시지를 보내[130] 가족법이 조상교(祖先教)라는 일본 사회의 윤리로부터 괴리되어서는 안 된다고 강조했다.

야츠카는 조상교라는 표현을 즐겨 사용했다(노부시게도 아주 가끔 사용). 야츠카에게 조상 숭배를 종교로 이해하는 것은 고대 그리스와 로마의 조상 숭배를 종교로 이해하고, 그리스·로마의 법 제도나 관습을 물리적 힘이 아니라 종교의 힘으로 설명하려고 했던 쿨랑주의 이론을 모방한 것이다.[131] 동시에 그리스도교를 대체하는 종교적 권위로서 천황제를 파악한 이토오 히로부미의 의도에 충실한 이론이라고 할 수 있다.

그는 "조상교에 뿌리를 내린 윤리"야말로 "고유한 윤리의 근원"이라며 다음과 같이 말한다.

사회에서 민속이 확신하는 근본에 준거하지 않는 법률을 만드는 일이 있다면, 법률은 사회생존의 도구가 되지 않고 도리어 이를 파괴하는 해악이 있다. […] 외국의 법전을 고려하는 것으로는 부족하다. 모름지기 표준을 국민 도덕에서 찾아야 한다."(『법의 윤리적 효용』[132])

뒤에 살피겠지만, 여기에 등장하는 '국민 도덕(国民道徳)'은 그의 사상 키워드 중 하나이다. 또한, 그는 민법의 친족편과 상속편의 성립 직전인 1898(메이지 31)년 4월(법안 성립은 그해 6월 21일)에도 『'가(家)'의 법리적 관념』을 집필하고

---

130 法学新報 62호. 『論文集』 357–358쪽.

131 예컨대 『古代都市』 77, 136쪽 等.

132 『論文集』 357–358쪽.

형과 다른 사람들이 고생 끝에 정리한 새로운 민법에 반대하며 다음과 같이 말했다.[133]

유럽법을 모범으로 삼아 주조된 신법전은 이제 그 성립을 고하려 한다. 이제 와서 일본 고유법을 말하는 것은 죽은 아이 나이를 헤아리는 어리석음과 비슷하다. 하지만 나는 기꺼이 법의 과거를 논한다. 죽은 아이는 살릴 수 없다. (하지만) 나는 수 천 년의 민족 고유법은 언젠가 '끝내는 하늘이 사람들을 물리친다.'라는 때가 없음을 절망하고 있는 것은 아니기 때문이다.

그는 또 "공용물과 민법"에서 이렇게 썼다. "나는 공용물(公用物) 위에 '이 부분은 민법에 들어가지 않음'이라는 표찰을 들고 신법전의 실시를 맞이하려 한다."[134] 이것도 탁월한 캐치 프레이즈이며 잘 알려진 어법이다(다만, 공용물상의 소유권을 둘러싼 논문에서의 공법과 사법의 구별이라는 맥락의 표현이다.).[135]

야츠카가 말하는 '민족 고유법'의 내용은 명확하지 않으나 친족법이 공법에 속한다는 주장을 반영한 것으로 보인다. 하지만 에도 시대의 무사 계급의 습속

---

133 『論文集』430쪽. 이와 같이 야츠카의 태도는 법전논쟁 시대로부터 일관했으나, 구민법·구상법의 시행에 반대한 대부분의 법률가들은 신민법·신상법의 시행에 대하여 특단의 이론을 이야기하지는 않았다. 그러나 프랑스에 한하지 않은 넓은 비교법적 시야가 들어간 것이라고는 해도 일본의 전통과 관습에 대한 배려가 충분치 않은 채 졸속으로 기초되었다는 비판은 신법전에 대해서도 타당할 수 있었다. 그럼에도 불구하고 반대가 일어나지 않은 것은 일본인이 기초했다는 것에 대한 안심감에 의한다고도 할 이야기된다. 高田「福沢諭吉の法典論」참조. 하지만 입법에 대한 반대론 자체가 감정적인 면이 있어, 학문적으로는 바탕이 얕은 것이었다는 평가도 가능할 듯하다.

134 『論文集』412쪽(初出1897(메이지30)년 9월).

135 야츠카의 공법개념은 친족관계를 포함하는 것으로 사법으로부터의 독립이라는 독일 공법학적 틀과는 이질적인 것이며 그 점에서는 우에스기 신키치(上杉慎吉)와도 다르다. 塩野宏『公法と私法』36쪽은「穂積(八束)와 上杉의 친근성보다도, 美濃部·佐々木(惣一)와 우에스기의 공통성이 거론되어야 한다」고 한다.

을 모범으로 삼은 가제도가 무사 계급 이외의 일본인(무사 계급은 전체 인구의 7% 정도라고 함)에게 어디까지 고유법이라고 할 것인지, 주장이 실증적이진 않다.[136] 게다가, 민법의 가제도가 공법적 측면을 갖는다는 것은 기초자인 노부시게도 부정하지 않는다.

나중에 야츠카는 이노우에 테츠지로오와 보조를 맞추는 형태로 국민교육에서 가(家) 제도에 관한 자설의 논거로서 민법을 원용하였다. 일반 국민에 대해서는 현행법 민법을 부정하고 실증적 증명의 어려운 고유법의 우월성을 설교하는 것보다 민법이 규정하고 있는 가의 제도를 구실로 자기 의견을 전개하는 것이, 훨씬 설득력이 있었기 때문일 것이다.[137]

4. 메이지 국가 제도의 법적 정당화

서양 법학 수용의 관점에서

독일법 전공인 무라카미 준이치(村上淳一)는 서양 법학의 수용이라는 관점에서 볼 때의 야츠카의 위치에 대해 흥미로운 지적을 하였다. 무라카미에 따르

---

136 호주권이 상급무사층의 가부장권을 모델로 하고, "일반 민중의 현실의 가족생활에서는 가부장권은 그와 같이 절대적인 것이 아니었다."라는 것은 川島『家族制度』8쪽.

137 三井須美子「『国民道徳』の形成過程(その2)」11쪽은 이때 『조상교』로부터 가족국가관으로 호즈미의 사상이 변화했다」고 하나 야츠카가 조상교라는 표현을 쓴 것은 조상 제사의 전통에 종교성을 부여하기 위해서이다. 후술하듯이 토미즈(戶水)가 필머를 끌어들여 비판했듯이, 야츠카는 거의 초기부터 천황주권을 가족국가관으로 기초지우고 있었다. 예컨대 1892(明治25)년의 「가제와 국체(家制及國體)」에서는 「민족의 종가인 황실」이라는 표현도 나온다. 1897(明治30)년의 「국민교육 애국심(国民教育愛国心)」에서는 "민족이 같은 시조의 위령(威靈) 아래 나라를 이룸"을 상세히 논하고 있다. 민법전 정착 후에 민법의 규정을 자기 설의 근거로 쓰게 되었으나 그것은 사상의 변화라고는 할 수 없을 것으로 생각된다.

면, 사회진화론(社会進化論)으로 전향한 카토오 히로유키(加藤弘之)는 국가의 생존경쟁에서 중요한 계층으로 재산과 교양이 있는 중산층을 들어 "한 국가 사회의 중류에 있고 정신력(精神力)에서 가장 우월한 무리"인 그들의 '정신력'이 중요한데도 일본에는 그런 계층이 부족하다는 현실을 한탄했다. 그런데 카토오는 청일전쟁 직전 무렵부터 아시아 인종 속에서 일본의 우수성을 강조하기 시작하여 "천황 폐하는 국가이다."[138]라며 마침내 천황을 두뇌로 하는 유기체로서의 국가라는 관념으로 전개해 나간다("자연과 윤리" 1912년, "국가의 통치권" 1913년). 그리고 국체를 논하여 다음과 같이 말한다.

우리 일본의 국체는 말할 것도 없이, 만세일계(万世一系)의 황실을 위로 모시고 군민동조(君民同祖), 군신(君臣)이자 부자(父子) 관계를 형성하고, 내가 말하는 '족부통치(族父統治)'라는 세계에서 비할 바 없는 국체를 이루고 있다. […] 부자 관계는 친(親)이다. 의(義)로는 모자란다. 감정이지 이론이 아닌 것이다.[139]

카토오는 전향하기 전의 논의에서 유신 직후에 번(藩) 두세 곳의 선도로 전국의 다이묘오들이 일제히 폐번치현(廃藩置県)에 따른 것 등에서 볼 수 있는 "대의명분인 존황근왕(尊皇勤王)"을 "비굴주의(卑屈主義)"라 부르고 치욕이라고 파악했다. 그런데 이제 그 비굴주의 쪽으로 방향 전환해 간 것이다.[140]

무라카미는 "카토오의 진정한 '전향'은 천부적 인권론에서 사회진화론으로의 이행이 아니라 그 이행 후의 투쟁 모티브를 포함한 사회진화론의 실질적인 단념에 있다."[141]라고 이해하여 다음 같이 말한다.

---

138 加藤弘之 「有賀博士の〈日本国民の精神上の疑問〉を読む」(1909(明治42)년의 講演)加藤 『学説乞丐袋』(弘道館, 1911년) 수록 302쪽. 야츠카 헌법학의 영향을 느낄 수 있다.

139 「吾国体を如何せん」加藤 『学説乞丐袋』 수록 489쪽(村上 『〈法〉の歴史』 37쪽에 인용).

140 村上 『〈法〉の歴史』 32쪽 이하, 村上・앞에 든 「加藤弘之と社会進化論」 참조.

141 村上 『〈法〉の歴史』 34쪽.

카토오 히로유키의 사회 진화론의 변질은 서양 기원의 법과 법학을 우리나라에 이식하기가 어렵다는 걸 상징적으로 보여주는 것이었다. 대립·항쟁에서 사회 발전의 원동력을 보는 입장을 버린 때, 카토오는 대립·항쟁의 전제로서의 자타의 구별에서 눈을 돌린 것이지만('군민동조[君民同祖]'), 바로 그러함으로써 실은 대립·항쟁을 전제로 법규범을 설정하고 질서를 정해 가기 위한 법적·논리적 사고를 부정했다('감정이지 이론이 아님'). 이런 몰논리성(沒論理性)을 법적으로 구성하는 패러독스에 몰두한 것이 토오쿄오 제국대학 교수(헌법) 호즈미 야츠카였다.[142]

그럼 야츠카는 그 패러독스를 극복한 것일까?

정당화 프로그램

야츠카가 목표로 한 것은 새로 성립한 국민 국가를 서양 법학의 법이론으로 정당화하는 것이었다. 이토오는 헌법의 골격을 유럽에서 배우면서도 종교의 기능적 등가물로서의 천황제를 그에 접합하려고 했다. 겨우 정비된 신생 일본의 국체는 서양적인 외모 속에 서양적이지 않은 내실이 혼재하고 있었다. 야츠카는 그것을 서양 법학의 논리로 정당화하고자 한 것이다.

그가 처음부터 그런 의도였는지 여부는 차치하고 그의 짧은 생애를 되돌아보고 평가하면 4단계의 정당화 프로그램으로 이해할 수 있을 것 같다.

(1) 우선 야츠카는 법에 내재적인 세계로서의 '법리' 개념을 창출하고, 메이지 헌법의 규정과 정합적인 해석 이론을 제시했다. (2) 동시에 그것을 가치적으

---

142 村上 『〈法〉の歷史』 37-38쪽. 무라카미(村上)는 루만의 시스템론의 틀을 구사하여 야츠카가 서양적인 「자기 순환(자기준거성)」을 갖춘 법 시스템으로서 이론을 구축할 수 없었다고 한다. 그러나 야츠카는 후술하듯이 그가 이해한 라반트의 이론의 틀을 구사하여 국체론을 바탕삼아 법적 논리를 완결시킨 것이 아닐까 하는 것이 본서의 입장이다.

로 정당화해 보이며 해석론으로서의 현대적 의의를 나타내는 것도 잊지 않았다. 그 위에, (3) 헌법이 인정한 천황의 절대적 권력이 사실은 개인으로서의 천황의 자의를 허용하는 것이 아니라는 걸 황제도 구속하는 초월적 규범을 도입하여 드러냈다. 마지막으로, (4) 이상에 의해 정당화된 새로운 국가에 대한 국민의 충성을 마련하기 위해 그는 종교적 국가론을 준비하여 국민교육으로 향했다.

이제 순서대로 논하기로 하자.

법리의 확립

첫째는 법의 고유한 영역으로서 '법리(法理)'의 확립이다.

정치적 이론(政理)과는 구별된 법의 독자 영역이 있고, 거기에는 독립적인 논리가 지배한다는 발상은 법학이 존재하지 않았던 당시까지의 일본에는 없는 발상이다. 야츠카는 법을 여러 과학 중에서 어디까지나 학제적으로 파악하고자 한 형 노부시게와 달리 법을 다른 학문 영역에서 독립한 영역으로 파악할 수 있다는 발상에서 공법학(公法學)을 일본에 수용할 것을 시도했다. 그리고 '법리'로서 주권자는 법에 의한 제약을 받지 않는다는 공리를 설정한다. 라반트 이론에 입각한 주장이다. 그 논리적 귀결로서 천황 주권(天皇主權)의 대일본제국헌법에서는 천황의 절대성이 도출된다.

천황의 권한에 제약을 부과하지 않는다는 것은, 메이지 헌법의 입법자 의사에 충실한 해석이다. 하지만 그것은 이토오 등의 정치 판단이며, 정치적으로 동조하지 않는 세력을 복종시키는 힘을 갖지는 못한다. 이에 대해 야츠카는 정치적 주장과는 구별된 법 영역의 해석 이론으로 천황의 절대적 권력을 도출했다. 그리고 이것이 "천황 즉 국가"라는 야츠카가 선호하는 표어적 표현으로 나타났다. 이 명제는 엄청난 오해를 받았지만, 법(헌법 포함)은 주권자의 명령이라고 하는 그의 법 개념을 전제로 하면 주권자가 법보다 상위인 것은 당연한 귀결이며, 주권자인 천황의 의사가 곧 국가의 의사가 되는 것도 논리적 귀결이다. 그런 의미에서, 그의 말대로 정치적 이념의 여부와는 분리된 '법리'인 것이다.

동시에 그는 자신의 이론에 법리(法理)와 정리(政理)의 구별과 대등한, 또 하나의 구별을 도입한다. 그것이 국체(国体)와 정체(政体)의 구별이다.[143] 이것은 '전통의 날조'를 위해서는 불가결한 개념 장치였다. 지금까지 일본 역사상 정치 체제로서 정체의 변화는 있어도 주권자 천황을 받드는 국체는 불변이라는 명제가 성립할 때 비로소 메이지 헌법이 전통적인 불문헌법(不文憲法)의 개정이었다는 주장이 가능해지기 때문이다. 국체가 불변이라고 말할 수 없다면, 메이지 유신은 국체의 변혁이며, 메이지 헌법은 혁명에 의한 새로운 헌법의 제정이라고 주장할 여지가 생긴다(원래 '왕정복고[王政復古]의 대호령[大号令]'은 그러한 것이었을 테지만). 그러나 그렇게 해서는 전통에 의한 정당화가 이루어지지 않는 것이다.

한편, 야츠카는 법과 도덕을 분리하지 않는다. 그는 "법은 당시(그 시대)의 사회 윤리의 근본을 대표하는 것이다. 법은 사회가 공인한 도덕이다."(『법의 윤리적 효용』 355쪽). 그런 의미에서 법과 도덕을 구별하는 전형적인 법실증주의가 아니다. 게다가 야츠카는 보편적 법리의 존재를 부정하고 법이 역사와 문화의 산물임을 주장한다. 이것은 노부시게의 역사법학과 공통하다. "우리는 오히려 그 고금과 내외에 통하는 불변의 성격을 갖지 않는 것은 윤리와 법리의 본색이라고 생각한다."(『법의 윤리적 효용』[144]) 이 점에서 그는 독일 역사법학의 토양에서 법리를 전개하며, 프랑스적인 자연법 이론은 물론, '선왕의 길'을 받드는 유교적 규범 이념과도 결별한다.

---

143 이 구별 자체는 東京日日新聞의 1882(메이지 15)년 사설에서 이미 볼 수 있다(米原謙 『国体論はなぜ生まれたか—明治国家の知の地形図』(ミネルヴァ書房, 2015년) 210쪽). 오카모토 타케오(岡本武雄)가 쓴 듯하다. 단 외국에는 정체는 있으나 국체는 없다는 점은 야츠카의 국체론과는 다르다. 이와 같은, 외국에는 국체는 없다는 미토학(水戸学)으로 이어지는 국체 이해는 카네코 켄타로오(金子堅太郎)에서도 보인다 (『欧米人の評論』).

144 『論文集』 355쪽.

가치적 정당화

두 번째 단계는 법리의 가치적(価値的) 정당화(正当化)이다.

비록 헌법의 조문과 정합적인 법리로부터의 논리적 귀결로서 황제의 절대 권력을 도출할 수 있었다고 해도, 그 귀결에 가치적인 정당화가 수반하지 않으면 해석론으로서의 설득력이 부족하다. 왜냐하면, 법 해석의 설득력은 조문과의 일관성뿐만 아니라, 그 해석이 얼마나 가치적인 매력을 가질 수 있는지에 달려 있기 때문이다.[145] 미노베의 헌법 학설은 헌법의 조문과 일관성이라는 점에서는 야츠카에게 뒤지지만, 가치적 정당화의 점에서 서양의 근대 법이론을 받드는 사람들에게 호소력이 있었다. 즉 옐리네크(Georg Jellinek, 1851~1911)의 국가법인설(国家法人説)에 따라 국가는 하나의 권력 단체이며, 그 권력(주권)은 국가라는 공동 단체 그 자체에 속해 있다. 그리고 무릇 단체에는 기관이 필수적이며, 천황은 국가의 최고 기관으로서 통치 대권을 행사한다. 이러한 미노베 학설은 역시 국가 기관으로서의 국회를 통해 국민이 군주와 공동으로 국가 권력을 행사하는 것을 긍정하고 천황을 공동 단체의 근본규범으로서의 헌법에 복종시키는 점에서 입헌주의를 받드는 사람들에게 매력적인 이론이었다.[146]

그럼 야츠카의 해석론은 어떤 가치적 정당화를 시도하는 것일까? 야츠카의 '법리'의 약점으로 보이는 것은 주권의 무제약(無制約), 즉 주권자로서의 천황의 절대성(絶対性)이었다. 야츠카에게 부과된 과제는 왜 일본 국민은 서양적인 권력분립과 인민주권이 아니라 천황의 절대성을 받아들여야 하는가, 그 필연성을 가치적으로 정당화하는 것이었다.

야츠카가 이용한 정당화의 논리는 두 가지 차원으로 나뉜다. 즉 종교적 정당화(宗教的 正当化)와 공리주의적 정당화(功利主義的 正当化)이다.

---

145 内田貴「探訪『法の帝国』Ronald Dworkin, LAW'S EMPIREと法解釈学(1)(2·完)」法協105권 3,4호(1988년) 참조.

146 미노베(美濃部)는 자신의 헌법학설을 그의 『憲法講話』(有斐閣, 1912년)에서 알기 쉽게 설명하고 있다.

조상교

　우선 그는 '조상교(祖上敎[원문은 祖先敎])'라는 말을 구사하여 천황에 대한 숭배의 관념을 정당화하고자 한다. 이것이야말로 이토오가 그리스도교의 기능적 등가물(機能的等価物)로서 천황제를 선택한 의도에 부합하는 것이라 할 수 있다. 야츠카가 원용하는 것은 노부시게와 같은 가족 국가관(家族国家観)이다.

　　부모가 같은 이들이 서로 기대어 집안(가)을 이룬다. 이것이 사회의 원시이다.
　　그 사상을 밀어 넓혀 조상을 함께하는 민족이 시조의 신위(神位)를 숭배하고,
　　그 위령(威霊) 아래 서로 기대고 기대어 혈족적 단결을 이룬다. 이것이 우리 민
　　족 건국의 기초이다."(『헌법의 정신』)

　사람은 자신의 부모와 조상에 대한 공경의 뜻을 품는다. 서양에서는 그리스도교의 영향으로 이 조상 제사의 전통이 폐지되었으나, 일본에는 지금도 계승되고 있다. 그리고 일본이라는 국가는 부모를 같이하는 집안이 중층적으로 겹쳐 그것을 거슬러 가면, 만세일계의 천황으로 이어진다. 즉, 천황의 시조는 일본 민족의 시조이며, 일본이라는 나라는 그 조상의 위령(威霊) 아래 국민이라는 집안을 이루어 하나의 혈족인 단결을 형성하고 있다. 이것이 일본의 민족적 건국의 기초라는 것이다.

　여기에는 독일 민족주의를 모방한 민족 개념이 종교적인 옷차림으로 원용된다. 조상 제사가 일종의 종교라면, 일본 국민이 천황과 그 시조 존숭의 마음을 품는 것도 역시 종교적이며, 그러므로 '조상교'라는 종교에 의해 천황의 절대성이 정당화된다. 이 부분은 야츠카 헌법 이론의 근간을 이루며, 그의 정당화 프로그램의 제3, 제4의 단계에도 포함된다.

　그러나 일본의 모든 가정을 포함 최상위 집안의 가장으로서의 천황에 대한 존숭의 관념이 국가의 단일성과 권위를 낳는다는 가족 국가관(家族国家観)은 일본인에게조차 자명하다고는 말하기 어렵다. 여기에 먼저 대든 것이 토오쿄오

제국대학의 동료였던 토미즈 히론도(戸水寬人)이다. 이른바 토미즈 사건(戸水事件)의 당사자로 알려진 인물이다.

토미즈 히론도

러일전쟁 개전 시에 토오쿄오 제국대학 교수 테라오 토오루(寺尾亨), 토미이 마사아키라(富井政章), 토미즈 히론도(戸水寬人), 카나이 노부루(金井延), 타카하시 사쿠에(高橋作衛), 오노츠카 키헤이지(小野塚喜平次), 학습원(学習院) 교수 나카무라 신고(中村進午), 이 일곱 사람이 의견서를 발표하여 러시아 제국에 대한 강경책을 주장했다. '7박사 의견서(七博士意見書)'라 불린다. 토미즈 등은 또한 러일전쟁 말기에 배상금 30억 엔과 사할린·캄차카 반도·연해주(沿海州) 할양 등을 강화 조건으로 할 것을 주장했다. 이와 같은, 전황의 실정을 감안하지 않은 무책임한 선동에 궁해진 문부성은 가장 과격한 언동을 거듭한 토미즈를 휴직 처분한다. 그런데 토미즈 등은 포츠머스 강화회의의 거부를 상주문(上奏文)으로 제출했기 때문에 사건은 야마카와 켄지로오(山川健次郎) 총장의 인책 사임으로까지 발전했다(1905[메이지 28]년). 이것이 토미즈(戸水) 사건이다.[147]

이 당시 토오쿄오 제국대학 법과대학장이었던 야츠카는 대학의 자치를 지키기 위해 노부시게 등 법과대학 교수들과 함께 토미즈, 야마카와의 복직과 문부대신의 사임을 요구하고, 쿄오토 제국대학(京都帝国大学)과도 연계하여, 요구가 받아들여지지 않으면 두 제국대학 교수들이 총사퇴한다는 태도를 보였다. 결과적으로 토미즈를 휴직 처분한 쿠보타 유즈루(久保田讓) 문부대신의 사직과 토미즈의 복직을 쟁취했다.

이렇게 야츠카 등이 직을 걸고 지키려 한 토미즈는 사건의 5년 전, 야츠카

---

147 立花『天皇と東大(上)』232쪽 이하, 宮武実知子「『帝大七博士事件』をめぐる興論と世論—メディアと学者の相利共生の事例として」マス·コミュニケーション研究 70호(2007년) 참조.

의 학설을 혹평한 인물이었다. 야츠카의 논문 「헌법의 정신」(1900년)에서 언급된 이론이 17세기 영국의 로버트 필머(Sir Robert Filmer, 1588-1653)의 설과 흡사하고, "만약 2, 3세기 이전에 호즈미군을 유럽에 파견하여 이 논의를 주장한다면 로버트 필머와 함께 거론될지는 알 수 없을지라도" 오늘날은 시대에 뒤진 진부한 설이라는 것이다.

논문에서 "늙어 빠진 신관(神官)으로 하여금 이 논거를 제시하게 한다면, 사람들은 이를 일소에 붙일 뿐이다. 호즈미군이 이 논거를 사용한다면 사람들은 이에 승복한다고 할까"[148]라는 말로 끝맺었다. 당시 야츠카에게는 학생들로부터 '시골 신관'이라는 별명이 붙었다는데, 토미즈의 '늙어 빠진 신관'은 그것을 의식한 것일 것이다.

토미즈는 야츠카의 가족 국가관에 대하여, 일본의 서민에게 당신의 조상은 황실과 같은 조상이라고 한다면, 망연자실하여 놀랄 뿐이고,[149] 자신에게 묻는

토미즈 히론도

다면 "우리 일본에서 신민이라는 이치로 황실의 존엄을 설명하는 것은 잘못"이라고 한다. 그러나 이것은 야츠카의 '법리'의 의도를 이해하지 못한 탓이다. 게다가 야츠카에 대한 토미즈의 비판은 진부하고, 천황 권위의 정당화에 대해서는 "우리 일본 신민은 선천적으로 황실을 숭배한다고 하는" 식으로는 서양에게 통할 리 없다. 결국, 야츠카는 자신의 문제의식을 전혀 이해하지 못한 토미즈의 비판에 대하여 아무런 반론도 공표하지 않았다.[150]

---

148 戸水寛人 「穂積八束君ト『ロバート, フキルマー』」 法学協会雑誌18권 5호(1900년) 345쪽.

149 이하 戸水 · 앞에 든 論文 344쪽.

150 야츠카 대신에 高橋粲三(国家学会雑誌14권 통호160호 31쪽, 통호162호 27쪽), 島田俊雄(国家学会雑誌14권 통호 164호 98쪽(모두 1900년))이 반론의 논진을 편 宮本盛太郎 『天皇機関説の周辺—3つの天皇機関説と昭和史の証言(増補版)』(有斐閣, 1983년) 289쪽 이하(「穂積八束とロバート・フキルマー」) 참조.

가족 국가관은 기교인가?

토미즈가 야츠카 이론이 흡사하다고 이름을 든 로버트 필머는 17세기 영국의 정치 사상가로 청교도 혁명 때 절대 왕권을 옹호했다. 그의 가족 국가관에 의한 군주 권위의 정당화에 대하여 버트런드 러셀(Bertrand Russel)은 제2차 세계대전 중에 쓴 『서양철학사』에서 "이와 같은 이론 전체는 현대인에게는 너무도 기교적인 것이어서, 그 주장이 진지한 것이었다고는 믿을 수 없는 정도"라 하면서, 일본에는 지금도 그것과 매우 유사한 설이 받아들여져 교육되고 있다고 언급하였다.[151]

필머의 정치 이론은 논적 존 로크(John Locke)가 "입에 발린 난센스"라고 총괄하고부터는 거의 잊혔지만, 20세기 중반에 '재발견'되어 다시 논의의 대상이 되었다.[152] 하지만 오늘날에도 '난센스'인 것은 변함이 없으며, 그것과 흡사하다고 평가된 야츠카의 국가관도 같을 것이다. 더구나 야츠카가 법률적 정당화를 제공하려 한 메이지 헌법 고문(告文)의 배후에 있는 일본이라는 국가 성립의 신화와 연결한 것은 황당무계하기까지 하다.

그러나 국민이 태양의 여신(아마테라스 오오미카미)의 자손이라는 신화의 황당무계함은 하느님의 아들이 인간 여자에게 잉태되었고, 인간에게 죽은 후 사흘

---

151 ラッセル『西洋哲学史3』(みすず書房, 1970년) 611-612쪽.

152 中山道子『近代個人主義と憲法学—公私二元論の限界』(東京大学出版会, 2000년)이 이를 소개하면서 흥미 깊은 분석을 전개하고 있다(로크의 인용은 同書 22쪽). 그리고 미노베(美濃部)도 훗날 필머를 들어 우에스기(上杉)를 비판하고 있다. 『時事憲法問題批判』(1921년) 62-63쪽. 이에 대하여 中山・앞에 든 책은 우에스기가 야츠카와 달리 가족국가관을 취하고 있었음에도 불구하고 미노베(美濃部)가 야츠카와 우에스기의 국가론의 차이를 구별하지 않음을 지적하고 있다(220-222쪽). 또 미노베가 patriarchalism(가부장제)과 patrimonialism(가산제)을 구별하지 않고 八束・上杉의 가족국가관을 필머적인 그것이라고 인식하고 비판했으나, 야츠카는 '통치', '통치'를 '사유', '소유권'과 대치시키고 블룬출리 『国法汎論』 이래의 가산국가적 구성에 대한 비판을 근거로 한 국가론을 지향한다면서 이를 지적하는 松本三之介『天皇制国家と政治思想』(未来社, 1969년)을 인용하고 있다(186-187쪽). 松本・앞에 든 책 263쪽 이하 참조.

만에 부활하여 하늘로 올랐다는 신화의 황당무계함과 오십보백보라고 이토오 히로부미 등은 생각하였다. 와타나베 히로시는 다음과 같이 썼다.

> 태양의 여신 전설은 황당무계하다. 이토오 히로부미 등에게도 그러했을 것이다. 그러나 그들은 마음속으로 "하지만 예수 이야기만큼 황당무계하지도 않을 것"이라고 생각했던 것이 아닐까.[153]

야츠카가 말하는 조상교는 이토오와 같은 헌법 제정자로 보자면 조금도 기이하거나 이상한 설이라고는 볼 수 없었을 것이다.

공리주의적 정당화

그런데 흥미로운 것은 야츠카가 천황의 절대성 정당화로 이러한 종교적 정당화 이외에도 공리주의적(功利主義的) 정당화(正当化)까지 시도하였다는 것이다. 그는 다음과 같이 이야기하였다. "도덕 법률을 위해 사회가 있는 것이 아니다. 사회의 생존 도구로서 윤리와 법리가 유지되는 것이다."(『법의 윤리적 효용』 355쪽) 사회가 도덕과 법률을 위해 있는 것이 아니다. 오히려 국민의 사회적 생존을 위한 수단으로 윤리와 법리가 유지된다는 말이다. 그리고 사회생존의 목적으로 국민의 복리를 드는 것이다.

사실 라반트도 국가를 "정착한 민족의 공공체를 보전하는 법질서"라고 정의함으로써 국가의 목적을 문화와 총체로서의 국민 공동체의 이익을 촉진하는 데 있다고 보았다.[154] 이 명제의 내실은 그다지 명확하지 않지만, 국민 전체의 삶의 질서를 갖게 하고 원조한다는 국가 목표를 제시함으로써 국민을 위한 공공의 이익이라는 관점에서 정당화가 이루어진다.

---

153 渡辺浩「『教え』と陰謀」404쪽.
154 西村「ラーバントの国制論」436쪽.

그것을 근거로 하는 것으로 보이는 야츠카의 이론은 내정면(内政面)에서는 그가 독일에서 본 '민주주의'의 불완전한 기능을 회피하고 추상화된 권위로서의 천황을 이용하여 자본주의의 약육강식에서 국민의 복지를 지키고자 하는 이론적 측면도 있다. '1'에서도 소개했듯이 이 점을 지적한 후지타 토키야스(藤田宙靖)는 다음과 같이 말한다.

> 호즈미 박사의 공법 개념은 의심할 바 없이 '관료주의적'이고 '가부장제적' 사상에 힘을 입고 있다. 박사의 관료주의는 하지만 결코 그 자체에 고유한 가치가 있는 것이 아니며 결국 국민의 '복리'야말로 명확하게 그 근거로 요구된다는 걸 간과해서는 안 된다. 호즈미 박사가 주장한 공법 개념의 확립은 기본적으로 서유럽의 18-19세기적인 자유주의·개인주의의 극복 시도이며, 거기서 제기된 진정한 문제는 이른바 '자유'인가 '경제적 복지'인가의 선택이었음은 특히 주목할 만하다.[155]

또한, 야츠카는 논문 「국가 전능주의(国家全能主義)」에서 입헌제를 채용하는 것이 일반 인민에게 무엇을 의미하는지를 논하는데, 다음과 같은 대목이 있다.

> 서민은 겨우 폭군오리(暴君汚吏)의 위험을 면하고 또 지식과 재산의 횡포로 허덕이고, 정치의 압제에 사회의 압제로 갈음하고, 신성한 여론, 신성한 입법의회는 지식이 있고 재산이 있는 소수의 국민이 명리를 희롱하는 도구에 지나지 않는다."(『穂積八束博士論文集』169쪽)

입헌제라 한들 인민은 결국, 지식이나 재산에서 우월한 소수자에 의한 사회적 압정에 고통받게 될 뿐이라는 것이다. 이것이 자신이 본 유럽 민주주의의

155　藤田 「穂積八束博士」 57쪽.

현실이며, 그것을 바탕으로 한 그의 지론이었다. 그는 민주주의가 가져오는 폐단을 회피하고 인민의 복지를 증진하는 것을 자기 국체론의 목표로 삼았다.

미노베 · 우에스기 논쟁

야츠카는 이상과 같은 가치적 정당화를 더함으로써 헌법 규범의 문언과의 체계적인 일관성을 중시한 해석론, 즉 '법리'의 설득력을 높이고자 했다. 이에 대해 미노베 타츠키치(美濃部達吉)는 헌법의 문언과 일관성을 도외시하고 서양의 근대 헌법 이론을 폈다. 그런 의미에서 미노베는 참으로 자유법학(自由法学) 시대의 사람이다. 그는 다음과 같이 말한다.

일본의 최근 법률가가 법률을 해석하는데, 다만 법률의 문자에만 중점을 두고, 아무리 상식에 반할지라도, 아무리 정의의 사상을 거스를지라도, 그것에 조금도 개의치 않고 악법도 또한 법이라는 것을 말하며, 오직 그 문자를 그 문자 그대로 해석하고 그것이 곧 법이라는 식으로 생각하고 있는 것은, 대단히 잘못된, 또 사회를 위해 심히 위험한 사상입니다. [···] 법률을 매우 좁게 해석하는 것은 일본 법학계의 통폐입니다만, 근래에 프랑스 · 독일 등에서는 이와 같은 좁은 해석 방법을 취하는 것과는 정반대로 법률은 매우 자유롭게 해석하여야 한다, 법률 문자 등에 굳이 중점을 두는 것은 하찮다는 주장이 점차 왕성해져 일반적으로 그러한 파를 자유법학파(自由法学派)라고 하고 있습니다. [···] 법조문의 문자만을 금과옥조로 삼아 법의 본래의 목적을 잊어버리는 것은 한층 심각한 폐해입니다."(『헌법강화』 497-498쪽)

1911(메이지 44)년 여름에 중등교원강습회에서 강의하고 이듬해 출간한 이 강연록은 야츠카를 표적으로 그 국체 · 정권 준별론이 '단연코 잘못'이라고 한

다.[156] 거의 같은 시기에 '회심(回心)' 후 우에스기 신키치(上杉愼吉)의 헌법론『국민교육 제국헌법강의(国民教育帝国憲法講義)』가 간행되었다. "어쩌다 같은 여름에 교원 상대의 강의 필기(우에스기 책도 '어느 현교육회(県教育会)의 위촉으로' 행한 강연을 바탕으로 하고 있음)가 간행됨으로써 둘은 서로의 거리를 알고 깜짝 놀라 상호 비판하는 방식으로 논쟁이 시작되었다."[157] 이것이 미노베·우에스기 논쟁(美濃部·上杉論争)의 발단이다.

미노베 타츠키치

미노베의 헌법 학설은 서양 근대 정의의 관점에서 가치적인 정당화는 되었으나 메이지 헌법의 조문과의 일관성 측면에서 어려움이 있었다. 그러나 그는 자유법론(自由法論)을 원용하여 이 장애물을 통과하려고 한다. 이에 대해 야츠카는 문구와 일치하는 해석론을 펴는데, 미노베는 이를 '조문법학(条文法学)'이라 부르고 "가장 꺼려야 할 법학의 사도(邪道)"라고까지 말했다.[158] 그러나 앞에 나온 후지타 논문의 주장처럼 야츠카도 실은 해석론의 가치적 정당화를 하고 있었다. 그 정당화는 매우 현대적인 공리의 관점에서 이루어지고, 민주적 제도나 의회 제도 등에 대한 자기 학설의 우위를 주장했다. 이러한 논의의 배후에는 역사의 진행에 대한 '페시미스틱한 세계관'이 있다. 야츠카는 "사회 변천의 통칙이 진보라는 설은 쉽게 믿음을 두기 어렵다."라고 하였다. 나가오 류우이치는 이 '페시미즘'을 "문화 발달의 역사는 곧 인류 해방의 역사"[159]라는 미노베 타츠키치의 '옵티미즘'과 대비시켜, 거기에 양자의 사상적 차이의 근

---

156 『憲法講話』 45쪽.

157 長尾「上杉愼吉伝」同『日本法思想史研究』수록 244-245쪽.

158 美濃部『日本憲法　第1巻』(有斐閣, 1921년) 69쪽. 또 美濃部『時事憲法問題批判』186쪽. 미노베의 자유법론에 대하여는 長尾『日本法思想史研究』199쪽 이하 참조.

159 美濃部達吉『日本憲法第1巻』429쪽.

원을 찾고 있다.[160]

야츠카의 역사 인식에는 18세기 이래 자유주의 · 개인주의를 향해 '진보'해 온 유럽이 처한 현실이 있었다. "극단적인 자유주의의 결과는 사회의 부원(富原)을 키웠지만, 동시에 다수의 빈민층을 늘리고, 평등주의라는 이름 아래 귀천의 계급은 사회를 분열시켰다." 이에 당황한 유럽의 입법자들이 극단적인 사회 본위의 정책을 도입하여 계약의 자유를 제한하고 있다. 그것은 당시 일본에도 한창 소개되었다. 좌우로 흔들리는 유럽 입법을 관찰하고 야츠카는 일본의 입법을 "학자가 팔자 편하게 멋대로 외국의 예에 의거하는 일이 있다면 반드시 언젠가는 후회하게 될 것"이라 했다.[161] 야츠카의 헌법론과 그 배후의 국가론은 이런 상황 인식에 대한 그 나름의 응답이었다.

가족 국가관과 국체

법적 정당화의 세 번째 단계는 천황도 구속하는 초월적 규범의 도입이다.

자유주의 · 개인주의의 한계가 이야기되던 시대를 만나 야츠카는 메이지 헌법의 천황제에 대하여 국민의 복지를 증진할 수 있다는 가치적 정당화를 부여했다. 하지만 그것은 뛰어난 군주가 있어야만 가능한 일이고, 주권자인 천황이 절대적 권력을 갖는 것은 권력의 자의적 행사로 인한 폐해의 가능성을 배제할 수 없다. 따라서 유럽에서는 입헌 군주제로 군주의 권능을 헌법으로 제한하려 해 온 것이다. 그 당시에도 야츠카 이론이 학계의 지지를 얻을 수 없었던 이유는 이러한 유럽 입헌제가 확립되어 온 역사적 경위에 입각한 해석을 하지 않는다는 점에 있을 것이다. 이토오 히로부미는 재상 등 천황을 보좌하는 자가 권력의 남용을 제한할 수 있다고 하는데(앞에 나온 추밀원 연설 참조), 그것은 사실

---

160 長尾龍一「美濃部達吉の法哲学」同『日本法思想史研究』194쪽 이하. 이 점을 지적하는 藤田「穂積八束博士」62쪽(注30) 참조.

161 穂積八束「法ノ社会的効用」(1895년)에서 인용.

하나의 가능성일 뿐이다. 게다가 천황을 뒷받침하는 사람이 통수권(統帥權)을 근거로 천황의 이름으로 권력을 남용하기 시작하면 더 이상 누를 수 없다는 건 훗날 역사가 보여주었다.

법학자 야츠카의 관심사는 그와 같은 사실상의 제약이 아니라 법이론으로서의 규범적 제약(規範的制約)이었다. 그럼 헌법도 바꿀 권력을 가진 천황에 대해 야츠카는 어떻게 그 제약을 끌어내려 한 것일까? 여기에서 정당화 프로그램의 세 번째 단계로서의 국가론(国家論)이 등장한다.

일본이라는 국가에서 왜 천황이 주권자의 지위에 있는가? 이것을 태양의 여신으로 정당화하는 것이 아니라 서양 법학으로 정당화하는 것이 야츠카에게 부과된 사명이었다. 여기서 야츠카가 들고나온 것이 그가 법전 논쟁 때 「민법이 나와 충효가 망한다」라는 논문에서 논했던 가(家) 제도이다. 귀국 후 얼마 안 된 1891(메이지 4)년 이 논문에서 그는 "극단적 개인 본위의 법제를 맞이하려 하는 우리 입법가의 대담함에 놀란다."라면서 다음과 같이 썼다. "만세 일계의 주권은 천지와 함께 유구하다. 그 유래는 어쩌면 조상교의 법, 가제(家制)의 정신에 있지 않은가?"

일본에는 노부시게가 말하는 조상 제사의 전통이 있고, 라프카디오 한이 정확하게 지적했듯이, 일본 사회에는 집안의 조상에 대한 조상 제사가 중층적으로 겹쳐 있다. 그리고 많은 가정을 감싸듯이 최상위에 있는 것이 천황이며, 일본인은 일본이라는 하나의 가문의 시조로서 천황을 숭배하고 일본이라는 집안의 가장(민법으로 말하면 호주)인 천황을 숭배한다. 이것이 그 후 야츠카가 전개해나갈 가족 국가관인데, 그것은 여기서 이미 예고되었다. 그리고 그런 가장으로서 만세일계의 천황을 군주로 모시는 전통이 면면히 이어져 온 것이 일본의 '국체'라고 한다. 여기서 중요한 것은 이러한 '전통으로서의 국체'가 일본이라는 국가의 존립을 뒷받침하는 보편적 가치를 가진 것으로 파악하여, 황제 한 사람의 개인 의사에 의해 변경할 수 없는 것으로 상정하였다는 점이다.

예를 들어, 어떤 대의 천황이 개인의 의사로 천황제를 폐지하려고 해도, 그 천황의 뜻대로 폐지할 수 있다고는 상정되지 않는다. 그런 의미에서 이 국체라는 규범은 개별 천황의 의사를 초월하고, 천황에 의해 변경할 수 없는 초월적 규범인 것이다.[162] 그런데 실은 노부시게도 초월적 규범을 지적하였다. "국가 통치의 대권은 천황께서 일신(一身)의 대권(大權)으로 보유하시는 것이 아니고, 황조 황종(皇祖皇宗)의 신령(神霊)을 이으시는 것"이라고 한 것이다.[163] 그리고 나가오 류우이치는 이 발상이 모토오리 노리나가(本居宣長)에게도 이어진다고 지적한다.[164]

만세일계의 천황 하에서 역사적으로 형성되어 온 일본의 국체라는 정치 체제하에서 일본이라는 나라의 가장인 천황은 일반 가정에서 호주와 같은 지위에 있다. 그리고 통상 집안에서 아이가 호주인 부모를 경애하는 마음을 지니듯이, 일본에서는 국민이 천황을 경애하고, 다른 한편으로 일반 가정에서 호주가 가족을 보호하듯이, 일본이라는 나라에서는 천황이 나라의 가장으로서 국민을 보호할 의무가 있다.

---

162 이것을 지적하는 것이 坂井「穗積八束」이다. 이 논문은 야츠카의 공법이론을 야츠카 사상의 전체상 속에서 내재적으로 이해하려 한다. 이 논문은 결론에서 야츠카의 이론을 '천황제 공산주의'라 부르는데, 확실히 야츠카는 자본주의적인 시장경제에 비판적이라고는 해도 그와 같은 사상은 대대로 승계되는 가의 재산인 가산을 중시했고 시장의 기능에 부정적이었던 오규우 소라이(荻生徂徠)의 사상(『政談』)과도 통한다. 그러나 소라이(徂徠)는 공산주의자는 아니다. 굳이 성격을 짓기로 한다면 공산주의(communism)라기 보다 공동체주의(communitarianism)라 해야 하지 않을까?

163 Ancestor-Worship, 2nd ed.,87-88,『祖先祭祀ト日本法律』98쪽.

164 나가오는 모토오리 노리나가(本居宣長)의 사상에서도 천황은 절대주의적 지배자가 아니라, "무슨 일이든 (천황) 자신의 마음이 어진 듯 보이지 말고, 그저 신대(神代)의 옛 전승대로 거동하시고 다스리시며 의심쩍게 생각하시는 것이 있을 때는 점복(占卜)으로 신의 마음을 살펴 판단하신다."(直毘霊)라고 지적하고 있다. 長尾『日本法思想史研究』189쪽.

[역주] 신대(神代): 신이 다스리던 시대. 일본 신화에서는 신무천황(神武天皇) 전까지의 시대. 신화 시대.

[역주] 직비령(直毘霊): 일본에서 가장 유명한 국학자로 통하는 모토오리 노리나가(本居宣長)의 대표적 저작의 하나로 1771년경에 쓰여졌다.

즉, 일본의 가 제도에서 호주는 집안의 구성원을 지배하는 권력을 가짐과 동시에 보호할 의무를 진다. 호주의 권력은 구성원의 행복을 도모한다는 의무를 표현하는 권력이다. 마찬가지로, 일본이라는 국가의 호주인 천황도 가족인 국민의 복리를 도모하기 위하여 그 권력을 행사한다는 제약을 받는다. 후지타가 말했듯이, 메이지 헌법하에서 국민의 복리가 지켜지는 것은 이 국체가 유지되기 때문이다.[165]

그 결과 "주권이 공고하고 강대할 때는 국민의 보호가 철저해져 주권이 크다고 국민이 반항하는 따위의 일이 있다면 심히 잘못"[166]이 된다며 마츠모토 산노스케(松本三之介)는 이것을 "도착된 논리"라고 평한다.[167] 물론 정치 이론으로는 도착된 것이다. 그러나 '법해석론'으로 보자면 천황 주권을 공법적 성격을 띠는 호주의 권력이 유추라는 해석론적 수법을 통해 국가 차원으로 확장된 것으로 해석한다는 것은 가능한 논리이다(호주권 강화의 정책적 지지 여부는 별론으로 하고).

권력의 내재적 제약

가장의 권위에 내재적 제약이 있다는 논의는 사실 일본 특유의 것이 아니다. 노부시게와 야츠카가 자주 원용하는 쿨랑주(Fustel de Coulanges)에 따르면 유럽에서 한때 볼 수 있었던 발상이다. 『고대 도시』에는 이런 말이 나온다.

---

165 米原『アイデンティティ』29쪽은 쿠가 카츠난(陸羯南)의 「근시헌법고(近時憲法考)」에 유사한 제약론을 보게 된다. 그러나 쿠가의 논의는 "천황이 친히 제정하시어 황조황종의 영에 선서하옵시는 바인 이 헌법에 대하여는 제한을 받는 모습이다."라고 하면서, 고문에 있듯이 황조황종에 서약하여 만든 헌법에 구속된다(그 의미에서 입헌정체이다.)는 의미인 것으로 읽는다(「近時憲法考」 44-45쪽). 이것은 초헌법적 제약이 아니다.

166 『皇族講話会』10쪽.

167 松本『天皇制国家と政治思想』275쪽.

주의해야 할 것은 아버지의 권위가 최강자의 권리로부터 발생한 권력과 같은, 전제 권한은 아니었다는 것이다. 아버지의 권위는 가족 개인의 마음속에 있는 신앙에 그 근원이 있고, 그 한계도 저절로 신앙 그 안에 있었다.[168]

여기서 말하는 신앙이란 말할 것도 없이 조상 숭배의 종교(야츠카가 말하는 '조상교')다. 야츠카의 이론은 쿨랑주가 말하는 고대 로마의 가장권과 겹친다. 야츠카는 쿨랑주를 원용하면서 지배기구로서(즉 단순한 사법 관계가 아니라 공법 관계로서의) 가 제도가 서양 고대에도 존재한 보편성 있는 제도라는 걸 강조한다. 이 점은 노부시게의 주장과 겹친다.[169]

그리고 이러한 이론의 구조, 즉 실정법 내재적인 논리('법리')의 체계 밖에서 그것을 제약하는 원리를 발견하는 구조 역시 라반트의 이론에서 볼 수 있다. 라반트의 법학은 제정법의 범위 내에서 이론을 완결시키는 법실증주의가 아니라 제정법을 포함한 법질서의 기본을 이루는 원리를 탐구하고 그것을 법학의 주축으로 한다.[170] 그러나 야츠카의 경우, 그 원리는 라반트처럼 법학적 사색으로 구성된 것이 아니라 역사적으로 형성되어 온 고유법에서 추출된 국체라는 정치 원리였다. 역사의 가치를 발견하고 그것에 규범적인 힘을 인정한다는 아이디어는 바로 역사법학(역사주의)이며, 한 민족의 역사 속에 이 같은 원리를 발견하는 것은 독일 낭만주의로도 이어진다. 즉, 이 또한 서양적인 사고 속에 있으며 비서구적이고 괴상한, 독자적 사상은 아니다.

더 이상 아마테라스 오오미카미도 토오쇼오다이곤겐(東照大権現)[171]도 권위의 근원이 될 수 없는 메이지 세상에서 야츠카는 바로 서양의 최신 법학을 이용하여 국체의 정치적 정통성과 거기에 내재하는 초헌법적 원리를 이끌려 내려

168　クーランジュ『古代都市』142쪽(원서는 1864년 스트라스부르에서 간행).

169　노부시게도 전통적인 일본의 가 제도가 공법적 성격을 가짐을 세인트루이스 만국학술대회에서 밝히고 있다. *The New Japanese Civil Code*, p.43.

170　笹倉秀夫『法思想史講義〈下〉絶対王政期から現代まで』(東京大学出版会, 2007년) 174쪽.

171　[역주] 토쿠가와 이에야스(徳川家康)의 시호(諡号).

고 한 것이다.

덧붙이자면, 영국형의 의원내각제에 반대하고, 미국형 권력분립 제도를 지지한 야츠카의 국체론은 권력분립제도라고 하는 정권과는 완전히 양립하는 것이었다.[172] 여기에 그의 '천황 즉 국가'라는 주권론이 '법리' 수준의 명제이며, 정권 차원에서 독재를 허용한 것은 아니라는 게 드러난다.

새로 만들어진 전통으로서의 국체

일본 가(家) 제도의 보편성을 말하는 야츠카의 주장은 노부시게와 전혀 다르지 않다. 그러나 가족 국가관에 기초한 국체와 국민의 복리 증진을 묶는 야츠카의 논의는, 노부시게라면, 아마도 사회력에 의한 진화가 국민의 복리 증진에 이바지하는 방향으로 국체의 변화를 가져온다고 설명할 것이다. 이 점에서 노부시게의 관점은 과학자적(科学者的)·법 외재적(法外在的)이다. 어디까지나 대상을 관찰하는 제삼자의 관점에서 법 현상을 보는 것이다. 이에 대해 야츠카의 관점은 법 내재적(法内在的)이다. 즉, 법을 적용하는 측의 관점에서 정당화를 시도한다. 바로 법해석학적(法解釈学的) 시점(視点)이며, 그런 의미에서 야츠카는 이미 법 제도가 정비된 시대의 법학자이다.

그 후 야츠카가 펼친 국체론을 비롯한 다양한 국체론은 1930년대 일본정신론(日本精神論)의 시대를 거쳐 문부성의 『국체의 본의(国体の本義)』[173](1937[쇼오와

---

172 三谷 『陪審制』 281쪽. 또 穂積八束 『憲法提要上巻』 (有斐閣, 1910년) 107—135쪽 참조.

173 [역주] 1937년 "일본은 어떠한 나라인가"를 명확히 한다면서 당시의 문부성(文部省)이 학자들을 동원하여 편찬한 책자. "대일본제국은 만세일계(万世一系)의 천황 황조의 신칙(神勅)을 받들어 영원히 이를 통치하시옵고 이것이 만고불역의 국체(国体)"라고 정의한다. 이에 따르면 공산주의와 무정부주의가 부정될 뿐 아니라, 민주주의와 자유주의도 국체에 어울리지 않는다.

21년) 이후는, 황운부익(皇運扶翼)[174]으로 수렴되는 통일적인 해석으로 변하여 간다. 그 변화는 연속적으로 보이고, 역시 질적 전환이 있는 것으로 생각된다. 야츠카의 가족 국가관에 기초한 국체론은 적어도 처음에 구상된 시점에서는 서양 문화에 대치하는 일본 문화를 서양적인 법학 및 국가론에 반영시키는 시도였던 것으로 보인다. 그리고 그 점에서 노부시게의 논의와 질적인 차이는 없다.

그러나 여기서 밝혀 둘 필요가 있는 것은 야츠카의 의도가 이상과 같았다지만, 실제로 그가 상정한 가족 제도가 정말 일본의 전통문화였는지의 여부는 다른 문제라는 점이다.

서양의 법학이나 역사학의 기초에 선 일본 법제사학을 수립한 나카타 카오루(中田薰)는 그 대표작의 하나인 『토쿠가와 시대의 문학에서 보인 사법(私法)』에서 에도 시대에는 가독상속(家督相続)이라는 이름은 있었지만, 고대 로마와 같은 권력(Potestas)으로서의 가장권(家長権) 따위는 존재하지 않았고, 메이지 민법의 '호주권'이나 '가독상속'은 "예나 지금이나 유례가 없는 새로운 제도"라고 한다. 그리고 서민들 사이에 재산분할 상속이 널리 행해진 걸 지적하고 메이지 민법이 '가독상속이라는 것'을 창출하여 상속의 원칙으로 삼은 것은 '역사를 무시한 입법'이라 했다.[175]

나카타의 이 견해는 그 후 비판도 있고,[176] 또 메이지 유신 후 메이지 민법이 제정되기까지의 동안에도 가족을 둘러싼 법제와 관습에는 변화가 있다는 지적이 나오기도 하였다.[177] 한마디로 말하면, 호주권을 중심으로 한 '가'를 내세우는 법 제도로 가족생활의 실태는 부모의 친권을 바탕으로 한 현실의 생활 공동체가 되었다. 법전조사회(法典調査会)에서 우메 켄지로오(梅謙次郎)는 "관습이라

---

174 [역주] '교육칙어'에 나오는 표현.

175 中田薫『江戸時代の文学に見えたる私法』(岩波文庫, 1984년) 180쪽 이하 참조. 인용 개소는 208쪽.

176 大竹秀男「日本近代化始動期の家族法――伝統的家族の動揺」『家族史研究4』(大月書店, 1981년) 5쪽 이하 참조.

177 大竹・앞에 든 논문은 당시 "친권을 축으로 하는 불완전한 체계와 호주권을 축으로 하는 불완전한 체계를 상호 연관 짓지 못한 채 혼합하였다."라고 표현하고 있다(37쪽).

하면 오히려 옛 평민사회의 관습이 의외로 세력을 가진 쪽이 많았다고 생각"한다고 말했다.[178] 이처럼 가족을 둘러싼 일본의 전통은 원래가 통일적인 것이 아니었고 변화 속에 있었다. 그런 의미에서 일본의 전통적인 가족 제도의 내용은 자명하다고 하기 어렵고, 가족 국가관으로 쓰인 일본적 가족관이란 말 그대로 "만들어진 전통"이라는 측면을 부정할 수 없다.[179]

국민교육과 국민 도덕

제국주의화한 구미에 대치할 수 있는 국민 국가의 형성을 법적 측면에서 맡게 된 야츠카의 역할은 헌법 해석론을 준비하는 것만으로 그치지는 않았다. 이상 언급한 세 가지 단계를 통해 메이지 일본의 국가 체제를 정당화하려 한 야츠카의 프로그램에는 다시 제4의 단계가 준비되어 있었다. 그것이 이상과 같이 정당화되는 국가에 대한 충성심(忠誠心)을 조달(調達)하기 위한 국민교육(国民教育)이다.

일본이 서양 열강에 대항할 수 있는 강국이 되려면 단기간에 강국에 오른 프로이센과 같은 강력한 군사력과 충성심이 강한 국민이 필요하였다. 후자를 위해서는 국민 사이에 건전한 내셔널리즘을 육성해야 한다. 국민교육은 그것을 가능하게 하는 수단이다. 이미 언급했듯이, 독일을 비롯한 유럽 국가들은 1880년대 이후 현대 국민 국가를 형성하기 위한 국민교육, 특히 초등교육(初等教育)에 힘을 쏟았다.

---

178 분가 규정이 심리되던 제130회 회의(1895[메이지 28]년 10월 28일)에서의 발언. 앞에 든 『日本近代立法資料叢書5法典調査会民法議事速記録5』 668쪽.

179 川島 『家族制度』는 메이지 민법의 가제도에 대하여 "구 무사층(주로 메이지의 귀족·관료를 구성함)의 가족질서를 정부공인의 이상적 가족의 모습으로서 정착한 것"이라고 하는데(31쪽) 구 무사층의 가족질서의 실상을 둘러싸고도 논의가 있다는 것이다. 또 '만들어진 전통'에 관하여는 홉스봄=렌저 편·앞에 든 『만들어진 전통』 참조.

당시 일본에서는 현대 통일 국가의 유대를 형성하고 멸사봉공(滅私奉公)의 결속을 가능하게 하는 수단으로 가족 국가관에 기초한 교육을 생각하였다. 그러나 가족 국가관이 '만들어진 전통'이라면 그럴수록 단순히 그것을 주장하는 것만으로는 국민의 충성심을 만들어 낼 수 없다. 전통을 국민의 마음속에 심어 주는 교육이 필요하다. 야츠카는 스스로의 헌법 이론을 가지고 국민교육에 매진한다. 이노우에 테츠지로오가 유학했을 때 들었던 문제의식을 야츠카도 확실히 공유했던 것이다.

야츠카는 국민교육을 통한 일반적인 도덕의 창출을 목표로, 그것을 '국민도덕(国民道徳)'이라 불렀다.[180] 이것이야말로 국민 국가 형성의 수단으로 독일의 현실에서 그들이 배운 수법이다. 예를 들어 '국법 및 보통 교육'(1894년)에서 야츠카는 "국가적 자각심(国家的自覚心)"의 개발이 교육의 목적이라 하고, "공법의 대가인 스퇴르크[181]씨가 베를린에서 한 '국민교육'이라는 연설은 여론을 크게 움직였다."라고 독일 학자를 원용하였다.[182]

---

180 '국민도덕'이라는 말을 최초로 사용한 것은 西村茂樹『日本道徳論』(1887년)이라 한다. 三井須美子「国定第1期教科書改定運動」5쪽. 그러나 그것은 '국민의 도덕'이라는 표현의 단축형이지 자각적인 조어는 아니다. 마찬가지의 용법은 후쿠자와에게서도 볼 수 있다(時事新報論集「德教ノ説」(1883[메이지 16]년 11월 29일)福沢諭吉全集 第9巻[岩波書店, 1960년] 294쪽). 이에 대하여 야츠카는 교육칙어와 개정칙령 소학교령(改定勅令小学校令)(1890[메이지 23]년)을 논거로 내용을 채운 이 개념을 만들었다. 三井・앞에 든 論文6쪽. 국민도덕을 둘러싼 논쟁의 한 단면에 대하여 鵜沼裕子「国民道徳論をめぐる論争」今井淳＝小澤富夫編『日本思想論争史』(ぺりかん社, 1982년新裝版) 참조.

181 [역주] 스퇴르크(Felix Stoerk, 1851–1908)를 지칭하는 듯하다. 비엔나와 베를린에서 공부했고 그라이프스 대학 공법 교수를 지냈다.

182 『論文集』331쪽.

국민의 창출

천황을 정점으로 받드는 국가를 가족 관념으로 파악하는 발상 자체는 오래 전부터 존재했지만,[183] 그런 국민 국가를 법제화하는 가운데 메이지 이후 법제상의 대응으로 주목할 만한 것은 호적법(戸籍法) 제정이다. 1871(메이지 4)년 호적법(이른바 임신[壬申] 호적)은 "일군만민(一君万民), 즉 천황의 절대 최고의 권위 아래 모든 인민을 국민으로 파악하는 관념이다."[184] 지금까지 일본에는 서민을 대상으로 한 종문인별개(宗門人別改)[185]외에 신분별 기록이 있을 뿐, 모든 국민을 대상으로 한 통일적인 호적은 존재하지 않았다.[186] 이것을 고쳐 천황과 황족 이외는, 공경(公卿) · 다이묘오(大名)를 포함하여 모조리 지역적인 통일 호적에 편입한 것이다. 이를 호적법에서는 '신민일반(臣民一般)'이라 표현한다. 국민이라는 관념의 창출에 획기적으로 중요한 것이라 할 수 있다.

동시에 그것은 개인으로서 국민의 장악이 아니라 가(家)를 통한 장악이며, '천황제 국가의 기초인 〈가(家)〉의 창출을 도모한 것'이기도 했다.[187] 거기에서 호주는 "가장이면서 동시에 국가 행정 조직의 최말단의 기능을 가족에 대하여 담당하고, 이른바 국가 권력의 최하층에 계열화되어 있었다."라는 것이다.[188]

하지만 이것은 법제상의 이야기이며, 실제 '신민'의 생활은 '가'에서 독립한 직계 가족을 중심으로 가족생활을 영위하여, 호적상의 '가'는 관념화되어 갔다. 1880년대 후반(=메이지 10년대 초)에는 "지방세 호별 할당(戸数割)은 호적상의 '호'

183 松本『伝統と近代』24쪽 이하.

184 福島正夫「明治4년戸籍法とその展開」同『福島正夫著作集第2巻家族』(勁草書房,1996년) 61쪽.

185 [역주] 에도 시대 백성들의 종교종파(宗門)와 부역(夫役) 부담 가능 인력 조사(人別改) 대장. 오늘날로 보면 호적원부(戸籍原簿)나 조세대장(租税台帳) 같은 것.

186 자세히는 福島 · 앞에 든 책 3쪽 이하, 57쪽 이하.

187 松本『伝統と近代』32쪽.

188 松本『伝統と近代』30쪽.

가 아닌 생활 공동체로서의 '호', 즉 세대에 대하여 과세하기로 결정되었다."[189]

그러나 그 후 국민교육의 장에서는 호적법에 표현된 가족관을 의도적으로 채용하였다. 그 계기가 된 것이 1890(메이지 23)년의 교육칙어 발포와 특히 그에 대한 공식 유권적 설명이라 할 수 있는 이노우에 테츠지로오의『칙어연의(勅語衍義)』간행이다. 이노우에는 전술한 바와 같이 귀국 직후 발포된 지 얼마 안 된 교육칙어의 해설 집필을 의뢰받았다.

이렇게 하여 가족 국가관이 교육에 침투해가는 가운데, 야츠카는 초등학교 교육에서 사용하는 수신(修身) 교과서의 책정을 통해 국민교육에 참여한다.

두 사람의 이노우에와 야츠카

1893(메이지 26)년 제2차 이토오 내각에서 이노우에 코와시(井上毅)가 문부대신에 임명되었다. 이때 이미 결핵이 진행 상태였던 이노우에는 이 공무로 수명이 더욱 단축되었다(1895년 3월 사망). 이노우에는 야츠카를 "교과용 도서심사위원"으로 임명하고 동시에 사범학교 교원을 위한 헌법 교과서의 집필을 의뢰했다. 후에 그 원고는『국민교육헌법대의(国民教育憲法大意)』로 출판되었다(1896년). 귀국 직후의 야츠카를 '라반트의 학설에 심취한 사람'이라고 평한 이노우에 코와시는 곧 야츠카 이론의 위력을 간파한다. 그리고 그 이론의 교육 침투를 도모한 것이다.

이노우에 테츠지로오

이에 따라 야츠카는 조상 숭배에 의한 개인의 공동체 동화를 설파하고('국법 및 보통교육'(1894년 8월), 논문「법의 윤리적 효용」(1896년 5월)에서는 '국민 도덕'이라는 단어를 사용하기 시작하여, 이 개념의 보급을 도모한다. 이듬해 쓰인「국민교육」에서는 조상

---

189 小山静子「家族の近代」西川他編『文化変容』174쪽.

의 제사를 중시하고 부모에게 효도해야 하는 이유를 가르치는 것, 즉 국가의 성립 전체를 가르칠 필요가 있다고 하며, "프랑스와 독일의 최근 교육 방침의 지각 변동을 회고하라. 학교는 미래의 정부이자 국회이고 지방 의회이다."라고 하였다. 아울러 사회적 공덕(公德), 공동심(公同心) 같은 표현도 쓰면서 "국민교육은 공동심의 감화이다."라고 주장했다.

1899년에는 이노우에 테츠지로오(井上哲次郎)가 『칙어연의(勅語衍義)』 개정판을 출판하는데, 초판에서 '효제충신(孝悌忠信)'과 '공동애국(共同愛国)'이 기둥이 되어 "때의 예나 지금이나, 과거나 현재, 동양이나 서양을 묻지 않고, 무릇 국가를 조직하는 이상은 반드시 이 주의를 실행하는 것이다."라고 그 보편성을 강조하였다. 반면, 증보 개정판에서는 일본의 독자성이 강조된다.[190] 그 배경으로 1897년에 타카야마 린지로오(高山林次郎, 초규우[樗牛])와 공저로 발간한 『신편 윤리교과서(新編倫理教科書)』의 존재가 지적된다.[191] 거기에 이런 말이 나온다.

우리나라 고유의 도덕은 충효 두 글자로 나타낼 수 있고, 이것은 우리 제국의 특수한 건국의 사정 및 역사, 군주와 백성의 관계 및 가족 제도상 자연스러운 것이며, 구미 제국에서는 결코 볼 수 없는 바이니, 충과 효는 실로 우리나라 도덕의 양대 기초이며, 일체의 이륜(彝倫)[사람이 항상 지켜야 할 길]이 나오는 곳이니라.(이노우에 = 타카야마 『신편 윤리교과서』 5-6)

---

190 江島顕一 「明治期における井上哲次郎の「国民道徳論」の形成過程に関する一考察―『勅語衍義』を中心として」 慶應義塾大学大学院社会学研究科紀要: 社会学 心理学教育学: 人間と社会の探究 67호(2009년) 15쪽 이하는, 1891(明治24)년의 『衍義』 초판과 1800(明治32)년의 『増訂勅語衍義』의 변화를 논한다.

191 江島 · 앞에 든 論文 10쪽. 江島는 "초판에서 우리나라의 전통도덕이며 보편 도덕이라고도 하는 충효는 증정판에서는 우리나라 특유의 '가제도'라는 국가형태와 조상숭배 정신이 도출됨에 따라 양자가 일원화된 '충효 한 가지'로서 논구되기에 이른다." (같은 論文 22쪽)라고 한다.

이렇게 이노우에 테츠지로오 또한 조상 숭배와 그것을 기초로 하는 가족 국가관을 교육 분야에 들여왔다. 이후 야츠카와 이노우에(테츠)는 손을 잡고 국민 교육의 추진에 매진한다.

수신(修身) 교과서

그 활약의 장소가 수신 교과서(修身教科書)이다.

'수신(修身)'이라는 교과는 메이지 정부가 제정한 현대 교육 제도에 관한 최초의 종합적인 교육 법령인 1872(메이지 5년)년의 '학제'에도 보였는데, 당시의 텍스트는 번역된 미국의 교과서가 쓰였고,[192] 지식을 교수하는 과목의 하위에 놓였다. 1879년 제정된 교육령(教育令)에서도 마찬가지였다. 그러나 교육령 직전에 모토다 타카자누(元田永孚)가 기초한 교학성지(教學聖旨)[193]가 천황으로부터 제시된다. 이것은 이토오의 반론('교육의([教育議]')에 부딪치나 점차 유교적 덕육이 일반 교육에 도입되는 방향으로 사상 상황의 변화가 생겼다. 1880년에 개정된 교육령에서 수신(修身)은 여러 교과 가운데 첫머리에 걸려 있다.[194]

그 후에도 천황 친정의 실현을 목표로 하는 천황 측근 세력과 정부 관료 세력과의 사상적 대립이 계속되나 1890년 2월 지방장관회의가 '덕육(德育) 함양'을 문부대신에게 건의함으로써 그해 10월의 교육칙어(教育勅語)의 발포를 향한 큰 흐름이 만들어졌다. 이 지방장관회의 직전에 "이상한 지방장관의 대이동"이 이

---

192 당시의 교과서에 대하여는 滋賀大学附属図書館編 『近代日本の教科書のあゆみ―明治期から現代まで』(サンライズ出版, 2006년) 15쪽 이하(「修身教科書」(村田昇)) 참조.

193 [역주] 1879년에 나온 교육에 대한 천황의 견해. 당시의 교육이 지식재예(知識才芸)의 말(末)로 흘러 인간형성(人間形成)의 본(本)이어야 할 덕육(德育)을 소홀히 한다고 비판한다.

194 三谷・앞에 든 『日本の近代とは何であたか』 227쪽, 鵜沼・앞에 든 357쪽.

루어지는데, 그 배후에 회의를 주최한 내무상의 의도가 있었다고 한다.[195]

초등교육에서 사용되는 교과서는 1883년의 인가제(認可制), 1886년의 검정제(檢定制)를 거쳐 국정(国定)으로 해야 한다는 논의가 일어나 1903년 국정 교과서 제도가 성립하였다. 이듬해 문부성 편찬 첫 국정 수신(修身)교과서가 사용되었는데, 곧바로 수신 교과서의 내용에 대한 비판이 생겼다. '국민 도덕의 경전(経典)'(야츠카의 표현)이어야 할 교과서의 내용이 적합하지 않다는 것이다.[196] 거기에는 사이온지 킨모치(西園寺公望)·마키노 노부아키(牧野伸顕) 라인의 '세계주의' 방침에 이끌린 문부성 주도의 소학교 도덕 교육에 대한 불만이 있었다. 사이온지는 프랑스, 마키노는 미국에서 교육을 받았고 정권 중추에 있는 자유주의의 대표이다. 마키노는 사이온지 문부대신 밑에서 문부차관을 지내고 사이온지 수상 밑에서는 문부대신을 지낸다. 야츠카는 그들에 대한 비판 세력의 이른바 브레인으로 활약한다. 1904년 10월 무렵에는 쇼오카 촌숙(松下村塾)[197] 출신의 정치인인 노무라 야스시(野村靖) 등 3명의 추밀 고문관의 이름으로 쿠보타 유즈루(久保田譲) 문부대신에게 국정교과서를 비판하는 의견서가 제출되는데, 이를 기초한 사람이 야츠카였다.[198]

1908년에 사이온지의 뒤를 이어 카츠라 내각(桂内閣)이 성립하자, 교과서를 국민 도덕을 교육하는 것으로 하고자 노무라 야스시 등의 작업이 있었고, 교과

---

195 三井須美子「国定第1期教科書改定運動」6쪽.

196 비판을 받은 제1기 국정수신교과서의 편집위원장은 카토오 히로유키(加藤弘之)였다. 카토오는 교과서 작성에는 세계 속의 일본이라는 자각, 즉 '자립자영적(自立自営的)' 개인 정신의 양성이 필요하며, 이것을 비판한 노무라 야스시(野村靖) 등이야말로 '시세를 달관하는 밝음을 갖지 않은' '이단자'라고 반론하고 있다. 三井「国定第1期教科書改定運動」3쪽.

197 [역주] 에도시대 말기에 쵸오슈우(長州) 하기(萩, 현재의 야마구치현 하기시)에 세워진 사설학원. 이곳에서 요시다 쇼오인(吉田松陰)이 지도한 학생 중에 막부 말기와 메이지 유신 초기의 일본을 주도한 인재가 다수 배출되었다.

198 三井「国定第1期教科書改定運動」참조. 참고로 그 다음 해 토미즈사건(戸水事件)이 일어나 쿠보타(久保田) 문부대신은 12월 14일에 사직하게 된다.

용 도서 조사위원회가 설치되었다. 회장은 제1기 국정 교과서 편집 위원장을 맡은 카토오 히로유키(加藤弘之)였고, 야츠카는 이 위원회의 수신 부회(修身部会) 위원으로 선임된다('제1부[수신]'의 부장[199]). 부회 위원에는 이츠키 키토쿠로오 (一木喜德郞) 등 외에, 야츠카와 함께 독일로 유학한 모리 린타로오(森林太郞)도 참가하였다. 이 위원회에서 야츠카는 중요한 역할을 했다.[200]

수신(修身)의 부회에서는 야츠카가 자신의 학설을 주장하였고, "다른 위원들 사이에 그 덕목의 선택, 안배, 분량 등에 관한 간격이 커서 논의와 토론이 쉽게 끝나지" 않았다. 그러나 문부대신 코마츠바라 에이타로오(小松原英太郞)가 "고등소학교[201] 제3학년용 수신(修身)교과서 편찬에 대하여는 호즈미 박사의 의견을 채용했다."라고 한다.[202] 코마츠바라는 전에 내무대신 시대의 야마가타 아리토모의 비서관을 지낸 야마가타의 충실한 부하였다.[203] 이렇게 야츠카는 '국민 도덕의 경전'으로서의 제2기 국정 수신(修身) 교과서의 편찬에 깊이 관여하였다.[204] '국민 도덕'이라는 용어도 그렇고 '국민 도덕의 경전'이라는 표현도 캐치카피에 능한 야츠카가 적극적으로 사용한 말이다.[205]

이렇게 야츠카는 가족 국가관에 의한 천황·국가에 대한 충성을 교육을 통

---

199 関口すみ子 『国民道徳とジェンダー——福沢諭吉·井上哲次郎·和辻哲郎』(東京大学出版会, 2007년) 161쪽.

200 위원회 설치의 경위와 위원회에서 야츠카의 역할에 대하여는 三井須美子 「国定第1期教科書改訂運動」, 同 「『国民道徳』の形成過程(その2)」에 자세하다.

201 [역주] 고등소학교(高等小学校) : 메이지 유신부터 1941년까지 존재했던 후기 초등교육·전기 중등교육 기관의 명칭. 현재의 중학교(1학년과 2학년)에 상당한다.

202 三井 「『国民道徳』の形成過程(その2)」 7쪽.

203 三井 「国定第1期教科書改訂運動」 6쪽.

204 미츠이(三井)는 야츠카가 이노우에 테츠지로(井上哲治郎)의 가족제도론을 채용했다고 하나(『「国民道徳」の形成過程(その2)』 7쪽 등) 가족제도론에 대한 언급은 시기적으로는 노부시게 쪽이 빠르고, 야츠카와 이노우에가 노부시게의 가족제도론에 입각하여 이를 적극적으로 국가론에 활용했다고 할 것이다. 특히 노부시게와 야츠카 간에는 공간된 것 이외에 많은 커뮤니케이션이 있었을 터이다.

205 三井論文(「国定第1期教科書改訂運動」 「家族国家観(2)」)에 자세하다.

해 조달하는 것으로, 구미 열강과의 국제 경쟁에 이겨낼 국민 국가의 확립을 노린 것이다.

야츠카를 어떻게 보아야 할까?

이상과 같이 야츠카의 정당화 프로그램을 이해하면 민주주의 한계의 인식, 사회주의에 대한 경계, 천황을 중심으로 한 가족 국가관, 그리고 도덕 교육에 의한 국민 의식의 형성 등은 모두 라반트 등 독일의 공법 이론과 유럽에서 겪은 자신의 경험과 연결되어 있다는 걸 알 수 있다. 그리고 이러한 이론의 전개는 국제적 생존 경쟁이라는 그의 상황 인식 아래서는 나름대로 이유가 있는 것이었다. 그러므로 야츠카의 헌법 이론은 학계에서는 고립되었지만, 일본의 현실 정치를 담당하는 보수 세력에서는 중용되었다.

1911(메이지 44)년 2월에는 이른바 남북조 세이쥰 사건(南北朝正閏事件)[206]이 발생한다. 국정 제2기 역사 교과서가 남북조를 병립하여 기재한 것이 중의원에서 문제가 된 것이다.[207] 이에 따라 야츠카는 수신(修身) 교과서에 이어 교과용 도서위원회의 역사부회에 가담하여 역사 교과서(소학교 일본 역사)의 개정 작업에서도 분투했다. "북조(北朝)"라는 말조차 반대하는 야츠카와 같은 극단적인 의견은 부회에서는 소수였지만, 그러나 야츠카의 주장은 야마가타 아리토모와 그 뜻을 받은 코마츠바라 문부대신의 지지를 받았다.

이것을 보고 그가 권력에 아부했다고도 할 수도 있을 것이다. 또 당시의 정치 정세 속에서 야츠카가 정권 중추의 사람들과 어떤 위기감을 공유하고 있었

---

206 [역주] 이른바 남북조 시대(南北朝時代)에서 남조(南朝)와 북조(北朝) 어느 쪽을 정통으로 삼느냐를 둘러싼 논쟁. '세이쥰'에서 '윤(閏)'이란 "본래 있어야 할 것 외에 있는 것", "정통이 아닌 나머지 것"을 의미한다고 함.

207 兵藤裕己『太平記<よみ>の可能性—歷史という物語』(講談社学術文庫、2005年)241쪽 이하는 남북조정윤(南北朝正閏) 문제를 논하고 있다.

다고 볼 수도 있다. 대학을 퇴직하고 카마쿠라에서 정양하면서도 죽기 1년 전까지 야츠카는 정치적으로 계속해서 분투했다.[208]

야츠카의 사후 곧 일본 사회는 야츠카의 '법리'를 정치 권력이 이용하는 방향으로 방향타를 꺾는다. 그 귀결에 대해서까지 그의 의도에 맞는 것이었다고 해도 좋을지는 평가가 나뉠 것이다. 만약 야츠카가 장수하여 1935(쇼오와 10)년의 천황기관설 사건을 목격하였더라면 어떠한 대응을 하였을까?

그 이전에도 시대는 무거운 분위기에 짓눌려 1926년에는 야츠카와 스크럼을 짜고 국민 도덕을 칭송한, 가족 국가론을 추진했던 이노우에 테츠지로오조차 저서『우리 국체와 국민 도덕』에서 "3종의 신기(神器)[209] 중 검과 거울은 잃어버렸고, 남은 것은 모조품"이라고 한 부분이 토오야마 미츠루(頭山満) 등 국가주의자들로부터 불경스럽다는 비판을 받아 이듬해 발매 금지 처분을 받고 공직을 사퇴하는 필화 사건이 일어났다. 이로써 그의 사회생활은 사실상 끝난다.[210] 야츠카의 생전에도 전에 문부차관을 지낸 사와야나기 마사타로오(沢柳政太郎)가 저서에서, 일본에서는 천황과 백성의 조상이 동일하다고 말한 점을 들어 대일본국체옹호단(大日本国体擁護団)으로부터 "스스로 천조대신의 후예로서, 폐하와 동일한 핏줄에 속하는 것으로 생각하고 있는 것 같다."라는 비난을 받았

---

208 야츠카의 작용에 관하여는 三井須美子의 연구가 사료를 발굴하여 해명하고 있다. 「『国民道徳』の形成過程(その4)(その5)」, 三井「国定第1期教科書改定運動」참조.

209 [역주] 아마테라스에게 하사받아 현재까지 일본 천황이 계승한다는 세 가지 물건, 즉 칼(劍), 거울(鏡), 구슬(玉)인데, 천황을 포함하여 아무도 실제로 볼 수는 없는 귀중한 물건으로 여겨진다. 그렇기 때문에 이런 것들이 과연 실존하는지 의심하는 학자도 많다. 미래학자 앨빈 토플러는 이런 것들을 폭력(칼), 지식(거울), 돈(구슬, 보석)으로 풀면서 고대부터 인류 권력의 원천이었다고 지적하였다.

210 関口・앞에 든 책 164, 296쪽. 이 필화사건에는 당시 이노우에가 총장을 맡고 있던 大東文化学院의 내분이 얽혀 있음에 관하여 浅沼薫奈「井上哲次郎と大東文化学院紛擾─漢学者養成機関における『皇学』論をめぐって」東京大学史紀要27号(2009년)31쪽 이하. 関口・앞에 든 책 164쪽은 이노우에의 영향력은 이미 타이쇼오(大正)의 도래와 함께 괴이쩍게 되어갔다고 한다.

다.[211] 이 비판은 야츠카에도 향할 수 있는 내용이다. 이렇게 한번 노림을 당하면 한두 마디를 트집 잡아 공격당하는 시대로 들어간다.

사와야나기가 신문 「일본」에서 비판을 받을 무렵 육군 군의총감 · 육군성 의무국장 모리 오오가이(森鷗外)가 소설 「인 것처럼」[212]을 썼는데, 주인공 히데마로(秀麿)가 다음과 같이 이야기한다(1912년 1월).

조상의 영혼이 '있는 것처럼' 배후를 돌이켜, 조상 숭배를 하고 의무가 '있는 것처럼', 덕의 길을 밟아 앞길에 광명을 보고 나아간다. […] 야, 너, 이처럼 안전하고, 위험하지 않은 사상은 없지 않은가. 신이 사실은 아니다. 의무가 사실은 아니다. 이것은 아무튼 오늘날 인정하지 않을 수 없지만, 그것을 인정한 것을 공으로 내세워 신을 모독한다. 의무를 유린한다. 거기에 위험이 시작된다. […] 아무리 해도 '있는(=인) 것처럼'을 존경하는 나의 입장 말고 다른 입장은 없다.

이 소설이 나오기 정확히 1년 전, 대역(大逆) 사건으로 체포된 코오토쿠 슈우스이(幸德秋水) 등의 사형이 집행되었다. 오오가이는 이 사건으로 촉발된 것으로 보이는 작품을 몇 편 썼는데, 『인 것처럼』은 그중 하나다.[213] 오오가이는 육군의 고관이면서 사실을 있는 그대로 말하는 것이 신변의 위험을 초래하는

---

211 三井 「『国民道徳』の形成過程(その6)」 91쪽. 1911(메이지44)년 3월 14일자 신문 〈日本〉의 기사에 따른 비판.

212 [역주] 모리 오오가이(森鷗外) 소설 「인 것처럼(카노요우니 かのように)」: 1912년 1월 잡지 중앙공론(雜誌中央公論)에 게재된 소설로 문고판 30쪽 분량이다. '인 것처럼'이란 "'…인 것처럼' 생각하지 않으면 안 됨"을 고뇌하며 쓴 소설이다. 예컨대, "사람의 생명은 소중한 것'인 것처럼' 생각하지 않으면 사회는 성립하지 않는다."라는 식의 어법이다. 모리가 다룬 것은 일본의 신화와 황실의 정당성을 어떻게 생각하는가의 문제이다. 코지키(古事記)와 같은 신화도 역사로서 정당한 것'인 것처럼' 생각하지 않으면 황실의 정당성은 없어져 버린다는 식이다.

213 浜田雅代 「森鷗外と大逆事件─『あそび』『食堂』『田楽豆腐』研究」 富大比較文学 3집 78쪽(2010년) 참조.

시대의 공기를 작품에 담으려고 했다.

그런데 이 대역사건도 또 호즈미 형제와 무관하지 않다. 코오토쿠 슈우스이가 미국에 체류하던 때, 노부시게와 야츠카가 미국에 유학하고 있던 동료 교수와 연계하여 재미 무정부주의자(無政府主義者)들의 움직임을 살펴 야마가타에게 통보하는 역할을 담당하였다는 사실이 야마가타 앞으로 온 서한에서 엿볼 수 있다.[214]

또한, 나가오 류우이치의 연구[215]에 따르면, 우에스기 집안에는 미노베와 우에스기 논쟁 때 야츠카가 우에스기 앞으로 보낸 서한이 5통 남아있으며, 그중 일부는 읽고 바로 불 속에 던지라고 지시하여 자신이 문부대신과 연락을 하는 등, 뒤에서 공작을 하고 있다는 걸 시사하는 내용도 포함되어 있다. 토미즈(戸水) 사건 때는 대학의 자치를 지키기 위해 직을 걸고 국가 권력에 맞선 야츠카는 여기에서 논적을 타파하고자 국가 권력을 사용하려고 했던 것일까?[216]

다만, 적어도 그가 서양 법학 수용을 통해 전개하려고 했던 정당화 프로그램은 이러한 언론 탄압과 권력의 행사와는 구별되는 것으로, 즉 일본인에 의한 서양 법학의 최초 수용 방식의 하나로 평가하는 것이 가능하다고 생각한다.

---

214 大原慧『幸徳秋水の思想と大逆事件』(青木書店, 1977년) 242쪽 이하.

215 長尾『日本法思想史研究』245-246쪽.

216 長尾『日本法思想史研究』107쪽 참조.

제9장

근대 일본에서의 '법'과 '법학'

近代法における
債權の優越的地位

我妻 榮著

學術叢書
(1)

有斐閣

와가츠마 사카에(我妻 栄) 『근대법에서의 채권의
우월적지위近代法における債権の
優越的地位』(有斐閣, 1953)

놓쳐버린 시대

메이지 초기 일본의 법학은 외국의 법제도를 '맹목적으로 모방'하는 '비교법적 무자각(比較法的無自覚)의 시대'(노다 요시유키 野田良之) 라든가 '세계적인 추세'를 추종하던 시대(오노 세이이치로오 小野清一郎)라 이야기되었다. 그러나 이 책에서 밝힌 것처럼, 서양 법학을 '맹목적으로 모방'하는 따위의 일은 당시의 민족주의와 지식인의 자존심이 허락하지 않았으며 맹목적 모방은 문화적으로 용인하기 어려울 정도로 법과 사회와의 괴리를 초래하고 말았을 것이 틀림없다.[1] 현실은 지금까지의 통념과는 반대로 일본의 역사와 전통의 부정 없이 서양 법문화를 도입하기 위한 일본 최초 법학자들의 지적 격투의 역사가 있었다. 그들의 노력의 성과가 있었기에 다음 세대는 위화감 없이 일본어로 법학을 논하고 계수법의 일본식 운용에 성공할 수 있었던 것이다.

그러나 그 시대의 존재 자체가 점차 멀어져 갔다.

1942(쇼오와 17)년에 '일본법리(日本法理)'를 주장하는 입장에서 메이지 이후의 법률학을 회고한 형법학자 오노 세이이치로오는 시기를 넷으로 나누어 논한다(일본법리의 자각적 전개). 첫째, 성법학(性法学, 자연법학)의 시기, 둘째로 개념법학(概念法学)의 시기, 셋째로 사회법학(社会法学) 및 자유법론(自由法論)의 시기, 그리고 넷째 전체주의 법학(全体主義法学)의 시기이다. 그러나 만국공법을 필사적으로 알려고 했던 '성법학' 시대와 계수된 법전의 해석을 상정한 '개념법학'의 시대 사이에는 커다란 지적 격차가 있다. 이러한 견해에서는 법전을 전제로 한 개념법학적인 법실증주의(法実証主義)가 지배하기 전에 이러한 법 해석학을 가능하게 하는 터전을 만든 노부시게 등의 역할이 빠져 버린다. 노부시게가 유학에서 돌아와 활동을 시작해서 약 60년 정도로 노부시게 등의 시대의 기억이 후진 법학자에서 사라져 버린 것이다. 일본 최초의 법학자가 어떻게 서양 법학을 수용했는지, 거기에 어떤 지적 투쟁이 있었는지는 실증적으로 거의 검

---

1 岩谷十郎＝片山直也＝北居功編『法典とは何か』(慶應義塾大学出版会, 2014년) 45쪽 注47(岩谷)도 '비교법적 무자각의 시대'라는 시대구분에 의문을 제기하고 있다.

토되지 않은 상태다.

일본인이 아직 전문적인 법학의 논의에 들어갈 힘이 없던 시절의 논의, 예를 들면 니시 아마네(西周)와 츠다 마미치(津田真道) 등의 저작은 정치 사상사의 연구 대상이 되었다. 한편, 각 전문 영역별로 서양 법학을 본격적으로 도입하기 시작한 시기 이후의 업적은 법학을 수직적으로 세분화한 각 전문 분야의 연구 대상이 되었다. 그러나 법학이 전문화·분화되기 직전에 각 전문 영역의 서양 법학 수용의 기초를 만든 노부시게 등의 시대는 법학의 전문 연구이면서 그후의 좁은 전문 분야의 틀에 맞지 않는 학문이었기 때문에, 각 전문 분야의 기억에서 지워져, 점차 사라져갔다. 오히려 누락되었다는 자각조차 없이 외국의 법학이 번역으로 도입되었다는 선입견으로 파악되고 그 이상 들어가지 못했다.[2]

우리는 동양의 토양에 서양 법학을 처음 심어준 이 시기에 무슨 일이 일어났는지를 정말 이해하고 있었던 것일까?

법학 수용의 어려움

서양식의 법전은 물론 법학의 산물이지만, 법전의 계수 자체는 그다지 어려운 일이 아니다. 메이지 초기 일본이 그랬던 것처럼 서양인 전문가에게 기초를 의뢰하면 그만이기 때문이다. 그러나 그 법전을 운용하려면 법전의 배후에 있는 법적 사고 양식을 익힌 법률가를 양성해야 한다. 그러기 위해서는 법률가를 자체적으로 양성하기 위한, 자국어로 표현된 법학이 필요하며, 그것을 가능하게 할 자국의 법학자가 필요하다. 자국어로 법학의 연구와 교육에 종사하는 법학자가 탄생했을 때, 비로소 법학의 수용이 이루어졌다고 할 수 있다. 그러나 법률의 수용은 서양과는 이질적인 문화적 토양에서는 쉬운 일이 아니다.

법전 정비는 조약 개정의 수단으로 서두르지 않을 수 없고, 거기에 맹목적

---

2 하지만 간략한 것이긴 하지만 牧野 『日本法的精神』이 노부시게의 저작에 관하여 내용에 따른 검토를 하고 있다는 것이 주목할 만하다.

모방의 요소가 없었다고는 할 수 없다. 그러나 법학의 맹목적 수용은 말하자면 세뇌이다. 기존의 사상과 전통에 대한 강렬한 자부심에 눈뜬 일본의 토양에서 자연법학이든 역사법학이든 맹목적으로 수용한다는 것은 불가능했다.

그러나 지금까지 법전의 계수에 관한 연구는 있었지만, 그것을 운용하는 사고의 틀인 법학의 수용에 관한 관심은 충분했다고 말할 수 없다. '학설계수(学説継受)'라는 말로 서양의 특정 학설이 일본법의 해석론으로 도입되는 장면은 연구되었는데,[3] 예를 들면, 독일의 특정 법이론(학설)을 계수하려면 그 전제로 법의 해석과 법적 논리의 모습에 대한 기본 개념이 수용되어 있어야 한다. 그런데 그 기초가 어떻게 만들어졌는지는 충분히 연구되었다고 할 수 없는 것이다.

서양 법학 수용의 실상

이 책을 통해 밝혔듯이 호즈미 형제를 통해 수용된 서양 법학은 한마디로 말하면, 일본의 전통을 서양의(즉 보편성이 있는) 씨름판 위에서 정당화하기 위한 무기였다. 수용을 맡은 사람들은 서양 법학을 문화적 배경을 포함하여 깊이 이해하고 있었으면서 동시에, 서양 문명과 대치하는 속에서 새롭게 자체의 역사와 전통을 재인식하고 그것을 서양법학의 이론적 씨름판 위에 자리매김하여 그 존재 이유와 합리성을 보여주려고 했다. 그것은 서양 법학이 급류가 되어 밀려오는 가운데 일본의 독자성을 유지하기 위해서는 불가결한 작업이었다. 대외적으로 그랬던 것과 동시에 국내적으로도 이노우에 테츠지로오(井上哲次郎)가 교육칙어의 설명을 회고하여 말하듯이, 서양에서는 서양의 학문을 익힌 엘리트들에게는 일본의 독자적 색깔을 낸 산물(헌법, 교육칙어, 가족법 등)을 서양의 이론으로 설명할 것이 요구된 것이다.

---

3 대표적인 연구로서 北川善太郎『日本法学の歴史と理論—民法学を中心として』(日本評論社, 1968년).

그러려면 서양 법학의 전통을 역사적으로 이해하는 것이 필요했다. 노부시게는 철저하고 놀라울 만큼 넓은 시야로 비교역사법학(比較歷史法学)을 그 방법론으로 채택했다.[4] 이러한 시야의 넓이는 일본의 법학에서 이후에도 이어져 일본은 비교법학(比較法学)이 번성한 나라가 되었다. 그러나 노부시게 같은 시야의 넓이는 점차 사라지고 비교법의 대상이 구미 선진국에 한정되어 간 것은 바로 그 일본 법학의 체질을 나타내는 것이라고 할 수 있다.

학제적 지향이 강하다는 점도 노부시게가 모델로 제시한 방법론이었다. 진화론적인 진행 방향을 폭넓은 비교법적 · 학제적 연구로 추출하는 수법[5]은 예를 들어, 노부시게보다 2세대 뒤의 학자인 와가츠마 사카에(我妻榮, 1897–1973)의 『근대법에서의 채권의 우월적 지위(近代法における債権の優越的地位)』(유비각, 1953년)에서도 볼 수 있다.

거칠기와 넓이

무엇보다 오늘의 법학 연구 방법의 관점에서 노부시게를 되돌아보면 그 광대무변한 연구 대상의 설정 방법은 학문적 연구의 방법으로 의문을 품게 하는 것도 부정할 수 없다. 그의 저작의 명제 하나하나가 논증이 부족하고 사료적 뒷받침이 충분하지 않다는 인상을 준다. 그러나 이와 관련하여서는 필자 자신에게 이런 개인적인 경험이 있다.

1990년대에 중국이 서양의 법학을 본격적으로 흡수하기 시작했을 때, 필자

---

4 穂積重行 「比較法学と穂積陳重」 173쪽은 "요컨대 노부시게는 법률이라는 것을 '인간학'으로 이해하고 싶다는, 그러한 자세였던 것이 아닌가"라고 한다. 그러나 그것은 단지 학자 한 사람의 지적 기호가 넓다는 문제가 아니라 그에게 기대된 시대적 역할이기도 했다.

5 이 수법은 당시(20세기 초두) 노부시게도 인용하는 레이몬 샤레이유가 역사법학을 바탕으로 한 자연법론을 부흥하는 것으로 프랑스 법학에 가져온 방법론과 겹치는 바가 많다. 時本 『オーリウ』 72-73쪽.

밑에서 한 중국인 유학생이 공부하고 있었다. 그가 선택한 주제는 담보법이었는데 담보 제도의 사회 경제적 배경을 포함하여 너무도 장대한 테마로 논문을 작성하려고 하기에, 나는 지도교수로서 좀 더 대상을 좁혀 볼 것을 조언했다. 그러자 그 학생은 지금 중국에 필요한 것은 좁은 영역의 깊은 연구가 아니라 전체를 내려다보는 연구라고 필자에게 설명했다. 그 말을 듣고, 실은 그런 것일까 하고 느꼈다. 앞으로 현대법을 정비하고자 하는 국가에서 찬합의 구석구석까지 훑는 것과 같은, 깊고 좁은 연구는 선구자의 역할이 되지 못한다. 진정으로 요구되는 것은 후진 전문가에게 조감도를 주는 큰 시야의 연구라고 나는 이해했다.

무엇보다 중국은 공산당 정권하에서 일단 서양적 가치를 배척했다고는 해도, 이전의 청나라 말에 제정까지 이르지는 않았다지만 일본인 법률가 마츠오카 요시마사(松岡義正)의 조력으로 "대청민률초안(大淸民律草案)이라는 민법이 기초되는 등의 역사가 있었다. 청나라가 망한 후에 난징 국민당 정부는 일본 유학 경험이 있는 법률가들에게 독자적으로 민법을 제정하도록 했다(1931년 전면 시행). 이 중화민국민법(中華民国民法)은 제2차 세계대전 후 대만에서 수많은 개정을 거치면서도 효력을 유지하고 있다.[6]

이처럼 중국은 과거에 서양식 법전 제정의 경험이 있다. 그 위에 선 서양 법학의 수용이다. 이에 대해 메이지 시대의 일본은 서양 법학과의 접촉 경험이 없는 토양에 처음부터 서양 법학을 수용하려던 상황이었다. 그 나라의 첫 번째 법학자의 선구적 연구가 사정 범위가 넓은 것은 말하자면 당연한 일이다. 그 연구 성과는 부분 부분을 꺼내 보면 후세의 전문화된 법학의 비판에 버틸 수 없는 조야함을 면할 수 없다. 그러나 노부시게의 법률 진화론은 세상을 넓게 바라보고 그 안에서 사회의 발전과 법의 진화라는 역사의 흐름을 후진들에게 보여주었다. 게다가 한 시기의 유럽을 역사적으로 상대화할 수 있을 만큼의 고대에서 현대에 이르는 역사적 시각을 지녔다. 그래서 유럽의 상황이 변화하

---

6 陳自強＝黃浄愉（鈴木賢訳）「台湾民法の百年—財産法の改正を中心として」北大 法学論集 61권 3호 227쪽 참조.

는 가운데, 자연법의 역할에도 정당한 평가를 제공하고, 19세기에 세계를 리드한 독일 법학의 결정체라고 할 독일 민법전의 법의 문체에 대해서도 주목할 만큼 냉정하고 비판적인 평가를 내릴 수 있었던 것이다.

그러나 우리는 그 후의 일본 법학의 기초를 만든 이 인물의 법학을 내재적으로 이해할 수 있다고는 말할 수 없다.

노부시게가 씨름한 과제

법실증주의적인 경향이 강하고, 연구의 학제적인 폭도 좁아진 오늘날에는 노부시게가 다룬 테마는 법학의 시야에서 벗어나 버렸다. 그러나 노부시게는 서양적인 법의 관념에 대하여 그 원초적 형태에서 오늘날의 법에 이르기까지 당시의 다양한 학문 분야의 최신 성과를 고려한 법에 대한 학제적 연구를 종합하는 학문으로서 법률진화론(法律進化論)을 구상했다. 거기에는 알베르트 포스트(Albert H. Post)에 의해 발견된 당시의 학제적인 비교법학(比較法学)[7]의 최신 성과를 감안하면서 노부시게 자신의 문제의식을 기반으로 한 연구의 성과가 반영되어 있었다. 그리고 시대의 제약이 있다고는 해도, 서양의 법과 법학이란 도대체 무엇인지를 동양 문화의 교양에 서서 근원적으로 파고든 것이다.

그것은 서양에서 수 세기에 걸쳐 수많은 석학이 해 온 연구의 전체를 총괄하고, 거기에 중국과 일본의 데이터를 담아 독자적인 연구 성과로 제시하고자 하는 것으로 너무도 장대한 과제이다. 다른 문화에서 자란 사람이 해낼 수 있는 일이 아니었다. 그런 의미에서 학문적 조야함과 논증의 박약함은 불가피하지만, 그러나 그의 연구를 바탕으로 하여 이후 일본의 법학은 자립해 갔다.

또한, 법률 용어를 처음부터 만들고 법조문을 처음부터 기초해야 했던 자신의 경험은 법의 언어와 문체에도 날카로운 시선을 돌리게 했다. 그러나 그는 한편으로는 법이 시(詩)였던 시대까지 고찰하는가 하면, 다른 한편으로 독일

---

7   石部「明治期の日本法学」98쪽 참조.

법의 국어 순화 운동과 일본 법 문장의 난해한 한자화(漢字化)에 대하여 비판적 관점을 제시하는, 폭넓은 진화론적 법이론을 만들어 냈다.

먼저 이러한 넓은 시야의 법학이 자국에 성립한 결과, 전망이 좋은 지도가 주어진 다음 세대는 더 이상 두 문명의 상극이라는 어려움을 겪는 일도 없이 저마다의 법학의 세계에 들어가 자기 전문 분야의 연구를 해왔으며 또는 실무를 맡을 수 있게 되었다. 그것이 너무 당연한 것처럼 보였기 때문에 법학 수용의 초창기의 어려움을 잊어버리기 쉽고, 또한 동·서 문화의 차이를 경시하는 경향이 생겼는지 모른다.

노부시게 후의 법학

노부시게는 유럽에서 역사법학을 가져왔다. 그리고 서구화에서 뒤처진 것으로 부정될 운명에 있었던 일본의 고속(古俗)·유제(遺制)에 진화론적 입지를 주는 것으로, 그것이 사회의 변화 속에서 소멸 또는 변화하는 것이라는 법학적인 설명을 주려고 했다. 그것은 역사와 전통이 있는 일본 문화의 자존심과 충돌하지 않고 서양법을 도입하기 위해 필수적인 단계라고 생각했기 때문이다.

하지만 그가 가져온 역사법학은 새로 서양법을 계수하는 장면에서는 독일의 게르마니스텐 같은 역할을 맡는 것은 무리였다. 서양식 법전 정비 과정에서 일본의 역사적 관습법을 법전에 반영할 여유가 주어지지 않았기 때문이다. 따라서 독일과 달리 법전편찬과 역사법학은 분리된 것이다.

그리고 일단 법전이 만들어지면 바로 법실증주의의 정신이 고개를 들어, 서양식의 법이론으로 서양식 법을 해석하는 법 해석학이 주류가 되었다. 원래 유교의 전통은 고전 해석학이라는 형식을 갖고 발전해온 것이며,[8] 일단 수입된 서양식의 법전을 말하자면 유학(儒學)의 고전처럼 해석하는 것은 일본의 지식인들에게 오히려 익숙한 학문적 방법이었다고 할 수 있다. 그 후 일본의 법학

---

8   渡辺浩 「儒教と福沢諭吉」 104쪽.

자에게 법학이란 사서오경과 같은 텍스트를 해석하는 것이라고 이해되고 실제로 이후 일본의 법학은 '법해석학'이라고 불리었다. 그리고 민법전의 경우 노부시게를 비롯하여 기초자들은 곧 신격화되어, 그들이 만든 법전을 후세의 인간이 개정하는 것 따위는 생각지도 못한다는 시대가 오랫동안 계속되었다.

역사법학의 의미

그럼 역사법학에는 의미가 없는 것일까? 법이 역사적 산물이라는 생각은 노부시게를 통해 확실하게 수용되었다. 즉, 역사법학은 노부시게가 실천한 비교역사법학으로 수용되고, 일본이 수입하는 서양법을 법의 발전단계론(発展段階論)이라는 눈을 통해 평가하는 태도를 낳았다. 이것은 특히 토오쿄오 (제국)대학 법학부 법학 스타일에 반영되었으며, 제2차 세계대전 이후의 마르크스주의 법학에서 "전근대(前近代) → 근대(近代)"라는 시민 사회론(市民社会論)의 역사적 공식이 위화감 없이 수용될 소지도 되었다고 생각한다. 그리고 비교법을 통해 법의 발전 단계를 인식하고 최신 법의 모습을 평가하여 일본에 도입한다는 스타일이 일본식 법학 방법론의 한 전형이 된 것이다.

그에 비해 자연법적 사고는 계몽주의적 이성신앙(理性信仰)도 없고 그리스도교 신앙도 없는 일본에는 결국 정착하지 않았다. 선왕의 길을 금과옥조로 삼는 유학(儒学)은 일종의 자연법(自然法)이지만, 자연법학과는 결부되지 않고 오히려 법전을 경전화(経典化)하는 방향으로 작용한 것으로 보인다.

노부시게와 야츠카

노부시게와 야츠카의 법학에는 다양한 차이가 있다. 그러나 서양 법학의 수용이라는 관점에서 보면 오히려 일반적인 측면이 많다는 것을 이 책은 밝혔다.

얼른 볼 때의 큰 차이도 법전편찬 이전과 이후라는 서양 법학 수용의 타이밍에 따른 것이 적지 않다. 법전편찬 이전의 법학자 노부시게에게는 법학은 과학이며, 외재적·학제적 관점에서 법을 파악하는 자세가 강하다. 이에 대해 법전편찬 직후의 법학자 야츠카의 관점은 법내재적이고 법실증주의적인 해석학의 자세가 강하다. 서양의 법과 법학 전반의 수용을 맡은 노부시게는 법의 진화를 큰 역사적 변화 속에서 파악하였고, 민주적 방향으로 진화, 법의 세계적 통일(만법귀일[万法帰一])을 향한 진화에 대한 신념이 강하였다. 한편, 프로이센 스타일의 헌법전 해석이론을 맡은 야츠카는 당연한 일이지만 기초자가 의도한 국가 체제의 정당화로 향했다. 이처럼 각각 맡은 역할의 차이에서 유래하여 두 법학도 사이에 차이가 크다. 하지만 야츠카도 스스로가 정당화를 떠맡은 '국체'가 영구불멸이라고 생각했던 것은 아니다.

"가(家)니 나라(国)니 하는 사회의 구성은 종천극지(終天極地)의 통칙이 아니라 할 것이다. 그렇지만 현금의 세계는 사회진화의 요건이 되어 임금과 아버지 없고 집과 나라 없이 평평 탄탄한 개인이 고립하여 생존할 수 있는 경우는 아직 가공의 몽상에 속한다." (「公法及国家主義」 논문집 345-346쪽).

그런 의미에서 양자의 차이는 정도의 차이라고도 할 수 있지만, 노부시게는 '종천극지'라고까지는 말하지는 않는다. 역시 질적인 차이는 있을 것이다.[9]

이처럼 두 사람의 법학에는 근본적인 차이점을 볼 수 있다고는 해도 서양 법학의 수용이라는 관점에서 보면 그들의 학문적 스탠스는 공통점이 있다. 그리고 그들이 서양 법학의 씨름판에서 정당화하려고 한 일본의 전통을 거슬러 올라가면 결국 일본적인 가족관, 국가관에 이른다. 이 원류에서 그들의 사상은

---

9   이 점은 小柳 「穗積陳重と舊民法」도 同旨. 코야나기(小柳)는 노부시게가 개인주의의 「도래는 필연이라고 이해하면서 그것을 두려워하고 있었다고 생각할 수 있다」(123쪽)고 말하나, 두려워하고 있었는지 어떤지는 알 수 없다. 과학자이고자 한 노부시게의 신념에서 보자면 가치중립적으로 보고 있었다고 생각된다.

나눌 수 없이 겹쳐져 있다. 이 책이 도달한 지점에서 돌이켜 보면 노부시게는 결코 '두 얼굴'(7장 참조)을 가진 학자로는 보이지 않는다.

　노부시게와 야츠카 사이에서 큰 차이를 보이는 자세는 두 사람의 성격 차이로 만들어지는 면도 있을 것이다. 노부시게는 학구적인 생활을 좋아하고, 공무를 한사코 피하려 했다. 귀족원 의원도 일찌감치 물러난다. 그럼에도 국가의 필요 때문에 학구적 생활에 전념하려는 길이 막혔다. 한편, 야츠카는 현실 정치에 적극적으로 뛰어들어 특히 국민 교육에 관해서는 정치의 이면 공작에까지 관여했다. 그것을 노부시게가 달갑게 여기고 있었다고는 생각할 수 없다. 야츠카의 사후에 제자인 우에스기 신키치(上杉慎吉)가 유고를 편집하여 간행하려 했던 『헌법대의(憲法大意)』에 대한 노부시게의 태도에서 그런 면이 엿보인다. 우에스기는 야츠카에 기대어 현실 정치에 뛰어들려 했고 논쟁도 적극적이었다. 그러나 야츠카는 자신에게 반항적이었던 젊은 시절부터 우에스기를 총애하여 만년의 학계에서는 야츠카를 이해한 것은 거의 우에스기 한 사람뿐이었다. 따라서 우에스기에 의한 유고의 출간을 야츠카 자신은 바랐는지도 모른다. 그러나 노부시게는 마지막에는 출판에 동의했다고 해도, 그 「발문」의 말미에 다음과 같이 썼다.

"학자가 저술에 뜻을 두었으나 아직 그 일을 마치지 못하고 죽다니 이보다 더한 불행이 없다. 이 책의 발간에서 바라건대 죽은 아우가 명복을 누리기를. 나는 아직 망제(亡弟)의 유고를 읽지 않았고, 애당초 그 학설의 당부를 모른다. 오호라 이 책이 과연 야츠카를 알게 하는 것인가? 이 책이 과연 야츠카를 죄스럽게 하는 것인가?"

'서양의 이해'라는 목적

제2차 세계대전 직후 일본의 법학자는 과거가 부정됨으로써 빈자리를 채우기 위해 최신의 서양 법이론을 수입하는 것이 사명이었다. 메이지 유신 이후 그럭저럭 서구화되던 일본 사회에서 재차 서양법 문화의 수입은 지금까지의 서양 이해를 반성하는 데서 시작됐다. 전후의 지식인은 문화적 배경을 포함하여 어떻게 서양을 정확하게 이해할 수 있을지를 놓고 겨루었다. 요시다 켄이치(吉田健一)는 『유럽의 세기말』[10]에서 19세기 유럽은 진짜 유럽이 아니라고 말하는데, 그런 것이 각광을 받는 지적 분위기가 있었다. 이것은 19세기 유럽을 모델로 근대화를 이룩하고자 했던 메이지 시대의 목표 설정에 대한 근원적 비판이라 할 수 있다.

이 시기에 서양 법이론의 수입을 주도하는 역할을 한 사람들은 자신들의 모습을 과거에 비추어 메이지 시대에 서양 법학의 수용을 맡았던 사람들도 같은 일을 하고 있다고 생각했다. 그러므로 그들의 서양 이해가 표층적이고 치졸하게 비친 것이다. 그러나 그 인식은 꼭 옳은 것은 아니다.

메이지 초기에 서양화 역할을 맡은 사람들은 우선 정책 형성의 목표로 삼을 만큼의 구체성을 가진 서양의 이미지를 만들어 내야 했다. 역사상 전례가 없는 이 문화혁명의 방법으로 "역사적 실체로서의 유럽을 도입 가능한 여러 기능 체계로 간주했다."[11] 종교조차 극히 기능적으로 이해하고, 천황제는 그리스도교의 기능적 등가물로 자리 매겨졌다. 성가신 것은 근대 서양에 존재하지 않는 일본 관습·제도의 취급이다. 특히 그것이 일본의 역사와 문화에 뿌리를 내리고 있는 경우에는 그것을 단순히 뒤진 제도라고 치부하는 것은 일본의 문화적 자존심과 심각한 상극을 낳았다. 그래서 노부시게 등은 서양적인 법문화 속에서 어떻게 일본의 전통을 정당화할지를 생각했다. 그들이 서양에서 공부한 법학은 이를 위한 무기로 쓰인 것이다.

당시 일본의 정치를 견인한 목표인 부국강병은 일본 근대화의 수단인 동시에 국가로서 일본의 생존을 위한 정책이었다. 한편, 서양 법학의 수용은 서양

---

10 岩波文庫, 1994년. 이 책에서 요시다(吉田)는 18세기야말로 유럽의 완성기라고 보고 있다.

11 三谷 『戦争と政治』 195쪽.

법 계수의 수단이자 일본의 역사와 문화의 생존을 위한 이론 무장의 양상을 띠고 있었다. 서양을 정확하게 이해하고 본받는다는 자세는 메이지 시대에 법학 수용을 리드한 법학자들의 목표는 아니었던 것이다.

그 후 일본의 법학

현대 일본의 법과 그 운용은 현대 일본의 법학에 의해 지원되고 있다. 여기서 말하는 법학이란 개별 법 분야의 세세한 지식의 총체를 말하는 것은 아니고, 노부시게가 수용에 임한 바와 같은, 개별 전문 분야 법학의 전제가 되는, 널리 법에 대한 지식과 사고방식을 의미한다. 법은 진화하는 것인가, 올바른 법을 관념할 수 있는가, 각국에서 법의 내용이 다른 이유는 무엇인가, 등등을 물어 법의 분류, 기본 개념, 기본 원리 등등을 준비하는 학문으로서의 법학이다. 치밀함과 깊이의 정도에 차이가 있을망정 법학자와 법률 실무자 등 법에 관계하는 사람들은 모두 머릿속에 법학이 있다. 법학 교육은 구체적인 지식 전달의 전제로서, 그런 의미에서의 법학 교육도 목적으로 하고 있다. 그리고 개개인의 머릿속에 있는 법학에 다소의 차이는 있어도 한 국가와 한 시대에는 어느 정도 공통한 모습을 관념할 수 있다. 현대 일본 법학의 모습을 이해하려면 일본의 그와 같은 법학의 변천을 역사적으로 이해할 필요가 있다. 현대는 과거의 산물이라는 의미에서 역사법학의 주장은 지금도 맞다.

원래 서양 법학은 일본을 근대화하는 수단인 동시에 일본의 전통을 부정하지 않기 위한 무기로 수용되었다. 그것은 보편적이라고 간주된 서양의 이론 틀 속에서 자기의 존재를 주장하기 위한, 선인들의 절실한 요구였다. 그러나 노부시게와 야츠카 등이 떠나자 곧 그들이 했던, 서양의 보편적인 씨름판에서의 일본적 전통의 정당화는 점차 서양의 씨름판을 무시하고 이루어진다. 동시에 그들이 서양화 속에서 지키고자 했던 전통은, 이론(異論)을 권력으로 압살하는 방향으로 진행되었다. 그 역사의 진로는 노부시게와 야츠카가 개척한 길의 필연적인 도달점이었던 것일까, 아니면 어딘가의 기로에서 길을 그르친 것일까?

　노부시게 등이 구축한 기초 위에 다음의 일본인이 어떠한 법학을 발전시켜 나갔는가? 이 기초 위에 서서, 왜 어떤 시기 특이한 법학이 형성된 것인가? 또한 메이지 시대의 법학 수용과는 달리 과거의 부정에서 출발한 제2차 세계대전 후의 법학은 노부시게 등이 수용한 법학에 무엇을 넣었고 무엇을 승계하지 않았는가? 그 역사의 흐름 속에서 일본에 수용된 법학은 어떠한 역할을 했는가?

　이러한 역사적 이해가 생길 때 비로소 우리는 앞으로 일본의 법학 모습을 이야기할 수 있다. 이 책은 이를 위한 변변찮은 발걸음이다.

후기

◆

지금부터 16년 정도 전인 2002년 4월, 당시 치쿠마신서(ちくま新書)를 담당하는 젊은 편집자였던 마스다 타케시(増田健史)씨가 제안한 기획은 법학입문(法学入門)을 쓰는 것이었다. 일본에는 뛰어난 『법학입문(法学入門)』이 많다. 저마다 머리를 쥐어짠 내용이다. 새롭게 덧붙일 의미가 있냐고 묻는 나에게, 마스다씨는 기존 『법학입문』의 특색을 정리하여 나열한 목록을 스스로 만들어, 필자에게 새로운 유형의 법학입문을 쓸 것을 종용했다. 그 열정에 압도된 나는 법학 자체의 개설이 아니라 법학의 전제가 되는 교양이 무엇인지에 초점을 둔 입문서를 쓰기로 약속했다. 법학은 일정한 교양을 전제로 비로소 이해할 수 있는 학문이라고 생각했기 때문이다.

그러나 정작 일에 착수하고 보니 내가 생각하는, 법학의 전제가 되는 교양은 모두가 서양의 교양이었다. 법학은 특히 서양 문명의 산물이다. 서양 문명을 역사적으로 이해하지 않으면 제대로 법학을 이해할 수 있다고 할 수 없다. 그렇다면 반대로 애당초 나 자신은 법학을 정말 이해하고 있는 것일까? 이렇게 자꾸 의문이 거슬러 올라가는 가운데 도대체 일본인은 어떻게 서양 법학을 수용할 수 있었던 것일까 하는 의문에 봉착했다. 그때까지 전혀 존재하지 않았을 사고방식이 그 문화적 토양이 없는 사회에서 어떻게 수용될 수 있었을까? 또는 그 수용은 성공한 것일까? 그 의문에 대해, 비록 모자란 것일망정 답이 얻어져야만 법학입문 같은 것을 쓸 수 있다는 심경에 이르렀다.

이렇게 내 관심은 역사로 향하였다. 그 관심은 그 후 이 책의 집필이 정체하는 가운데, 점점 강렬해진다.

머지않아 제정 후 120년 만의 민법의 근본적 개정이 시작되어 나는 그쪽 일에 쫓기게 되었다. 2007년에 대학을 퇴직하고 법무성으로 옮겨 개정 작업을 담당하는 관리의 일을 맡게 되었다. 실무 법조, 경제계, 일반 시민, 관료 등, 지금까지 나를 '대학교 교수님'으로 손님 취급하던 사람들과 입법이라는 이해타산의 소용돌이치는 정치 프로세스의 씨름판에서 절충하게 되었다. 거기에서 내가 경험한 것은 학문으로서의 법학에 대한 낮은 평가와 실무 중시의 자세이다. 학문적 이유에 따른 개정에 대하여는 강한 거부 반응이 보였다. 백 년 전에 일본이 계수한 법에 대하여, 모법국인 서구에서 현대화를 위한 개정이 진행되고 있다는 사실은 충분한 개정 이유로는 여겨지지 않았다.

이 경험은 애초에 현재의 일본 사회에 학문으로서의 법학은 어떤 존재 이유가 있는 것일까 하는 의문을 나에게 안겨줬다. 이 의심은 전혀 다른 기회에 내가 품은 유사한 의심과 합세하여 증폭되었다. 그것은 민법개정도 그 산물의 하나로서 만들어 낸 사법 제도(司法制度) 개혁을 기연으로 한 의문이다.

◆

사법 제도 개혁은 서양 법문화의 정신에 충실한 사람들이 몇몇 서양 사회를 모델로 새로운 법 실무 방식을 정책 목표로 제시하고자 한 개혁이었다. 사회가 투명성이 높은 규칙으로 규율되고, 많은 법률가가 그 운용을 지켜보는, 그런 사회의 실현을 꿈꾸고, 그 시기가 도래했다고 보고 이 개혁을 시작했다. 사법 제도 개혁심의회 의견서(司法制度改革審議会意見書)는 『이 나라의 틀』이라는 시바 료오타로오(司馬遼太郎)의 저서의 제목을 차용하여 그 이상을 뜨겁게 나타냈다. 바로 메이지 시대의 선조들이 일본의 미래상을 그려 개혁에 임한 것과 같은 자세를 가지고 새로운 사회상을 제시하고자 한 것이다. 그러나 저명한 법학자의 리드로 그려진 『이 나라의 틀』에 대한 이상형은 실무계로부터 개혁을 견인할 만한 지지를 얻지 못해, 개혁의 핵심을 담당하는 로스쿨 제도는 멈춰 섰다. 이 점에서 사법제도 개혁의 실패는 실은 일본 법학의 실패였다.

어느 시점이라고 특정하는 것은 곤란하지만, 20세기 후반에 서양을 모델로 하는 근대화는 끝났다는 의식이 일본 사회에서 암묵적으로 공유되었다. 그러면서 정부 정책의 중점은 사회와 법제도의 '근대화'로부터 '시장의 운영'으로 옮겨졌다. 이때, 서양을 모델로 일본 사회를 근대화하기 위한 목표 제시의 역할을 해온 일본 법학의 역할 하나가 종말을 고했다고 할 수 있다. 자연히 정부의 정책 형성에서 경제학의 비중이 높아진다. 법에 관한 지식이 요구되는 경우도 학문으로서의 법학보다 법 실무의 관점이 중시된다.

사법제도 개혁은 앞으로 시대의 법 실무와 그에 대응할 수 있는 법학 교육을 구상했지만, 이것이야말로 일본의 법학이 제시하고자 한 최후의 이상이었다. 하지만 그 이상은 실무에 의해 거부되었다. 법학자가 현실을 비판하고 이상을 이야기할 것으로 기대되는 시대는 끝나고, 확립된 법 제도의 안정적인 운용으로 국가적 관심이 옮겨진 것이다.

일본에는 이미 정밀한 근대적 법 제도가 정비되어 있다. 이미 일본의 모델은 서양이 아니다. 그런 의식이 법 실무계에 확고하게 뿌리박혀 있다. 널리 서양의 최신 동향을 안배하여 일본이 나아갈 방향을 찾는다는, 지금까지 일본의 법학을 자랑해 온 스타일의 학문이 역할을 마쳤다고 한다면, 앞으로 일본에서 법학은 어떤 역할을 맡는 것일까? 법학 교육을 위해, 확립된 지식을 정리하는 역할을 넘어, 학문으로서의 법학은 앞으로 일본에 정말 필요한 것일까? 그런 근원적인 물음을 던져야 할 때가 오고 있다.

돌이켜 보면 일본이 서양의 법과 법학을 수용할 수 있었던 것 자체가 역사상 특필할 만한 사건이었다. 이제 계수된 법은 정밀하게 정비되고 법 실무는 발전을 이루었다. 그런데 법 계수를 리드하고 법학 교육을 통해 일본 사회의 법적 리터러시(literacy)를 만들어 온 일본의 법학이 지금은 목표를 잃고 있다. 원래 일본에서 법학은 어떤 학문이었는지, 어떠한 학문으로 서양에서 수용했는지를 재차 되물을 필요가 있어 보인다.

앞으로 일본에서 학문으로서의 법학에 어떤 존재 의의가 부여될지 생각하기 위하여 서양 법학 수용의 첫 단계로 되돌아가 검증한다는 것은 그야말로 멀리 돌아가는 방법일 것이다. 하지만 내게는 피해갈 수 없는 작업이었다. 이 책에서는 그런 큰 도전의 첫걸음으로서 일본인의 서양 법학 수용 역사의 최초의 시점에서 '일본의 법학'이 어떻게 탄생했는지, 그것을 주도한 인물에 초점을 맞추어 찾아보려 했다. 목적은 그들의 전기를 쓰는 것이 아니다. 그들의 행보를 따르면서 그들이 본 서양, 그들이 생활한 일본이라는 시대를 그려 보고자 시도했다.

이 책에 그려내지 못한 다양한 스토리가 있다. 또한, 그 후의 역사적 전개도 있다. 내가 맞선 질문은 앞으로 그러한 연구의 축적으로 비로소 답이 보일 것이다.

♦

처음 집필 의뢰를 받았을 때 젊은 편집자였던 마스다 타케시씨는 필자가 우물쭈물하고 있는 동안에 최연소 대표이사에 취임하여 회사의 경영책임을 짊어지는 자리에 올랐다. 그래도 마스다씨는 내 책을 계속 맡아 내 문제의식의 변화를 허용하고 질타 격려하면서 마지막까지 함께 달려줬다. 마스다씨의 적확하고 끈질긴 지원이 없었으면 이 책은 나올 수 없었다. 적절한 사진을 배치하여 이 책에 윤기를 더해주고 과분하게 멋진 타이틀을 고안해 준 분도 마스다씨이다. 마음으로부터 감사를 드리는 바이다. 마스다씨는 내가 법무성에서 민법개정을 담당하는 동안 『민법개정(民法改正)』라는 신서를 내주기도 하였다. 이 책에 이르기까지 오랜 세월 어울리며 나온 부산물이다.

8년 남짓 걸친 민법개정 작업으로 본서의 집필은 완전히 정체되고 말았으나 그 후 다시없는 쾌적한 연구와 집필 환경을 제공해 준 것은 대학 등의 연구기관이 아니라 객원변호사로서 신세지고 있는 모리 하마다 마츠모토 법률사무소(森·濱田松本法律事務所, Mori Hamada & Matsumoto : 약칭 MHM)이다. 사무소 안

꽊의 안건을 통하여 실무와 접점을 유지하면서 연구에 전념할 수 있었다. 깊은 감사를 드린다. 또 이 법률사무소의 비서 마스다 사와코(增田佐和子)씨는 허다한 소송의 지원을 통해 길러진 능력으로 내 연구에 획기적인 질서를 가져다주었다. 대학에서도 경험한 적이 없는 이와 같은 연구 지원이 본서 집필을 가능하게 했다. 법학부 출신 마스다씨는 본서의 원고 일부의 첫 독자로서 귀중한 코멘트를 마다하지 않았다. 내가 특히 감사하지 않을 수 없는 또 한 사람의 마스다씨이다.

몇 년 전부터 와타나베 히로시(渡辺浩) 선생님을 둘러싼 사적인 독서회에 들어가게 되어 소라이(徂徠)와 시라이시(白石)를 읽고 있다. 와타나베 선생님을 비롯하여 중심 멤버인 오오누마 야스아키(大沼保昭) 선생님, 닛타 이치로오(新田一郎) 선생님과의 대화는 본서 착상을 기르는 데 헤아릴 길 없는 양식이 되었다. 또 이토오 켄스케(伊東研祐)씨, 사토오 미시오(斎藤美潮)씨, 나카무라 토모코(中村智子)씨, 니시 키요코(西希代子)씨, 야베 이에타케(矢部家崇)씨, 또 자료 수집 등에서 신세진 분들께도 마음 깊이 감사드린다.

2018년 2월

우치다 타카시

1. 内田貴「日本法学の閉塞感の制度的、思想的、歴史的要因の分析——法学研究者像の探求と研究者養成：日本法の視座から」曽根威彦＝楜澤能生編『法実務、法理論、基礎法学の再定位』（日本評論社、2009年）수록 참조.

2. 内田貴「法科大学院は何をもたらすのか　または　法知識の分布モデルについて」UP402호(2006년), Annelise Riles, Takashi Uchida "Reforming Knowledge? A Social-Legal Critique of the Legal Education Reforms in Japan" Drexel Law Review, vol.1, no.1(2009).

책을 펴내면서(역자)

◆

　『법학의 탄생』을 펴내면서 옮긴이는 무슨 말을 먼저 해야 할까. 책 소개나 서평? 일본에서의 반응? 한국과의 관련? 아니다. 이 책의 주된 독자층은 법학을 연구하거나 학습하는 분들이라 생각되므로 먼저 우치다 타카시라는 지은이 소개부터 시작하는 것이 좋을 것 같다.

　우치다 타카시 교수는 무엇보다 저명한 민법학자이다. 그의 약력이라면 이 책 말고도 어디서든 쉽게 알 수 있다. 여기서는 우선 우치다 교수의 교과서 민법시리즈에 얽힌 일화를 소개하겠다(이하 I-V에서는 경칭 생략).

I. 『민법』 시리즈

　우치다를 말하려면 『민법』 교과서를 빼놓을 수 없다. 그의 『민법 I (총칙 · 물권총론)』의 초판이 나온 것은 1994년이었다. '서문'에서 그는 "일본에는 민법 '교과서'가 없다"고 썼다.

　그가 말하는 '교과서'란 교육을 받는 입장에 대한 교육효과를 생각하여 쓰인 초학자용 텍스트였다. 당시 시판중인 수많은 민법 교과서를 교과서로 여기지 않은 것이다. 또 그는 학부 2학년 때 들은 민법강의에도 불만이 컸다. 그 강의야말로 원로 교수의 학식이 응축된 고수준의 강의였음에도 학부 2년생에게는 '돼지에게 진주'였다고 고백한다. 무엇보다 이해하기 힘들었던 것이 "왜 민법학이라는 학문이 있는가"였다. "이 문제는 이와 같이 풀이해야 한다"는 식으로 결론을 내는데, 교수님에게 무슨 자격이 있어서 그러한 결론을 낼 수 있고, 어째서 조문과는 별도로 '해석론'이라는 이론이 전개되는가, 도대체 민법학이란 무엇을 하는 학문인지 알 수 없었다는 것이다. 실증과학이 아닌 민법학이 조문에도 쓰여있지 않은 것을 "이렇게 풀이해야 한다"고 주장하는 것을 무엇으로 정당화하는가? 단순히 교수가 자기의 생각을 말하는 것과는 어떻게 다른가.

'입문'서를 보아도 의문은 풀리지 않았다. 학생 시절 "만약 민법학자가 된다면 반드시 지금의 이러한 의문에 답하는 교과서를 써야지" 했던 생각으로 시작했던 것이 『민법Ⅰ』이다. 비록 의문에 대한 '정답'을 찾은 것은 아니나 '정답'을 탐구하는 모습을 보이는 것이 교육이라고 생각한 것이다.

『민법Ⅰ』은 우치다의 강의를 듣는 학생들을 위한 책이었으나 독서계의 반응은 뜨거웠다. 특히 학생이 아니라 회사원이나 공무원같은 일반 사회인들로부터 호의적인 감상을 쓴 수많은 독자 카드가 출판사로 돌아왔다. "만약 학생 시절에 이 책이 있었더라면 법률을 더욱 제대로 공부할 수 있었을 텐데"라는 내용이었다. 또 은퇴한 고령자들로부터도 "학생 시대에 와가츠마 선생님의 책으로 공부했는데 선생님 책은 그보다 알기 쉽게 쓰여져 있다"는 호평 일색이었다. 학생이 아닌 독자들 가운데는 책에 끼여있는 독자 카드에 감상을 적는 것으로 모자라 토오쿄오대학출판회 앞으로 장문의 편지를 보낸 사람도 있었다.

이러한 가운데 1996년의 두 번째 『민법Ⅲ(채권총론/담보물권)』은 책이 간행되기 전에 예약만으로 10,000권 정도가 다 팔려, 1쇄 간행 전에 2쇄를 계획해야 했다는 식으로 대호평이었다. 니혼케이자이신문(일본경제신문)에는 법률 경제관계 주간 베스트셀러 1위로 소개되기도 했다. 이를 두고 수많은 베스트 셀러의 저자요 한국에도 잘 알려진 저명한 민법 교수는 '일종의 사회현상'이라면서 '법률 교과서의 컨셉을 바꾸었다'고 평하였다.

이어서 『민법Ⅱ(채권각론)』(1997)와 『민법Ⅳ(친족/상속)』(2002)가 나옴으로써 민법 전체를 아우르게 된 우치다 민법 시리즈는 판을 거듭하여 2020년 4월에는 『민법Ⅲ(채권총론/담보물권)』의 제4판이 출간되었다. 우치다는 학생을 위하여 쓴 책인데 학생도 아니고 법률가도 아닌 독자가 많다는 사실에 놀라 "법률 교과서를 자발적으로 읽는 독자가 사회에 많이 존재한다는 사실을 알고 일본 사회의 리걸 리테라시를 생각하게 되었다"고 한다.

Ⅱ. 채권법 개정의 산파

우치다를 말하는 또 하나의 요소라면 121년 만에 근본적으로 개정된 일본민법 채권법개정 작업일 것이다. 19세기 말에 제정된 일본민법이 "주로 프랑스와 독일을 중심으로 한 서구 민법의 첨단 성과를 일본에 도입한 것"이었다고 한다면, 2017년 5월 개정되어 2020년 4월부터 시행되고 있는 개정 일본민법은 "특정 외국의 입법을 본받은 것이 아니"라고 한다. 판례법을 명문화하는데 그치지 않고 일본민법 시행 이래 1세기 이상 일본 사회의 변화와 경제의 확대발전을 감안하여 현대사회에 맞는 규범을 조문화했다는 측면도 있지만 주요 부분은 오랫동안 일본의 실무가 형성하고 축적해온 "조문밖의 룰"을 법전 속에 명문화했다는 것이다.

이 개정작업은 2006년에 채권법 개정의 필요성을 검토하는 작업으로 시작되었다. 우치다는 '채권법개정 검토 위원회'라는 학자들 모임에 사무국장을 맡아 회의시간만 1300시간을 넘은 약 260회의 회의 전부를 주관했다. 전체적으로 보아 그의 발언 빈도는 낮은 편이다. 우선 입법안의 내용을 "우치다가 리드하여 결정"하는 일은 전혀 하지 않았다. 원안을 작성하는 15명의 학자(다섯 분과회에 각 3명씩)의 의견이 최종적으로 정리되도록, 대립이 생길 때마다 관계하는 학자의 의견을 조정하는 데 힘을 썼다. 그 성과는 2009년 3월『채권법개정 기본방침』으로 공개되었다. 나는 한국민사법학회의 일원으로 4월 29일 와세다대학에서 하루 종일 열린 그 심포지엄에 방청할 영광을 얻었다. 천명 이상의 참가자로 채권법 개정에 관한 열기가 뜨겁던 그 심포지엄에서 우치다는 여러 사람이 발표할 때 무대위에 함께 자리하고 있으면서 처음부터 끝까지 아무 인사말도 발언도 하지 않는 걸 보고 나는 내심 크게 놀랐다.

그 후 2009년 10월 법무대신의 법제심의회에 대한 민법 채권관계 규정의 손질에 대한 자문 요청이 있었고 그 자문에 따라 법제심의회에 민법(채권관계)부회가 설치되어 11월부터 심의가 시작된다. 먼저 '논점 추출'을 하고, '민법(채권관계)의 개정에 관한 중간적인 논점정리'(2011.4), 제1회 퍼블릭 코멘트, 관계업계 의견청취, '민법(채권관계)의 개정에 관한 요강 가안'(2014.8), '개정 요강안'을 거친 '개정 요강'(2015.2)은 법제심의회에서 법무대신에게 답신되고, 이에 따른 법안이 2015년 3월 통상국회에 제출되어 2017년 5월 26일 가결에 이른다.

우치다는 이 민법 개정을 위하여 토오쿄오대학 교수직을 그만두고 법무성 "참여" 자격으로 민법 개정작업에 투신했다. 우리에겐 익숙하지 않은 직책이라 '참여'가 뭔지 우치다에게 물어본 적이 있다. 법무성 내의 상하 관계에 속하지 않고 오직 특정 임무(민법개정)만을 위해 법무대신에 직속하는 자리라는 설명을 들은 것 같다. 법제심의회(민법[채권관계] 부회)는 3주에 1회, 1회에 약 4시간 이상 회의가 100회 이상이었다고 한다. 어떤 때는 8시간 걸리기도 했다고 들었다. 일본적 컨센서스 방식을 취하여 실질적 만장일치였다. 관련자료와 의사록은 모두 공개되어 출판되었다. 입법자료의 분량이 엄청나다. 의사록과 부회자료가 A5판 책자 26권 약 20,000쪽에 이른다. 권마다 사항색인이 붙어 참고하기 쉽다. 여기에 채권법 개정의 전 단계라 할 자료집(예컨대, 『상해 채권법 개정의 기본방침I-V』) 등을 더하면 일본 채권법 개정작업은 과문한 탓일지 모르나 19세기 말 서구식 민법을 받아들인 동반구에서는 말할 것도 없고 어쩌면 채권관계에 관한 인류역사상 가장 방대한 입법자료가 아닐까 싶다.

그런데 이 자료집이 보여 주듯이, 우치다는 요소요소에서 발언은 하고 있으나 그 횟수가 후반에 갈수록 줄어든 것을 알 수 있다. 그 이유는 하나는 부회에 제출하는 법무성의 원안 작성에 깊이 관여하고 있기 때문에 부회에서 찬반의 의견을 말하는 입장이 아니었기 때문이다. 그러나 또 다른 이유로, 원안이 다양한 이해관계자와의 타협의 결과, 우치다의 의견과는 다른 내용이 되어 있는 경우가 많았다는 사정도 있었다. 우치다는 법무성의 "참여"로서 사무당국에 속해 있는 이상 원안을 비판할 수는 없었고, 그렇다고 원안을 지원하는 발언도

하기 어려웠다. 이러한 사정들이 학계에서의 그의 위상을 포함하여 많은 것을 시사해 주는 것으로 여겨졌고 역시 그의 채권법 개정의 산파다운 면모가 드러나는 것이라 하겠다.

III. 『법학의 탄생』

현역에서 물러나고 보니 맘만 먹으면 책을 처음부터 끝까지 읽을 수 있다는 이점이 있다. 2016년 정년 후, 그리고 2018년 로마에서 돌아온 후 몇 권의 책을 통독/완독/정독할 수 있었다. 『법학의 탄생』은 그중의 한 권이다.

이 책을 읽으면서 우리 스스로 서양 법학을 수용하기로 했다면, 우리 한국이 병인양요(丙寅洋擾, 1866)나 신미양요(辛未洋擾, 1871) 때 개항하여 일본과는 직접 관련이 없이 서구화의 과정을 걷기로 했다면 어떤 모습의 것이 되었을까 하는 헛된 상상을 하기도 하면서 동아시아 각국 법학의 탄생과 깊은 관계가 있는 『(일본에서의) 법학의 탄생』을 읽은 것이다.

초창기 일본에서는 실용적 서구학문에 대한 갈망은 컸으나 서양 정신에 빠지지 않아야 한다는 경계심이 컸다. 그래서 '화혼양재'가 강조되었다. 아울러 일본의 "서양법학 수용은 한학이라는 필터를 통한 번역에 의한 수용"이었다. 그것은 "한 인간이 두 삶을 살고 있는 것과 같고 또 한 사람 속에 두 몸이 있는 것과 같은 경험이었다." 초창기 일본인들은 전혀 다른 두 개의 세계관을 비교하면서 서양문명을 배운 것이다.

저자 우치다는 호즈미 노부시게와 야츠카 형제를 통하여 피가 통하는 역사를 서술하려 했다. 법학의 '탄생'이라지만 그렇다고 호즈미 노부시게는 일본에서 처음으로 법학을 배우거나 가르친 사람이 아니었다. 그가 유학을 떠난 것은 1876년으로 1853년 일본이 개국한 지 21년이 되어 벌써 일본은 유학생 파견과 외국법의 수용 및 교육을 둘러싼 시행착오를 겪던 차였다. 이 점을 충분히 감안하더라도 호즈미 노부시게가 토오쿄오대학 교수가 되기까지의 그의 이력은 놀라움 그 자체였다.

노부시게가 15살에 공진생으로 선발되기 전 고향 우와지마에서 배울 때 서도, 수영, 검도, 유도, 국학, 산술, 영어 등 10과목은 각각 한 명의 스승이 맡았으나, 한학(=주자학) 만큼은 13명의 스승이 있었다. 10대 전반에 철학이자 세계관이며 비판이론이기도 한 주자학을 스스로의 생각에 내재될 정도로 철저히 익혔다는 것이다. 그 후 노부시게는 공진생으로서 토오쿄오의 개성학교에서 외국인에 의한 영어 강의를 통해 오스틴 등의 분석학파의 학설, 메인 등 역사학파의 학설 등의 전문교육을 받고 21살 때 영국으로 떠난다. 런던의 미들템플에서 해마다 한 명 뽑는 '일등학사'로 선발된 노부시게는 영국 교육에 만족하지 못해 바리스타 자격만 취득한 후 독일로 건너갔고, 1년 후 토오쿄오대학으로 초빙받아 귀국한다. 1881년의 일로 그의 나이 26세 때였다.

이 무렵까지 일본에서는 외국인들이 외국어로 법학을 가르쳤다가 점차 서양에서 법학을 배운 일본의 법학자가 일본어로 법학을 가르치게 된다. 호즈미 노부시게는 그런 의미에서 일본 최초의 '법학자'의 한 사람이었다. 노부시게는 토오쿄오대학 교수로서 일본에 서양법학과 법학 교육의 도입, 그리고 그 정착 및 발전을 이끌었다. 대학에서는 법리학, 민법원리, 영국형사법, 해상법, 로마법, 법학통론 등을 강의했다. 그의 제자가 붓으로 쓴 노부시게의 '법학통론' 강의 노트는 숙연한 느낌을 준다. 다수의 계몽적인 글을 집필하면서 자연법학을 비판하고 역사법학을 주장하면서 법률의 진화를 외쳤다. "자연법설에서 방황하지 말고 진화주의의 낙원에서 즐겨라."

법전논쟁에서는 '법전론' 등으로 연기파의 이론적 지주가 되었다. 이어서 일본 메이지 민법, 법례(국제사법), 국적법의 제정과 형법 및 형사소송법의 개정에 참여했다. 수많은 법률용어를 만들어 냈고, 번역어를 정비했다. 일본의 전통 제도를 그의 장대한 법률진화론속에 자리매김하려 했다. 물론 말년에는 그의 입장과 평가도 바뀌었다고는 하지만 그의 사상적 토대는 진화론과 역사법학이며 반자연법이었다.

노부시게보다 5살 어린 야츠카는 일본 최초의 헌법학자였다. 토오쿄오대학을 마친 24살의 야츠카는 독일 유학을 떠나기 수일 전 이토오 히로부미로부터 내밀한 의향과 용의주도한 주의를 듣고 유학 목적을 '헌법 전공'으로 특화한다. 야츠카가 유학했던 1880년대의 유럽은 전례 없는 경기 침체와 임금 노동자의 대량출현으로, 그들이 정치적으로 조직되면 과연 어떤 일이 생겨날까 하는 불안을 낳았다. 야츠카는 유럽의 상황을 관찰하며 일본의 가까운 미래를 본다. 또한 1880년대는 제국주의가 특징으로 서양 열강과 대치한 나라는 지배하든지 지배당하든지의 선택이 강요되었다.

국민 간의 '생존을 둘러싼 투쟁'이 정치의 기조가 된 마당에 동양의 섬나라 일본이 지배당하지 않는 쪽에 들어가기 위해서는 국가를 위해 목숨을 바칠 '국민의 충성심'이 절대적으로 필요했다. 그러나 에도 시대의 일본에서 '일본국 통합의 상징'(일본국헌법 1조)이었던 것은 토쿠가와의 쇼오군이었지, 천황의 존재 같은 건 대부분의 국민이 의식조차 하지 않았다. 그럼 일본의 역사에는 없던 '국민'과 '충성'을 어떻게 조달할 것인가? 메이지 정부의 중심세력은 서양의 그리스도교라는 것이 '황당하고 기괴'한 것임에도 불구하고 국가 통일의 기반이 되어 있음을 보고 종교의 중요성을 깨닫는다. 그러나 불교나 신토오는 그 역할을 할 수 없는 것으로 보여 서양의 그리스도교에 갈음하는 '우리나라(=일본)의 축'으로서 천황제를 의도적으로 '날조'했고 이것을 이른바 '대일본제국헌법'으로 선언한 것이다. 이 대목을 읽으면서 나는 이 책을 번역해야겠다는 생각이 들었다.

야츠카에게는 충성심의 조달책으로 날조된 천황 중심 지배 이데올로기를 서양의 국법학 이론으로 정당화할 사명이 주어졌다. 힘없는 존재인 천황제에 확고한 법학적 정당화를 해야 했던 것이다. 야츠카는 정치적 이론과는 구별된 법의 독자적 영역이 존재하고 거기에는 독립적인 논리가 존재한다고 했다. 천황제에는 그리스도교를 대체하는 종교성을 갖게 해야 하므로 신(神)인 천황은 곧 국가이며, 천황의 권리에는 실정법상 제약이 있을 수 없다. 국체와 정체도 구별하여, 일본의 역사상 정체의 변화는 있어도 주권자 천황을 받드는 국체는 불변이라는 명제를 내세운다. '대일본제국헌법'은 종래의 천황주권국가라는 불문헌법을 성문법으로 바꾼 것이므로 헌법의 '개정'이라는 황당한 논리를 폈다. 야츠카의 헌법이론은 구한말 유치형 강술/신해영 교열『헌법』(1908년)으로 번역되어 당시의 법학교육에 쓰이기도 했다.

　야츠카는 천황의 절대권력을 정당화하기 위해 일본이 조상을 섬겨왔고 일본의 각 가정의 궁극점에는 천황이 있다는 식의 '조상교(祖上敎)'론을 펼쳤고 이를 또 공리주의적 관점과 국민 교육의 차원에서 정당화하였다. 이렇게 그는 천황중심주의 국체론의 최강 이데올로그가 되었으나 반발도 많았고 당연히 "그는 자기 학설을 제정신으로 믿고 있었던 것일까?"하는 의문도 나왔다.

Ⅳ. 일본에서의 법학의 탄생에 대한 평가

　호즈미 노부시게와 야츠카 형제의 행적을 통해 본 일본에서의 법학의 탄생을 어떻게 보아야 할까. 아마도 우치다와 이 점에 의견의 차이가 있을 수 있지 않을까 싶다.

　먼저, 21세기에 사는 우리는 19세기 말과 20세기 초에 걸쳐 전개된 일본에서의 서양법 수용과 교육, 천황 지배 이념의 형성과 그 법리적, 정치적, 도덕적 정당화를 어떻게 평가해야 할 것인가? 반일 증오심에서 무조건 부정적으로만 보아야 할까? 아니면 냉정한 내재적 이해도 필요한 것일까? 호즈미 노부시게나 야츠카나 일본이 서양법학을 수용하려 했던 가장 초기 법학자들이었다. 노부시게가 시작한 법학은 일본의 법학에 그치지 않고 한국을 포함한 동아시아 각국의 법학의 출발점으로서 의의가 있는 것이 아닐까. 또 천황이 곧 국가라는 야츠카의 이론은 아무리 이상하게 보일지라도, 그것이 일본 최초의 헌법이론으로서 제시되었다는 것은 일본의 서양법학 수용의 한 형태였다는 평가에 동의할 수 있지 않을까? 그것도 19세기 말 침략과 팽창 위주의 제국주의 시대에 그리스도교와 같은 초월적인 가치를 모르던 일본인들에게는 일본이 어떻게 하면 세계의 추세에 낙오되지 않고 열강의 대열에 낄 수 있을 것인가, 어떻게 하면 부국강병(富國强兵)을 이룰 것인가 하는 그들 나름의 고뇌의 산물이었다고 보는 것은 지나친 미화일까? '아는 것이 힘'인데 노부시게나 야츠카나, 그리고 초창기의 수많은 법학자가 그 힘을 사리사욕을 위해 썼다는 기록은 없다. 곡필아세이 갈수록 두드러지고, 부와 권력을 위해서라면 법의 이념 따위는 쉽게 팽개치는 경우가 허다한 한국의 법학계에는 뼈아픈 사례가 되는 것이 아닐까? 또 부국강병은 무릇 세상의 국가 지도자들에게 어느 시대에나 요청되는 목표가 된다고 볼 수는 없을 것인가?

다음으로, 천황지배 이데올로기에 대하여 한마디 하겠다. 나 자신 가톨릭 신자로서 일본인들의 "대일본제국헌법"과 같은 국가 시스템 확정과 정당화 방식은 황당하고 가소롭기 그지없다. 가톨릭 신자들은 다른 종교와 비교해 우월주의에 빠진 나머지 가톨릭교회를 제일가는 종교라고 여기는 것이 아니고 "유일한 진리의 종교"라고 믿는다. 진리이기 때문에 가톨릭 신앙을 갖는 사람들에게 일본에서 본래는 없었던 천황 지배 이데올로기가 그리스도교의 기능적 등가물로서 날조되었다는 것은 도저히 묵과할 수 없는 난센스이다.

국민 통합, 국가 발전을 이루려면 어디선가 애국심과 충성심을 조달해야 한다. 이토오 히로부미와 같은 메이지 정부 지도자들은 서양의 그리스도교에 갈음하는 "우리나라의 기축", 즉 국가 통일의 기반으로서 천황제를 의도적으로 선택했다.

프랑스혁명 이전의 유럽에서의 왕이란 그리스도의 대리였다. 더 정확히 말하면 왕의 권위는 가톨릭교회가 가르치는 그리스도의 권위에 의해 뒷받침되고 있었다. 그러나 왕은 신이 아니었다. 신인 그리스도를 대리하여 통치하는 것이다. 그리스도는 신앙과 교리의 면에서는 교황을 통하여, 세속의 것에 관해서는 왕을 통해 통치한다고 이해되었다. 왕은 그리스도에 복종함으로써 전제적인 폭군이 되지 않고 신앙의 모범이 되어 국가를 통치한다. 그리스도에 대한 신앙에 기반한 공동체의 최고 가치는 신앙이며 그리스도이다. 그런데 메이지 유신의 개혁자들은 참된 신만이 줄 수 있는 권위가 객관적으로 실증되지도 않은 신화의 신들로부터 주어졌다고 한 것이다. 그러나 로마의 법언도 있지 않던가. "누구도 자기가 갖지 않은 것을 남에게 줄 수 없다(Nemo dat quod non habet)"라고. 아무리 조상교, 천황절대주의, 무제약 군권(君權), 법제적, 이론적, 도덕적 정당화를 동원하여 일본에는 애초에 없었던 최고국가규범을 그리스도교의 기능적 등가물로 날조해 본들, 일시적 효과는 몰라도 참으로 좋은 결과는 나올 수 없을 터이다. 일본 국민과 우리 인류 모두가 경험한 그 해악이 그 증명이다.

마지막으로, 나는 우치다의 반론에도 불구하고 화혼양재(和魂洋才)는 일본의 "비극"이었다는 견해에 가담하고 싶다. 중국의 것을 섭취하되 일본의 정신을 버리지 않는다는 화혼한재(和魂漢才) 정신의 변형으로, 19세기 후반 일본이 화혼양재의 자세로 서양 문물을 섭취한 것은 자타 공인의 대표적인 성공 사례이며 일본문화의 이해에 결정적으로 중요하다. 일본문화 어느 면을 보더라도 세계에 자랑할 만한 뛰어난 측면이 있다. 하지만 이 책의 본문에 나오듯이 우치다의 지도교수였던 호시노 에이이치(星野英一, 1926-2012)는 일본이 양혼(洋魂)을 이해하지 못한 채 양재(洋才)만 받아들이려 했고, 그나마 그게 19세기 후반이었다는 것은 비극(悲劇)이었다고 한다.

왜 비극이었던가? 호즈미 노부시게와 야츠카로 대표되는 일본 법학에 뒷받침된 일본제국주의의 전개를 보라. 우리 한국과 직접 관계되는 것만 들더라도 청일전쟁, 러일전쟁, 을사늑약, 국권찬탈, 헤아릴 수 없는 인권유린, 역사왜곡, 창씨개명, 조선어말살, 경제 수탈 등 일본제국주의의 죄상은 어떤 의미에서는 일본에서 탄생된 법학의 열매라 할 수 있지 않을 것인가. 한마디로 한국이 19세기말부터 20세기 전반까지 자발적으로 근대국가를 형성할 수 있었던 가장 소중한 기회를 송두리째 박탈당한 것은 일본제국주의 때문이 아니었던가. '열매를 보고 나무를 안다'(마태오 7,20). 아웃풋의 규모의 거창함을 꼭 성공으로 단정할 수는 없지 않은가?

이와 관련하여 민법의 대가 우치다는 이 책의 후기에서 다음과 같이 적고 있다.

"일본이 서양의 법과 법학을 수용할 수 있었던 것 자체가 역사상 특필할 만한 사건이었다. 이제 계수된 법은 정밀하게 정비되고 법 실무는 발전을 이루었다. 그런데 법 계수를 리드하고 법학 교육을 통해 일본 사회의 법적 리터러시를 만들어 온 일본의 법학이 지금은 목표를 잃고 있다. 원래 일본에서 법학은 어떤 학문이었는지, 어떠한 학문으로 서양에서 수용했는지를 재차 되물을 필요가 있어 보인다."

대학에서 쓰이는 교과서 첫 권이 마음에 든다고 수많은 회사원, 공무원과 같은 일반 사회인이 출판사에 독자 카드를 보내고, 두 번째 교과서는 제1쇄가 나오기도 전에 예약만으로 10,000권이 될 정도의 법적 리터러시가 형성된 일본의 법학인데, 구체적으로 어떤 의미에서 '목표를 잃고 있다'는 것인가? 나처럼 무능하고 변변한 연구실적도 없는 은퇴한 학인이 알 리가 없다.

하지만 그렇기 때문에 오히려 나는 우치다의 마지막 문장, 즉 "일본에서 법학은 어떤 학문이었는지, 어떠한 학문으로 서양에서 수용했는지를 재차 되물을 필요가 있어 보인다."에 주목한다.. 19세기 유럽은 진짜 유럽이 아니라는 비판(요시다 켄이치)도 있듯이, 일본이 "양재"만 받아들이려 했던 것이 비극이라 했음에 주목할 필요가 있다.

19세기 중엽 이후 서양 법학의 기류는 진화론에 기한 역사법학만은 물론 아니다. 실증주의, 과학주의, 자유법론, 이익법학 등 다양한 사조는 그 나름의 탄탄한 논거와 지지층을 갖고 있었다. 노부시게의 진화론에 대한 이해도 바뀌고 자연법론에 대한 이해도 바뀌어 갔다. 하지만 전체적으로 보아 19세기의 서양 법학은 근대 사상의 공통 특징인 '반자연법'적인 것, '초월적인 진리의 부정, 형이상학의 부정, 좁은 의미의 인간 이성에 대한 과도한 신뢰'에 바탕을 두고 있었다. '자연법론'마저 이름만 같을 뿐 전통적인 '자연법'과는 달리 '합리의 유혹, 이지의 오만'의 산물이지 않았던가? 일본은 이러한 조류 속에서 세계 정세의 변화에 민감하게 대응하면서 서구의 법과 법학을 화혼양재라는 태도로 받아들여 그 나름의 눈부신 발전을 이루었던 것이다.

그러나 법학에 한하지 않고, 자기 완결적 체계로서 자족적 원리로 만족할 수 있었던 지금까지의 학문의 체계는 세계적인 규모로 송두리째 흔들리려 하고 있다. 그것은 "아무것도 궁극적인 것으로 인정하지 않고 최후의 준거로 그저 제 자신과 자기가 바라는 것들만 인정하는 상대주의"의 득세 때문이다. 20세기 철학의 슈퍼 도그마라 할 수 있는 '형이상학의 부정'이 법학에 들어오다 보면, 법과 윤리의 최종 규범으로서의 '진리'에 대한 존중은 약해지고, 갈수록 빈약한 실증주의로 빠져들어, 법학의 모든 사항은 합의의 대상이 되어 버린다. 그 합의가 민주주의 사회에서는 다수결로 나타나고, 그 다수결은 오늘날과 같은 인터넷 세상의 다양한 요소에 의하여 결정된다. 사회과학의 원리란 결국 '다수결'에 매이게 된다. 우수한 법학자들은 '인권', '자유', '평등', 세계의 추세', '새로운 문법', '당사자 의사의 존중', '패러다임의 전환' 등의 구실로 기존 원칙의 파괴에 동조한다. 하지만 우리는 다수결로 해결할 수 없는 문제가 있음을 알고 있지 않은가?

그러면 어떻게 해야 할 것인가? 모든 면에서 위대했던 19세기의 문화를 낳았던 서양문화의 본류, 초월적인 것을 향해 열려 있고 모든 법사상의 최종 근거로 여겨지던 자연과 이성, 초월적인 진리, 아무리 바꾸려 해도 바꿀 수 없고, 법학의 모든 결론의 최종적인 근거, 즉 궁극적으로는 수긍해야 할 절대적이고 객관적인 가치에 의해 법학의 결론이 뒷받침될 수 있도록 해야 하지 않을 것인가? 교황 베네딕토 16세의 표현을 빌리자면 우리의 지성은 이른바 "과학적 계산이 아니라 드높은 이성의 지평에 들어서야" 하지 않겠는가. 그러한 의미에서 우치다의 은사인 호시노 에이이치 교수가 1968년에 「민법해석학 서설」에서 주장했던 "겸허한 '기도'의 마음"이야말로 모든 법학자와 법률가에게 요구되는 것이 아닐까.

V. 역주와 일어 표기

본문에는 [역주]를 백 개 정도 넣었다. 대개는 한국의 독자들에게는 독자의 편의를 생각하여 붙인 것들이나, 드물게는 저자 우치타의 시각과는 다른 견해도 있음을 나타내는 것(76[역주] 대보율령)도 있다.

일본어 인명이나 지명 표기는 '국립국어원'의 외래어표기법을 따르지 않고, 주로 'CK(최영애-김용옥) 시스템'에 따랐다. 한자(漢字)를 추방함으로써 입체적인 의미를 내포하는 낱말을 평면적인 글자로 표기하게 됨으로써 국민의 우민화를 부추긴 어문 정책이 외래어 표기 방식으로 또다른 혼란을 가중하고 있음에 대한 미미한 항의의 일환이다. 일어를 다소 아는 사람이 보기에 국립국어원의 일어 표기 방식은 졸렬하기 그지없다. '리오 데 쟈네이로'가 아니라 '리우 데 자네이루'로, '로얄 오케스트라'가 아니라 '로열 오케스트라'로 표기하는 마당에 동경(東京)은 굳이 '도쿄'라 해야 하는가? 특히 김포(Kimpo) 공항, 부산(Pusan), 대구(Taegu), 광주(Kwangju)를 Gimpo, Busan, Daegu, Gwangju로 표기함으로써 ㄱ ㄷ ㅂ이 본래의 음가(音價)보다 더 낮게 발음되기 쉽게 된 마당에 동경을 '도쿄'라 하는 것보다는 '토오쿄오'라 표기함이 일본어의 원음에 가까울 뿐만 아니라 사람들이 일본어 발음에 대한 감각을 익히는 데도 도움이 되지 않겠는가.

자음과 모음 수가 한국어와는 비교가 안 될 정도로 적은 일본어에는 동음이의어가 우리의 상상을 초월할 만큼 많아, 유성음과 무성음, 장음과 단음이 분명하지 않으면 뜻이 통하지 않는다. 토오쿄오를 '도쿄'라 하고 타나카를 '다나카'라 하면 친절한 일본인들은 대개 그저 이해한 것같은 미소만 지을 것이다. 참고로 공자(孔子), 맹자(孟子)를 콩쯔, 멍쯔라 하지 않고 공자, 맹자라 하듯이, 성덕태자(聖德太子) 쯤은 한국어 발음으로 표기해도 좋지 않겠는가. 말이 나온 김에 덧붙이자면, 이를테면 東京, 京都, 北海道, 豐臣秀吉, 伊藤博文 등도 동경, 경도, 북해도, 풍신수길, 이등박문으로 토오쿄오, 쿄오토, 홋카이도오, 토요토미 히데요시, 이토오 히로부미와 함께 쓰여도 좋지 않나 생각한다(국립국어원 표기방침도 이와 같은 듯). 강희(康熙), 옹정(雍正)하면서 명치(明治), 소화(昭和)라고는 못할 바 있는가. 한국어와 일본어는 모든 면에서 일일이 구별해야만 이해가 쉬운 이질 언어관계인 것은 아니지 아니한가.

Ⅵ. 21세기 법학의 진로 모색을 위하여

이 책을 번역하면서 나의 일본어 지식이 얼마나 엉성한 것인지 몇 번이고 절감했다. 번역이 쉽지 않았다. 모르는 곳이 수두룩했다. 그런 만큼 이 책의 번역에는 누구보다 저자인 우치다 교수에게 신세를 많이 졌다. 다망한 저자에게 몇 번이고 직접 물었고 그때마다 저자는 친절히 설명해 주었다. 모르긴 해도 번역을 둘러싸고 저자와의 소통이 이토록 빈번한 예는 그렇게 흔하지 않을 것이다. 그럼에도 어설픈 번역이 여러 곳 있을 것이다. 이 모든 것에 대한 책임은 전적으로 나 개인에게 있다.

본문에는 노부시게의 1888년도 '법학통론' 강의를 수강생이 기록한 아다치 미네이치로오 모필 노트의 첫 장의 사진이 실려 있다. 우치다 교수는 이 희귀한 케이오대학 도서를 본서의 한국어판에 한하여 소개한다는 조건으로 필요한 서류를 제출하고 이에 대한 저작권료를 직접 대납해 주기까지 하였다. 감사의 뜻을 표한다.

정긍식 교수(서울대학교 로스쿨)는 초고를 통독한 제1호 독자가 되어 직역을 좋아하는 나에게 허다한 오역을 지적해 주는데 그치지 않고 역주가 필요한 곳을 알려 주는등 번역을 격려해 주었다. 이진기 교수(성균관대학교 로스쿨)는 이 책이 박영사에서 출판될 수 있도록 주선해 주었다. 성승현 교수(전남대학교 로스쿨)는 이 번역서가 2021년 전남대학교 번역지원을 받을 수 있도록 도와주었다. 박영사 편집부 한두희 과장은 편집에 관한 나의 변덕을 잘 들어 주었다. 많은 분의 도움으로 마침내 '법학의 탄생'이 빛을 보게 되었음을 기쁘게 생각하며 이 책이 일본의 법학은 말할 것도 없고, 한국 법학의 이해, 나아가 한국과 일본 양국 간의 상호 이해의 증진에 도움이 된다면 다행이겠다.

2021년 11월

정 종 휴

인명 색인

본문에 나오는 인명을 대상으로 하며, 각주·역주의 인명을 포함하지 않는다.
호즈미 노부시게·야츠카는 제외한다.

ㄱ/ㅋ

카나이 노부루(金井延) 379
카네코 켄타로오(金子堅太郎) 56, 323, 335,
　　349, 365
카부토 쿠니노리(加太邦憲) 41
카와시마 타케요시(川島武宜) 260
카와지 토시아키라(川路聖謨) 7
카이에다 노부요시(海江田信義) 75
카츠라 타로오(桂太郎) 68, 399
카츠 카이슈우(勝海舟) 162
카케이 카츠히코(筧克彦) 331
카타다 츠요시(堅田剛) 170
카토오 타카아키(加藤高明) 36
카토오 히로유키(加藤弘之) 66-68, 73, 74,
　　137, 189, 191, 196, 373, 374, 400
칸다 타카히라(神田孝平) 15, 16
칸트(I. Kant) 119, 132, 278
칼라일(Thomas Carlyle) 97
케리(George W. Carey) 97
코나카무라 키요노리(小中村 清矩) 72
코마츠바라 에이타로오(小松原英太郎) 400,
　　401
코무라 주타로오(小村寿太郎) 56, 58, 64
코오노 토가마(河野敏鎌) 66, 73
코오토쿠 슈우스이(幸徳秋水) 403, 404

코이즈미 마가네(小泉鐵) 94
코이즈미 야쿠모(小泉八雲) 141
코지마 이켄(児島惟謙) 164, 165, 167, 168,
　　169
코빈(Arthur Linton Corbin) 58
괴테(Johann Wolfgang von Goethe) 119
쿠가 카츠난(陸羯南) 155, 160, 318
쿠루시마 츠네키(来島恒喜) 160, 161
쿠리즈카 세이고(栗塚省吾) 196
쿠메 쿠니타케(久米邦武) 356
쿠보타 유즈루(久保田讓) 3779, 399
쿨랑주(Numa Denis Fustel de Coulanges)
　　307-310, 312, 318, 370, 389, 390
그나이스트(Heinrich Rudolf von Gneist) 358,
　　364, 365
크레이그(Albert M. Craig) 27
크로체(Benedetto Croce) 82
그로티우스(Hugo Grotius) 25, 283
그릭스비(William E. Grigsby) 61, 70
그림(Jacob Ludwig Karl Grimm) 121, 204,
　　284 285, 286
키노시타 히로지(木下広次) 168, 196
키도 타카요시(木戸孝允) 158, 357
기르케(Otto von Gierke) 297
키쿠치 다이로쿠(菊池大麓) 224
키쿠치 타케오(菊池武夫) 58, 64, 196, 257

키타사토 시바사부로오(北里柴三郎) 217

키타시라카와노미야(北白川宮) 68

키타 잇키(北一輝) 324

키케로(Marcus Tullius Cicero) 101

키타사토 시바사부로오(北里柴三郎) 223, 226

깡바세레(Jean-Jacques Régis de Cambacérès) 128

ㄴ

나가오 류우이치(長尾龍一) 16, 244, 327, 385, 404

나가이 나오유키(永井尚志) 7

나리타 류우이치(成田龍一) 250

나츠메 소오세키(夏目漱石) 141, 313

나츠메 킨노스케(夏目金之助) 141

나카가와 젠노스케(中川善之助) 309

나카무라 마사나오(中村正直) 88

나카무라 신고(中村進午) 379

나카에 초오민(中江兆民) 161, 194, 209

나카타 카오루(中田薫) 222, 392

나폴레옹(Napoléon Bonaparte) 108, 122, 123

난바라 시게루(南原繁) 170

노기 마레스케(乃木希典) 333, 334

노다 요시유키(野田良之) 244, 407

노무라 야스시(野村靖) 399

뉴컴(Newcomb) 223

니시 아마네(西周) 11-18, 20, 22, 26, 29, 32, 56, 68, 194, 291, 408

니콜라이 2세(Nicholas II) 164, 177

니폴트(Otfried Nippold) 148, 149

ㄷ/ㅌ

타나카 이나기(田中稲城) 72

타나카 후지마로(田中不二磨) 63, 65

다윈(Charles Darwin) 86, 111, 245

타이라노 사다모리(平貞盛) 239

타이쇼오(大正) 천황 256, 318, 319, 333

타일러(Sir Edward Burnett Tylor) 87

타카다 사나에(高田早苗) 329

타카마츠 토요키치(高松豊吉) 66

타카야마 린지로오(高山林次郎) 397

타카키 마스타로오(高木益太郎) 153

타카키 카네히로(高木兼寛) 28, 161

타카하시 사쿠에(高橋作衛) 379

타케다 신겐(武田信玄) 258

다테 마사무네(伊達政宗) 38

다테 무네나리(伊達宗城) 77

단도오 시게미츠(団藤重光) 244

당뜨레브(A. P. d'Entrèves) 107, 271, 277

테라오 토오루(寺尾亨) 379

테리(Henry Taylor Terry) 70

데카르트(René Descartes) 287

테효(Hermann Techow) 73

토미이 마사아키라(富井政章) 35, 73, 168, 200, 367, 379

토미즈 히론도(戸水寛人) 285, 379, 380, 381, 404

토야마 마사카즈(外山正一) 72

토오쇼오 다이곤겐(東照大権現) 390

토오야마 미츠루(頭山満) 162, 402

토쿠가와 요시노부(德川慶喜) 15

토쿠토미 소호오(德富蘇峰) 318

토키 요리무네(土岐頼旨) 7

트롱셰(François Denis Tronchet) 128

티보(Anton Friedrich J. Thibaut) 121, 122,

124-128, 133, 183, 278
딜타이(W. Ch. Dilthey) 107

ㄹ

라반트(Paul Laband) 347, 351, 353, 366,
　　375, 382, 390, 396, 401
람세(W. Ramsay) 223
랭델(Christopher C. Langdel) 58
러셀(Bertrand Russel) 381
레슬리(Leslie Stephen) 97
로저스(Rogers) 223
로크(John Locke) 381
롱(George Long) 92, 93, 96
뢰비트(Karl Löwith) 81, 150, 151
뢰슬러(Carl F. H. Roesler) 73, 158, 172,
　　173, 181, 363
루소(Jean-Jacques Rousseau) 106, 194
루즈벨트(Theodore Roosevelt) 56, 226

ㅁ

마루야마 마사오(丸山真男) 16, 155
마르빌(Jacques de Maleville) 128
마르크스(Karl Marx) 112, 113
마사아키라(富井政章) 379
마사키 타이조오(正木退蔵) 57, 62
마셜(John Marshall) 58
마츠다 마사히사(松田正久) 209
마츠다이라 야스쿠니(松平康國) 20
마츠모토 산노스케(松本三之介) 389
마츠모토 조오지(松本烝治) 330
마츠오카 요시마사(松岡義正) 411
마츠오카 요오스케(松岡洋右) 223
마츠카타 마사요시(松方正義) 164, 168

마츠키 히로야스(松木弘安) 26
마키노 노부아키(牧野伸顕) 368, 399
마이네케(Fr. Meinecke) 271
마이니어(Richard H. Minear) 27, 324,
　　325, 326, 348
마틴(William Martin) 22, 23, 24
맥아더(Douglas MacArthur) 147
메가타 타네타로오(目賀田種太郎) 57, 72,
　　97
메르베일(Charles Merveille) 109
메이지(明治) 천황 256
메인(Henry James Sumner Maine) 42, 88,
　　94-97, 99-102, 104, 105, 109-112,
　　114-116, 133, 136, 197, 308
메테르니(Klemens von Metternich) 122
모리 린타로오(森林太郎) 28, 64, 334, 400
모리 오오가이(森鴎外) 65, 76, 240, 334,
　　403
모리 하지메(森肇) 165
모토다 타카자누(元田永孚) 398
모토오리 노리나가(本居宣長) 37, 262, 388
무라카미 준이치(村上淳一) 153, 372, 373
무츠 무네미츠(陸奥宗光) 171
뮌스터버그(H. Münsterberg) 216, 226
미나모토 요시츠네(源義経) 38
미노베 타츠키치(美濃部達吉) 255, 323,
　　326, 330, 351, 377, 384, 385, 404
미시마 유키오(三島由紀夫) 7
미야자키 미치사부로오(宮崎道三郎) 196
미야케 세츠레이(三宅雪嶺) 156
미우라 준타로오(三浦順太郎) 166
미우라 히로유키(三浦周行) 198
미즈노 타다쿠니(水野忠邦) 9
미즈모토 나루미(水本成美) 291
미츠이 스미코(三井須美子) 328

미츠쿠리 린쇼오(箕作麟祥) 26, 48, 134, 196, 197

미츠쿠리 카키치(箕作佳吉) 217, 223

미타니 타이치로오(三谷太一郎) 83, 245

미토 렛코오(水戸烈公) 349

미슐레(Jules Michelet) 287

밀(John Stuart Mill) 88, 97, 107, 279

ㅂ/ㅍ

바르톨루스(Bartolus de Saxoferrato) 128

바시마 세이지(馬島済治) 119

파운드(Roscoe Pound) 12, 58

바죠트(Walter Bagehot) 97

파크스(Harry Parkes) 357

밸츠(Erwin von Bälz) 146, 148, 149, 161, 359

버클랜드(Buckland) 226

버크(Edmund Burke) 110, 349

베네딕트(Ruth Benedict) 152

베른(Jules Verne) 86

페리(Matthew Perry) 8, 10, 11

베버(Maximilian Karl Emil Weber) 343

벤담(Jeremy Bentham) 88, 92, 103, 108, 112, 115-117, 181, 182

벨러(Robert Neelly Bellah) 147

포스너(R. A. Posner) 117

포스트(Albert H. Post) 231, 412

포이에르바하(Paul Johann Anselm v. Feuerbach) 243

포퍼(Karl Raimund Popper) 112, 113

폴록(Frederick Pollock) 110, 115, 276, 279, 283

부스케(Du Bousquet) 48

부스케(Georges Hilaire Bousquet) 49

푸펜도르프(Samuel von Pufendorf) 123, 278

퓌세링(Simon Vissering) 13, 14, 16, 19, 20, 56

브라이스(James Bryce) 223, 225

브렌타노(Clemens M. Brentano) 120

프랜시스(Francis) 225

프리듐(Heinrich Friedjung) 84

브아소나드(Gustave É. Boissonade) 47, 129, 158, 159, 172, 173, 178, 179, 181, 191, 201, 204, 274, 281

블랙스톤(William Blackstone) 92, 279

비스마르크(Otto von Bismarck) 366

피어스(Franklin Pierce) 8

비코(Giambattista Vico) 287

피히테(Johann Gottlieb Fichte) 70, 278

빅토리아(Victoria) 85

빈트샤이트(Bernhard Windscheid) 296, 297

필머(Robert Filmer) 380, 381

빌헬름 2세(Wilhelm II) 214, 215

뽀르탈리스(Jean-Étienne-Marie Portalis) 128

뽀티에(Robert Joseph Pothier) 129

쁘레무누(Félix-Julien-Jean Bigot de Preameneu) 128

ㅅ

사기사카 나오시(向坂 兌) 59, 60, 61

사기사카 히로타카(向坂弘孝) 60

사비니(Friedrich Carl von Savigny) 70, 92, 93, 119-127, 129, 130-137, 179, 183-185, 211, 255, 278

사와야나기 마사타로오(沢柳政太郎) 402, 403

사이고오 츠구미치(西郷従道) 164, 167

사이고오 타카모리(西郷隆盛) 157

사이온지 킨나루(西園寺公成) 76, 77, 329

사이온지 킨모치(西園寺公望) 207, 209, 210, 399

사이토오 슈우이치로오(斉藤修一郎) 58, 64

사카이 다이스케(坂井大輔) 328

사카타니 요시로오(阪谷芳郎) 367

사쿠라이 조오지(桜井錠二) 245, 246

사토오 신이치(佐藤慎一) 24

산조오 사네토미(三条実美) 75

상앙(商鞅) 266

샌섬(George B. Sansom) 152

샬레이유(Raymond Saleilles) 248

성덕태자(聖徳太子) 17, 153, 196

세이지(済治) 119

셰익스피어 199

셸링(Schelling) 278

솔론(Solon) 266

쉴러(Friedrich von Schiller) 70, 119

슈미트(Carl Schmitt) 353

슈타인(Lorenz von Stein) 69, 352

슈탐러(Rudolf Stammler) 249

슐리이만(Heinrich Schliemann) 87

스에노부 미치나리(末延道成) 210

스에오카 세이이치(末岡精一) 367

스즈키 사부로 시게이에(鈴木三郎重家) 38

스즈키 시게노부(重舒) 37

스즈키 하라베에이(鈴木源兵衛) 38

스마일즈(Samuel Smiles) 88

스미스(Adam Smith) 92

스토리(Joseph Story) 58

스퇴르크(Felix Stoerk) 394

스티븐슨(George Stephenson) 42, 43, 97

스펜서(Herbert Spencer) 74, 86, 89, 110, 213, 245

시게노 야스츠구(重野安繹) 25, 204

시나가와 야지로오(品川弥二郎) 68, 119

시데하라(幣原) 330

시라이시(白石) 424

시라하 유우조오(白羽祐三) 98

시마자키 토오손(島崎藤村) 38

시모무라 코진(下村湖人) 268

시바 료오타로오(司馬遼太郎) 1, 421

시부사와 에이이치(渋沢栄一) 76, 210

ㅇ

아다치 미네이치로오(安達峰一郎) 192, 193

아른트(Ernst Moritz Arndt) 340

아리가 나가오(有賀長雄) 352

아리스 가와노미야 타케히토 친왕(有栖川宮 威仁親王) 359

아리스토텔레스(Aristoteles) 283

아마노 이쿠오(天野郁夫) 189

아마테라스 오오미카미(天照大御神) 311, 361, 362, 381, 390

아사노 소오이치로오(浅野総一郎) 330

아사히나 카즈이즈미(朝比奈和泉) 368

아오야마 한조오(青山半蔵) 38

아오키 슈우조오(青木周蔵) 64, 68, 76, 119, 162, 170, 171

아이자와 세이시사이(会沢正志斎) 325, 326

아이히호른(Karl F. Eichhorn) 127

아코오 로오시(赤穂浪士) 237, 239

아키야마 사네유키(秋山真之) 1

아키야마 요시후루(秋山好古) 1

안자이 후미오(安西文夫) 94

액튼(Lord Acton) 97

앤더슨(Benedict Anderson) 338

야나부 아키라(柳父章) 282

야마가타 아리토모(山縣有朋) 64, 119,
   167, 332, 400, 401, 404

야마다 아키요시(山田顯義) 68, 75, 159,
   164, 167

야마모토 다이센(山本大膳) 231

야마와키 겐(山脇玄) 68, 119

야마우치 로오보(山内老墓) 316

야마카와 켄지로오(山川健次郎) 285, 379

어빙(Henry Irving) 311

에노모토 타케아키(榎本武揚) 12, 171

에토오 신페이(江藤新平) 47, 48, 134,
   186, 289, 291

예링(Rudolf von Jhering) 143

옐리네크(Georg Jellinek) 377

오구라 쇼헤이(小倉処平) 39

오규우 소라이(荻生徂徠) 16, 20, 359,
   424, 359, 424

오노 세이이치로오(小野清一郎) 18, 153,
   154, 407

오노 아즈사(小野梓) 207

오노츠카 키헤이지(小野塚喜平次) 379

오사나이 카오루(小山内薫) 141

오사타게 타케키(尾佐竹猛) 166, 169, 170

오스틴(John Austin) 42, 108, 111, 112,
   115, 116, 135, 257, 279

오오무라 아츠시(大村敦志) 241, 254

오오미즈쿠모노스쿠네(大水口宿禰) 38

오오쿠마 시게노부(大隈重信) 68, 159,
   160, 161, 175

오오쿠보 타케하루(大久保健晴) 25

오오쿠보 토시미치(大久保利通) 156, 158,
   357

오오키 타카토오(大木喬任) 47, 291

오오타 유우조오(太田雄三) 146

오카무라 츠카사(岡村司) 61, 309

오카무라 테루히코(岡村輝彦) 59

오카쿠라 텐신(岡倉天心) 217

와가츠마 사카에(我妻榮) 81, 410

와타나베 히로모토(渡辺洪基) 189, 346,
   367

와타나베 히로시(渡辺浩) 357, 359, 362,
   382, 424

왕양명(王陽明) 25

요시노 사쿠조오(吉野作造) 9, 169, 170

요시다 켄이치(吉田健一) 417

요시무네(吉宗) 30

요시히사 친왕(能久親王) 68

요코이 쇼오난(横井小楠) 46

우도노 나가토시(鵜殿長鋭) 7

우메 켄지로오(梅謙次郎) 35, 48, 200,
   284, 333, 366, 392

우에스기 신키치(上杉慎吉) 255, 323, 326,
   327, 385, 404, 416

우치다 리키조오(内田力蔵) 113, 114

울시(Theodore Salisbury Woolsey) 26

위그모어(John Henry Wigmore) 30, 31

윌리스(William Willis) 28

윌리스턴(Samuel Williston) 58

윌리엄 4세(William IV) 85

유스티니아누스(Justinianus) 132

유이쇼오세츠(由井正雪) 261, 262

이노우에 미사오(井上操) 281

이노우에 요시카즈(井上良一) 70, 71

이노우에 카오루(井上馨) 55, 157, 158,
   160, 170, 171, 176

이노우에 코와시(井上毅) 45, 159, 335,
   349, 367, 396

법학의 탄생

이노우에 키요나오(井上清直) 7

이노우에 테츠지로오(井上哲次郎) 46, 158,
　　339, 340, 346, 363, 368, 372, 394,
　　396-398, 402, 409

이르네리우스(Irnerius von Bologna) 3661

이리에 사키치(入江左吉) 76

이에사다(家定) 8

이와쿠라 토모미(岩倉具視) 73, 356, 357

이츠키 키토쿠로오(一木喜德郎) 400

이타가키 타이스케(板垣退助) 359, 360

이토오 미요시(伊東巳代治) 335, 368

이토오 슌스케(伊藤俊輔) 55

이토오 히로부미(伊藤博文) 46, 56, 69, 73,
　　156-159, 167, 170, 207, 323, 332,
　　335, 336, 343, 345, 349, 352, 354,
　　355, 357, 358-360, 363-366, 370,
　　374, 375, 382, 386, 398

ㅈ/ㅊ

잔바 켄젠(斬馬劍禅) 98

채드윅(William Owen Chadwick) 94

천조대신 402

정현(鄭玄) 19

제니(François Gény) 248, 274

챔벌린(Basil Hall Chamberlain) 146, 152

초규우(樵牛) 397

초오레이(島田重礼) 48

츠다 마미치(津田真道) 11-17, 20, 22, 26,
　　32, 56, 196, 408

츠다 산조오(津田三蔵) 163, 166

츠다 초오안(津田長庵) 163

츠키나리 시즈코(月成静子) 162

츠키나리 코오타로오(月成功太郎) 161

진노 키요시(神野潔) 197

진무(神武) 181

ㅎ

하라 타카시(原敬) 251

하마오 아라타(浜尾新) 36

하토야마 카즈오(鳩山和夫) 58, 94

하토야마 히데오(鳩山秀夫) 81, 258

하퍼(William Harper) 224

한(Lafcadio Hearn) 141, 142, 144-148,
　　311, 313, 387

핫토리 이치조오(服部一三) 69

해리스(Townsend Harris) 7, 8, 11

헤겔(Georg W. F. Hegel) 119, 121, 125,
　　278

호시노 에이이치(星野英一) 81, 260

호시 토오루(星亨) 61, 62

호즈미 노부유키(穂積重行) 65, 77

호즈미 시게마로(重麿) 37, 45

호즈미 시게유키(重行) 37, 67, 168, 228,
　　245, 316, 324, 329

호즈미 시게카이(重穎) 37, 209, 212

호즈미 시게키(重樹) 37, 209

호즈미 시게토오(重遠) 36, 120, 197, 241,
　　243, 253, 256, 269, 307, 342

호즈미 이와오(穂積巌夫) 212

호프만(Johann J. Hoffmann) 13

홈즈(Oliver Wendell Holmes) 12, 58

홉스(Thomas Hobbes) 106

홉스봄(Eric Hobsbawm) 81, 82, 338

홋타 마사요시(堀田正睦) 8

후지이 켄지로오(藤井健次郎) 313

후지타 토오코(藤田東湖) 349

후지타 토키야스(藤田宙靖) 328, 383

후쿠시마 마사오(福島正夫) 245, 315, 316,

318, 320

후쿠오카 타카치카(福岡孝弟) 73

후쿠자와 유키치(福沢諭吉) 16, 21, 27, 43,
    46-51, 72, 176, 177, 191, 196, 360

후쿠치 오오치(겐이치로오)(福地桜痴)
    (源一郎) 21

훔볼트(Wilhelm von Humboldt) 70

훼라즈 147

휘톤(Henry Wheaton) 22, 24

히라누마 키이치로오(平沼騏一郎) 251

히라츠카 라이테우(平塚らいてう) 209

히라타 토오스케(平田東助) 39, 68, 119

히로타 코오키(広田弘毅) 162

히로타 토쿠헤이(広田徳平) 162

히지카타 야스시(土方寧) 196

저자 소개

우치다 타카시(內田 貴)
Prof. Dr. Takashi Uchida

1954년 오오사카(大阪) 출생
1976년 토오쿄오대학(東京大學) 법학부 졸업
1986년 법학박사(토오쿄오대학)
1992년 토오쿄오대학대학원법학정치학연구과 교수(민법학)
2007년 법무성(法務省) 경제관계 민형(民刑)기본법정비추진본부 참여
현재   토오쿄오대학 명예교수
          와세다대학 특명교수
          모리·하마다마츠모토(森·浜田松本)법률사무소 객원변호사
          일반재단법인 민사법무협회(一般財団法人民事法務協会) 회장

주요저서

『저당권과 이용권』(1983), 『계약의 재생』(1990), 『제도적 계약론』(2010), 『계약의 시대』(2000), 『채권법의 새 시대』(2009), 『민법개정』(2011), 『민법 Ⅰ 총칙·물권총론[제4판]』(2008), 『민법 Ⅱ 채권각론[제3판]』(2011), 『민법 Ⅲ 채권총론·담보물권[제4판]』(2020), 『민법 Ⅳ 친족·상속[보정판]』(2004), 『개정민법 이야기』(2020) 외 다수

역자 소개

정종휴(鄭鍾休)
Prof. Dr. Ambrose Jonghyu Jeong

1950년 전남 담양 출생

1976년 전남대학교 법과대학 졸업

1978-1984 쿄오토대학(京都大學) 대학원 법학연구과(법학박사)

1981-2016 전남대학교 법과대학/법학전문대학원 교수

뮌헨대학, 프랑크푸르트대학, 하버드 로스쿨 연구

큐우슈우(九州)대학, 히토츠바시(一橋)대학, 케이오(慶應)대학, 시마네(島根)대학 객원교수
  (계절학기 13회 강의)

한국민사법학회장/한국법사학회장 역임

제14대 주 교황청 대사

현재   전남대학교 명예교수
            가톨릭꽃동네대학교 석좌교수

주요저서

『한국민법전의 비교법적 연구』(일본어)(1989)

『역사속의 민법』(1994)

『일본법』(2011) 외 다수

역서: (베네딕토 16세/요셉 라칭거)『그래도 로마가 중요하다』(1994), 『이땅의 소금』(2000), 『하느님과 세상』(2004)『전례의 정신』(2005), 『신앙 · 진리 · 관용』(2009), 『세상의 빛』(2012), 『희망의 이미지』(2021), (타나카 코오타로오)『법과 종교와 사회생활』(1989), (호세 욤파르트)『가톨릭과 개신교』(1994), 『법철학 길잡이』(2002), (이나가키 료오스케)『현대 가톨리시즘의 사상』(1979), 『토마스 아퀴나스』(1995), (사와다 아키오)『루터와 마리아』(1998) 외 다수

법학의 탄생

초판발행   2022년 1월 25일
초판2쇄발행   2022년 8월 30일

지은이   內田 貴(우치다 타카시)
옮긴이   정종휴
펴낸이   안종만·안상준

편 집   한두희
기획/마케팅   정연환
표지디자인   Ben Story
제 작   고철민·조영환

펴낸곳   ㈜ **박영사**
             서울특별시 금천구 가산디지털2로 53, 210호(가산동, 한라시그마밸리)
             등록 1959.3.11. 제300-1959-1호(倫)
전 화   02)733-6771
f a x   02)736-4818
e-mail   pys@pybook.co.kr
homepage   www.pybook.co.kr
ISBN   979-11-303-3989-4 93360

* 파본은 구입하신 곳에서 교환해드립니다. 본서의 무단복제행위를 금합니다.
* 역자와 협의하여 인지첩부를 생략합니다.

정 가   29,000원